Het levenselixer van de contemporaine moslim

Enes Ulusoy

مدرسة دار الارقم

www.madrasah-darulerkam.nl I info@madrasah-darulerkam.nl

UITGEVERIJ DARUL-ERKAM
Ulusoy, E.

ISBN : 9789083378121

Eerste druk

بِسْمِ اللهِ الرَّحْمٰنِ الرَّحِيمِ

اَلْحَمْدُ لِلّٰهِ رَبِّ الْعَالَمِينَ

وَالصَّلَاةُ وَالسَّلَامُ عَلٰى سَيِّدِنَا

مُحَمَّدٍ وَعَلٰى آلِهِ وَصَحْبِهِ أَجْمَعِينَ

Inhoudsopgave

Over de auteur 5
Voorwoord 7
Waarom schiep Allah ﷻ ons? 9
De redder uit de diepzee van degene die kampt met de theodicee 16
Verken jezelf 21
Contempleer 26
De manuscripten van de edele Koran 52
De profetische traditie en de uitdagingen 62
Zeven redenen waarom een wetenschapper in God gelooft 89
Islam, wetenschap en evolutietheorie 94
Voltooiing van de missie in de weerlegging van de evolutie 103
De vier imams, antropomorfisme en de ratio 121
Beteugeling van de bandieten die beweren dat de vrome voorgangers *ta'wīl* absoluut niet toelieten 132
Taṣawwuf in het licht van de Koran en Sunna 143
Destructie van de ranzige vuilnisproductie tegen de profeet ﷺ van de moslimnatie 205
Islam belijden in Einde der Tijden 267
Remedie tegen de idioterie over de identiteit van Mahdie 303
The Cabal 310

Over de auteur

Enes Ulusoy is historicus, onderwijsprofessional, docent islamitische wetenschappen en schrijver. Hij is geboren en getogen in Heemskerk. Hij heeft op jonge leeftijd de religieuze basiskennis meegekregen binnen de familie en heeft jarenlang intensieve privé lessen gevolgd van verschillende imams aan de lokale moskeeën. Hij heeft ook op meerdere islamitische kostscholen gezeten. Op jonge leeftijd heeft hij zijn studie van de islamitische wetenschappen en de Arabische taal voortgezet en heeft bij verschillende geleerden naast de instrumentele wetenschappen lessen gevolgd in *tafsīr*, *ḥadīth*, *fiqh* en *kalām*. Hij heeft zowel mondelinge als schriftelijke toestemmingen ontvangen van diverse geleerden om islamitisch onderwijs te verzorgen. Na zijn techniekopleiding heeft hij drie jaar als natuurkundedocent gewerkt in het voortgezet onderwijs. Parallel daaraan heeft hij zijn academische opleiding vervolgd op het gebied van literatuur, religie en geschiedenis aan de Universiteit van Amsterdam. Na zijn universitaire bachelor heeft hij zich tijdens zijn masteropleiding gespecialiseerd in *History of the Middle East*. Daarna heeft hij met een post-master in *Education and Teaching* zijn eerstegraads lesbevoegdheid behaald. Hij heeft twee jaar als geschiedenisdocent en een jaar als docent Arabische taal en cultuur gewerkt en is nu werkzaam als onderwijskundige en docent. Hij spreekt Turks, Engels, Arabisch en Nederlands. In 2013 heeft hij de islamitische school Madrasah Darul-Erkam opgericht waar hij nog steeds de directeur van is en lessen verzorgt aan jong en oud. De auteur heeft vele preken, lezingen en seminars gegeven en artikelen geschreven die gepubliceerd zijn.[1] Hij heeft onder andere de volgende boeken geschreven:

[1] https://www.madrasah-darulerkam.nl/t-kennisatelier

- Ik leer de Koran lezen
- Ik leer de islam 1 (co-auteur)
- Ik leer de islam 2
- Ik leer de islam 3
- Inleiding tot de islamitische wetenschappen
- Verhandelingen in didactiek & pedagogiek
- Het levenselixer van de contemporaine moslim (dit boek)

Voorwoord

We leven in een tijd van bedrog en illusie. Er zijn veel leugens en misvattingen in omloop. Veel moslims, ongeacht geleerd of onwetend, zijn ook slachtoffer van deze wanen waardoor hun kijk op zaken en gebeurtenissen ook negatief is beïnvloed. Dit is mede te wijten aan verschillende factoren, zoals sociale druk, onderwijsindoctrinatie, media-propaganda en fanatisme. Hierdoor zijn velen niet meer in staat om verschillende kwesties op het gebied van religie, maatschappij, geschiedenis en politiek correct te lezen en gedegen analyses te maken. Daarom is dit boek gecompileerd. Het dient als een handboek voor de contemporaine moslim om zich te behoeden tegen de bedriegerijen en illusies van dit goddeloze tijdperk. Hiermee zal de moslim in staat zijn om zijn islamitische identiteit intact te houden en om weerstand te bieden tegen de duivelse praktijken, twijfels en aanvallen van deze tijd. Dit boek is tevens een pleidooi voor de zuivere boodschap van de geliefde profeet Mohammed ﷺ. Daarom spreekt het ook het niet-islamitische lezerspubliek aan.

Geen enkel boek kan perfectie naderen. Er bestaat maar één perfect en onfeilbaar boek en dat is het boek van Allah ﷻ. Imam Muzani zei over Imam al-Shafi'i dat hij zijn boek *al-risāla* tachtig keer had uitgelezen en elke keer fouten tegenkwam. Daarop zei Imam al-Shafi'i: "Allah heeft besloten dat geen enkel boek buiten Zijn boek perfect kan zijn."[2] Dit geldt uiteraard ook voor dit boek. Alle fouten in dit boek zijn afkomstig van mijn ego. Alle kennis, wijsheid en nut in dit boek zijn afkomstig van Allah ﷻ. Ik vraag Allah ﷻ om dit werk van mij te accepteren als een eeuwigdurende aalmoes en om de beloning ervan tegemoet te mogen zien in het hiernamaals. Ik vraag Allah ﷻ tevens om dit boek een

[2] 'Abdulaziz al-Bukhari, *kashf al- asrār 'an uṣūl fakhr al-islām al-pazdawi*, vol. 1 p. 4; Imam Ibn 'Abidin, *radd al-muḥtār*, vol. 1 p. 60.

aanleiding te maken tot vele goedheden en om het dienstbaar te stellen aan de mensheid. Amin!

Enes Ulusoy

Waarom schiep Allah ﷻ ons?

De vraag waarom Allah ﷻ ons schiep, wordt vaak gesteld. We dienen als eerste te weten dat Allah ﷻ zelfs de Schepper is van oorzakelijkheid en doelgerichtheid. Hiermee bedoelen we dat Hij ﷻ niet behoeftig is aan een reden. In de vraag is er sprake van causaliteit. Dit gaat niet op voor Allah ﷻ, want Hij ﷻ is ook de schepper van die "waarom" waar de vraag op is gebaseerd. Bovendien gaan tijd en plaats niet op voor Allah ﷻ, terwijl de vraag zich bevindt in de context van tijd. Het woord "schiep" duidt op een bepaalde tijd in het verleden, terwijl Allah ﷻ Zich niet bevindt in tijd. Er is geen gisteren, vandaag of morgen voor Allah ﷻ. Dit soort vragen hebben dus direct betrekking op Allah ﷻ zelf. Er zijn meerdere overleveringen gekomen van de metgezellen dat het verboden is na te denken over Allah ﷻ zelf.[3] Allah ﷻ openbaart hierover ook in de Koran wat neerkomt op: "Stel niets gelijk aan Allah. Waarlijk! Allah weet en jullie weten niet."[4] Kortom, de vraag is waardeloos vanuit het perspectief van Allah ﷻ, want Hij ﷻ doet wat Hij ﷻ wil en wordt daarover niet ondervraagd, zoals Hij ﷻ zelf openbaart in de Koran wat neerkomt op: "Hij wordt niet

[3] Deze hadith is met verschillende bewoordingen via diverse wegen overgeleverd gekomen. Het is overgeleverd door Imam al-Isbahani in *al-targhīb al-tarhīb*, Imam Ibn Abi al-Dunya in *al-tafakkur*, Imam Abu al-Shaykh in *al-aẓama*, Imam Abu Nu'aym in *ḥilya al-awliyāʾ*, Imam al-Tabarani in *al-awsaṭ*, Imam al-Lalika'i in *sharḥ uṣūl iʿtiqād ahl al-sunna wa al-jamāʿa*, Imam al-Bayhaqi in *al-asmā wa al-ṣifāt*, Imam Ibn Abi Shayba in *al-ʿarsh* en door anderen. Deze overleveringen bereiken zelfstandig niet de nodige authenticiteitsgraad, maar alles bij elkaar opgeteld, versterkt de graad. Bovendien hebben geleerden zoals Imam al-Sakhawi in *al-maqāṣid al-hasana* en Imam al-ʿAjluni in *kashf al-khafāʾ* aangegeven dat de betekenis van de overleveringen op waarheid berust. Daarnaast heeft Imam al-Zarkashi in *al-tadhkira* aangegeven dat de overlevering de uitspraak is van de gezegende metgezel ʿAbdullah ibn ʿAbbas.

[4] Koran, 16:74. Voor de weergave van de Nederlandse betekenis van Koranverzen is er gebruik gemaakt van de volgende werken: *Heilige Koran* van J. van der Blom; *Studie Koran* van F. Leemhuis; *al-jalālayn* van Imam al-Suyuti en Imam al-Mahalli, *tafsīr al-qurʾān al-majīd* van Shaykh Mahmud al-ʿUfi.

ondervraagd voor wat Hij heeft gedaan, maar zij worden ondervraagd."[5] De werkelijke dienaar beseft dit en weerhoudt zichzelf van het ondervragen van zijn Heer ﷻ.

Degene die deze ondervragingen doet, zoals *Waarom schiep Hij ﷻ ons?* of *Hoezo beproeft Hij ﷻ ons?*, vergoddelijkt eerst eigenlijk zichzelf en daarna formuleert hij deze ondervragingen en bezwaren. Hierop duidt het volgende vers dat in het Nederlands neerkomt op: "Heb je degene gezien die zichzelf heeft vergoddelijkt!?"[6] Degenen die zulke vragen en bezwaren formuleren, maken een denkfout door zichzelf te positioneren als god of als iemand die medezeggenschap heeft in het eigendom van Allah ﷻ. Daarnaast begaan ze een tweede denkfout door Allah ﷻ te plaatsen in de context van tijd, plaats en causaliteit. Nog een ding dat speelt bij mensen die zulke vragen en bezwaren uiten, is dat ze hun lusten volgen, want ze willen eigenlijk een afgod die hen continu verwent, troost en volgens hun begeertes regels voorschrijft. Hiervoor wordt in de Koran het wangedrag van de Joden als voorbeeld gegeven. Allah ﷻ openbaart over hen wat neerkomt op: "Waarlijk, Wij hebben een verbond gesloten met de Kinderen van Israël en stuurden hen boodschappers. Iedere keer dat er een boodschapper kwam tot hen met wat ze niet begeren, verloochenden zij een groep (van de boodschappers) en doodden zij een groep (van de boodschappers)."[7] Met andere woorden, zulke mensen willen een blinde, dove en stomme afgod die onder hun eigen controle is, we zoeken toevlucht bij Allah ﷻ. Ze willen dat de Koran alleen over rozen gaat, terwijl het leven niet altijd over rozen gaat. En nog veel meer absurditeiten en stommiteiten!

[5] Koran, 21:23.
[6] Koran, 25:43.
[7] Koran, 5:70.

Het is echter niet erg om te vragen naar de wijsheid van bepaalde kwesties. Allah ﷻ heeft ons voldoende donaties en instructies gegeven omtrent ons bestaansdoel en onze taken. Ook heeft Allah ﷻ ons voldoende tekenen en bewijzen gegeven om Hem te erkennen als de enige echte Schepper en aanbiddenswaardige en om de Waarheid te leren en te beleven. Daarom blijft er geen ruimte meer over voor speculaties aangaande deze kwesties. We moeten nooit vergeten dat we eigendommen zijn van Allah ﷻ en dat we geen medezeggenschap hebben in Zijn Heerschappij. Nog een noemenswaardig punt met betrekking tot die vraag is dat het erg vreemd is om eerbiediging, begunstiging en traktatie te ondervragen en uit te vragen. Hiermee bedoelen we de eerbiediging, begunstiging en traktatie van Allah ﷻ aan de mensheid door hen te scheppen uit de duisternissen van non-existentie tot het licht van bestaan waarmee ze geëerd zullen worden door kennis te mogen maken met de absolute Koning ﷻ.

Als we om de wijsheid vragen van ons bestaan, dan is de Koran de enige bron om daar antwoord op te geven. Laten we daarom in het licht van de Koran kijken wat de wijsheid is van ons bestaan. Allah ﷻ openbaart in de Koran wat neerkomt op: "En Ik heb de djinn en de mens slechts geschapen opdat ze Mij aanbidden."[8]

Imam Fakhruddin al-Razi schrijft dat de letter *lām* die voor *ya budūn* staat niet voor *ta līl* (redenweergeving), maar voor *muqārana* (samengang) is, want Hij ﷻ is niet behoeftig naar oorzaken of redenen. De essentie van de aanbidding hier, is het gehoorzamen van Zijn bevelen en genadig behandelen van Zijn

[8] Koran, 51:56.

schepping. Dit zijn de twee elementen die in de wetgeving van elke profeet aanwezig waren. Wat betreft de details aan hoedanigheid en hoeveelheid van aanbiddingen, deze kunnen niet achterhaald worden met louter ratio. Daarom heeft Allah ﷻ ons begunstigd met Zijn profeten die ons deze hoedanigheden en hoeveelheden beschrijven. Sommige geleerden hebben *aanbidden* in dit vers ook uitgelegd met leren kennen. Hierover is er ook een overlevering gekomen die als volgt luidt: "Ik was een verborgen schat en wilde gekend worden."[9]

Imam al-Qurtubi schrijft dat de gezegende metgezel 'Ali dit vers als volgt uitlegde: "Ik schiep de djinn en de mens slechts om hen de aanbidding te bevelen." Het woord *ya'budūn* is afgeleid van *'ibāda* en houdt nederigheid, onderwerping en gehoorzaamheid in.[10]

Imam Ibn Kathir schrijft dat Hij ﷻ ons slechts schiep om ons op te dragen om Hem te aanbidden en niet omdat Hij ﷻ behoeftig is aan ons. Hij geeft ook aan dat Allah ﷻ in de voorgaande Geschriften het volgende had geopenbaard: "O het kind van Adam! Ik schiep jou om Mij te aanbidden, speel (daarom) niet (met nutteloze dingen). Ik heb jouw onderhoud op Me genomen, vermoei jezelf niet. Streef naar Mij en je zult Me vinden. Als je Mij vindt, zal je alles hebben gevonden. Als je Mij ontbeert, ontbeer je alles, terwijl Ik geliefder ben voor jou dan al het ander."[11]

Imam Abu Hayyan schrijft dat het vers ook kan betekenen dat Allah ﷻ ons gereed en capabel schiep voor de aanbidding door ons te voorzien van alle

[9] Zie *mafātīh al-ghayb*.
[10] Zie *al-jāmi' li-aḥkām al-qur'ān*.
[11] Zie *tafsīr al-qur'ān al-aẓīm*.

ledematen, gewrichten en middelen die ons in staat stellen om bijvoorbeeld te bidden en te vasten.[12]

Imam al-Tabari schrijft dat de gezegende metgezel 'Abdullah ibn 'Abbas het vers ook heeft uitgelegd met: "Ik schiep de jinn en de mens slechts opdat ze, met zin of tegenzin, de dienaarschap erkennen." Daarom zien we in andere verzen dat Allah ﷻ ons bericht dat ongelovigen in tegenspoed of ramp opeens beginnen te smeken aan Allah ﷻ en wanneer ze in voorspoed verkeren, ontkennen ze Hem weer.[13]

Imam al-Suyuti schrijft dat Imam al-Tabarani in *musnad al-shāmiyyīn*, Imam al-Hakim in *al-tarīkh*, Imam al-Bayhaqi in *shu ab al-īmān* en Imam al-Daylami in *al-firdaws* van de gezegende metgezel Abu al-Darda het volgende hebben overgeleverd: De boodschapper van Allah ﷺ zei: "Allah ﷻ zei: Waarlijk Ik, de jinn en de mens zijn in een grootse zaak. Ik schep ze en zij aanbidden anderen dan Ik. Ik onderhoud ze en zij bedanken anderen dan Ik."[14]

Shaykh al-Sha'rawi legt het gedeelte over de letter *lām* die voor *ya budūn* staat heel mooi uit. Hij schrijft dat Allah ﷻ vrij en verheven is van het onderhevig of behoeftig zijn naar een reden, maar dit is dus als deze reden betrekking heeft op Hem. Als de reden betrekking heeft op de schepping, dan is hier niets mis mee. Dit is ook wat met het vers wordt bedoeld. De redenweergeving in het vers is bedoeld voor de schepping, omdat de vruchten, voordelen en deugden van de aanbidding voor de schepping zijn en niet voor Allah ﷻ. De aanbidding van de schepping bevoordeelt Hem niet en het zondigen van de schepping benadeelt Hem niet. Bovendien schrijft Shaykh al-Sha'rawi dat aanbidding betekent dat

[12] Zie *al-baḥr al-muḥīṭ*.
[13] Zie *jāmi al-bayān fī tafsīr al-qur ān*.
[14] Zie *al-durr al-manthūr*.

de dienaar zijn Schepper gehoorzaamt in Zijn bevelen en verboden. Deze bevelen en verboden hebben betrekking op alle facetten van het leven en zijn niet beperkt tot de rituelen, zoals de seculieren beweren.[15]

Shaykh al-Shinqiti schrijft dat dit vers wordt uitgelegd door andere Koranverzen. Bijvoorbeeld het volgende vers dat neerkomt op: “Degene Die de dood en het leven schiep om jullie te beproeven en om te tonen wie van jullie de beste daden verricht. En Hij is de Almachtige, de Vergevingsgezinde.”[16] Dit vers legt de betekenis van aanbidding uit, dus dat we onze dienaarschap bewijzen aan Allah ﷻ en goede daden verrichten door Hem te gehoorzamen. Verder schrijft Shaykh al-Shinqiti dat zo een beproeving[17] een berechting vereist waarbij de weldoeners worden beloond en de boosdoeners worden bestraft. Dit is in het volgende vers aangegeven dat neerkomt op: “Hij begint de schepping en vervolgens herhaalt Hij deze opdat Hij degenen die geloven en goede daden verrichten zal belonen.”[18] In een ander vers wordt als reden genoemd dat we Allah ﷻ leren kennen. Dit vers komt neer op het volgende: “Allah is Degene Die de zeven hemelen heeft geschapen en op dezelfde manier de aarde, Zijn bevel daalt tussen de hemel en aarde neer opdat jullie weten dat

---

[15] Zie *khawāṭir al-sha'rāwi*.
[16] Koran, 67:2.
[17] Deze beproeving is een grote gunst en genade voor de mensheid. Stel je voor dat ze nu tegen je zeggen dat je getoetst wordt en als je de toets haalt, zal je de rest van je leven in grote weelde en gelukzaligheid verkeren en haal je de toets niet, dan heb je een groot probleem. Tijdens de toets mag je spieken en vragen. De toets is dus zeer eenvoudig. Zou je deze toets niet als een grote gunst beschouwen en met alle vreugde maken om de rest van je leven gelukkig te zijn, zoals het je is beloofd? Dit leven is ook een soortgelijke beproeving. De islam is zo een eenvoudige religie dat het zelfs beleefd kan worden door een kind van zeven jaar! Allah ﷻ geeft in meerdere Koranverzen aan dat Hij ﷻ vergemakkelijking wenst voor ons. Zie Koran 2:185, 2:286, 4:28, 5:6. In vele hadith is ook gekomen dat de islam een vergemakkelijking is. Tevens staat in *al-sunan* van Imam al-Darimi dat ‘Omar ibn ‘Awf zei dat hij geen makkelijkere en gemakkelijkere menigte heeft gezien dan de metgezellen.
[18] Koran, 10:4.

Allah in staat is om alles te doen en dat Allah met Zijn kennis alles omvat."[19] Hier zien we dat het kennen van Allah (*ma rifatullāh*) centraal staat. Er is namelijk eerst kennis nodig wil je Allah ﷻ correct kunnen aanbidden tijdens de beproeving. Na de beproeving komt de berechting. Op deze manier zijn al deze verzen met elkaar verzoend en komen dus uiteindelijk op hetzelfde neer.[20]

Imam Ibn Rajab al-Hambali schrijft dat de mensen zijn gemaakt om Allah ﷻ te aanbidden. Deze aanbidding heeft drie belangrijke elementen: (1) vrees, (2) hoop en (3) liefde. Alle drie zijn vereist voor aanbidding en daarom dienen ze echt gecombineerd te worden. Verschillende dwalingen en innovaties zijn ontstaan door de afwezigheid of gebrekkigheid van deze combinatie. Als de nadruk wordt gelegd op slechts een element, dan wijkt men af van de Waarheid, zoals de Khawarij die alleen nadruk leggen op vrees en zoals Murji'a die alleen nadruk leggen op hoop en zoals sommige soefi's die alleen nadruk leggen op liefde.[21]

[19] Koran, 65:12.
[20] Zie *āḍwā al-bayān fī tafsīr al-qur ān.*
[21] Zie zijn werk *istinshāq nasīm al-uns*, p. 25-26.

De redder uit de diepzee van degene die kampt met de theodicee

Waarom is er kwaad op de wereld? Er zijn mensen die lijden aan honger, armoede en oorlog. Waarom laat Allah ﷻ dit toe? Hoe kan Allah ﷻ volmaakt zijn als Hij ﷻ onrecht en kwaad laat plaatsvinden? In dit hoofdstuk tracht ik een tentatief antwoord te geven op dit soort kritische vragen.

De woorden kwaad en onrecht zijn relatieve begrippen. Allah ﷻ is transcendent van de schepping. Hij ﷻ heeft geen betrekking op Zijn schepping, maar Hij ﷻ is degene die de schepping heeft geschapen. Kwaadheid of goedheid is niet een intrinsieke eigenschap van de schepping. Het is weer Allah ﷻ Die Zijn schepping schaart onder kwaad of goed. Iets is niet kwaad, omdat het van oorsprong kwaad is, maar omdat de Schepper ﷻ ervan dat zo heeft beschreven. Daarom zijn goed en kwaad relatieve eigenschappen die niet op zichzelf staande entiteiten zijn. Het is dus niet zo dat goed of kwaad oorspronkelijk een onlosmakelijk verband houdt met een bepaald schepsel of verschijnsel. Eerlijkheid wordt als iets goeds beschouwd door externe factoren, zoals bijvoorbeeld dat het tot diverse voordelen leidt of dat je ervoor beloond wordt op de dag des oordeels. Eerlijkheid wordt niet goed genoemd, omdat het van oorsprong goed is. Er zijn namelijk ook gevallen waarin eerlijkheid als iets kwaads beschouwd kan worden, zoals dat een moordenaar vraagt naar het woonadres van zijn vijand die hij wil vermoorden. In zo een geval zal je niet eerlijk zijn door het woonadres van die persoon te verklappen aan de moordenaar. Hetzelfde geldt voor rechtvaardigheid. Wij noemen dit goed, omdat het aan eenieder zijn recht garandeert. Dit is een externe factor en staat los van rechtvaardigheid zelf. Het recht van een mens op iets kon net zo goed geen recht zijn als Allah ﷻ de mens op een andere manier schiep waardoor hij geen behoefte en betrekking meer had aan dat genoemde recht. Dan zou het toekennen ervan ook geen rechtvaardigheid en het ontnemen ervan geen onrecht meer genoemd worden.

Allah ﷻ is niet verplicht of gedwongen om iets te scheppen of om deze op een bepaalde manier te scheppen. De hele discussie over het punt of Allah ﷻ gebonden is aan het scheppen van goedheid of het niet scheppen van kwaadheid is dus volkomen onnodig, want Hij ﷻ is juist degene die bepaalt wat onder goedheid valt en wat kwaad is. De gehele schepping is ten opzichte van Allah ﷻ aanvankelijk gelijk aan elkaar. Het is bijvoorbeeld mogelijk voor Allah ﷻ dat Hij ﷻ de weldoener niet beloont, maar juist bestraft en dat Hij ﷻ de boosdoener niet bestraft, maar juist beloont. Dit kan niet tegengesproken worden door te zeggen dat dit ingaat tegen de wijsheid, want ook de wijsheid is iets wat bepaald wordt door Allah ﷻ, maar wij weten wel dat Allah ﷻ de weldoener zal belonen en de boosdoener zal bestraffen, omdat Hij ﷻ dat zelf openbaart in de Koran.

Allah ﷻ schiep dus de schepping en schaarde elk schepsel of verschijnsel onder kwaad en goed. Wij zouden als mensen nooit kunnen achterhalen welk van deze schepselen of verschijnselen kwaad of goed was. Dat is ook de reden dat de mens zelf geen moreel kompas heeft zonder de goddelijke instructies in acht te nemen.[22] Als we de goddelijke wetgeving buiten beschouwing laten en bijvoorbeeld beweren dat we louter goed gedrag als norm gaan nemen voor onszelf in dit leven, dan zullen we nooit slagen, want de definiëring van dat zogenoemde goed gedrag zal een grote fiasco worden wegens de volgende

[22] Hiervoor zijn talloze voorbeelden te bedenken. Een eeuw terug was homoseksualiteit kwalijk volgens de meerderheid van de Nederlandse samenleving, terwijl het tegenwoordig juist als iets heel normaals wordt beschouwd. Een ander voorbeeld is de kijk op pedofilie. Veel mensen vonden het walgelijk. Deze kijk is tot op heden niet veel veranderd, maar in de toekomst kan het heel normaal worden. De oordelen over zaken zoals roken, alcohol, drugs, moord, incest en overspel zijn heel arbitrair en divers, omdat goed en kwaad niet van oorsprong onlosmakelijk verbonden zijn met deze zaken.

feiten: (1) Goed gedrag zonder religie zal afhankelijk zijn van en beïnvloed worden door de omgevingsfactoren en de persoonlijke voorkeuren van de mensen, in het bijzonder zij die aan de macht zijn, waardoor een arbitrair tot stand gebracht "goed gedrag" zal ontstaan. (2) Het is onmogelijk dat iedereen overtuigd wordt en dat er een unaniem akkoord verkregen wordt in de acceptatie van dat zogenaamde "goed gedrag", aangezien iedereen eigen belangen en smaken heeft. (3) Dit "goed gedrag" zal niet lang intact blijven, omdat de nieuwe generaties dat zullen verbasteren op basis van nieuwe ontwikkelingen en behoeften. (4) Dit door mensen verzonnen "goed gedrag" heeft geen heiligheid of is niet bindend waardoor de eerst volgende autoriteiten of intelligentsia van die samenleving zich kunnen permitteren om een einde eraan te brengen of drastische aanpassingen daarin aan te brengen. Er is dus geen ontkomen aan het feit dat goed gedrag door de Schepper gedesigneerd moet zijn zodat het neutraal, intact en bindend blijft voor iedereen. Goed en kwaad worden door Allah ﷻ bepaald. Allah ﷻ is de schepper van alles, ongeacht het feit dat iets na geschapen te zijn tot goed of kwaad wordt geclassificeerd door Allah ﷻ. Hiermee komt vast te staan dat Allah ﷻ ook de schepper is van alles wat vervolgens weer door Hem geclassificeerd wordt tot kwaad.[23] Dit is geen minpunt voor Allah ﷻ, want het is juist een volmaaktheid dat Allah ﷻ schept wat Hij ﷻ wil.

[23] Dit integendeel tot de sekte mu'tazila. De aanhangers van deze sekte wilden de Schepper zogenaamd transcendent achten van het scheppen van kwaadheid. Door denkfouten zijn ze uiteindelijk beland in een grote blunder waarbij ze beweren dat de mens de schepper is van zijn kwade handelingen. Deze bewering is een duidelijke dwaling, want alleen Allah ﷻ is in staat iets te scheppen.

Een andere denkfout die wordt gemaakt is de bewering dat onrecht als kwaad is geclassificeerd en dus dat Allah ﷻ geen onrecht kan doen door bijvoorbeeld de weldoener te bestraffen of dat Hij ﷻ mensen beproeft met dingen die ze niet hadden verdiend. Als antwoord op deze denkfout zeggen wij dat iets alleen onrecht kan zijn als je iets doet met andermans eigendom zonder zijn toestemming. Dit is wat Allah ﷻ onder kwaad heeft gegroepeerd. Wat betreft Allah ﷻ zelf, Hij ﷻ is de eigenaar van Zijn schepping en doet met ze wat Hij ﷻ wil. Dit kan dus geen onrecht genoemd worden. De denkfout wordt gemaakt bij het vergelijken van Allah ﷻ met Zijn schepping. Bovendien noemt men iets onrecht op basis van zijn beperkte verstand en kennis, terwijl als hij het volledige plaatje zou hebben, dan zou hij dat geen onrecht noemen, maar juist terecht. Het probleem hier is dat men slechts de *pixel* waarneemt, terwijl Allah ﷻ met Zijn oneindige kennis de *picture* ziet. Het is daarom niet aan de zwakke en onwetende mens om bepaalde beproevingen of natuurrampen onmiddellijk met kwaadheid of onrecht te bestempelen. Daarnaast is het van cruciaal belang om onder ogen te zien dat Allah ﷻ absolute macht heeft over alle dingen, omdat Hij ﷻ de schepper is. Hij ﷻ handelt in Zijn schepping zoals Hij ﷻ dat wenst. Dit kan geïllustreerd worden met het volgende concrete voorbeeld: Een rijke man schenkt donaties aan verschillende hulporganisaties, maar deze donaties verschillen in omvang. Hij schenkt een heel hoog bedrag aan organisatie A, terwijl hij aan organisatie B een veel lager bedrag schenkt. Daarnaast zijn er talloze organisaties waar hij geen donaties aan heeft gegeven. Kan er nu iemand zijn die bezwaar uit tegen deze rijke man door hem te berispen over deze ongelijke verdeling? Neen, want het is zijn geld en hij gebruikt het zoals hij dat wenst.

Als je mens zijnde het bestaan van God niet erkent of als je niet doorhebt dat je de knecht en eigendom bent van de almachtige Schepper ﷻ, dan zal je het volgende principe dat geopenbaard is in de Koran uiteraard niet begrijpen: "Hij kan niet ondervraagd worden over wat Hij doet, terwijl zij ondervraagd zullen worden."[24]

[24] Koran, 21:23.

Verken jezelf

Allah ﷻ openbaart in de Koran wat neer komt op: "Ik heb de jinn en de mens geschapen, opdat ze Mij aanbidden."[25] Volgens de interpretatie van 'Abdallah ibn 'Abbas is de betekenis van het laatste stuk van het vers: "... opdat ze Mij leren kennen." Hoe kan je Allah ﷻ kennen? Er zijn vele wegen die naar Mekka leiden. Zo zijn er talloze wegen naar Allah ﷻ. Eén van de talloze wegen is het kennen van jezelf. Een beroemde uitspraak die vrijwel iedereen ooit een keer heeft gehoord: "Wie zijn zelve kent, heeft zijn Heer gekend." Dit is geen hadith die zo is uitgesproken door de geliefde profeet Mohammed ﷺ. Er is ook wel gezegd dat het een uitspraak is van Yahya ibn Mu'az al-Razi, een vrome voorganger. Sommige geleerden hebben aangegeven dat het behoort tot de wijsheden die waren geopenbaard aan voorgaande profeten. Wat het ook mag zijn, de betekenis van de uitspraak is correct, zoals Imam al-Nawawi, Imam al-Firuzabadi, Imam al-Suyuti en andere geleerden hebben bekrachtigd.

[25] Allah ﷻ heeft de mens zodanig ontworpen dat hij geschikt is voor de aanbidding van Allah ﷻ. Stel je voor dat je uit één groot stuk bot was gemaakt zonder gewrichten of ledematen waardoor je niet kon bewegen, dan was bijvoorbeeld neerknielen voor Allah ﷻ niet mogelijk. Sterker nog, de meeste aanbiddingen konden niet meer uitgevoerd worden. De geleerden hebben de *aanbidding* namelijk gecategoriseerd in tien hoofdgroepen:

1. gebed,
2. armenbelasting,
3. vasten,
4. bedevaart,
5. Koranrecitatie,
6. herdenking van Allah ﷻ in elke situatie,
7. verwerven van toegestane voedsel/eigendom,
8. nakomen van de rechten van moslims,
9. het goede bevelen en het kwade verbieden,
10. de geliefde profeet Mohammed ﷺ navolgen.

Deze uitspraak is door geleerden op verschillende manieren geïnterpreteerd. Iedere mens die eerlijk is over zichzelf weet dat hij zwak en behoeftig is. Als je dit bevestigt voor jezelf, dan kan je precies het tegenovergestelde, dus absolute volmaaktheid en almachtigheid, bevestigen voor Allah ﷻ. Let wel, het is weer de Koran en Sunna, naast het gezond verstand, die bepalen welke eigenschappen van toepassing zijn op Allah ﷻ. Als de mens dit onafhankelijk uit eigen vermogen probeert te constateren, dan kan hij gauw de mist in gaan, zoals bepaalde antropomorfisten hebben gedaan. Precies hierover stelt Imam al-Ghazali dat zij zich geen volmaaktheid kunnen voorstellen zonder lichaamsdelen. Volgens hen moet Allah ﷻ ook lichaamsdelen hebben, aangezien Allah ﷻ niet minder is dan de mens. De oorzaak van deze gedachtegang is de spirituele ziekte in het hart, want hoogmoed is hier het uitgangspunt. De mens idealiseert eerst zichzelf en vervolgens probeert hij Allah ﷻ te kennen conform dit vermeende ideaal. Hierover geeft Imam al-Ghazali ook het voorbeeld van een vlieg. Als men tegen een vlieg zou zeggen dat Allah ﷻ niet kan vliegen, dan zou die vlieg dit tot een minpunt verklaren en Allah ﷻ hiervan vrij achten, omdat die vlieg zichzelf als uitgangspunt neemt en denkt dat Allah ﷻ beter dan een vlieg is en dus juist beter kan vliegen.

Jezelf verkennen en ontdekken, kan jou uiteindelijk bij Allah ﷻ brengen, maar deze verkenning moet binnen de kaders van de Koran en Sunna gebeuren. Om weer terug te komen op de verschillende interpretaties van het citaat, als je de eigenschappen van jezelf kent, zoals Imam Abu Talib al-Makki zei, dan weet je dat bepaalde dingen onaangenaam zijn voor je, zoals dat iemand je tegenspreekt of kritiek levert op jou. Vanuit hier kan je onder ogen zien dat het onbetamelijk is jegens Allah ﷻ om Zijn voorschriften en oordelen te vertikken. Een andere interpretatie, geciteerd door Imam Ahmad ibn ʻAjiba in zijn tafsir, is geformuleerd door Imam ʻAbd al-Salam, de vader van de bekende *sulṭān al-*

ʿulemā ʿIzz al-Din ʿAbd al-ʿAziz, waarin met de zelve wordt gerefereerd aan de ziel. Deze ziel duidt, volgens hem, op de goddelijkheid van Allah ﷻ. Deze bewijsvoering[26] heeft de volgende dimensies:

1. Het menselijke lichaam is behoeftig aan iets wat hem organiseert en tot beweging brengt en dat is de ziel. Op dezelfde manier is dit universum ook behoeftig aan iemand die hem organiseert en tot beweging brengt.
2. De ziel die het menselijke lichaam organiseert is één, dus degene die dit universum organiseert, is ook één en heeft geen deelgenoten. Als er meerdere goden zouden zijn, dan zou het universum vergaan van chaos en wanorde.
3. Het menselijke lichaam beweegt met de wens van de ziel. Hieruit kan afgeleid worden dat alles in het universum op dezelfde manier met de wens van iemand totstandkomt.
4. De ziel is op de hoogte van alle bewegingen van het menselijke lichaam. Allah ﷻ is op de hoogte van alles.
5. De ziel is het meest nabij het menselijke lichaam. Allah ﷻ is spiritueel, oftewel met Zijn kennis en genade, het meest nabij Zijn schepping.
6. De ziel bestond vóór het menselijke lichaam en zal blijven bestaan na het menselijke lichaam. Allah ﷻ bestond, zonder een begin te hebben, vóór de schepping en zal bestaan, zonder een einde te hebben, ná de schepping.

[26] Let wel, het uitganspunt in deze bewijsvoering is steeds dat het universum het grote bewijs (*ʿālem kabīr*) is voor de eigenschappen van Allah ﷻ en dat het menselijke lichaam het kleine bewijs (*ʿālem ṣaghīr*) is voor de eigenschappen van Allah ﷻ. Dus het menselijke lichaam dient als een soort prototype van het universum. Dit is een fantastisch model dat 'wegdenken' onmogelijk maakt voor de ongelovigen. Zware weeën voor degenen die toch naar hun hielen omzien.

7. Er is geen kennis over de hoedanigheid van de ziel. Allah ﷻ is ook vrij van hoedanigheid.
8. Er is geen plaatscontext voor de ziel. Allah ﷻ is ook vrij en verheven van plaats, richtingen en tijd.
9. De ziel kan niet gevoeld of aangeraakt worden. Allah ﷻ is ook vrij daarvan.

Diep nadenken over jezelf zal talloze horizons openen waarmee je vooruitgang kunt boeken in het kennen van Allah ﷻ. Dit is echter een lastige en moeizame reis. Sommige geleerden hebben zelfs gesteld dat de mens überhaupt niet in staat is om zichzelf te doorgronden. Dit is weer gebaseerd op een Koranvers waarin Allah ﷻ laat weten dat men weinig kennis heeft gekregen over de ziel. Dit is weer een ander teken voor de verhevenheid van Allah ﷻ. Eén ding staat vast, het kennen van Allah ﷻ heeft geen grenzen. De eigenschappen en namen van Allah ﷻ zijn een leidraad voor ons in deze eindeloze oceaan. In ieder geval is het verplicht voor elke dienaar om de essentie van Zijn eigenschappen te kennen, zoals ze hieronder zijn weergegeven:

1. *ṣifāt nafsiyya*: dit is wat duidt op het wezen van Allah ﷻ. In deze categorie zit er één eigenschap:

- *al-wujūd* = het bestaan

2. *ṣifāt salbiyya*: deze eigenschappen duiden op de negatie van iets wat rationeel onmogelijk is met betrekking tot Allah ﷻ:

- *al-qidam* = de beginloosheid
- *al-baqā'* = de eindeloosheid
- *al-waḥdāniyya* = de eenheid
- *al-mukhālafa li al-ḥawādith* = het niet lijken op de schepping

- *al-qiyām bi al-nafs* = het absoluut onafhankelijk zijn van al het ander

3. *ṣifāt ma ānī*: deze eigenschappen hebben betrekking op het wezen van Allah:

- *al-ḥayā* = de allevendheid
- *al- ilm* = de alwetendheid
- *al-sam* = de alhorendheid
- *al-baṣar* = de alziendheid
- *al-irāda* = de wil
- *al-qudra* = de almachtigheid
- *al-kalām* = de spraak

4. *ṣifāt ma nawiyya*: deze eigenschappen gaan gepaard met de *ṣifāt ma ānī*:

- *al-ḥayy*: de allevende
- *al- alīm*: de alwetende
- *al-samī* : de alhorende
- *al-baṣīr*: de alziende
- *al-murīd*: de specificeerder
- *al-qādir*: de almachtige
- *al-mutakallim*: de sprekende

Transcendent is Allah ﷻ van wat de onrechtdoeners Hem toeschrijven aan valsheid en absurditeit!

Contempleer

Het menselijke lichaam

Allah ﷻ spoort de mens aan om diep na te denken over twee essentiële zaken, namelijk de Koran en de schepping. Hij ﷻ zegt bijvoorbeeld in de Koran wat neerkomt op: "Bekijken zij de Koran dan niet nauwkeurig?" Over de schepping zegt Allah ﷻ wat neerkomt op: "Waarlijk! In de schepping van de hemelen en de aarde en in de afwisseling van de nacht en de dag zijn er waarlijk tekenen voor mensen van begrip. Degenen die Allah gedenken, terwijl zij staan, zitten en liggen op hun zij en diep over de schepping van de hemelen en de aarde nadenken." Hij ﷻ zegt ook wat neerkomt op: "Waarlijk, in de hemelen en de aarde zijn tekenen voor de gelovigen. En in jullie schepping en wat Hij verspreid heeft van bewegende schepselen, zijn tekenen voor een volk dat overtuigd is. En (ook) in de afwisseling van de nacht en de dag, en de voorzieningen (regen) die Allah neergezonden heeft uit de hemel, waarmee Hij vervolgens de aarde na haar dood tot leven brengt, en in het draaien van de winden zijn tekenen voor een volk dat begrijpt." Zodoende zijn er verscheidene verzen in de Koran die verwijzen naar de schepping. Als men deze schepping goed observeert en nadenkt over de wijsheid ervan, dan zal hij uiteindelijk tot de conclusie komen dat er een almachtige en alwetende schepper is die alles met wijsheid heeft ontworpen. Daarom moet een moslim de schepping met overpeinzing lezen, zoals dat hij de Koran met overpeinzing leest.

Het makkelijkste is om bij jezelf te beginnen. Allah ﷻ verwijst vaker in de Koran naar opvallende kenmerken van de mens en het menselijke lichaam. Allah ﷻ zegt bijvoorbeeld wat neerkomt op: "Laat de mens dan zien waarvan hij geschapen is." Hij zegt ook wat neerkomt op: "O mensheid, als jullie de opstanding in twijfel trekken. (Weet dan) waarlijk, dat Wij jullie (stamvader

Adam) uit aarde hebben geschapen, daarna van mannelijk zaad (versmolten met) een vrouwelijke eicel, daarna van een bloedklonter, daarna van een klompje vlees, gedeeltelijk gevormd en gedeeltelijk ongevormd, als een verduidelijking voor jullie. En Wij bepalen wie voor een vastgestelde termijn in de baarmoeder blijft, en dan doen Wij jullie (de baarmoeder) als baby's verlaten, opdat jullie de leeftijd van volle kracht en rijpheid bereiken. En onder jullie zijn er die (op jonge leeftijd) van het leven worden ontnomen en onder jullie zijn er die een heel hoge leeftijd bereiken, totdat dementie optreed nadat hij kennis heeft gehad."

Dit soort verzen komen heel vaak voor in de Koran, want de schepping van de mens is heel wonderbaarlijk. Kijk goed naar het sperma. Dit is een zwakke, vuile en minderwaardige druppel. Als er een korte tijd verstrijkt, dan verderft het en begint het te stinken. Kijk hoe Allah ﷻ deze vloeistof tussen de ruggengraat en de ribben naar buiten brengt, ondanks de smalle en ingewikkelde wegen waar het sperma doorheen stroomt. De mannelijke en vrouwelijke geslachtsorganen zijn geschikt voor elkaar geschapen, zodanig dat de zaadcellen van de man uiteindelijk de eicellen van de vrouw kunnen bereiken. Uiteindelijk komt de vloeistof van de man en de vrouw dankzij de wegen en organen op eenzelfde veilige plek bijeen. Hier is deze vloeistof veilig beschermd tegen de kou, hitte en vocht. Vervolgens zie je ook hoe Allah ﷻ de man en de vrouw aan elkaar geschikt heeft geschapen en liefde in hun hart heeft geplaatst. Dankzij deze liefde en het voortplantingsinstinct blijft het mensenras voortbestaan. De vloeistof verandert met de tijd van fase tot fase in een klonter bloed, daarna in een stuk vlees en uiteindelijk wordt het onderbouwd met de botten. Je ziet dat het menselijke lichaam tot stand is gekomen uit spieren, botten, aders, zenuwen en vlees. Ook zie je hoe deze onderdelen onderling in harmonie en perfectie zijn verbonden met elkaar. Het vlees wordt in stand gehouden door de botten. Stel je eens voor dat de botten er niet waren, dan zou de mens een groot stuk vlees zijn. Zo zie je ook hoe Allah ﷻ een prachtige vorm heeft gegeven aan de mens. Hij ﷻ heeft ogen, oren, mond, neus en overige openingen in het lichaam aangebracht. Hij ﷻ heeft de armen en de benen van elkaar gescheiden en aan de uiteinden ervan handen en voeten ontworpen met vingers en tenen. De binnenkant van het lichaam heeft Hij ﷻ samengesteld uit organen zoals het hart, de maag, de nier, de longen, de lever, de darmen en de baarmoeder. Elk orgaan heeft een eigen omvang en functie. De botten zorgen onder andere voor de versteviging van het lichaam. Je komt botten in verschillende soorten formaten en vormen tegen, zoals lang, kort, rond, cilindrisch, bol, hol, dun en dik. Sommige botten zijn aan elkaar vast gemaakt, terwijl andere botten in elkaar zijn gestoken. Allah ﷻ is degene die dit allemaal heeft gedaan.

Kijk nu voor de tweede keer goed naar jezelf. Wie is degene die jou, vanaf het moment dat je in de baarmoeder terechtkwam, heeft onderhouden, terwijl jij niet in staat was om op één of andere manier voedsel te verwerven? En ook kon geen hand jou bereiken! Wie is degene die jou via de bloedvaten van je moeder heeft gevoed, totdat je klaar was om uit de buik van je moeder te komen? Hij ﷻ heeft jou helemaal klaargestoomd om vervolgens het licht te kunnen waarnemen met je ogen zodra je was geboren. En ook klaargestoomd om de zuurstof te kunnen inademen met je mond via je keel naar je longen. En dat je huid hard genoeg werd om voelbaar op de schoot van je ouders te liggen. De moeder wordt ook klaargestoomd tijdens de zwangerschap om de baby te baren. In de normale staat is de baarmoeder even groot als een peer. Steeds als de baby groter wordt, rekt de baarmoeder zich uit. Als het moment aanbreekt, ontstaat er een spanning in het lichaam van de moeder waardoor de baby naar buiten wordt gestuwd. Tijdens de bevalling ontstaan de weeën doordat het spierweefsel van de baarmoederwand zich samentrekt. Vervolgens wordt de baby uit het lichaam van de moeder geperst. Wie is degene die dit allemaal regelt en stipt op tijd veroorzaakt? En die de baby gedurende dit proces beschermt en heel houdt? Vervolgens komt de zwakke en afhankelijke baby zonder kleding en eigendom uit het lichaam van de moeder.

De vloeistof waarmee de baby in de buik van zijn moeder werd gevoed, komt nu als melk uit de borsten van de moeder. Dat is een makkelijk te bereiken voedselbron voor de baby. De melk is precies geschikt gemaakt voor de baby. Het is niet heet of warm, maar ook niet koud of zuur. De zoutheid en de zoetigheid is perfect geregeld waaruit de baby alle benodigde vitamines kan halen. De uiteinden van de borsten zijn met tepels gebruiksklaar gemaakt voor de baby. Ze zijn namelijk niet te groot of te klein. Ook de gaten in de tepels zijn perfect gemaakt, want als ze te groot zouden zijn, dan kon de baby stikken door te veel melk die eruit komt. Als de gaten te klein zouden zijn, dan zou de baby weinig tot niets kunnen zuigen uit de borsten. Zie ook hoe Allah ﷻ de moeder genadevol en liefdevol heeft geschapen tegenover haar baby. Een klein geluid of gehuil is al genoeg voor de moeder om in te grijpen bij haar baby. Die liefde en genade hebben haar de grootmoedigheid gegeven waardoor zij altijd vrijwillig de voorkeur geeft aan de baby, ook al is dat ten koste van haar slaap en eten.

Wanneer het lichaam van de baby zo sterk is geworden dat de ledematen en organen zijn gegroeid, heeft het kind behoefte gekregen aan vaster voedsel. Om dat soort voedsel te nuttigen heeft Allah ﷻ hem de benodigde middelen gegeven zoals de tanden waarmee hij aan het voedsel kan bijten en kauwen. Allah ﷻ heeft de baby voorheen deze scherpe tanden niet gegeven uit genade voor de moeder, want anders zou de baby met zijn tanden de tepels van de moeder beschadigen. Op het moment dat melk niet meer voldoende was voor de baby, heeft Allah ﷻ weer uit genade voor de baby tanden aan hem gegeven waarmee hij ander voedsel kan nuttigen. Het huilen van de baby heeft zelfs achterliggende wijsheden. Huilen heeft namelijk meerdere voordelen voor de baby. Er zit vocht in het lichaam van de baby en dit vocht wordt uit het lichaam verwijderd als de baby huilt. Anders zou dit vocht allerlei ziektes kunnen veroorzaken in het lichaam van de baby. Daarnaast zorgt huilen voor de opening van de aders en vergemakkelijkt de ademhaling.

Kijk nogmaals goed naar jezelf. De zintuigen zijn zorgvuldig in het hoofd gevestigd, zodat je alles zonder moeite kan waarnemen. Allah ﷻ heeft je zintuigen niet in je handen of voeten geplaatst, want de handen en voeten worden veel gebruikt tijdens werkzaamheden waardoor ze meer vatbaar zijn voor schade. Hij ﷻ heeft ze ook niet geplaatst op je buik of rug, omdat het waarnemen dan moeilijker zou worden. Daarom is het hoofd de meest geschikte plek voor de zintuigen. Denk goed na over het feit dat Allah ﷻ je vijf zintuigen heeft gegeven tegenover de vijf soorten prikkels. De ogen zijn om te zien, de oren zijn om te horen, de neus is om te ruiken, de tong is om te proeven, de handen zijn om te voelen. Welke waarneming is overgebleven? Als er een andere noodzakelijke waarneming zou zijn, dan zou je daar ook ongetwijfeld een zintuig voor krijgen. Er is eigenlijk nog een zesde zintuig. Dat is het innerlijke zintuig waarmee je bepaalde dingen kunt aanvoelen. Iedere mens heeft wel eens zoiets meegemaakt. Dit innerlijke zintuig wordt ook wel de intuïtie genoemd. Denk nu verder na en zie hoe je zintuigen zijn ondersteund met andere zaken. De ogen zijn ondersteund met het licht. Als het licht er niet zou zijn, dan zou men weinig tot niets hebben aan zijn ogen. De oren zijn ondersteund met de lucht. Als de lucht er niet zou zijn, dan zou men niets kunnen horen, want de geluidstrillingen worden via de lucht overgebracht naar je trommelvlies. De neus is ondersteund met de zachte bries. Hiermee bereiken geuren de neus. De tong is ondersteund met het speeksel in de mond. Zonder deze zou de tong weinig tot niets kunnen proeven. Daarom heeft het speeksel zelf geen smaak, want het dient als een hulpstof om de smaak van de stoffen beter te kunnen proeven. Zie hoe het hoofd bovenop het lichaam is geplaatst met alle zintuigen eraan. Daarnaast heeft Allah ﷻ het hoofd versierd met haren als een soort kleding voor de schedel. Hetzelfde geldt voor het gezicht dat met haren in verschillende vormen is versierd zoals de wenkbrauwen en de wimpers. De wenkbrauwen zijn in een prachtige vorm geplaatst boven je ogen, zodat de ogen onder andere beschermd worden tegen het zure zweet dat van het voorhoofd kan komen. Allah ﷻ heeft ook de oogleden versierd met de wimpers en de wangen met de baard. Hij ﷻ heeft de lippen versierd met de snor en de haren tussen de onderlip en de kin. Deze haren zijn uiteraard bij de mannen. Bij de vrouwen is de versiering juist dat ze geen baard en snor hebben.

De ogen zijn heel complex samengesteld en bestaan uit verschillende onderdelen met elk zijn eigen functie. Kijk hoe mooi er vorm is gegeven aan de ogen. De grootte en de vorm zijn mooi geregeld. Daarnaast zijn ze beschermd met de oogleden tegen allerlei soorten schaden van buitenaf zoals stoffen. De wimpers zijn niet alleen een sier, maar dienen ook als een soort bescherming voor de ogen. De ogen zijn ook beschermd tegen rotten of verderf dankzij de zoutige vloeistof in het oog. Denk goed na over de pracht van de ogen. Allah ﷻ heeft ze het gezichtsvermogen gegeven waarmee de mens de hemelen en aarde kan bekijken en zelfs de sterren kan zien. Dit mysterieuze vermogen van de ogen is zo indrukwekkend dat de horizon erin past.

De oren zijn voorzien van oorschelpen waarmee de geluidstrillingen worden opgevangen. Kijk goed naar de vorm van de oorschelpen. Ze hebben kreukels en plooiingen waarmee het geluid op een slimme en degelijke manier wordt doorgestuurd naar de gehoorgang. Dit is ongetwijfeld één van de talloze voorbeelden van Allahs ﷻ wijsvolle ontwerp.

De neus is ook op een prachtige manier gemaakt. Het is voorzien van twee gaten waartussen een wand is geplaatst. Als het ene gat zou verstoppen, dan kan men altijd nog via het andere gat ademen. Op deze manier kan men blijven ademhalen en verschillende soorten geuren ruiken. Er zijn geen kreukels of plooiingen in de neus, opdat de ademhaling niet wordt belemmerd. Ook dient de neus als een soort afvoer voor het restafval van de hersenen zoals snot en slijm.

De opening van de mond is op de meest geschikte plek in het gezicht geplaatst. Bovendien is de mond voorzien van allerlei instrumenten om het nuttigen van eten en drinken aangenaam en makkelijk te maken. Denk hierbij aan de tong en de tanden. De tong dient tevens als een soort zendantenne van de gedachten en gevoelens zoals dat het oor dient als een soort ontvangantenne die boodschap opvangt en doorstuurt naar de hersenen. De tong is daarom ook in het hoofd en niet op het hoofd zoals de oren en de neus, want de tong heeft geen opvangfunctie, maar een zendfunctie. Ook zit de tong verborgen in de mond, omdat het vochtig moet blijven. Als het buiten op het hoofd zou zijn, dan kon het uitdrogen waardoor het niet meer goed zou functioneren. Zo zijn er meerdere wijsheden voor de opsluiting van de tong in de mond.

Allah ﷻ heeft de mond versiert met de tanden. Hiervan kan men ook gebruik maken tijdens het nuttigen van eten. Het is niet zomaar dat de tanden verschillende vormen hebben. De functie van een tand heeft namelijk een relatie met zijn positie in het gebit. De snijtanden en de kiezen hebben verschillende vormen en functies. De mond is ook voorzien van lippen. De lippen hebben belangrijke functies zoals schoonheid, bescherming van de mondholte tegen droogte en schadelijke stoffen, en de uitspraak van bepaalde letters en woorden.

Het is ook merkwaardig dat de lippen geen botten bevatten, zodat drinken, sluiten en openen van de mond makkelijker plaatsvinden. Alleen de onderste lip kan bewegen, omdat deze vast zit aan het kleine deel van het hoofd, namelijk de kaak, terwijl de bovenste lip aan het grotere deel van het hoofd vast zit waar ook de neus, ogen, oren en hersenen zijn. Het is gepast dat het kleinere deel beweegt in plaats van het grotere deel. Hiermee is ook voorkomen dat de organen op het grotere deel van het hoofd in gevaar komen.

Denk ook aan het geluid dat uit de mond komt via de keel. Dit is eigenlijk lucht waarmee verschillende geluiden gemaakt kunnen worden. Deze geluiden worden met een beperkt aantal letters gemaakt waarmee ontelbare zinnen tot stand gebracht kunnen worden; laat staan de verschillende talen en dialecten. De mond en wat eraan zit, zijn allemaal hetzelfde bij de mensen, maar wat eruit komt, kan heel verschillend zijn. Het is net als de aarde die overal hetzelfde is, maar het kan verschillende soorten vruchten geven met verschillende kleuren, geuren en smaken. Allah ﷻ openbaart hierover wat neerkomt op: "En tot Zijn tekenen behoren de schepping van de hemelen en de aarde, en het verschil in jullie talen en huidskleuren. Waarlijk, daarin zijn zeker tekenen voor mensen met kennis." Hij zegt ook: "En op aarde zijn gebieden naast elkaar, en tuinen met druivenstokken en ingezaaide velden met koren en palmbomen, twee of drie groeiend uit een enkele wortelstam of anders, bevloeid met hetzelfde water, maar een paar van hen maakten Wij beter dan anderen voor consumptie. Waarlijk, in deze zaken zijn er tekenen voor de mensen die begrijpen."

Kijk nu naar de luchtpijp, hoe geschikt de vorm ervan is om het geluid naar buiten te sturen. Kijk naar de tong, de lippen en de tanden, hoe die de klanken en het geluid regelen. Als bij iemand tanden ontbreken, dan merk je snel dat er gebreken zijn in zijn articulatie. Hetzelfde geldt voor de lippen en de tong. Je bewondert de muziekinstrumenten die gemaakt zijn door de mensen, maar je kijkt niet op naar het prachtige geluidssysteem van het menselijke lichaam, omdat de bekende en de gewone, hoe wonderbaarlijk het ook is, geen bewondering meer veroorzaakt bij de mensen.

De handen hebben een belangrijke functie in het dagelijkse leven van de mens. Een groot deel van de dagelijkse werkzaamheden worden met de handen verricht. De hand is ondersteund met vingers en armen. De armen zijn lang waardoor de hand in gelegenheid wordt gesteld om meer en makkelijker te bereiken. De vingers helpen bij het grijpen en vasthouden. Deze zijn weer onderverdeeld in gewrichten, zodat ze buigzaam kunnen functioneren. De vier vingers zijn boven de hand geplaatst en een vinger is aan de zijkant van de hand geplaatst waardoor het grijpen en vasthouden zonder hindernis plaatsvindt. Allah ﷻ kon de hand ook zoals een plaat maken, maar dan zou men er weinig tot niets aan hebben. De nagels dienen als een sier, maar ook als een versteviging en bescherming van de vingertoppen. Het is al genoeg dat men met de nagels zijn jeuk kan stoppen door te krabben, ook al is hij aan het slapen.

Als de dienaar alleen al kijkt naar hoe zijn voedsel zijn lichaam binnenkomt, daarin verblijft en vervolgens eruit komt, zal hij talloze leringen en wonderbaarlijkheden tegenkomen. Kijk hoe hij de instrumenten, zoals handen, vingers, nagels, spieren en gewrichten heeft gekregen om het voedsel te kunnen nuttigen. Bovendien heeft de mens op het hoofd een ingang voor het voedsel. Deze ingang bevat snij- en vermaalmiddelen om het voedsel eerst in kleine stukken te kunnen snijden en om het vervolgens te kunnen fijnmalen. Daarnaast zijn deze gereedschappen ondersteund met een vloeistof, dus het speeksel, om het verbrijzelingsproces te vergemakkelijken. Na het volledig in fijne deeltjes afbreken, wordt het voedsel met de tong en het gehemelte gestuwd naar de opening achter in de mondholte. Hier zijn er twee wegen voor het voedsel: de luchtpijp en de slokdarm. Het slikken is eigenlijk een complexe beweging. Tijdens het slikken zijn verschillende spieren en zenuwen van onder andere de lippen, tong en wangen betrokken. Om goed te kunnen slikken moeten deze spieren en zenuwen goed samenwerken. Als die samenwerking niet goed gaat, kan iemand zich verslikken of zelfs stikken. De luchtpijp moet bijvoorbeeld worden afgesloten door het strottenklepje. Op deze manier gaat het voedsel de slokdarm in en komt het niet via de luchtpijp in de longen terecht. Via deze weg wordt het voedsel geleid naar een opslagruimte, namelijk de maag. De maag heeft ook twee openingen: een opening aan de bovenkant waar het voedsel naar binnen kwam en een opening aan de onderkant waar het restafval naar buiten treedt. De bovenste opening is groter dan de onderste opening, want datgene wat binnenkomt, is meer dan hetgeen naar buitengaat. De onderste opening is altijd gesloten, zodat het voedsel binnenblijft. Deze opening gaat alleen open als er een signaal afgaat naar de 'sensor' bij deze opening nadat het verteringsproces is voltooid en het voedsel volledig is opgelost in de maag. De maag bevat een vurige hitte, dus de maagzuur, waarmee het voedsel in de maag smelt zoals voedsel in kokende pan. De maag is via dunne en veilige kanalen verbonden met de overige lichaamsdelen, organen en ledematen. Elke benodigde vitamine wordt doorgestuurd naar de desbetreffende organen en ledematen. De ene keer erin en de andere keer eruit. Op deze manier komt het voedsel dus eerst de maag binnen en daarna treden de beste en nuttigste gedeelten van hetzelfde voedsel de maag uit om naar de geschikte delen van het lichaam te gaan.

Daarnaast spelen andere organen ook een rol om het geëxtraheerde voedsel zo nuttig mogelijk te maken voor de overige delen van het lichaam. Deze organen dienen als tussenstations voor de vitamines die uiteindelijk naar de voorgeschreven eindbestemming vervoerd moeten worden via de bloedvaten. Zelfs de uiterste delen van het lichaam, zoals de nagels en de haren, worden gevoed met deze vitamines. Glorie aan de Wijsvolle Schepper der werelden!

Kijk nu nogmaals goed naar jezelf. Overpeins bij elk lichaamsdeel hoe geschikt het is ontworpen voor een bepaald doeleinde. Elk onderdeel van het lichaam heeft functies en taken om het leven voor de mens gemakkelijk, sterker nog, mogelijk te maken. Het achterwerk en de bovenbenen zijn de delen waarop men regelmatig zit. Deze delen van het lichaam zijn voorzien van extra vlees, zodat de botten geen last ondervinden van het veelvuldig zitten op harde en droge plekken. De aars van de mens is in de meest bedekte plek verstopt, zoals dat een wijze bouwvakker het afvoereind op de minst zichtbare plek van het gebouw plaatst. De aars is niet zichtbaar van achteren of voren en komt pas tevoorschijn als de persoon zit om zijn behoefte te doen. Het gevoel is weggenomen van de haren en de nagels, want deze lichaamsdelen groeien regelmatig waardoor de mens genoodzaakt is om ze één keer in de zoveel tijd te knippen. Als het pijngevoel ook aanwezig zou zijn in de haren en de nagels, dan zou het knippen onverdraaglijk worden voor de mens. Als men ervoor zou kiezen om ze niet te knippen, dan zou hij hierdoor onverzorgd en zelfs ongezond worden. De binnenkant van de handen zijn harenvrij, terwijl er op de buitenkant haartjes kunnen groeien. Als er op de binnenkant ook haren zouden zijn, dan kon dit een obstakel vormen voor het degelijk raken en voelen met de handen. Hierdoor zou het dagelijkse leven zelfs bemoeilijkt worden, omdat de functionering van de handen negatief beïnvloed wordt. Door dezelfde reden zijn er ook geen haren in de mond, op de lippen en op de voetzolen. Als er haren zouden zijn op deze plekken, dan zouden heel veel dagelijkse activiteiten van de mens bemoeilijkt en zelfs belemmerd worden. Wie is degene die dit allemaal op deze manier heeft bepaald en ontworpen? Wie is degene die deze keuzes heeft gemaakt voor de bestwil van de mens? Wie is degene die het ene wel en het andere niet specificeert met bepaalde kenmerken en eigenschappen?

Denk goed na over bepaalde menselijke eigenschappen, zoals onthouden en vergeten. Hierin zitten veel wijsheden voor degenen die er diep over nadenken. De mens heeft er baten bij. Als de mens geen herinneringsvermogen zou hebben, dan zou hij niet meer weten wat voordeel en nadeel, veilig en gevaar zijn. Hij kon geen leringen trekken uit het verleden. Alle kennis die hij zelfs uit ervaring en gewoonte kent, zoals dat vuur verbrandt of mes snijdt, zou hij vergeten. Dit zou het leven van de mens in gevaar brengen. Als de mens geen geheugen zou hebben, dan zou hij ook niet meer weten wat hij heeft gezegd, beloofd en geleend. Hij kon zijn vriend, familielid en geliefde niet herkennen. Als hij ergens naartoe zou rijden, dan kon hij de terugweg zelfs vergeten. Door te overpeinzen over deze zaken begrijp je beter dat het geheugen een grote gunst is voor de mens. Toch is een ijzeren geheugen niet altijd fijn. Daarom is het menselijke geheugen door Allah ﷻ gecombineerd met vergeetachtigheid. Bepaalde gebeurtenissen of personen vergeten, is ook een gunst van Allah ﷻ aan de mens. Als de mens niets zou vergeten, dan zou het leven zeer onaangenaam worden voor hem. Hij zou zijn hoop verliezen en zou niet kunnen lachen, omdat er steeds geen einde zou komen aan zijn verdriet. Hoewel onthouden en vergeten tegenpolen zijn van elkaar, leveren ze in combinatie met elkaar een groot profijt op aan de mens.

Een ander voorbeeld is schaamte. Als deze eigenschap er niet zou zijn, dan zou niemand zijn schulden betalen, geleende spullen teruggeven, gasten verwelkomen en trakteren, beloftes nakomen, privé lichaamsdelen bedekken en ontucht vermijden. Niemand zou andermans recht nakomen. Nog een voorbeeld is de levensdrift. Als de mens deze eigenschap niet zou hebben, dan zou er een einde komen aan het menselijke bestaan op de aarde. Bovendien is het een andere gunst dat de mens niet weet wanneer hij zal sterven. Als hij zou weten dat hij een kort leven heeft, dan zou hij zich heel terughoudend en passief opstellen tegen het leven en al haar aspecten. Als hij zou weten dat hij een lang leven heeft, dan zou hij verdrinken in lusten en zonden, omdat hij het laatste moment nog berouw kan tonen. Het weten van de eigen sterfdatum zou dus als een rechtvaardiging gebruikt worden door de mensen voor buitengewone leefstijlen, zoals volledig afzonderen van het leven of buitensporig genieten van het leven. Dit zou niet passen bij de wijsheid. Daarom heeft de mens geen kennis gekregen over zijn sterfdatum en de exacte eindtijd van het leven op de aarde.

Je ziet dus dat er talloze wijze keuzes zijn gemaakt in de schepping van de mens waar de verstanden versteld van staan. Al deze wijze keuzes zijn tekenen voor het bestaan en de uniekheid van een almachtige en alwetende Schepper wiens namen en eigenschappen tot ons zijn gekomen via de boodschappers en profeten. Deze Schepper is Allah ﷻ.

Denk goed na over de twee communicatievormen die de mens heeft gekregen van Allah ﷻ. Deze twee communicatievormen zijn: spreken en schrijven. Welk ander wezen dan de mens beschikt over deze superieure vaardigheden? Als er geen schrift was, dan kon een groot deel van de kennis en berichten niet vastgelegd worden. Hij ﷻ schiep de mens en gaf hem deze vaardigheden en de bijbehorende tools om ze gedegen uit te kunnen voeren. Hij ﷻ schiep namelijk ook spieren, gewrichten, polsen, handen en vingers om te schrijven. Hij ﷻ schiep ook schrijfmateriaal, inkt en papier om dingen vast te leggen. Hij ﷻ gaf de mens een mond, tong, tanden en stembanden om te kunnen spreken.

In het schrift zitten daadwerkelijk vele tekenen waar we onachtzaam over zijn. Je pakt een potlood vast en legt het op een papier waardoor talloze wijsheden en kennis wordt geproduceerd. Je kan waanzinnige eindproducten, diverse wetenschappen, prachtige gedichten tot stand brengen met deze levenloze voorwerpen. Hetzelfde geldt voor het spreken. De tong is een levenloos stuk vlees en de stembanden ook, maar ze kunnen talloze geluiden en articulaties veroorzaken waar het verstand van versteld staat.

De lichamelijke groei van de mens vanaf de geboorte is ook een wonder op zich. De baby groeit van elke kant en wordt steeds sterker en groter totdat het een volmaakt kind wordt en daarna een stevige volwassene. Gedurende dit proces wordt niets van de oorspronkelijke vorm aangetast. De groei gaat heel consistent en gebalanceerd. De bouw en vorm van de mens zijn heel anders dan die van andere wezens. De mens kruipt of sluipt niet, maar loopt rechtop met zijn hoofd in de lucht. Dit is uit eerbied voor de mens.

Overpeins ook over de hoeveelheid van bepaalde ledematen en organen die je hebt. Je hebt slechts een hoofd, tong, neus en geslachtsorgaan, omdat het geen nut heeft om meerdere van deze lichaamsdelen te hebben. Als je bijvoorbeeld een tweede hoofd zou hebben, dan was dit niets anders dan een last voor het lichaam waar je niets aan hebt. Bovendien zou dit er niet mooi uit zien en ook niet praktisch zijn voor de communicatie en dergelijke behoeften. Hetzelfde geldt voor de overige bovengenoemde lichaamsdelen. Een daarvan voorziet in de behoeften. Daarnaast heeft de mens lichaamsdelen waarvan hij twee stukken heeft, zoals de ogen, oren, lippen, handen, armen, voeten, benen, dijen, borsten. De wijsheid hierachter, het profijt hierin, de schoonheid hiervan is overduidelijk zichtbaar. Met een oog of een oor of een wenkbrauw zou de mens niet mooi genoeg zijn. Met een hand of een been zou de mens niet kundig genoeg zijn. Je ziet de wijsheid als je kijkt naar de functies van bijvoorbeeld de twee lippen. Je hebt er twee, omdat je anders niet gedegen kon spreken, proeven en kussen. Daarnaast kon je, je mond niet sluiten. Het zou er ook lelijk uitzien als een lip ontbrak.

Er zijn ook lichaamsdelen waarvan je er vier hebt, zoals de enkels en de oogleden. De enkels zijn de knopingspunten tussen de voeten en de benen. Ze versterken de verbinding van deze twee ledematen aan elkaar en zorgen ervoor dat de voeten makkelijk en soepel kunnen bewegen. De oogleden dienen voor de bescherming en het onderhoud van de ogen en voor het sluiten van de ogen bij het slapen of rusten. Daarnaast zijn het prachtige tekenen voor de menselijke schoonheid.

De natuur is niet in staat om vorm te geven aan het menselijke lichaam met al haar discrepanties en nuances. Het komt zelden voor dat twee mensen exact hetzelfde eruitzien in tegenstelling tot diverse soorten dieren, zoals schapen, kamelen en vogels. Deze overeenkomstigheid tussen dieren en planten is zeer groot zodanig dat mensen amper onderscheid kunnen maken tussen twee schapen of vogels, terwijl de dieren zelf dat wel kunnen onderscheiden. De mensen zijn zo uniek dat ze zelfs in hun vingerafdrukken, stemmen en smaken van elkaar verschillen. De achterliggende wijsheid hiervan is dat mensen met elkaar moeten communiceren, kennismaken, handelen en omgaan waarbij sprake is van een scala aan rechten, waarden en normen die in acht genomen moeten worden. Als mensen ook zoals dieren en planten op elkaar zouden lijken, dan zou deze omgang en communicatie verhinderd of bemoeilijkt worden. Er zou wanorde heersen en de handhaving van rechtvaardigheid zou bijna onmogelijk worden. Hoe zou men zijn eigen gezinsleden herkennen? Hoe zou men zijn compagnons herkennen? Hoe zou men zijn crediteuren herkennen? Dit is al genoeg om te begrijpen hoe groot de chaos zou zijn onder de mensen als men geen onderscheid kon maken tussen de mensen. Dit kon misbruikt worden door boosdoeners.

Nu moet je aan de koppige naturalist of atheïst vragen: wie heeft deze discrepanties en nuances gecreëerd? Is dat de natuur? Waar zit het onderscheidend vermogen van de natuur dan? Of is dat het toeval? Hoe verklaar je dan dat er zoveel condities en voorwaarden bijeen zijn gekomen om vervolgens de bestaande harmonie te realiseren. Of is dat niets? Hoe kan dan iets uit het niets ontstaan? Dit zijn lastige vragen voor hen om ze verzadigend te beantwoorden.

Het menselijke lichaam symboliseert het universum. Daarom wordt de mens ook wel het kleine universum genoemd. Alle organen in het menselijke lichaam hebben een eigen vorm en functie. Ze werken met z'n allen naar een bepaald doel toe dat zeer cruciaal is voor het leven van de mens. Hetzelfde geldt voor de objecten in het universum. De zon, de maan, de oceanen, de bossen en bomen werken allemaal voor een bepaald doel dat zeer cruciaal is voor het voortbestaan van de mens. De mens maakt ook een onderdeel uit van dit universum en elke mens heeft zijn eigen specialiteit en deskundigheid. Je hebt onder de mensen boeren, herders, smeden, tailleurs, docenten, artsen, wetenschappers, etc. De aanwezigheid van deze deskundige mensen is ook cruciaal voor het leven op de aarde. Er is dus sprake van een harmonieus en compatibel systeem dat een zeer complex ontwerp heeft. Dit allemaal duidt op de enige en unieke Schepper ﷻ. Alle kleine en grote onderdelen van dit systeem werken volgens een bepaalde structuur en functioneren mee in dit systeem. Dit duidt erop dat deze unieke Schepper ﷻ alwetend is, want Hij ﷻ heeft kennis over alle dingen, aangezien elk klein en groot onderdeel meedoet aan dit systeem. Zo een enorm systeem kunnen opzetten, vereist een absolute macht. Dit impliceert weer dat deze unieke Schepper ﷻ almachtig is.

Het is mogelijk om het universum te vergelijken met een geavanceerd huis dat alle benodigde middelen, materialen en faciliteiten tot haar beschikking heeft. De hemelen zijn het dak van dit huis. De aarde is de grond. De zon, maan en sterren zijn de lampen van het huis. De oceanen en stromende rivieren zijn de badkamer van het huis en de winden zijn de ramen en ventilatie van het huis. De dieren en planten moeten het voedsel, kleding en bedienden voorstellen van dit huis. De mens is de gastheer van dit huis die alle bevoegdheid heeft. Zoals dit huis niet vanuit zichzelf of uit het niets ontstaan kan zijn, is het ook absurd voor dit gehele universum om vanuit zichzelf of uit het niets te ontstaan!

De hemelen

Overpeins de schepping van de hemel en kijk er keer op keer naar terug. Het behoort tot de grootste tekenen. Het is enorm wijd en hoog. Het heeft geen pilaren van onder of verbindingen van boven om in stand te blijven. Overpeins ook de schoonheid van de hemel. Er zit geen gat, barst, kromte of kreukel in. Denk vervolgens na over de kleur ervan welke tot de mooiste kleuren behoort en het meest geschikt is voor de gezondheid van het oog. Sterker nog, een persoon wiens ogen zijn beschadigd, werd door de artsen geadviseerd om regelmatig naar de hemelkleur te staren of in een groene beker die gevuld is met water. Zo zie je hoe Allah ﷻ de perfecte kleur heeft gegeven aan de hemelen welke zeer compatibel is met het menselijke oog. De mensen kijken namelijk veelvuldig, bewust of onbewust, naar de hemel. Daarom is de kleur ervan conform de wijsheid gekozen boven alle andere kleuren.[27] Op deze manier kunnen er veel meer wijsheden opgesomd worden met betrekking tot deze kleur van de hemel.

Het is Allah ﷻ die zo een complex lichaam van de mens uit een druppel vloeistof schiep. Hoe zit het dan met de enorm grote en hoge hemelen met alle sterren en planeten erin. Alleen Allah ﷻ weet met welke objecten en wezens die hemelen zijn gevuld. Als de hemelen net oceanen zijn, is alles wat onder de hemelen zit, gelijk aan een druppel water. De hemelen zijn dus een enorm schepsel en een prachtig kunstwerk van Allah ﷻ. Daarom kom je bijna geen Koranhoofdstuk tegen waarin de hemelen niet worden genoemd. Het is zo een groot teken dat Allah ﷻ er regelmatig naar verwijst in de Koran. Bovendien zien we ook dat Allah ﷻ in de Koran meerdere malen zweert op de hemelen. Dit allemaal duidt erop hoe belangrijk het is voor ons om veelvuldig te contempleren over de hemelen.

Alle hemellichamen bestaan onderling voort in harmonie. Er zijn sterren die met honderdduizenden kilometers per uur voortbewegen in het heelal en riskeren frontaal te botsen met andere supersnel voortbewegende hemellichamen, maar ze zijn allemaal onderhevig aan de macht van Allah ﷻ. Ze treden niet uit hun baan welke door Allah ﷻ is gecoördineerd. Sommige sterren bewegen in paren of in groepen voort. Sommige sterren bewegen alleen voort. Bovendien bewegen de stelsels waarin deze sterren zitten ook voort. Het meest waanzinnige hieraan is dat de beweegrichtingen van de stelsels en de sterren erin contrariëren met elkaar. Vraag nu aan de atheïsten en naturalisten welke

[27] Verbeeld je eens dat de hemelen kleuren zoals paars, donkerblauw of zwart zouden hebben. Dit zou de mens tot een permanente somberheid dwingen.

natuur het is die dit raadselachtige en tortueuze systeem heeft bedacht en gebouwd.

Houd ook rekening met de functies van de zon en maan. Hoe ze opkomen en verdwijnen waardoor wij de tijd kunnen bijhouden. Kijk ook naar de maan hoe het dunner en breder wordt naar verstrijken van dagen. Denk ook na over de relatie van de zon met de seizoenen en de weeromstandigheden. Ze lijken op de verschillende componenten van een complexe machine die dag en nacht tot een bepaald doel werken. Niet alleen deze machine is grandioos, maar ook de werking van elk component op zich en hun onderlinge samenwerking is wonderbaarlijk. De seizoenen zijn zo ingedeeld op basis van onder meer de beweging van de zon dat de winter niet in één klap omslaat in de zomer of andersom, want dit zou een grote chaos als gevolg hebben op onze planeet. Als het jaar uit één seizoen zou bestaan, dan zou de leefbaarheid van de aarde drastisch verstoord worden. Stel je voor dat het hele jaar zomer zou zijn, dan zouden de levende wezens op aarde niet kunnen profiteren van de 's winterse voordelen welke ook nodig zijn. Op dezelfde manier, als het hele jaar winter of herfst zou zijn, dan zouden we de profijten van lente en zomer ontberen.

In de winter is er een hitte in de buik van de aarde en bergen waarna de stoffen beschikbaar worden gesteld voor de groei van gewassen en bloei van planten. Aan de buitenkant wordt de aarde juist koud en de lucht intensief. Hierdoor ontstaan er wolken, regen, sneeuw en ijzel waarmee het leven op aarde in stand blijft. In de lente komen de 's winters klaargestoomde stoffen vrij en de planten en bomen beginnen te groeien en te bloeien. De dieren planten voort en er ontstaat een nieuwe dynamiek in de natuur alsof het tot leven komt nadat ze doodging in de winterperiode. In de zomer wordt de lucht zwaar en scherp. Nou wordt de binnenkant van de aarde en bergen koud, terwijl de buitenkant verhit.

Daarom is het ook dat de maag het vaste voedsel van de winter niet kan verteren in de zomer. De maag verteerde namelijk dat winterse voedsel dankzij de hitte in de buik. Wanneer de zomer komt, treedt de hitte naar de buitenkant van het lichaam en de kou vestigt binnen het lichaam. Na de zomer komt de herfst. Dit is de doordachte overgangsfase tussen de bijtende kou en de verschroeiende hitte. Was deze overgang er niet, dan zou de schade ervan zeer groot zijn voor de levenden op de aarde. Op dezelfde manier is de lente een wijselijke overgangsfase tussen de zomer en de winter.

Kijk ook goed naar de zonneschijn. Het raakt alle vlakken van de aarde. Als de zon op een plek zou ankeren, zouden grote vlakken van de aarde voor altijd in dag en de overige vlakken in nacht blijven waardoor het leven op aarde verstoord zou worden. De zon komt echter op van het oosten en beweegt voort totdat het ondergaat van het westen om op deze manier alle vlakken van de aarde geleidelijk langs te gaan. Hierdoor leven mensen in een gezonde en gestructureerde tijdsschaal zonder dat hun levensvoordelen worden verstierd of belet. Als er geen nacht of dag zou zijn, was het leven onmogelijk geworden op de aarde. Hoe zouden de mensen overdag werken voor hun levensonderhoud en vervolgens tot rust komen in de nacht!? Als de zon continu zou schijnen, dan zouden de dieren en planten vergaan. De hitte van de dag en de kou van de nacht zorgen ervoor dat de temperatuur in balans blijft voor een aangenaam leven op aarde. De nacht wordt gevolgd door de dag en volgens dit vaste patroon verstrijkt de tijd. Als de nacht ingaat, komt er rust en stilte op de aarde. In de ochtend komt alles opnieuw tot leven. Elke dag opnieuw wordt de dood en wederopstanding gedemonstreerd aan de mensen. Dit is een herhaaldelijke oefening die ons voorbereidt op de dag der opstanding en het bewustzijn voor die dag in stand houdt.

In de duur van de dag en nacht zitten ook vele wijsheden en voordelen. Een hele dag bestaat uit vierentwintig uur. De uren worden afwisselend verdeeld over de dag en nacht. Bepaalde perioden van het jaar zijn de dagen langer en bepaalde perioden zijn de nachten langer. Hierin zitten allemaal profijten voor de levende wezens op de aarde. De afwisselende duur van de dagen en nachten balanceert het volume en duur van de hitte en kou. Hoewel er een duisternis heerst in de nacht is er geen sprake van een absolute donkerte dankzij de maan en de sterren zodat de dieren zich alsnog kunnen bewegen wanneer ze daar behoefte aan hebben. Zo zie je hoe het licht van de maan en sterren de dieren en insecten in het midden van de duisternis te hulp schiet. Dit is één van de talloze tekenen voor de wijsheid en genade van Allah ﷻ!

De aarde

Ook de aarde behoort tot een van de grootste tekenen voor het bestaan van Allah ﷻ. Het is onderhevig gemaakt aan de mens om veilig erop te leven. Alle gewassen en vruchten zijn er in geplaatst en er zijn bergen en wegen erop gemaakt. De levenden zijn erop en de doden zijn erin. Denk goed na over de stabiliteit van de aarde. Als het niet zo stabiel was, dan zou het bouwen op de aarde en rustig erop leven onmogelijk worden. Denk aan de aardbevingen en aan de gevolgen ervan op het leven op de aarde. De aarde is ook zacht en droog, maar wel gematigd. Als het te zacht zou zijn, dan kon er niets op vestigen. Als het te droog zou zijn, dan zou er niets gezaaid en geoogst kunnen worden. De aarde is niet zo droog als steen en niet zo zacht als klei. Het is in een perfecte toestand zodat het geschikt is voor het voortbestaan van de levenden. De aarde bevat ook alle soorten elementen waar de levenden behoeftig naar zijn, zoals zand, steen, berg, grond, aarde, etc. Bovendien is de aarde wijd en groot genoeg voor de gehele mensheid om erop te leven.

De aarde geeft haar vruchten na de regen, terwijl ze voorheen dood was. De aarde was stil, ijskoud en bewegingloos. Na het druppelen van het regenwater begint het leven te krijgen en geeft vervolgens de meest kleurrijke en geurrijke flora in verschillende vormen en omvangen waar mensen op verschillende manieren van kunnen profiteren. Er zitten ook veel wijsheden in de manier waarop regen ontstaat en nederdaalt. Het komt van boven, omdat dit de beste richting is voor het algemene nut van de schepping. Als de regen van een andere richting zou komen, dan zouden vele schepsels de gunsten ervan ontberen. De wolken vallen ook niet als geheel naar beneden, want dat zou levensgevaarlijk zijn voor de levenden en grote schaden aanrichten in de steden. De regen valt in kleine druppels en met een fijne snelheid en gewicht. Nog belangrijker is dat het met benodigde hoeveelheid regent. Als het bijvoorbeeld continu zou regenen of iets langer dan nodig, dan zou het leven onmogelijk worden en alle dieren en gewassen zouden verderven. Er zouden grote overstromingen plaatsvinden en alles zou verwoest raken.

De bergen behoren ook tot de tekenen van Allah ﷻ. Ze dienen als pilaren om de aardbevingen te verminderen. Ook de stoffen die uit de bergen en de omgeving ervan verworven worden, zijn erg nuttig voor de mensheid. Ze maken daarmee sieraden, instrumenten, gereedschappen, wapens en vervoermiddelen. Als Allah ﷻ de mensen niet zou leiden tot deze gunsten, dan zou niemand daar nut uit kunnen halen. De watervallen, stromende rivieren, zuivere wateren die van de bergen komen, dienen als een belangrijke bron voor een gezond leven op de aarde. De vorm van de bergen is ook erg bijzonder. Als het muurrecht zou zijn, dan zou het klimmen veel moeilijker worden en het zou het zonlicht en de lucht verhinderen. Zodoende kunnen we honderden bijzonderheden en voordelen van de bergen opsommen.

Denk ook na over de voordelen van de wind. Hoe het de wolken stuwt en de aarde ventileert. Als er geen wind zou zijn, dan zou het stinken op de aarde. Het mensenleven zou ophouden te bestaan door de onzuivere lucht. Het is een grote genade van Allah ﷻ.

De zee

Als Allah ﷻ de zeeën niet zou weerhouden en begrenzen, dan zou alles verdrinken in de duistere dieptes van de oceanen. De zeeën zitten vol met verschillende dieren en planten die zeer uniek zijn. Het gaat om talloze soorten. Mensen halen daar profijt uit, zoals voedsel en sieraden. Een andere meerwaardigheid is dat grote schepen veilig varen en niet zinken, terwijl andere voorwerpen uiteindelijk niet blijven drijven en verdwijnen in de dieptes van de zee. Die enorme schepen blijven in veiligheid varen op het transparante en vloeibare water.

De dierenwereld

Allah ﷻ heeft de dieren onderworpen aan de mens. Ze zijn gereed om ons van dienst te zijn met hun vaardigheden, eigenschappen en zelfs met hun vlees en botten. De dieren zijn onderling ook verdeeld in verschillende naties. Elk dier heeft zijn eigen unieke eigenschappen en gereedschappen om voort te bestaan. Bovendien hebben ze een functie en ze werken tot een bepaald doel. Elk heeft zijn eigen unieke kleur, vorm, grootte, vacht, bek, tanden, klauwen, poten en overige onderdelen waarmee ze op verschillende manieren kunnen functioneren. Sommige dieren zijn snel en licht, terwijl andere dieren weer zwaar en traag zijn. Sommige dieren leven alleen in het water en sommige alleen op de aarde, maar er zijn ook dieren die in beide domeinen kunnen leven. De voortplanting van dieren is ook zeer divers. Sommige dieren leggen eieren, terwijl andere dieren zonder tussenkomst van iets hun jongeling baren.

Kijk naar de wonderbaarlijkheid van de bijen. Ze hebben een harig lichaam, met gele en zwarte strepen. Het lichaam bestaat uit drie delen; de kop, de borst en het achterlijf. Ze hebben zes poten, vier vleugels en vijf ogen. De bij ruikt met haar voelsprieten, die zitten boven op haar kop. Ze werken met de zorgvuldigheid van een deskundige chemicus en leggen honderden kilometers af. Een bij vliegt in de zomer tot wel 30 keer per dag uit. Per vlucht worden gemiddeld wel 100 bloemen bezocht. Dit komt per dag neer op maar liefst 3000 bloemen! Voor een halve kilogram honing zijn 6 miljoen bloemen nodig.

Andere voorbeelden zien we in de wereld van de mieren. Ze bouwen enorme koloniën door samen te werken en zelfs zichzelf op te offeren. Ze kunnen hun eigen bruggen bouwen en onderling met elkaar communiceren. Ze hebben een perfect navigatiesysteem waarmee ze hun weg kunnen vinden. Als ze worden aangevallen door andere insecten, dan verlaten ze die plek. Het is zelfs recent ontdekt dat verwonde mieren een behandeling krijgen door andere mieren die de wond proberen te helen door eraan te likken. Zo zijn er talloze andere wonderen te bemerken in de mierenwereld.

Nog een bijzonder insect zijn de beerdiertjes. Ze komen overal voor. Deze microscopische wezens leven overal op aarde. Het enige wat ze nodig hebben is een klein beetje water. Zij zijn halve millimeter lang en hebben klauwen. Ze zijn de taaiste dieren die er bestaan. Je kunt ze bevriezen, bestoken, koken of pletten onder enorme druk, maar ze overleven het allemaal. Als het uitdroogt, schrompelt het in elkaar tot een klein bundeltje. Wanneer het weer nat wordt, zwelt het beerdiertje op en wandelt het verder alsof er niets is gebeurd, zelfs al is het jaren later. In 2007 zijn er beerdiertjes de ruimte in gestuurd. Het zijn de enige dieren die daar ooit buiten een ruimteschip in leven zijn gebleven.

Nog een voorbeeld zijn de vogelspinnen, ook wel tarantula genoemd, zijn reuzegrote spinnen. Sommige worden zo groot als een etensbord. Ze maken geen web om hun voedsel in te vangen, maar gaan op jacht naar grote insecten, kikkers en muizen. Hun acht harige poten bevatten zintuigen waarmee ze de lichtste trillingen kunnen waarnemen die hun prooi produceert. Ze gebruiken hun achterpoten om superkriebelige haartjes van hun lijf te schrapen en smijten die dan als een wolk in het gezicht van hun belager. De haartjes irriteren de ogen en neus van het roofdier.

Denk ook aan miljoenpoten die bestaan uit één lange reeks gewrichten, waardoor ze zo flexibel zijn als een worm en ze zich kunnen oprollen in een balletje om zichzelf te beschermen. Sommige miljoenpoten verspreiden een gruwelijke stank om roofdieren af te schrikken. Andere produceren een dodelijk gif dat ruikt naar geroosterde amandelen en sterk genoeg is om vogels te doden en brandplekken te veroorzaken op de huid van mensen.

En de zee-egels. Ze hebben geen ogen, maar kunnen toch licht waarnemen. Het is mogelijk dat ze hun hele lichaam gebruiken om te zien. Hun pantser van scherpe stekels dient om hongerige roofdieren op afstand te houden. Zee-egels schuifelen langzaam voort over de zeebodem op hun honderden buisvoetjes. Aan het uiteinde van die voetjes zit een zuignap waaraan ze zich voorttrekken. Om sneller te kunnen gaan gebruiken sommige zee-egels krabben als taxi. Ze liften mee om de rug van de krab, die in ruil daarvoor een stekelige lijfwacht krijgt. Als je een zee-egel omdraait, zie je zijn ronde bek. Zee-egels knabbelen aan bijna alles wat ze tegenkomen, van zeewier tot sponzen. Soms vormen ze samen een leger dat de oceaanbodem volledig kan ontdoen van al het leven, totdat er alleen kaal gesteente en zand overblijft.

Kijk naar de sluwe vossen. Het zijn pientere beesten die hun prooi, zoals bijvoorbeeld vogels, in de val lokken door te doen alsof ze dood zijn. Vossen liggen namelijk op hun rug en blijven doodstil wachten totdat vogels en andere prooidieren in hun buurt komen. Zodra ze hun prooi hebben gelokt, grijpen ze hen met hun sterke bekken.

Een ander vaardig dier zijn de reigers. Ze zijn uitstekende vissers. Hij gebruikt een aas om de vissen te lokken. Reigers slikken vissen altijd met de kop naar voren door, zodat de vinnen niet in hun keel blijven steken.

En een van de meest bijzondere vogels: spechten moeten we niet vergeten. De meeste spechten eten de larven van houtetende kevers. Om die lekkere hapjes te pakken te krijgen, slaan de vogels met hun scherpe snavel in op boomstammen, met een snelheid van soms wel vijftien slagen per seconde. Speciale spieren en een sponsachtig stuk bot aan de voorkant van hun schedel beschermen hun hersenen, want anders zouden spechten zichzelf doodslaan met de kracht van hun gehamer.[28]

[28] Dit hoofdstuk is gebaseerd op meerdere boeken waaronder *qul unẓurū* van Shaykh Ahmad al-Shami.

De manuscripten van de edele Koran

De Koran, het eeuwige woord van Allah ﷻ, is mondeling en schriftelijk overgeleverd gekomen tot ons. Er valt veel te zeggen over de zorgvuldigheid van de mondelinge overlevering. Een voorbeeld is dat zelfs de fonetische uitgangen van de letters van de Koranverzen, zoals *al-rawm* en *al-ishmām*, van generatie tot generatie overgeleverd zijn. Dit heeft betrekking op de manier waarop de lippen en de tong moeten bewegen tijdens de articulatie van de letters. Het is ongelooflijk en bovenmenselijk dat de Koran voor eeuwen op zo een strikte en zorgvuldige wijze telkens opnieuw met massatransmissie overgeleverd gekomen is tot de dag van vandaag. Bovendien wordt de Koran in elke eeuw gememoriseerd door miljoenen, van jong tot oud. Volgens de grove inschattingen zijn er hedendaags ongeveer 4 miljoen moslims die de Koran van kaft tot kaft hebben gememoriseerd. Dit aantal kan ook meer of minder zijn, maar al zou het 2 of 3 miljoen zijn, ook dat is enorm veel. Kan iemand een voorbeeld brengen van een ander origineel en klassiek boek dat door tienduizenden mensen is gememoriseerd van kaft tot kaft? Hiervan zijn natuurlijk de moslims weer uitgezonderd, want in het islamitisch onderwijssysteem worden naast de Koran ook andere boeken gememoriseerd in diverse vakken, zoals geloofsleer en wetgeving. De waarborging en overlevering van de Koran is daarom een gebeurtenis zonder precedent.

De Koranmanuscripten spelen ongetwijfeld een belangrijke rol in de overlevering van de Koran, maar deze rol is niet cruciaal voor de authenticiteit van de Koran, omdat de Koran al vaststaat met een mondelinge traditie die in elke generatie met ultra hoge massatransmissie wordt overgeleverd. Desalniettemin is ook de schriftelijke overlevering van de Koran zeer uniek. Er zijn wereldwijd miljoenen Arabische manuscripten waarvan een aanzienlijk deel nog steeds aan het verstoffen is in de rekken van bibliotheken en universiteiten. De manuscripten van de Koran maken daar een belangrijk onderdeel uit. Een voorbeeld is het Koranmanuscript dat dateert uit de periode van de geliefde profeet Mohammed ﷺ en voor honderd jaar zonder te zijn gelezen in de bibliotheek van de University of Birmingham lag. Dit Koranexemplaar werd vervolgens met een onvoorzien succes gevonden door een PhD-student. In dezelfde universiteit zijn er momenteel 3.500 Arabische manuscripten die staan te wachten om ontdekt te worden door leergierige onderzoekers.

In dit hoofdstuk wil ik graag een lijst geven van Koranmanuscripten die dateren uit de eerste eeuw van de islamitische geschiedenis. Om de resultaten van de C14-datering, oftewel de koolstoftest, correct te kunnen plaatsen, wil ik eerst een chronologie geven van de relevante perioden:

1. De periode van de profeet Mohammed ﷺ: 610-632 AD
2. De periode van Abubakr: 632-634 AD
3. De periode van ‘Omar: 634-644 AD
4. De periode van ‘Othman: 644-656 AD
5. De periode van ‘Ali: 656-661 AD
6. Einde Umayyadische periode en begin Abbasidische periode: 750 AD

De Koranmanuscripten die wij gaan opsommen, kunnen bijna allemaal teruggevoerd worden op de tijd van de geliefde profeet Mohammed ﷺ. Ze vallen in ieder geval niet buiten de periode van de vier rechtgeleide kaliefen. Wat betreft de Koranmanuscripten die dateren uit de tweede eeuw en erna, deze hebben we niet opgenomen in de lijst, omdat deze te veel zijn om op te sommen. De resultaten van de koolstoftesten verschaffen uiteraard niet een soort kennis die volledig beschut is met zekerheid en precisie. Bovendien zijn de testen uitgevoerd op het materiaal waarop de tekst is geschreven en niet op de tekst zelf, maar het is een vergezochte en ongefundeerde aanname dat de materialen voor decennia zonder gebruikt te worden werden bewaard. Vooral omdat deze materialen, zoals perkament, erg duur waren in die tijd om voorbereid en opgesteld te worden. Het is daarom niet aannemelijk dat er decennia zitten tussen de tijd van het materiaal en de tijd van het schrift. Daarom heeft dit gegeven verder geen invloed op de resultaten van de uitgevoerde koolstoftesten. Het is echter waar dat deze materialen hergebruikt kunnen worden. Deze wordt palimpsest genoemd en met de antieke term ook wel *codex rescriptus*, maar het gewiste schrift is in de meeste gevallen nog steeds leesbaar onder het nieuwe schrift. Dit soort exemplaren zijn niet opgenomen in de lijst. Nog een valkuil kan zijn dat bepaalde Koranmanuscripten kunnen dateren uit een periode die gedeeltelijk afwijkt van de historisch vaststaande feiten, zoals dat een koolstoftest de volgende uitslag geeft: 568-645 AD. Dit zou betekenen dat er een Koranmanuscript is dat teruggaat tot de periode vóór de geliefde profeet Mohammed ﷺ. Dit is heel natuurlijk bij een koolstoftest, omdat het nooit precies kan zijn. Bovendien is het geschiedkundig gezien een noodzakelijk principe om de koolstoftestresultaten in het licht van de historisch vaststaande feiten te lezen en ook altijd eerst te toetsen aan andere historische gegevens. Hieronder volgt een aantal voorbeelden van Koranmanuscripten uit de vroege islamitische geschiedenis:

1. Het Topkapı manuscript in Turkije, Istanboel. Er wordt ook wel gezegd dat dit Koranexemplaar door de derde kalief ‘Othman ibn ‘Affan werd geschreven. Het formaat van het exemplaar is 32 bij 40 centimeter en bestaat uit 408 pagina’s. Elke pagina bevat 18 regels. Het materiaal is van leer en de schrijfstijl is *al-kūfī*.

2. Het TIEM manuscript in Turkije, Istanboel. Aan het einde van dit exemplaar staat dat het geschreven is in het jaar 30 AH door de derde kalief 'Othman ibn 'Affan. Het formaat is 32 bij 23 centimeter en bestaat uit 439 pagina's. Elke pagina bevat 15 regels. Het materiaal is van leer en de schrijfstijl is *al-kūfī*. Het exemplaar is zeer nauwkeurig neergeschreven en bevat niet eens een kleine *slip of the pen*.

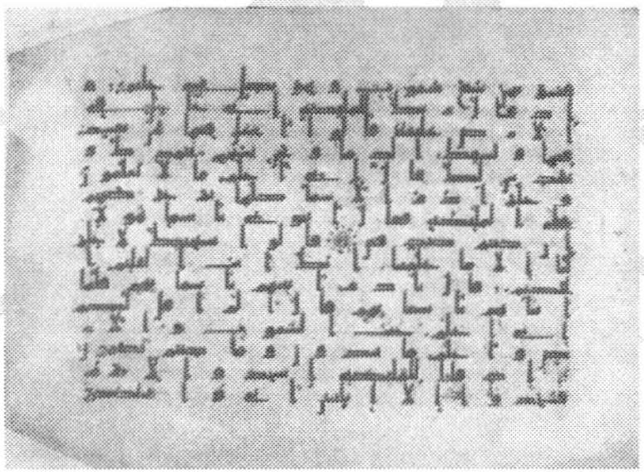

3. Codex TIEM Şe 321 (The Umayyad Codex of Damascus) in Turkije, Istanboel. Het formaat is 24 bij 19,5 centimeter en bestaat uit 78 pagina's. Het exemplaar is afkomstig uit de eerste eeuw.

4. Codex Arabe 614a in Turkije, Istanboel. Ook dit exemplaar bevindt zich in TIEM.[29] Het formaat is 37 bij 28 centimeter en bestaat uit 10 pagina's. Het exemplaar is afkomstig uit de eerste eeuw.

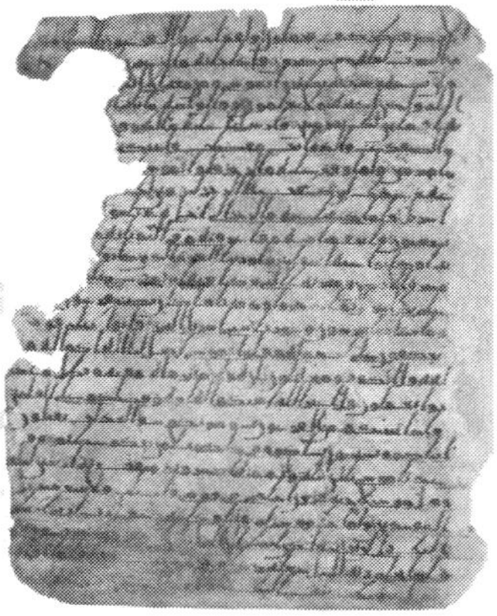

[29] Buiten deze exemplaren bevinden zich veel meer manuscripten uit de vroege periode in TIEM die nog niet zijn gepubliceerd en/of geen koolstoftest hebben gehad.

5. Het Caïro manuscript in Huseyn moskee in Egypte. Het format is 57 bij 68 centimeter, dikte is 40 centimeter en het gewicht is 80 kilogram. Het materiaal is van leer en de schrijfstijl is *al-kūfī*. Het bestaat uit 1087 pagina's. Er ontbreken slechts 4 pagina's.

6. MS. 139 (Caïro); MS. Arabe in Dar al-Kutub al-Misriyya in Egypte. Het formaat is 53 bij 63 centimeter en bestaat uit 306 pagina's. Elke pagina heeft 12 regels. Het resultaat van de koolstoftest duidt er met % 95,2 op de sterke waarschijnlijkheid dat het exemplaar geschreven is tussen de jaren 609 en 694 AD.

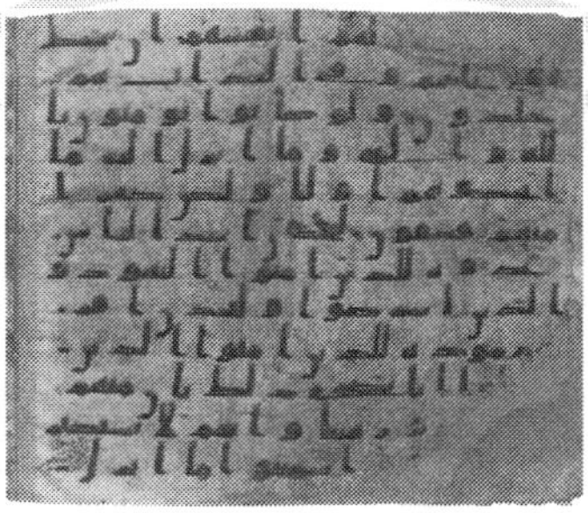

7. MEFI manuscript 21145 in Egypte. Het bevindt zich in Mathaf al-Fann al-Islami in Caïro. Het bestaat uit 270 pagina's en is 40 bij 38 centimeter. Elke pagina heeft 17 regels.

8. al-Mash-had al-Huseyni manuscript in Caïro. Het exemplaar is 14 bij 19 centimeter en 17 centimeter dik. Het bestaat uit 508 pagina's. Elke pagina heeft 14 regels. Dit exemplaar behoort tot één van de oudste Koranmanuscripten.

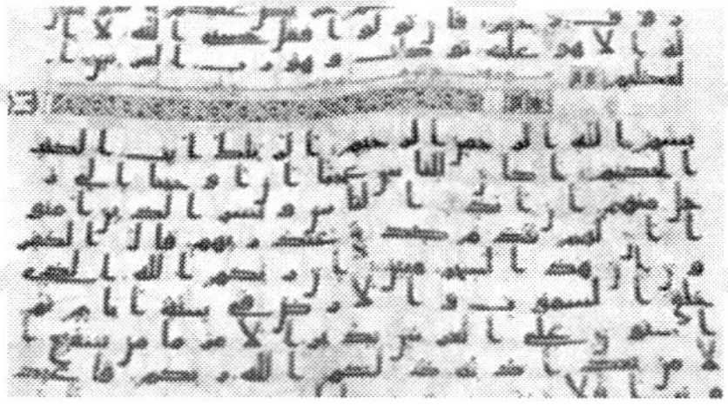

9. Codex MS. Qaf 47 in Dar al-Kutub al-Misriyya te Caïro. Het heeft 36 pagina's.

10. Codex Mia 24145 in Mathaf al-Fann al-Islami te Caïro. Het formaat is 38 bij 40 centimeter en bestaat uit 281 pagina's. Elke pagina bevat 17-18 regels.

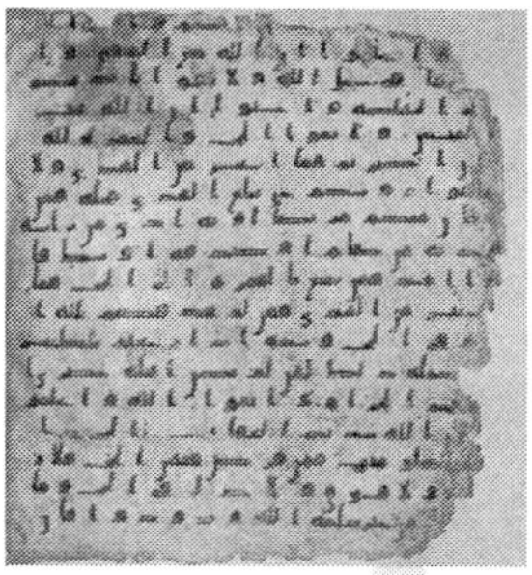

11. Leiden Or. 14.545a in Nederland. Het formaat is 50,5 bij 33 centimeter. Het bestaat uit 35 pagina's en in elke pagina zijn er 20 regels. Het is in de regeringsperiode van 'Othman ibn 'Affan geschreven. In dezelfde bibliotheek zijn veel meer Koranmanuscripten te vinden die ook behoren tot de vroege periode van de islamitische geschiedenis.

Het is mogelijk om deze lijst van Koranmanuscripten op te sommen tot duizenden manuscripten die wereldwijd in verschillende bibliotheken, universiteiten, moskeeën, musea en onderzoeksinstituten worden bewaard. Er is ook een website gebouwd door oriëntalisten waar veel onderzoeken zijn gepubliceerd over Koranmanuscripten. Deze website wordt *Corpus Coranicum* genoemd en bevat een geavanceerd zoeksysteem waarbij het mogelijk is om voor elk Koranvers de bijbehorende manuscripten te vinden. De zeer authentieke oorsprong van de Koran is een onmiskenbaar feit. Het is erg lachwekkend dat sommige dwazen de Koran toch in twijfel proberen te trekken, terwijl ze de authenticiteit van andere antieke werken zonder ondervraging bekrachtigen of aannemen. Hieronder vind je een overzicht van een aantal antieke boeken waarvan de authenticiteit door vrijwel niemand in twijfel wordt getrokken:

1. De Ilias geschreven door de dichter Homeros. Het is een vroeg-Grieks epos en is geschreven in 800 BC, maar het oudste exemplaar dateert van 400 BC. Er zit dus 400 jaar tussen.
2. De Historiën van Herodotus. Dit is het oudste omvangrijke werk in Grieks proza dat bewaard is gebleven. Het is geschreven in 480-425 BC, maar het oudste exemplaar dateert van 900 AD. Er zit dus 1350 jaar tussen.
3. Het boek Historiae van de Griekse geschiedschrijver Thucydides. Het is geschreven in 460-400 BC, maar het oudste exemplaar dateert van 900 AD. Er zit dus 1300 jaar tussen.
4. De werken van Plato. Hij schreef ze ongeveer in de vierde eeuw BC, maar de oudste manuscripten dateren van 900 AD. Er zit dus 1300 jaar tussen.

5. Het werk van Demosthenes. Geschreven in ongeveer 300 BC, maar de oudste manuscripten dateren van 1100 AD. Er zit dus 1400 jaar tussen.
6. Het boek Commentarii de Bello Gallicovan van Julius Caesar. Het is geschreven in 100-44 BC, maar dateert van 900 AD. Er zit 1000 jaar tussen.
7. Het boek Ab Urbe Condita van de Romeinse geschiedschrijver Titus Livius. Het is geschreven tussen de jaren 59 BC en 17 AD, maar dateert gedeeltelijk van de vierde eeuw en grotendeels van de tiende eeuw. Er zit 400 of 1000 jaar tussen.
8. Annales van de Romeinse geschiedschrijver Publius Cornelius Tacitus. Het is geschreven in 100 AD, maar dateert van 1100 AD. Er zit 1000 jaar tussen.
9. De Naturalis historia van de Romein Plinius de Oudere. Het is geschreven in 61-113 AD, maar dateert van 850 AD. Er zit 750 jaar tussen.

Het is mogelijk om de voorbeelden te vermeerderen. Hoe kan degene die deze teksten als origineel en authentiek beschouwt, de authenticiteit van de Koran in twijfel trekken? Dit is niets anders dan onwetendheid of hypocrisie! Dan spreken we nog geen eens over de Joden en christenen die hun religieuze geschriften omarmen en de authenticiteit van de Koran betwisten. De auteur van vele Joodse en christelijke geschriften zijn onbekend. Bovendien zijn de oudste manuscripten niet herleidbaar tot de tijd van Jezus en/of zijn discipelen. De auteurs van de Bijbelse geschriften zijn niet eens tijdgenoten van Jezus. Deze geschriften kunnen niet eens door de beugel volgens de criteria van de hadithgeleerden.[30]

[30] Tayyar Altıkulaç, *Mesâhif-i Kadîme* (İstanbul: IRCICA, 2015), p. 244-313; Altay Cem Meriç, *Peygamberliğin İspatı* (İstanbul: İnsan Yayınları, 2022), p. 42-79.

De profetische traditie en de uitdagingen

De islamitische natie is tegenover grote uitdagingen komen te staan door het gebrek aan authentieke kennis en onwankelbaar geloof. Hierdoor zijn de andersdenkenden en de ideologische vijanden van de islam opeens een intellectuele bedreiging gaan vormen, terwijl de invloed van hun wrok voorheen een stofje aan een weegschaal was, hoewel hun animositeit enorm groot was. Hun hedendaagse impact heeft niet te maken met de onomstotelijkheid van hun bewijzen of de weerloosheid van het islamitisch erfgoed, maar het is een bijproduct van de tragische situatie van de moslims. Wij zijn geen waardige opvolgers van de vrome voorgangers. Zij hebben hun eigendom, dierbaren en hun leven op het spel gezet om te voldoen aan de eisen van Allah ﷻ en Zijn boodschapper ﷺ, maar wij zijn achterover gaan leunen om te genieten van het wereldse leven. Ons hart is gevuld met liefde voor weelde en genot, terwijl de profeet ﷺ en zijn metgezellen dagenlang stenen hadden gebonden aan hun buik om het honger niet te voelen. Zij hebben hard gewerkt om hun loyaliteit te bewijzen aan Allah ﷻ. Ze hebben hun best gedaan om het profetisch erfgoed gewaarborgd door te geven aan de nieuwe generaties. Wanneer wij als moslims waren afgeweken van hun voetsporen, stonden we machteloos tegenover degenen die kwaadaardige bedoelingen hadden. Dit bereikte het dieptepunt met het imperialisme en daarna het kolonialisme op grond van de zogenaamde *Mission Civilisatrice* welke als smoes werd gebruikt door de hypocrieten om de landen van moslims binnen te vallen.

Op deze materiële exploitatie volgden de intellectuele aanvallen, namelijk de oriëntalistiek, Arabistiek en islamologie. De invloedrijke actoren van deze studievelden waren januskoppen zoals Ignaz Goldziher, Arminius Vámbéry, Theodor Nöldeke, Michael Jan de Goeje, Christiaan Snouck Hurgronje, Joseph

Schacht, Josef Horovitz, Bernard Lewis en vele anderen. Zij hebben onder het mom van wetenschap en onderzoek geprobeerd een vraagteken te plaatsen achter elk islamitisch fundament om twijfels op te wekken bij de moslims. Uiteraard hebben islamitische geleerden in elke periode antwoord gegeven op zulke ideologische militanten, maar de intellectuele schade die de moslimwereld hierdoor opliep, is niet te ontkennen. Zodoende werd de moslimwereld klaargestoomd voor het cultureel imperialisme dat nog steeds op gang is. Hierdoor is er tamelijk veel degeneratie veroorzaakt in de moslimwereld. De moslims, in het algemeen, kennen en leven de islamitische voorschriften niet meer. Sterker nog, er is onder de moslimjongeren een tendens ontstaan naar atheïsme en deïsme voornamelijk door de twijfels die zijn opgewekt omtrent de profetische traditie en de waarborging ervan.

Ontvangst van de profetische traditie door de *ṣaḥāba*

Allah ﷻ heeft Zijn nobele boodschapper ﷺ met de ultieme waarheid gestuurd naar de mensheid. De boodschap waarmee hij ﷺ kwam, heeft betrekking op alle aspecten van het leven. Allah ﷻ heeft Zijn boodschapper ondersteunt met *mu'jizāt* (wonderen). De boodschapper ﷺ werd door Allah ﷻ uitverkoren tussen alle profeten en zijn volk werd uitverkoren tussen alle voorgaande volken. Zijn grootste wonder was de edele Koran die het bewijs van zijn profeetschap en de maatstaf van zijn volk werd. Hij ﷺ heeft van Allah ﷻ los van de Koran echter ook wijsheid gekregen die dient als een uiteenzetting van de Koran, namelijk de Sunna. Hiernaar verwijst Allah ﷻ in het volgende Koranvers dat neerkomt op: "En Allah heeft op u neergezonden de schrift en de wijsheid en heeft u onderwezen wat gij niet wist. Allahs genade jegens u is ontzaglijk."[31] De taak van de profeet om de Koran uit te leggen, wordt in het volgende Koranvers genoemd dat neerkomt op: "Wij hebben tot u nedergezonden de maning opdat gij zoudt duidelijk maken aan de mensen wat tot hen was nedergezonden en opdat zij wellicht indachtig zouden worden."[32]

De *ṣaḥāba* hebben zowel de Koran als de Sunna met een volledige acceptatie en overgave aanvaard, zoals de aarde het regenwater absorbeert waarna geen ruimte meer is voor droogte. Dit resulteert weer in het verschijnen van verschillende soorten planten, vruchten en bossen. Zodoende hebben de *ṣaḥāba* de goddelijke openbaringen, dus de Koran en de Sunna, nauwkeurig tot zich genomen en vervolgens hebben ze er zorgvuldig naar geleefd zodanig dat ze de beste groep van deze islamitische natie zijn geworden, zoals Allah ﷻ openbaart in het Koranvers dat in het Nederlands neerkomt op: "Jullie zijn de beste gemeenschap geworden die voortgebracht werd voor de mensen doordat jullie aansporen tot het behoorlijke en afweren van het verwerpelijke en jullie in Allah geloven."[33]

De *ṣaḥāba* en de overlevering van de Sunna

Na het overlijden van de geliefde profeet Mohammed ﷺ moest de goddelijke openbaring veilig overgedragen worden naar de volgende generaties. De metgezellen waren zich bewust van deze religieuze verantwoordelijkheid. Daarom begonnen ze op vroeg stadium met de vastlegging en waarborging van de Sunna met het doel om dit profetisch erfgoed te verspreiden onder de nieuwe generaties. De metgezellen waren de leerlingen van de geliefde profeet ﷺ en

[31] Koran, 4:113.
[32] Koran, 16:44.
[33] Koran, 3:110.

hadden tijdens zijn lessen de volgende profetische instructie heel goed geleerd: "Moge Allah het gezicht verlichten van een persoon die iets van ons hoorde en dit overleverde zoals hij hoorde. Er zijn vele luisteraars die meer vatten dan degene die het (van mij) hoort."[34] De metgezellen verspreidden zich over de aardbodem om de mensheid te redden uit de duisternissen van ongeloof en dwaling. Niet om gebieden te veroveren voor wereldse doeleinden. De historie heeft dit voor hen met talloze voorbeelden geregistreerd en alle volken zijn hier een getuige van geweest. Het motto van hen was: "Allah ﷻ heeft Mohammed ﷺ gezonden als een gids (naar de ultieme waarheid) en niet als een tollenaar!" Zo zei de tweede kalief 'Omar ibn al-Khattab tegen één van zijn gouverneurs: "Wanneer hebben jullie de mensen tot slaven gemaakt, terwijl hun moeders hen als vrije mensen hadden gebaard!"

Dit was dus de houding van de metgezellen tegenover de mensheid. Ze hebben nergens gekoloniseerd of geëxploiteerd. Ze hebben niemand onrecht aangedaan. Hun enige echte doel was de goddelijke boodschap, dus de Koran en de Sunna, verspreiden over de aardbodem. Hierin slaagden ze ook!

Complexiteit en uniekheid van dit proces

De uitdaging was heel groot. De profetische traditie beschermen tegen vervalsing en verbastering was niet een eenvoudige taak, omdat er nog geen enkel systeem of methodologie was ontwikkeld om dit zomaar te realiseren. Datgene wat door de metgezellen ontwikkeld zou worden, had bovendien ook geen precedent om als voorbeeld of uitgangspunt te nemen, want overige volken

[34] Abu Dawud in zijn *al-sunan*, *bāb nashr al- ilm*; al-Tirmidhi in zijn *al-sunan*; Ibn Maja in zijn *al-sunan*.

hadden ook nooit een soortgelijk systeem ontwikkeld om bepaalde gegevens nauwkeurig te registreren en vervolgens de authenticiteit ervan te verifiëren. De overige volken hadden namelijk hun eigen geschriften niet kunnen beschermen en verbasterden het met arbitraire interpretaties, fabels en mythen. Het systeem dat bedacht werd door de metgezellen om de Sunna te waarborgen was dus een heel uniek systeem.

Wetenschappelijke methodologie van de overlevering volgens de Koran

De Koran bevat expliciete richtlijnen en instructies die de *ṣaḥāba* konden gebruiken om een uniek systeem op te zetten voor de bescherming van de profetische traditie en de gezonde overlevering ervan. Hieronder volgt een aantal hiervan:

1. Het verbod op liegen: dit principe omvat tevens de integriteit en eerlijkheid in wetenschappelijke activiteiten. Hiermee is dus ook een verbod gekomen op alle soorten wetenschapsfraude. De Koran heeft liegen uitdrukkelijk verboden zodanig dat het is gerelateerd aan ongeloof. Een Koranvers komt neer op: "Leugenachtigs is het slechts wat zij verzinnen die niet geloven aan de tekenen Allahs en diegenen zijn de leugenaars."[35] Een ander Koranvers over het verbod op liegen, komt neer op: "Zeg: Slechts heeft mijn Heer verboden verklaard de zedeloosheden de uiterlijke en de innerlijke en de zonde en de ongerechtvaardigde begeerte en dat jullie tot genoot geven aan Allah dat waarvoor Hij geen gezag nederzendt en dat jullie over Allah zeggen wat jullie niet weten."[36] In een hadith die met massatransmissie tot ons is gekomen, staat vermeld dat de geliefde profeet Mohammed ﷺ heeft

[35] Koran, 16:105.
[36] Koran, 7:33.

gezegd wat neerkomt op: "Wie opzettelijk namens mij een leugen verzint, moet zijn plek reserveren in het hellevuur." Deze hadith (pluraal: *aḥādīth*) is door meer dan zeventig metgezellen overgeleverd. De *aḥādīth* over het verbod op liegen in het algemeen zijn overgeleverd door ongeveer tweehonderd metgezellen.

2. Het bericht dat afkomstig is van een kwaadbedrijver scrupuleus natrekken: dit is een belangrijk principe dat expliciet wordt genoemd in het Koranvers dat neerkomt op: "O jullie die geloven indien een kwaadbedrijver tot u komt met een bericht vergewisten jullie dan daarvan omdat jullie in onwetendheid lieden zouden kunnen treffen en dan berouwvol zouden moeten zijn over wat jullie gedaan hadden."[37] Dit principe schrijft ons voor om secuur te handelen bij berichten die afkomstig zijn van mensen die niet vroom en religieus zijn.
3. Strenge eisen stellen aan de betrouwbaarheid van de overleveraar: dit principe is een fundamentele regel binnen de islamitische wetgeving. Een getuige of overleveraar wordt eerst kritisch beoordeeld op zijn betrouwbaarheid voordat zijn bewering wordt aanvaard. Er zijn meerdere Koranverzen die dit principe voorschrijven. Een Koranvers komt neer op: "En neem tot getuigen rechtschapen lieden onder jullie en geef rechte getuigenis voor Allah."[38] Een ander Koranvers komt neer op: "En neem getuigen wanneer jullie met elkander handelen."[39] Het getuigenisinstituut is zo belangrijk in de islamitische wetgeving dat het langste vers in de Koran hierover gaat. Een hele pagina aan het einde van het Koranhoofdstuk al-Baqara is aan dit onderwerp besteed. Het gaat in de bovengenoemde verzen echter wel over getuigenis afleggen

[37] Koran, 49:6.
[38] Koran, 65:2.
[39] Koran, 2:282.

voor financiële transacties, huwelijk en echtscheiding, maar als er voor deze activiteiten zelfs betrouwbare getuigenissen zijn vereist, dan is het eerder noodzakelijk dat zo een soort getuigenis ook vereist is voor de overlevering van het profetisch erfgoed, namelijk de uitspraken, handelingen en karaktereigenschappen van de profeet Mohammed ﷺ.[40]

4. Validatie van zaken: het is een Koranische instructie om dingen eerst te valideren voordat je het aanneemt. Klakkeloos dingen aannemen of overnemen, is dus afgekeurd door de Koran. De betekenis van het volgende Koranvers verwijst naar dit principe: "En loop niet aan achter datgene waarover je geen kennis hebt immers het gehoor het gezicht en het gemoed over die alle wordt navraag gedaan."[41] Het is dus niet toegestaan om achter dingen aan te gaan waarvan de authenticiteit nog niet vaststaat.
5. Het verbod op de overlevering van verzonnen berichten: ook dit principe vloeit voort uit de betekenis van het Koranvers in punt vier. Het is niet toegestaan om verzonnen berichten door te vertellen of te verspreiden zonder erbij te vermelden dat het verzonnen is. Hierop duidt ook de betekenis van de volgende authentieke hadith die door een groep metgezellen is overgeleverd: "Degene die een bericht namens mij overlevert, terwijl hij weet/acht dat deze verzonnen is, dan behoort hij (ook) tot één van de leugenaars."[42] Dit is een duidelijk sein om zorgvuldig om te gaan met de verantwoordelijkheid om een hadith te overleveren. Het is verplicht voor iedereen die een hadith heeft gehoord of gelezen om dit eerst voorzichtig en naarstig te valideren voordat hij

[40] Ibn Rajab al-Hambali, *sharḥ al-'ilal*, vol. 1 blz. 44.
[41] Koran, 17:36.
[42] Imam Muslim in zijn introductie op *al-ṣaḥīḥ*.

het aanneemt.[43] De geleerden hebben vroegtijdig dit soort verzonnen overleveringen getraceerd en vastgelegd in schriftelijke werken die ze specifiek over *al-aḥādīth al-mawḍūʿa* (verzonnen overleveringen) hebben geschreven.

De *ṣaḥāba* hebben deze Koranische instructies en richtlijnen strikt toegepast in hun dagelijkse leven. Allah ﷻ is tevreden met hen en zij zijn tevreden met Hem. Ze hebben hun dagen en nachten gespendeerd om de boodschap van de geliefde profeet Mohammed ﷺ te verspreiden en te doceren aan de mensen. Daarbij hebben ze uit vrees voor Allah ﷻ en respect voor de profeet ﷺ heel voorzichtig gehandeld om de profetische traditie niet te bezoedelen met zaken die er niet toebehoren. Hetzelfde geldt voor de vrome moslims na hen. Sterker nog, hedendaagse moslims zouden niet eens in zo een onterende situatie willen vallen door de profetische traditie te verbasteren met wat er niet bij hoort. Geen moslim zou dit durven uit vrees en liefde voor Allah ﷻ en Zijn profeet ﷺ. Hoe kan zoiets verwacht worden van de *ṣaḥāba* wier loyaliteit aan Allah ﷻ en de profeet ﷺ vaststaat met de goddelijke openbaringen en de historische feiten. Zij waren bereid om al hun dierbaren op te offeren voor Allah ﷻ en Zijn profeet ﷺ. Ze waren bereid om hun eigendom, ouders, kinderen en zelfs hun eigen ziel te sacrificeren op Allahs pad. Dit hadden ze bewezen door het daadwerkelijk te doen!

[43] Dit valt echter wel onder het operatiekwartier van de deskundigen op het gebied van hadith en de bijbehorende wetenschappen. Het is niet aan de leek om hierin te opereren simpelweg omdat zij niet bekwaam zijn. Tegenwoordig zijn er helaas veel onbevoegde mensen, voornamelijk jongeren, die met een *copy-paste* gedrag dit heilige domein van de geleerden besmetten met hun onwetendheid en onbeschofte houding. De leek dient de geleerden te volgen en hen te vragen. Zie Koran, 21:7 en 16:43.

Gebaseerd op de voornoemde Koranische instructies en richtlijnen hebben de metgezellen verschillende principes gehanteerd om de Sunna op een zorgvuldige manier te waarborgen en te verspreiden:

1. Ze hebben zo min mogelijk hadith overgeleverd van de geliefde profeet ﷺ om vergissingen en versprekingen zoveel mogelijk te voorkomen. Hoe meer men spreekt des te meer vergissingen hij kan maken. Voeg hieraan toe de uitspraak van de geliefde profeet ﷺ die neerkomt op: "Het is als leugen genoeg voor de persoon om alles wat hij hoorde, door te vertellen."[44]
2. Ze hebben heel voorzichtig gehandeld bij de aanname van een bericht dat toegeschreven werd aan de geliefde profeet ﷺ. Het is overgeleverd dat de metgezel Abu Musa naar het huis van 'Omar ibn al-Khattab ging en bij de deuropening drie keer de islamitische groet gaf. Toen er niet werd gereageerd, keerde Abu Musa terug. Hierop liet 'Omar ibn al-Khattab hem terugroepen en vroeg hem waarom hij wegging na drie groeten. Toen overleverde Abu Musa hierover een hadith van de profeet ﷺ. 'Omar ibn al-Khattab zei tegen Abu Musa dat als hij geen extern bewijs of een getuige hiervoor kan brengen, naar hem zal grijpen. Hierop ging Abu Musa naar andere metgezellen om iemand te zoeken die ook deze hadith had gehoord van de profeet ﷺ. Hij vond een groep metgezellen en bracht hen naar 'Omar ibn al-Khattab. Zo zijn er heel veel voorbeelden van dit soort gevallen onder de metgezellen. Zodoende hebben de metgezellen onderling zelfs heel voorzichtig gehandeld als het ging om de overlevering van de hadith, terwijl ze heel goed wisten dat alle

[44] Deze hadith is door een groep onder de metgezellen overgeleverd. Imam al-Bukhari en Imam Muslim hebben deze hadith ook opgenomen in hun compilaties.

metgezellen betrouwbaar en rechtvaardig zijn. Dit hoefde echter niet te betekenen dat ze niet voorzichtig moesten handelen, omdat niemand onfeilbaar is, behalve de profeten. Bovendien was dit de instructie van de Koran om voorzichtig te handelen.

3. Ze pasten tekstkritiek toe op de berichten die tot hen kwam. Zo staat vermeld in de compilaties van Imam al-Bukhari en Imam Muslim dat de moeder der gelovigen ‘Aisha kritiek had op de hadith die de gezegende metgezellen ‘Omar ibn al-Khattab en zijn zoon ‘Abdullah overleverden van de geliefde profeet ﷺ. De betekenis van de hadith was: “De dode wordt bestraft met het gehuil van zijn familie.” Ze zei over deze overlevering: “Moge Allah ‘Omar genadig zijn. Bij Allah, de boodschapper van Allah heeft niet gezegd dat Allah de gelovigen bestraft door het gehuil van iemand, maar hij zei: “Waarlijk, Allah vermeerdert de bestraffing van de ongelovige met het gehuil van zijn familie voor hem.” Vervolgens ging ‘Aisha verder en zei: “De Koran is jullie genoeg: “Niet heeft een torsende ziel de last van een andere te torsen.””[45] Zo zie je dat niets klakkeloos werd overgenomen door de metgezellen. Ze hebben de overleveringen altijd getoetst aan de Koran en andere *aḥādīth*.
4. Ze gingen reizen en lange afstanden afleggen om de berichten te verifiëren en de overleveraars te traceren. Deze praktijk heeft geen gelijkenis in de mensengeschiedenis. Dit werd voor het eerst geïntroduceerd door de metgezellen. Er zijn talloze voorbeelden waaruit blijkt dat de metgezellen voor één hadith naar andere landen en streken gingen reizen om het te verifiëren of te bekrachtigen bij een andere metgezel die het ook had gehoord van de profeet ﷺ en was verhuisd naar een ander gebied om daar de islam te verspreiden. Daarna is deze

[45] Koran, 35:18.

gewoonte voor eeuwen voortgezet door de geleerden van de nieuwe moslimgeneraties. Vandaag de dag zijn er zelfs vele moslims die omwille van kennis hun vaderland en familie verlaten om in een ander land of continent kennis te vergaren.

5. Ze hebben de overleveraarsketen van de overleveringen grondig onderzocht. Als er overleveraars ertussen zitten die bijvoorbeeld behoren tot de sekten of onrechtdoeners, dan stootten ze hun berichten af.
6. De geleerden van de metgezellen stimuleerden de mensen om voorzichtig te handelen in het overleveren en aannemen van *aḥādīth*. Ze leerden de mensen dat ze alleen van betrouwbare en accurate mensen overleveringen moesten accepteren.
7. Ze waren de grondleggers van meerdere disciplines van de hadithwetenschappen, zoals *muṣṭalaḥ al-ḥadīth*[46], *funūn al-isnād*[47], *'ulūm al-jarḥ wa al-ta'dīl*[48]. Dit is iets wat veel inspanning vereist en is sinds mensenheugenis voor het eerst gerealiseerd door de metgezellen van de geliefde profeet ﷺ. Daarna heeft het als model gediend voor de islamitische geleerden na hen.
8. Al in de tijd van de geliefde profeet ﷺ werden *aḥādīth* schriftelijk vastgesteld door bepaalde metgezellen die speciale toestemming hadden gekregen van de geliefde profeet ﷺ om dit te doen. In elke generatie na hen zijn er talloze compilaties gemaakt door de geleerden om deze *aḥādīth* ook schriftelijk vast te leggen, terwijl er duizenden geleerden waren, zoals Malik ibn Anas, Ahmad ibn Hambal, Muhammed ibn

[46] Discipline die betrekking heeft op de categorisering van de overleveringen qua authenticiteit en acceptatie.
[47] Discipline die gaat over de studie van de overleveraarsketen.
[48] Discipline waarin de biografie, karaktereigenschappen, vroomheid, intelligentie, onthoudingsvermogen, etc. van de overleveraars aan de kaak worden gesteld. Dit zijn allemaal geregistreerd in de literatuur van *tarājim*.

Isma'il al-Bukhari die honderdduizenden *aḥādīth* uit het hoofd kenden samen met diens overleveraars en de bijbehorende biografische gegevens van deze overleveraars. Dit was een wonderbaarlijk geval dat geen precedent kende! Nog steeds zijn er wereldwijd moslims die niet alleen de Koran van kaft tot kaft hebben gememoriseerd, maar ook meerdere hadithcollecties waarin tienduizenden *aḥādīth* zijn opgenomen.

In de derde eeuw na de Hijra kwam de moslimwereld in aanraking met uitheemse wetenschappen en literatuur, zoals die van de Grieken, Perzen en Indiërs. Hierdoor werden sommige moslimintellectuelen beïnvloed door de filosofische methodologieën en denkwijzen. Onder deze invloed verworpen ze authentieke overleveringen afkomstig van de geliefde profeet ﷺ en verdraaiden ze de vaststaande feiten van de islam puur uit materialistisch-rationele en filosofische overwegingen. Prominente geleerden zoals Ibn Qutayba en Ahmad ibn Hambal waarschuwden hun tijdgenoten tegen deze kwalijke invloed. Ahmad ibn Hambal, in het bijzonder, werkte eraan om een veilige basis te leggen voor de islamitische denkwijze. Moest een moslim denken en begrijpen volgens de methodologie en grondbeginselen van de islam of volgens die van Aristoteles, Plato en de anderen? In dat tijdperk gaven de islamgeleerden bevredigende en weerleggende antwoorden op dit soort vragen.

Begin twintigste eeuw ontstond een soortgelijke wrijving nogmaals, zoals men zei: "De bittere lessen uit het verleden moeten voortdurend opnieuw worden geleerd." Dit was precies het geval voor de moslimwereld. Het imperialisme en de kolonisatie van islamitische gebieden en als gevolg daarvan het cultuurimperialisme waren de factoren die een belangrijke rol speelden, en nog steeds spelen, in de ideologische strijd tussen de moslims en hun vijanden. Het belangrijkste operatieveld van deze ideologische strijd was de hadithwetenschappen door twijfels op te wekken over de overlevering van de *aḥādīth*. De militanten van dit front waren voornamelijk Joodse oriëntalisten, zoals Ignaz Goldziher. Het ergste is dat vele moslimintellectuelen geïnspireerd raakten door deze oriëntalisten en de vaandeldragers werden van de valsheid in de naam van de islam. Deze figuren zijn tot op de dag van vandaag overal in de wereld aanwezig met een academische titel en een hoop wetenschappelijk onderzoek en publicaties op het gebied van diverse islamitische wetenschappen: De wolven in schapenvacht! Het zijn ook deze zogenaamde islamgeleerden die de grootste schade hebben berokkend aan de moslimwereld, zoals men zei: "Het bos zou niet gekapt kunnen worden zolang één van de bomen geen handvat werd voor de bijl." De moslimwereld zou niet ten gronde gericht kunnen worden zolang er geen *fifth column* zou zijn die de politiek-militaire outsiders secondeerde.

Niettegenstaande de interne en externe aanvallen, kwamen strijdvaardige krijgers op voor de islam. Deze Mohammedaanse geleerden verdedigden de islam door de waarheid te schrijven en te preken aan de moslims, ook al ging dit ten koste van hun eigendom, vrijheid of leven. Ze namen het principe: "De aanval is de beste verdediging" als uitgangspunt en ontkrachtten alle bezwaren en valse beweringen. Deze ongegronde bezwaren en valse beweringen kunnen als volgt samengevat worden:

1. De aanvaarding van de *aḥādīth* wordt louter op basis van de overleveraarsketen gedaan zonder de inhoud van de hadith kritisch te bestuderen, ook al bevat de hadith absurditeiten die op leugens duiden.
2. Er is een duidelijke tegenstrijdigheid te observeren tussen diverse *aḥādīth*.

3. De deskundigen van de hadithwetenschappen hielden zich niet aan de regels die ze zelf hadden geformuleerd.

Deze beweringen kunnen niet eens als ‘twijfel’ beschouwd worden, omdat ze gebaseerd zijn op een oppervlakkige benadering en waardeloze fantasieën. Bovendien kan ik me hier niet inhouden om de volgende vraag te stellen: “Zijn deze beweringen daadwerkelijk gesteld, omdat Goldziher en zijn bondgenoten de hadithwetenschappen niet begrepen en onvoldoende hadden bestudeerd of omdat ze de onwetendheid en onachtzaamheid van de moslimleek wilden misbruiken om hun zielen te winnen?”

Het is hier noemenswaardig om nogmaals de accuratesse van de geleerden en de significantie van kennisverschaffende bewijzen in de islam aan te halen. Dit zijn twee belangrijke factoren in het onderzoek van een islamgeleerde. Toen er werd gevraagd aan een prominente islamgeleerde waar hij van genoot, antwoordde hij: “Bij de verzwakking van een twijfel door onthulling en bij het aanwassen van een bewijs door opheldering.” De studie en onderzoeken van de vroege en late islamgeleerden werden altijd uitgevoerd in het licht van de volgende hadith welke met massatransmissie is overgeleverd: “Moge Allah het gezicht van de persoon laten glinsteren die van ons een hadith hoorde en dit verkondigde zoals hij het hoorde.” Dit vereist een zorgvuldige omgang met de overlevering van berichten die toegeschreven worden aan de geliefde profeet ﷺ. Daarom hebben de islamgeleerden zelfs diverse disciplines ontwikkeld binnen de hadithwetenschappen waarin de naam van een overleveraar correct wordt geregistreerd. Toen de vocalisatie en trema’s nog niet volledig gangbaar waren in het Arabische schrift, kon het lastig zijn om namen met identieke schrijfwijze correct uit te spreken en te onderscheiden van elkaar. Daarvoor werd er zelfs een systeem ontwikkeld. De geleerden dachten aan elk detail om in aanmerking te kunnen komen voor de bovengenoemde hadith.

Weerlegging van de eerste bewering

1. Zelfs een beginner in de hadithwetenschappen begrijpt dat deze bewering ongegrond is. In *muṣṭalaḥ al-ḥadīth* zien we bij de definitie van *ṣaḥīḥ* en *ḥasen* dat ze moeten voldoen aan twee fundamentele voorwaarden: gevrijwaard zijn van (1) *shudhūz* en (2) *'illa*. Beide voorwaarden hebben weer betrekking op twee zaken: (1) de overleveraarsketen en (2) de tekst van de overlevering. Zelfs beginners in de hadithwetenschappen weten dit. Hoe kan men nog beweren dat de hadithgeleerden geen tekstkritiek hebben uitgevoerd op de overleveringen?
2. Een tweede punt is dat januskoppen, zoals Goldziher, over het hoofd hebben gezien dat hun valse bewering zo oppervlakkig is dat het slechts met de definitie van deze wetenschap weerlegd kan worden. Deze wetenschap wordt namelijk als volgt gedefinieerd: "Studie van regels waarmee de toestand van zowel de keten als de tekst wordt achterhaald qua aanvaarding en afwijzing." Deze wetenschap houdt zich dus niet alleen bezig met de keten, zoals de januskoppen valselijk beweren, maar ook met de tekst van de overlevering. Kan iemand die alleen al de definitie van deze wetenschap kent nog deze bewering doen?
3. Onder de hadithgeleerden is er een indiscutabel principe: "Soms is de keten authentiek, maar dan is de tekst niet authentiek door een *shudhūz* of *'illa*. Soms is de tekst authentiek, maar dan is de keten niet authentiek door aanduidingen via andere wegen." Dit principe is heel bekend in de hadithwetenschappen en demonstreert hoe voorzichtig de hadithgeleerden

zijn in de omgang met zowel de keten als de tekst van een bepaalde overlevering.

4. Er is een onlosmakelijk verband tussen de ketenkritiek en de tekstkritiek. De uitvoerige bestudering van de overleveraar vereist tegelijkertijd een kritisch onderzoek naar de overleveringen van deze overleveraar waarbij zijn overleveringen worden getoetst aan reeds goedgekeurde en authentieke overleveringen van betrouwbare overleveraars. De afwijzing van de overleveraar impliceert de afwijzing van zijn overlevering. De bestudering van de overleveraarsketen heeft dus directe gevolgen voor de bestudering van de tekst van de overlevering. Dat is ook de reden dat hadithgeleerden over een afgewezen overleveraar bijvoorbeeld zeggen: "hij verhaalt onjuiste overleveringen" of "zijn berichten zijn fragiel".

De tweede bewering is: "Er is een duidelijke tegenstrijdigheid te observeren tussen diverse *aḥādīth*." Het is vermeldenswaardig dat de oriëntalisten deze bewering baseren op concrete voorbeelden. Uit grondige studie van deze voorbeelden blijkt dat ze vaak verzonnen overleveringen zijn. De oriëntalisten halen dit soort verzonnen overleveringen aan en vergelijken het met authentieke overleveringen. Als ze dan een duidelijke contradictie bemerken, smeuren ze de *aḥādīth* en de hadithgeleerden met allerlei aantijgingen, maar als eenmaal bekend wordt dat de aangehaalde voorbeelden laakbaar zijn, wordt duidelijk dat hun zogenaamde wetenschappelijke activiteit unfair is en daarmee vallen ze onmiddellijk van hun voetstuk. Toch zullen we hieronder hun valse bewering uitgebreid aan de kaak stellen. Succes is van Allah ﷻ.

Weerlegging van de tweede bewering:

1. De stelling dat er tegenstrijdigheden zijn tussen bepaalde *nuṣūṣ*[49] is logischerwijs goed te staven zolang ze ontvankelijk zijn voor juridisch-methodologisch principieel concepten, zoals *ʿāmm* en *khāṣṣ*, *muṭlaq* en *muqayyad*, *mujmal* en *mufassar*, etc. Dit is niet de plek om uit te weiden, maar om de stof toegankelijk te maken, is het noodzakelijk om dit te illustreren met een voorbeeld. Bijvoorbeeld de term *ʿāmm* wordt in *uṣūl al-fiqh* gebruikt voor de algemeenheid van de duiding van een bepaald oordeel in een Koranvers of hadith. Hier zijn linguïstische kenmerken voor, zoals de meervoudsvorm van een woord voorzien van een lidwoord. Een voorbeeld hiervan is de zin: "De moslims zijn gered." Het woord *moslim* is in meervoud gekomen en heeft een lidwoord. Het gegeven oordeel in de zin heeft in zijn algemeenheid betrekking op *alle moslims*. Zodoende zijn er meerdere linguïstische kenmerken voor de algemeenheid van de duiding. Het is ook mogelijk dat er aan de hand van bepaalde woorden dingen worden uitgezonderd van het algemene voorbeeld. Er zijn dus meerdere vormen van *ʿāmm*. Tegenover *ʿāmm* staat de term *khāṣṣ*. Hiermee duidt men op een specifiek oordeel. Hiervan zijn er ook diverse vormen. Een voorbeeld hiervan is het Koranvers over de *ʿidda*[50] van de gescheiden vrouwen. In het Koranvers[51] wordt aangegeven dat de gescheiden vrouwen zolang als drie *qurūʾ*[52] moeten

[49] Pluraal van het Arabische woord *naṣṣ* waarmee het bewijs of de religieuze tekst wordt bedoeld, zoals de Koranverzen, *aḥādīth*, e.d.
[50] Dit is dat de gescheiden vrouw moet wachten voordat ze weer een nieuw huwelijk mag aangaan.
[51] Zie hoofdstuk 2 vers 228.
[52] Onder de *fuqahāʾ* is er een meningsverschil over de bedoelde betekenis van dit woord. Het kan in de Arabische taal de menstruatieperiode betekenen of de reine periode. Daarom verschillen de wetscholen hierover met elkaar.

wachten. Er is geen twijfel dat zwangere vrouwen ook onder deze regeling vallen, aangezien de kenmerken van *ʿāmm* terug te zien zijn in het Koranvers, maar neen! Er is een ander Koranvers waarvan de duiding fungeert als *khāṣṣ* en het algemene oordeel van het eerste Koranvers specificeert. In het tweede Koranvers openbaart Allah ﷻ namelijk dat de *ʿidda* van zwangere vrouwen duurt totdat ze zijn bevallen. Het oordeel is hiermee gespecificeerd. Dit wordt ook wel *takhṣīṣ* genoemd. Hier zijn ook meerdere vormen van. Als men deze juridisch-methodologische principes niet kent, is het noodzakelijkerwijs te verwachten dat hij in ernstige methodologische crises terechtkomt. Daarom is de studie van *uṣūl al-fiqh* cruciaal voor een juist begrip van de *nuṣūṣ*. De dwazen onder de oriëntalisten zijn daar echter verre van. Ze denken alles te weten en daarmee bevoegdheid te claimen op medezeggenschap in de islamitische wetenschappen, maar bij nader onderzoek kom je er gauw achter dat ze oppervlakkige plagiators zijn die met zelfstudie her en der uit de boeken informatie verzamelen zonder enige methodologie en expertise. Daarom zijn hun boeken en uitspraken een dodelijk venijn voor de moslimleek, maar desalniettemin kom je nog steeds moslims tegen die hun geloof van oriëntalisten of van hun boeken leren. Om terug te komen op ons punt, de schijnbare tegenstrijdigheid in bepaalde *nuṣūṣ* kan dus een resultaat zijn van het niet kennen van bijvoorbeeld de Arabische taal of *manṭiq* of *uṣūl al-fiqh*. Het is geen mysterie dat oriëntalisten vrij weinig afweten van deze wetenschappen, maar dat interesseert hen ook niet, want hun bedoeling is niet *begrijpen*, maar *bestrijden*! Bovendien is het belangrijk om ook te weten dat er vele *aḥādīth* zijn die eenduidig, overduidelijk consistent en expliciet zijn. Vandaar ook het enorme erfgoed in de *fiqh*.

2. Bij de omgang met schijnbaar tegenstrijdige *aḥādīth* gebruiken de geleerden methodologische principes welke sterk verband houden met de principes met betrekking tot de aanvaardbaarheid en verwerpelijkheid van de overleveringen. Hiervoor hebben ze methodes en termen ontwikkeld, zoals: *shādh-dh*, *maḥfūẓ*, *munkar*, *ma'rūf*, *nāsikh*, *mansūkh*, *muḍ-ṭarib*, *mu'allal*, *mukhtalaf al-ḥadīth*. Als een aanvaard bericht wordt tegengesproken door een zwak bericht, dan wordt de zwakke overlevering als *munkar* bestempeld. Wat nou als een aanvaarde overlevering wordt tegengesproken door een bericht dat is overgeleverd door betrouwbare overleveraars? Dan kijkt men naar de inhoud en implicaties van de beide overleveringen. Als verzoening mogelijk is, dan wordt dat toegepast. Hiermee is dan de schijnbare tegenstrijdigheid weggewerkt en is vast komen te staan dat de beide overleveringen aanvankelijk tegenstrijdig leken door gebrek aan grondige studie. Het kan ook zijn dat de tegenstrijdigheid tussen de twee overleveringen voortvloeit uit de abrogatie. In dit geval heeft de latere overlevering de eerdere overlevering afgeschaft onder het gezag van de Wetgever. Als de voornoemde gevallen niet van toepassing zijn, dan prefereert de deskundige geleerde de ene overlevering boven de andere op basis van voorgeschreven principes. De preferente overlevering wordt authentiek verklaard en de andere is dan *shādh-dh* of *mu'allal* en dit is verworpen. Deze laatste methode wordt niet arbitrair uitgevoerd, maar is gebonden aan een breed scala van principes welke uiteengezet zijn in diverse jurisprudentiële werken.
3. De islamgeleerden hebben de zogenaamde contradictie-problematiek in de overleveringen al in de vroege periode van de islamitische geschiedenis uitgebreid aan de kaak gesteld. In deze periode bestond de

oriëntalistiek niet eens en de voorouders van de oriëntalisten forensden in duisternissen en crises. De eervolle islamgeleerden schreven boeken waarin ze zulke overleveringen behandelden om de kritische vragen te beantwoorden. Voorbeelden van deze werken zijn: *ikhtilāf al-ḥadīth* van Imam al-Shafi'i, *ta'wīl mukhtalaf al-ḥadīth* van Imam Ibn Qutayba, *mushkil al-āthār* van Imam al-Tahawi, *mushkil al-ḥadīth* van Imam Abu Bakr ibn Furak en *mushkil al-ḥadīth* van Imam al-Qasri. Een typerend voorbeeld is de hadith[53] over de gebeurtenis tussen de engel des doods en de profeet Musa, vrede zij met hem. De engel ging tevergeefs naar de profeet Musa om zijn ziel te ontnemen. In de overlevering zegt de geliefde profeet Mohammed ﷺ: *fa faqa a'aynahu*. Dit betekent letterlijk: "En holde zijn oog uit." Dus hij gaf de engel een klap en taste zijn oog aan. Geleerden hebben deze overlevering op verschillende manieren uitgelegd. Het is inderdaad zo dat engelen uit licht zijn geschapen, maar ze kunnen de gedaantes aannemen van bijvoorbeeld menselijke lichamen. Het gaat dus om een denkbeeldig oog, want engelen hebben in de werkelijkheid geen menselijk lichaam. Imam Abu Bakr ibn Furak schrijft in de uitleg van deze overlevering: "Sommigen hebben gezegd dat de betekenis van zijn uitspraak *"Musa sloeg op het oog van de engel"* ambigu is, dus metafoor, zoals 'Ali ibn Abi Talib zei: "Ik heb het oog van de *fitna* uitgehold." In de overlevering bedoelt de geliefde profeet ﷺ dus dat de profeet Musa de engel des doods het bewijs (voor het niet afleveren van zijn ziel) heeft getoond toen hij kwam om zijn ziel te ontnemen."

4. Wat betreft de overleveringen die tegenstrijdig lijken te zijn met de wetenschap, in het bijzonder de geneeskunde, ook deze overleveringen

[53] *Muttafaq 'alayh.*

zijn aan de kaak gesteld door onze islamgeleerden die tevens geschoold waren in geneeskunde, astronomie, wiskunde, etc. Sommige geleerden hebben afzonderlijke werken geschreven over de profetische overleveringen met betrekking tot geneeskunde welke ze *al-ṭibb al-nabawi* hebben genoemd, dus de profetische geneeskunde.[54] Deze overleveringen duiden op de wonderbaarlijke kennis en de waarachtigheid van onze geliefde profeet ﷺ. Bovendien zijn deze overleveringen bekrachtigd door modern wetenschappelijke onderzoeken, zoals over de voordelen van bijvoorbeeld zwartzaad en honing. Toch zijn er bepaalde mensen die de *aḥādīth* met betrekking tot gezondheid en geneeskunde simplistisch benaderen waardoor ze denken dat er een wrijving is tussen deze overleveringen en de geneeskunde. Dit is een stelling zonder onderbouwing en bewijs. Wij, als moslims, geloven dat de profeet Mohammed ﷺ de boodschapper is van Allah ﷻ, de Schepper der werelden. Als een authentiek bericht afkomstig is van de geliefde profeet ﷺ, dan accepteren wij dat, ook al heeft de geneeskunde daar geen bevindingen over. Sterker nog, als een wetenschapper met een bewering komt die tegenstrijdig is met een authentieke hadith, dan doet dit niets tekort aan ons geloof in deze hadith, want de authentieke *aḥādīth* behoren ook tot de goddelijke openbaring, terwijl de wetenschap niet altijd objectief is en onderhevig is aan verandering en ontwikkeling.

[54] Dit betekent niet dat je zelfstandig deze overleveringen kunt toepassen zonder afhankelijk te zijn van artsen. Dit is zeer gevaarlijk, omdat je eerst de overleveringen juist en alomvattend moet begrijpen en daar hoort bij dat je ook kennis neemt van deskundige artsen. Het is ook massaal bekend dat indien deze overleveringen onder toezicht van deskundigen worden toegepast, wat hedendaags ook gebeurt, dat het met de wil van Allah ﷻ effectief is en dient als genezing voor vele ziekten. Denk maar aan cupping-therapie of inname van speciale dosis aan mengsel van honing en zwartzaad of aanpassen van eetgedrag en diëten, etc. Al deze handelingen zijn expliciet genoemd in vele *aḥādīth*.

Een veelvoorkomend misverstand, hetzij met opzet hetzij uit onwetendheid, zien we bij de hadith over het drinken van kamelenmelk en -urine. Deze hadith is authentiek[55] en instrueert het drinken van kamelenmelk en -urine als genezing.[56] Dat de moderne geneeskunde dit (nog) niet heeft uitgewezen, hoeft niet te impliceren dat de overlevering vals is. Integendeel, er zijn in het nabije verleden meerdere gevallen waarbij de overlevering succesvol en met resultaat is toepast tegen buikpijn en bepaalde wonden op het lichaam. De grote arts Ibn Sina heeft dit onderwerp ook aangehaald en uiteengezet in zijn boeken welke voor jaren in de curricula van geneeskunde-opleidingen aan de westerse universiteiten werden opgenomen en gebruikt als lesmateriaal. Bovendien hebben sommige artsen, zoals professor Mahmud al-Jaziri, aangegeven dat er grote hoeveelheid calcium zit in kamelenmelk en -urine. Er zijn ook aan westerse universiteiten verscheidene wetenschappelijke onderzoeken uitgevoerd hierover waarbij is aangetoond dat kamelenurine profijtvol is tegen bepaalde aandoeningen.

Meerdere artsen, academici en onderzoekers, zoals John Bettens, Harald W. Tietze, Johann Abele, Heidelore Kluge, Coen van der Kroon,[57] Angela Mertens, John W. Armstrong, Gennadi Malachow, Flora Peschek-Böhmer, Bhagwat Dayal Sharma, Carmen Thomas hebben onderzoeken gedaan naar urinetherapie en ze hebben hun onderzoeken gepubliceerd.

[55] *Muttafaq 'alayh.*

[56] Gebaseerd op deze overleveringen is kamelenurine rein volgens de Malikiyya en lichte onreinheid volgens de Hanafiyya. Volgens de Hanafiyya zijn de overleveringen in het geval van noodzaak, maar ze geven dus wel toestemming om het bij genezing te gebruiken/nuttigen.

[57] Coen van der Kroon, een Nederlandse onderzoeker, is in het jaar 1989 afgestudeerd in Klassieke Talen. Zijn scriptie ging over de natuurgeneeskunde van Hippocrates. Vervolgens heeft hij zich verdiept in meerdere natuurgeneeswijzen, waaronder urinetherapie. Zijn eerste boek over urinetherapie is in vijftien talen verschenen. Hij is tevens de oprichter van de *Academy of Ayurvedic Studies.*

Zij en meerdere artsen geven aan dat urinetherapie van verkoudheid tot kanker nuttig kan zijn voor vele aandoeningen. In een andere authentieke overlevering die onder meer is overgeleverd door Imam al-Bukhari adviseert de geliefde profeet ﷺ om de vlieg die in je eetbord is gevallen volledig erin te dopen, omdat er in de ene vleugel gif en in de andere tegengif zit. De vraag rijst dan hoe we zoiets kunnen doen, terwijl vliegen bacteriën met zich dragen. Geleerden en artsen hebben hier op verschillende manieren antwoord op gegeven. De artsen zeggen dat vliegen inderdaad gif en tegengif dragen, anders zouden ze uitsterven door de bacteriën. De klassieke artsen behandelden slangenbeet daarom met vliegen. Dit werkte ook daadwerkelijk als een geneesmiddel. Dit is ook de reden dat vliegen in de geneeskunde tijdens de Eerste Wereldoorlog werden gebruikt bij gewond geraakte soldaten. Er zijn ook talloze wetenschappelijke publicaties over de schadelijke en profijtvolle bacteriën op vliegen en over het nut van deze bacteriën in geneeskunde. De wetenschappelijke onderzoeken van professor Joanne Clarke op het gebied van microbiologie zijn heel inzicht verschaffend. Professoren Mary Cupp en Steven Swaim hebben ook indrukwekkende wetenschappelijke onderzoeken gepubliceerd over dit onderwerp.[58]

Wat betreft de valse bewering dat de hadithgeleerden zelf hun eigen principes niet hanteerden tijdens het beoordelen van de overleveringen, dit is een kristalhelder bewijs voor de contradictie waar de stellers van deze bewering, zoals Goldziher en zijn adepten, in verkeren. Deze bewering beduidt namelijk

[58] Voor een ander voorbeeldonderzoek, ga naar: https://www.ncbi.nlm.nih.gov/pmc/articles/PMC3576530/#

de aanname dat als de hadithgeleerden hun eigen principes dus wel zouden toepassen, dat hun tekstkritiek dan correct zou zijn, terwijl ze voorheen valselijk beweerden dat de methodiek van de hadithgeleerden gebrekkig is. Op deze manier zijn Goldziher en zijn adepten onmiddellijk van hun voetstuk gevallen, maar toch is het beter om deze valse bewering uitgebreider aan de kaak te stellen. Hieronder een aantal feiten:

1. De hadithgeleerden hebben vastgesteld, en dit is opgenomen in de literatuur van de hadithwetenschappen, dat het behoort tot de tekenen van verzonnen overleveringen dat ze overduidelijk in strijd zijn met waargenomen gebeurtenissen of historische feiten. Dit is een principe dat altijd wordt gehanteerd door de hadithgeleerden en de resultaten hiervan zijn te vinden in de literatuur met betrekking tot verzonnen overleveringen. Het is hier het geschikte moment om een geschenk te doen aan Goldziher door een voorbeeld te geven dat te maken heeft met zijn voorouders. In het jaar 447 AH komt een groep Joden naar de prominente hadithgeleerde Abubakr al-Khatib al-Baghdadi (gest. 463 AH) met een document waarin staat dat de geliefde profeet ﷺ belastingvrijstelling gaf aan de Joden van Khayber. In hetzelfde document stond dat een groep metgezellen, zoals Mu'awiya en Sa'd ibn Mu'adh, als getuigen fungeerden in deze regeling. Imam al-Khatib al-Baghdadi bekeek het document en concludeerde snel dat het een hoax was. De vertegenwoordiger van de Joodse groep vroeg hoe hij zo snel tot deze conclusie kon komen. Hierop zei Imam al-Khatib al-Baghdadi dat het document nooit kan kloppen, omdat Mu'awiya in het jaar van de verovering van Mekka moslim werd en dus nog niet bekeerd was tijdens

de gebeurtenissen van Khayber. Bovendien was Sa'd ibn Mu'adh al twee jaar vóór de Khayber overleden.[59]

2. Een voorbeeld dat wordt gegeven door Goldziher en zijn adepten is de overlevering die toegeschreven wordt aan de profeet Mohammed ﷺ: "Abu Hanifa is de ster van deze moslimnatie." Deze overlevering duidt juist op de accuratesse van de hadithgeleerden, want zij hebben al in de eerste tijd dat deze overlevering tevoorschijn kwam, de overleveraar ervan, namelijk Ma'mun ibn Ahmad al-Sulami Al-Harawi, tot leugenaar verklaard. Toen Ma'mun voor het eerst verscheen met deze verzonnen overlevering werd hij door de hadithgeleerden opgenomen in de zwarte lijst. Tot deze hadithgeleerden behoort zijn tijdgenoot Imam Abu Hatim Muhammed ibn Hibban al-Busti (gest. 354 AH). Dit heeft Imam Ibn Hibban ook vermeld in zijn *kitāb al-majrūḥīn*, zoals Imam al-Dhahabi ook van hem overlevert in zijn boek *mīzān al-i'tidāl*. Daarna hebben in elke opvolgende eeuw, respectievelijk, de volgende hadithgeleerden aangegeven in hun meesterwerken dat deze overlevering verzonnen is: Imam al-Hakim Abu Abdillah (gest. 405 AH), Imam Muhammad ibn Tahir al-Maqdisi (gest. 503 AH), Imam 'Abdurrahman ibn al-Jawzi (gest. 597), Imam Shamsuddin al-Dhahabi (gest. 748 AH), Imam Ibn Hajar al-'Asqalani (gest. 852), Imam al-Sakhawi (gest. 902 AH), Imam al-Suyuti (gest. 911 AH), Imam Abu al-Hasen ibn 'Arraq (gest. 963 AH), Imam 'Ali al-Qari (gest. 1014 AH), Imam al-Shawkani (gest. 1255 AH), Imam 'Abdulhadi al-Abyari (gest. 1305 AH) en de hedendaagse hadithgeleerden. Zodoende hebben hadithgeleerden in elke eeuw tot op de dag van vandaag de moslims gewaarschuwd tegen verzonnen

[59] Deze gebeurtenis wordt verhaald door onder meer Imam Shamsuddin al-Dhahabi in zijn meesterwerk *tadhkira al-ḥuffāẓ*, 1141 en door Imam Tajuddin al-Subki in *ṭabaqāt al-shāfi'iyya al-kubrā*, 4:35.

overleveringen simpelweg door de principes van de hadithwetenschappen toe te passen. Als er op heden iemand zou verschijnen met een verzonnen overlevering, dan zijn de hadithgeleerden tegenwoordig zelfs in staat om de verdichting van deze overlevering bloot te leggen aan de hand van de principes die geformuleerd zijn in de hadithwetenschappen. Het is dus onzin om te beweren dat de hadithgeleerden van hun eigen principes waren afgeweken tijdens het beoordelen van de overleveringen, want er zijn tot nu toe talloze boeken gecompileerd door de hadithgeleerden waarin specifiek verzonnen overleveringen zijn opgenomen en behandeld.

3. Er is binnen de hadithwetenschappen sprake van een coherentie. Uiteraard zijn er meningsverschillen tussen de prominente hadithgeleerden over bepaalde onderwerpen binnen de hadithwetenschappen, maar in het algemeen is er een mainstream opvatting over een groot deel van de categorisatie van de overleveringen. Deze coherentie duidt erop dat er een bepaalde methodiek en een set aan principes is gehanteerd door de hadithgeleerden. Er is bijvoorbeeld een unaniem akkoord onder de hadithgeleerden dat *al-jāmi al-ṣaḥīḥ* van Imam Muhammad ibn Isma'il al-Bukhari (gest. 256 AH) een authentieke en betrouwbare hadithcompilatie is. Deze opvatting duidt op een logische correlatie onder de hadithgeleerden welke weer het resultaat is van de gehanteerde principes in de hadithwetenschappen. Zouden de hadithgeleerden zich niet houden aan hun eigen principes of zouden ze een arbitraire houding tonen tijdens de beoordeling van de overleveringen, dan zouden ze ook nooit een unaniem akkoord kunnen bereiken over de authenticiteit van bijvoorbeeld de voornoemde

hadithcompilatie van Imam Muhammad ibn Isma'il al-Bukhari. Zodoende is het mogelijk om de voorbeelden te vermeerderen voor deze coherentie in het toepassingsveld van de hadithgeleerden.

Het is van groot belang om onze kennis te verbreiden in de bronnen van de islam en de methodiek eromheen. Diepgang zoeken in dit soort onderwerpen door middel van intensieve studie is zeer aangeraden, want een kleine verzaking hierin kan leiden tot wankeling in de geloofsfundamenten. Desalniettemin is het doen van grondige studie niet voldoende. Het is ook belangrijk om gevoed te worden van betrouwbare bronnen, zoals een deskundige leermeester. Daarnaast is het evenmin erg noodzakelijk om jezelf te behoeden tegen innovatieve en valse beweringen, zoals de uitdrukking luidt: "Een kleine hoeveelheid preventie is beter dan een flinke dosis medicatie." Geef dus geen gehoor aan de oppervlakkige leugenaars. En Allah ﷻ weet het beste![60]

[60] Dit hoofdstuk is onder meer gebaseerd op het boek *al-sunna al-muṭahhara wa al-taḥaddiyāt* van Shaykh doctor Nuruddin 'Itr.

Zeven redenen waarom een wetenschapper in God gelooft

De wetenschap heeft in de laatste jaren de grenzen van onvoorstelbaarheid bereikt. De menselijke intelligentie speelt hier uiteraard de centrale rol, maar de wonderbaarlijkheden in de natuur moeten ook in acht genomen worden als het gaat om wetenschap en technologie. Deze waarden zijn weer duidelijke tekenen voor het bestaan van de Schepper. Tegenwoordig verschuilt men juist achter de wetenschap om de kritische vragen tegen het atheïsme te omzeilen. Daarom is het van belang om de link juist te leggen tussen religie en wetenschap. De wetenschap is niet een instrument om God te ontkennen of uit te dagen, maar het kan juist als een middel dienen om God te begrijpen en om dichterbij hem te komen. Dit als uitgangspunt genomen, is het noodzakelijk om te demonstreren hoe de wetenschap ons doorverwijst naar het bestaan van een unieke schepper. Deze doorverwijzing kan samengevat worden in zeven wetenschappelijke punten:

1. Aan de hand van een onwankelbare wiskundige wet kunnen we bewijzen dat ons universum is ontworpen door een perfecte schepper. Stel je voor dat je tien munten, gemarkeerd van één tot tien, in een tas gooit en daarna de tas goed schudt. Probeer ze nu van één tot tien achter elkaar uit de tas te halen, terwijl je steeds de munt weer in de tas gooit en schudt. We weten volgens de wiskundige wetten dat de kans dat je als eerste één trekt één op de tien is en dat de kans dat je na één de munt met twee trekt één op de honderd is. De kans dat je hierna de drie trekt, is één op de duizend. Op deze manier gaat het verder. De kans dat je ze allemaal achter elkaar op volgorde van één tot tien trekt, is ongelooflijk klein. Volgens dezelfde logica is het onmogelijk dat het leven op de aarde per toeval kan ontstaan, omdat het leven op de aarde ontelbare condities vereist om voort te bestaan. De zon, een van de

levensbronnen, heeft een oppervlaktetemperatuur van bijna 6000 graden celsius. De aarde is net ver genoeg van de zon, zodat de aarde voldoende opwarmt; niet te veel en niet te weinig. Als de zon maar de helft van zijn huidige straling zou afgeven, zouden we bevriezen, en als het meer zou geven, zouden we braden. Het is blijkens de voornoemde voorbeelden en heel veel andere voorbeelden overduidelijk dat er niet eens één op de miljarden kans is op leven op de aarde met toeval.

2. De vindingrijkheid van het leven om zijn doel te bereiken is een manifestatie van een alles doordringende schepper. Wat het leven werkelijk is, heeft geen mens kunnen doorgronden. Het heeft noch gewicht noch dimensies, maar het heeft wel macht: een groeiende wortel zal een rots splijten. Het leven heeft het water, het land en de lucht veroverd. Ze heerst over de elementen, dwingt hun om op te lossen en om hun combinaties te vernieuwen. Het leven, net als een beeldhouwer, vervormt alle levende zaken. Het ontwerpt, net als een kunstenaar, elk boomblad en kleurt elke bloem. Het leven is een muzikant en heeft elke vogel geleerd zijn liefdeslied te zingen en de insecten om hun soortgenoten te roepen met talrijke geluiden. Het leven is een sublieme chemicus die smaak geeft aan vruchten en kruiden, en parfum aan de roos, veranderend het water en koolzuur in suiker en hout, en daarbij zuurstof vrijgeeft waarmee levenden kunnen ademen. Hoe wonderbaarlijk is het dat een bijna onzichtbare druppel protoplasma, transparant, gel-achtig, in staat tot beweging, energie kan halen uit de zon. Deze enkele cel, deze transparante nevelachtige druppel, houdt in haar binnenkant de kiem van het leven vast, en heeft de macht om dit leven te verspreiden naar elk levend wezen, groot en klein. De krachten van deze druppel zijn groter dan de planten, dieren en mensen, want alle leven kwam daaruit. De onbewuste natuur heeft geen leven geschapen. De levenloze rotsen en de zoutloze

oceanen konden de noodzakelijke vereisten niet voldoen. Wie heeft het leven dan hier geplaatst?

3. Dierlijke wijsheid spreekt onweerstaanbaar over een schepper die het instinct heeft ingebracht aan hulpeloze kleine wezens. De jonge zalm brengt jaren op zee door, keert dan terug naar zijn eigen rivier en reist in het water richting de rivier waarin hij werd geboren. Wat brengt hem weer terug? Als je hem overzet naar een andere rivier zal hij meteen weten dat hij van zijn koers af is en hij keert weer terug, ook al is dat tegen de stroom in, om zijn bestemming te bereiken. Nog moeilijker om op te lossen is het mysterie van de paling. Deze geweldige wezens migreren op de vervaldag van vijvers en rivieren overal - van Europa duizenden kilometers oceaan - allemaal op weg naar dezelfde verschrikkelijke diepte in de buurt van Bermuda. Daar fokken ze en sterven ze. De kleintjes, zonder enig geweten, behalve dat ze in een wildernis van water zijn, beginnen terug te reizen en vinden hun weg niet alleen naar de kust waar hun ouders vandaan komen, maar vandaar naar dezelfde rivieren, meren of kleine vijvers. Geen Amerikaanse paling is ooit gevangen geweest in Europa, geen Europese paling in Amerikaanse wateren. De onbewuste natuur heeft zelfs de volwassenheid van de Europese paling met een jaar of meer 'vertraagd' om zijn langere reis mogelijk te maken. Hoe komen zij aan dit instinct en dat richtingsgevoel?
4. De mens heeft iets meer dan het dierlijke instinct, namelijk de complexe kracht van het verstand. Geen enkel ander dier heeft ooit een record achtergelaten van zijn vermogen om tot tien te tellen, of zelfs om te begrijpen wat de betekenis van tien is. Waar het instinct als een enkele noot van een fluit is, mooi maar beperkt, bevat het menselijk brein alle noten van alle instrumenten in het orkest. Het is niet nodig om dit vierde punt uit te

werken. De wonderbaarlijkheden van het menselijke verstand zijn algemeen bekend.

5. De voorziening voor alle leven wordt onthuld in het fenomeen van de wonderbaarlijke genen. Deze genen, die verantwoordelijk zijn voor het leven van alle mensen op de aarde, zijn zo klein dat als ze allemaal op één plaats gezet zouden worden, zou het minder dan een vingerhoedje in beslag nemen. Maar deze genen bewonen elke levende cel en zijn de sleutels tot alle menselijke, dierlijke en plantaardige eigenschappen. Een vingerhoedje is een te kleine plaats om alle persoonlijke karakteristieken van bijna zes miljard mensen te bevatten. De feiten zijn echter onbetwistbaar. Dat het ultra-microscopisch gen zo bepalend kan zijn voor het leven op aarde is een voorbeeld van een diepe scherpzinnigheid en fijnheid. Dit is een voorziening die alleen kan voortkomen uit de creatie van een almachtige schepper. Geen andere hypothese kan hiervoor als verklaring dienen.
6. De balans en structuur van de natuur laten ons zien dat alleen een oneindige wijsheid in staat is om zo'n scherpzinnige instandhouding te creëren. Vele jaren geleden werd een soort cactus in Australië geplant als een beschermend hek. Er waren geen vijandinsecten in Australië waardoor de cactus al snel op een wonderbaarlijke manier begon te groeien. De alarmerende toename bleef bestaan, totdat de planten een gebied bedekten dat zo lang en breed was als Engeland. De inwoners van het gebied werden verdrongen uit de steden en dorpen, en hun boerderijen werden vernietigd. Op zoek naar een verdediging, doorzochten entomologen de wereld. Uiteindelijk kwamen ze op een insect dat uitsluitend op cactus leefde en niks anders at dan cactus. Het zou ook broeden en het had geen vijanden in Australië. Dus het insect veroverde in korte tijd het hele cactusgebied waarna de cactusplaag was teruggetrokken - en daarmee alles behalve een klein beschermend residu van

de insecten, genoeg om de cactus voor altijd in toom te houden. Waarom snel fokkende insecten de aarde niet kunnen domineren is een interessante vraag. De reden is dat ze geen longen hebben zoals die van de mens. Ze ademen door kokertjes, maar wanneer insecten groot worden, groeien hun kokertjes niet in verhouding met de toenemende grootte van hun lijf. Daarom is er nooit een insect van grote omvang geweest. Deze beperking op hun groei heeft alles onder de controle gehouden. Als deze fysieke controle niet was verstrekt, zou de mens niet kunnen bestaan. Stel je eens voor dat een horzel zo groot als een leeuw is!

7. Het feit dat de mens het idee van God kan bevatten, is an sich een uniek bewijs voor het bestaan van God. De opvatting van God komt voort uit een vermogen dat door God is geschonken aan de mens, anders dan alle andere wezens. Dit vermogen wordt instinct genoemd. Door die kracht kan alleen de mens het bewijs van het ongeziene vinden en/of voelen. Het menselijke gevoel dat streeft naar een oppermacht en de spirituele rust die daarbij tot stand komt, is een duidelijke verklaring voor de intuïtie om de Schepper te erkennen. Denk hierbij aan atheïsten die tijdens een ramp of vlak voor een verwacht ongeluk gedwongen smeken of roepen naar een hoge macht om gered te worden.[61]

[61] Dit hoofdstuk is onder andere gebaseerd op het boek *Seven Reasons Why a Scientist Believes in God* van Abraham Cressy Morrison.

Islam, wetenschap en evolutietheorie

De 'verlichte' toplaag van het seculiere en moderne tijdperk in het Westen vereert de wetenschap en de technologische vooruitgang. Volgens hen zijn religies de oorzaak van stagnatie en duisternis. Dat stellen zij op basis van hun eigen ervaring. Een typerend voorbeeld is de Britse evolutiebioloog Richard Dawkins die zijn haat heeft gekotst tegen God in zijn boek *The God Delusion*. Deze houding is een extreem voorbeeld voor het trauma dat Europeanen hebben overgehouden van de kerkelijke absurditeiten.

De donkere middeleeuwen in het Westen waren inderdaad erg donker. Deze periode wordt gekenmerkt met schisma's en de onderdrukking door de kerk. Hetzelfde is echter niet te zeggen over de islamitische wereld. De komst van de geliefde profeet Mohammed ﷺ en de openbaring van de Koran gaven een nieuwe wending aan de koers van de mensheid. Heel snel erna was de islam al verspreid over de wereld en de moslims waren heersers geworden. Het navolgen van de Koranische instructies veroorzaakte niet alleen een hoog spirituele belevenis tegenover de Schepper ﷻ, maar creëerde ook nieuwe mogelijkheden voor de mensheid. Het ontstaan en de bloei van diverse wetenschappen, zoals rechtsgeleerdheid, literatuur en poëzie, wijsbegeerte, geneeskunde, wiskunde en astronomie werden grotendeels geleid door de moslimwetenschappers. Deze moslimwetenschappers werden geïnspireerd door de Koran en Sunna.

Het is algemeen bekend dat de Koran langer dan veertien eeuwen terug had gealludeerd op heel veel feiten op het gebied van geneeskunde, biologie, astronomie, geografie, historie, etc. De moslims hebben deze fundamentele feiten van de Koran gebruikt om de wetenschap te ontwikkelen met als doel om spiritueel dichterbij de Schepper ﷻ te komen, zijn grootsheid beter te begrijpen en de mensheid te dienen. De eerste universiteit in de wereld was opgericht door de moslims. Als een Europeaan wetenschap wilde bedrijven, dan diende hij de Arabische taal machtig te zijn, want dat was de lingua franca van de wetenschap en diplomatie. Bovendien hebben Europeanen verscheidene wetenschappen, zoals geneeskunde en scheikunde van de moslimwetenschappers geleerd en van hun boeken bestudeerd. De mensheid heeft veel te danken aan de moslimwetenschappers, omdat men nog steeds rekent met het getallensysteem van de moslimwetenschappers. De islamgeleerde Mohammed ibn Musa al-Khwarizmi implementeerde het cijfer nul in het huidige getallensysteem. Het woord cijfer is ook een verbastering van het Arabische woord *ṣifr* dat nul betekent. De Romeinse cijfers zijn niet praktisch om complexe en uitgebreide berekeningen mee te doen. Europa heeft het huidige getallensysteem geleerd van de moslimwetenschappers. Daarnaast is al-Khwarizmi ook de uitvinder van algebra.

De basis van heel veel systemen in de huidige technologie kan teruggevoerd worden op de uitvindingen en onderzoeken van klassieke moslimwetenschappers. Klokken, vliegtuigen, machines, robots, waterleidingsysteem, reinigingsapparaten, en nog veel meer systemen zijn oorspronkelijk te vinden in de uitvindingen en ontwerpen van moslimgeleerden van millennium terug. Het boek *1001 Inventions: The Enduring Legacy Of Muslim Civilization* dat uitgegeven is door National Geographic is een aanrader om de honderden voorbeelden hiervan uitgebreid terug te lezen. De uitvindingen en onderzoeken van Jabir ibn Hayyan in scheikunde, van Ibn al-Haitham in optica, van al-Jazari in robotica, van Ibn Firnas in aviatiek, van Ibn Sina (Avicenna) in geneeskunde waren zeer cruciaal voor de huidige technologische progressie en wetenschappelijke vooruitgang. De moderne technologie en wetenschap is geboren uit de islamitische beschaving.

Professor Fuat Sezgin, een wereldberoemde autoriteit op het gebied van *History of Science* en vloeiend in 27 talen, had een meesterwerk samengesteld over de uitvindingen en bijdragen van de moslimgeleerden aan de wetenschap. Dit werk bestaat uit 17 volumes en was geschreven in het Duits. Professor Sezgin overleed toen hij bezig was met volume 18. Professor Sezgin zei altijd: "Westerse beschaving is het kind van de islamitische beschaving." Hiermee wilde hij duidelijk maken dat het Westen veel dingen te danken heeft aan de moslimgeleerden. Hij zei ook: "De 27-jarige Abu Rayhan al-Biruni ging een schriftelijke discussie aan met de 18-jarige Ibn Sina. Waar ging deze discussie over? Het ging over de mensurabiliteit van lichtsnelheid." Professor Sezgin had vele verborgen feiten boven water gehaald. Professor Sezgin heeft een groot deel van zijn onderzoeken gewijd aan de historie van de geografische ontwikkelingen. Hij heeft aangetoond dat prominente Europese ontdekkingsreizigers, zoals Vasco da Gama, de Arabische landkaarten van de moslims hadden gebruikt om bijvoorbeeld de Indische Oceaan te bereiken. Een ander voorbeeld is dat belangrijke rekenmethodes in astronomische onderzoeken waren ontwikkeld door moslimgeleerden, zoals de negende-eeuwse moslim wetenschapper Yahya ibn Abi Mansur. Hij gebruikte voor het eerst de methode van *approximation* om de tijden van zonsverduistering te berekenen. Zodoende valt er veel te schrijven over de wetenschappelijke uitvindingen van moslimgeleerden.

Iemand die dus de islam beschuldigt met stagnatie of onwetendheid is zelf onwetend. Kennis over de schepping, hieronder vallen alle wetenschappelijke disciplines, is onlosmakelijk verbonden met de Koran en Sunna. Allah ﷻ heeft in Zijn boek en via zijn profeet ﷺ verwezen naar alle fundamentele kennis die cruciaal is voor de gelukzaligheid van de mens, zowel in het wereldse leven als in het hiernamaals. Toch zijn er bepaalde mensen die de wetenschap als een tegenpool van religie beschouwen, terwijl alle kennis oorspronkelijk van Allah ﷻ komt. Hij ﷻ heeft ons alles geleerd via Zijn profeten en openbaringen. De wetenschap, die er is om de mens van dienst te zijn, bestaat uiteraard niet alleen uit feiten afkomstig van de goddelijke openbaringen. Mensen hebben deze elementaire kennis, dankzij het verstand en zintuig dat hen is begunstigd door Allah ﷻ, verder ontwikkeld.

Tegenwoordig wordt de wetenschap beschouwd als een onfeilbaar instrument dat in staat is om antwoord te geven op elke vraag en om de ultieme gelukzaligheid te brengen in de wereld. Terwijl de wetenschap een ruimte is waar gebrekkige en beperkte verstanden en zintuigen onderzoek doen en kennis bedrijven. Alle mensen zijn namelijk gebrekkig, aangezien er geen perfecte mens bestaat. Daarom is het überhaupt niet mogelijk dat er geen vergissingen of fouten worden gemaakt in de wetenschap. Heel vaak zie je daarom ook dat er vele meningsverschillen kunnen zijn over een bepaald onderwerp in de wetenschap.

Bovendien is de wetenschap veranderlijk. Het kan zijn dat een bepaalde wetenschapper tevoorschijn komt en stelt dat een bepaald object cilindrisch is en altijd al zo was geweest. Na een eeuw kan er een andere wetenschapper komen die weer bewijst dat het object ooit vierhoekig was en later cilindrisch was geworden. Inderdaad, je kan met de wetenschap achter nieuwe horizonnen kijken en achter elke nieuwe horizon tref je weer oneindige kennis, maar het blijkt uiteindelijk dat kennis het mysterie in dit bestaan niet oplost, maar eerder verdiept: kennis maakt de verwondering alleen maar groter, aldus professor astrofysica Peter Barthel in zijn boek *Professor, bestaat God?* Daarom stelt professor Barthel in hetzelfde boek dat wetenschap leert hoe het heelal werkt; religie zoekt naar de betekenis ervan en leert hoe de mens daarin moet werken en ermee moet omgaan - 't is zingeving. Professor Barthel verhaalt ook van de Russische schrijver Leo Tolstoj dat hij zei dat wetenschap nog nooit het antwoord op een levensvraag heeft gegeven. De Engelse astronoom Robert Hanbury Brown schreef eens dat we dankzij de wetenschap steeds meer leren over het decor van het toneelstuk, maar niet over het stuk zelf. Barthel quote dit van Brown als volgt: "Science has told us a good deal about the setting of the play, but not about the plot."

Britse professor en mathematicus John Lennox legt het bovengenoemde verband uit aan de hand van een mooi voorbeeld. Stel je voor dat er een cake is gebakken. Deze cake wordt gepresenteerd aan een groep topwetenschappers om dit te analyseren. De biochemicus zal ons informeren over de structuur van de eiwitten en vetten. De chemicus zal spreken over de elementen, de natuurkundige zal de cake analyseren wat betreft de fundamentele deeltjes. De wiskundige zal ons elegante vergelijkingen geven om de houding van deze deeltjes te beschrijven. Al deze onderzoeken en bevindingen over de cake hebben betrekking op *hoe* en van *wat* de cake is gemaakt, maar de vraag *waarom* deze cake is gemaakt, kunnen deze wetenschappers aan de hand van hun onderzoeken en bevindingen niet beantwoorden. Hetzelfde geldt ook voor de schepping. De wetenschap kan redelijk veel zeggen over *hoe* de schepping in elkaar zit, maar het zegt weinig tot niets over *waarom* de schepping bestaat. Kortom, de wetenschap heeft zijn beperkingen en grenzen. Nobelprijs winnaar en prominente bioloog Peter Medawar heeft kort en krachtig verwezen naar dit feit in zijn werk *Advice to a Young Scientist*: "I have in mind such questions as: "How did everything begin?" "What are we all here for?" "What is the point of living?"

Bovendien hebben wetenschappers in het verleden, ook in het westen, nooit een incoherentie gezien tussen de wetenschap en religie. Het is juist altijd samen hand in hand gegaan, zoals professor Lennox heeft geschreven in zijn boek *Can Science explain everything*. Sterker nog, toen Isaac Newton de wet van zwaartekracht had ontdekt, zei hij niet dat er geen behoefte meer was aan God. Hij geloofde zelf in God. Zijn doel was juist om met zijn berekeningen en uitvindingen mensen te overtuigen over het bestaan van God. Wetenschap kan niet concurreren met God, maar kan alleen dienen als een ander perspectief en inzicht op de schepping. Dit zorgt er juist voor dat mensen meer bewondering krijgen voor God. Toen Albert Einstein, ook iemand die in een god gelooft, werd gevraagd of wetenschappers ook bidden, zei hij dat elke persoon die serieus is betrokken bij de wetenschap ervan overtuigd raakt dat er een superieure entiteit bestaat die zich manifesteert in de natuurwetten van het universum.

Tegenwoordig zijn er ook atheïstische wetenschappers. Zij vallen bepaalde religieuze concepten aan, zoals het bestaan van een schepper of de wonderen. Deze wetenschappers geven hun persoonlijke mening over het onderwerp, maar omdat ze wetenschappers worden genoemd, denken mensen dat alles wat zij beweren een wetenschappelijk feit is. Bovendien is het ook zo dat een bepaalde persoon wetenschapper is op het gebied van geneeskunde of biologie, terwijl dezelfde persoon qua kennis gelijk is aan de leek op een ander gebied, zoals wiskunde of astronomie. Door deze beperktheid in kennis en bekwaamheid is de mens nooit gevrijwaard van onwetendheid en feilbaarheid, maar Allah ﷻ heeft kennis over alle dingen. Daarom is het absoluut niet correct om de wetenschap gelijk te stellen aan de goddelijke openbaring.

Helaas zijn er ook moslims die de wetenschap overdreven verheerlijken, zoals bepaalde westerlingen doen, door de Koran en Sunna te willen toetsen aan de wetenschap. Dit is niets anders dan dwaasheid en onwetendheid. Als er bepaalde bevindingen of conclusies zijn in de wetenschap die botsen met de Koran of Sunna, dan begint het geloof van sommige moslims al te wankelen. Een eeuw terug waren er 'verlichte' dwazen in de islamitische wereld die zogenaamd pleitten voor technologische vooruitgang van de moslims en die beïnvloed waren door de westerse wetenschappers. Zij waren onder de indruk van de evolutietheorie van Charles Darwin. Daarom geloofden ze daar ook in en ze probeerden de Koran, Hadith en andere religieuze literatuur te laten rijmen met de evolutietheorie. Dit heeft helaas ook voornamelijk te maken met de heersende onwetendheid over de islam onder de moslims. Charles Darwin zelf heeft in zijn boek *On the Origins of Species* aangegeven dat zijn bevindingen een aanname zijn. Daarom heeft hij ook een hoofdstuk in dit boek dat hij *Difficulties on Theory* heeft genoemd. Hierin heeft hij de moeilijkheden van zijn theorie en de mogelijke bezwaren op zijn bevindingen behandeld. Hij geeft zelf ook toe in dit hoofdstuk dat er chaos zou moeten zijn in de natuur als zijn theorie zou kloppen, want zijn theorie impliceert het bestaan van miljoenen tussenvormen en de fossielen ervan, maar die chaos en wanorde zijn absoluut niet te bemerken in de natuur. Daarna probeert hij weer antwoord te geven op deze bezwaren, maar zijn doel is niet om zijn theorie als een feit te presenteren. Het blijft ook volgens hem een hypothese die hijzelf de rest van zijn leven bleef betwijfelen. Zo zijn er veel meer vragen waar de theorie geen antwoord op kan geven. Bovendien was Darwin aanvankelijk een baptist, dus een christen en iemand die in God geloofde. Er is geen expliciet bewijs dat hij überhaupt niet meer in het bestaan van een god geloofde.

Na Darwin hebben bepaalde mensen in het Westen deze theorie als de ultieme waarheid en als de enige verklaring van het ontstaan geadopteerd, omdat ze het christendom scherp begonnen te veroordelen. Ze waren het namelijk zat met de christelijke doctrines en dogma's. Hiervoor hadden ze een plaatsvervanger nodig. Dit zou de evolutietheorie worden. Het is echter een curieus geval dat sommige moslims zich lieten beïnvloeden door zulke pseudowetenschappers en hypotheses. Helaas is dit ook van sprake voor sommige hedendaagse moslims. Tegenwoordig wordt de evolutietheorie zelfs in het westen niet meer als waterdicht beschouwd. Er zijn talloze westerse wetenschappers die afstand hebben genomen van de evolutietheorie. Daarvoor is er zelfs een beweging genaamd *Scientific Dissent from Darwin* ontstaan in het westen. Ze hebben ook een website[62] waar de lijst is gepubliceerd van alle wetenschappers die afstand nemen van de evolutietheorie. Deze lijst wordt regelmatig bijgewerkt als er nieuwe wetenschappers zijn die zich aansluiten bij de beweging.

Het is rationeel mogelijk dat bepaalde onderdelen van de evolutietheorie kloppen. Er zijn ook verschillende vormen van evolutie te bemerken in de natuur, zoals de evolutie van het embryo in de buik van de moeder of de evolutie van een rups tot een vlinder. Het is ook bekend dat de Koran bijvoorbeeld niet in één keer is geopenbaard aan de geliefde profeet ﷺ, maar in een periode van 23 jaar. Sommige wetten van de islam zijn ook niet in één keer tot stand gekomen, maar evoluerend en stapsgewijs, zoals de wetgeving omtrent het nuttigen van alcohol. Dit is de wijsheid van Allah ﷻ welke terug te zien is in de schepping. De evolutie waar Darwin over spreekt is echter meer dan alleen dit. Er is geen twijfel dat de evolutietheorie stellingen bevat die duidelijk ongeloof inhouden, zoals dat de mens afkomstig kan zijn van apen of van

[62] www.dissentfromdarwin.org

dezelfde voorouders als apen of van primitieve voorouders. Elke moslim dient te geloven dat zonder de toestemming en schepping van Allah ﷻ niets tot stand kan komen. Niets buiten Allah ﷻ kan ook maar één effect tot stand brengen. Tevens dient een moslim te geloven dat de eerste mens de profeet Adam was en dat Allah ﷻ de profeet Adam uit aarde had geschapen. Vanuit Adam en Hawwa is de rest van de mensheid ontstaan met de toestemming en schepping van Allah ﷻ. De evolutietheorie is een onbewezen aanname. Bovendien zijn er bewijzen die deze theorie dwarsbomen. Het wijsvolle ontwerp en nieuwe biochemische ontdekkingen sluiten *random mutation* en *natural selection* volledig uit welke wezenlijke componenten zijn van de evolutietheorie. Dit is al genoeg om aan te tonen dat de evolutietheorie grotendeels niet klopt en al helemaal geen challenge kan zijn voor de islam. De houding van een moslim ten opzichte van de wetenschap is heel positief, maar wel gematigd. Een moslim kan de wetenschap niet als onfeilbaar achten, zoals sommige westerlingen, deïsten of de aanhangers van *Scientology* de wetenschap als afgod of alternatief voor religie beschouwen. De wetenschap is voor een moslim slechts een middel dat de mensheid kan dienen.

Voltooiing van de missie in de weerlegging van de evolutie

Charles Darwin, een voormalige christen, deed onderzoek naar de biologische soorten en kwam tot de conclusie dat al het leven op de aarde een gemeenschappelijke afstamming heeft, en dat *natuurlijke selectie* de belangrijkste factor is voor de evolutie van de soorten. Uiteraard was dit niet een poging die bedoeld was om het gehele bestaan te verklaren, maar het was in ieder geval een beter en aangenamer alternatief dan het christendom welk een web van tegenstellingen was geworden en een duistere geschiedenis had geschreven. De Europese mensen werden zeer afkerig tegen hun eigen religie door theologische en historische redenen. De wetenschappers na Darwin waren echter extremer in hun houding en hebben deze theorie wel als een ultieme uitleg voor het bestaan beschouwd en op deze manier gepresenteerd aan de mensen vanaf het basisonderwijs tot aan de academische opleidingen. Dit, terwijl de evolutietheorie, zoals we het in dit hoofdstuk aan de kaak zullen stellen, veel gebreken bevat en heel veel onbeantwoorde vragen achter zich heeft gelaten. Deze gebreken en onbeantwoorde vragen zijn geen bijzaken ten opzichte van de theorie, maar behoren juist tot de essentie ervan. Een voorbeeld hiervan is het volgende vraagstuk: "De wetenschap kan nu eenmaal niet ontkennen dat er een gigantische kloof gaapt tussen mensen en dieren. Wat maakt uiteindelijk mensen tot mensen?" Dit is een zeer complex vraagstuk voor deze oppervlakkige theorie. Een ander vraagstuk luidt als volgt: "Hoe is de taal ontstaan? Kunnen genetische mutaties het ontstaan van bijvoorbeeld de stembanden verklaren? Indien dit mogelijk zou zijn, vanwaar komt dan die taal? Eén gemuteerde persoon volstaat echter niet. Er moeten twee mensen zijn die spreken, want waarom zou je spreken als niemand je kan verstaan?" Zo kan je honderden vraagstukken bedenken die deze oppervlakkige theorie in de weg zitten. Dus naast het feit dat de theorie absoluut geen verklaring kan voorstellen voor het bestaan, bevat de theorie ook nog eens cruciale hiaten en onzekerheden. Dit is overigens ook iets wat de evolutionisten, in de eerste plaats Darwin zelf, met openheid toegeven.

Michaël Dekee, een bioloog, schrijft in zijn boek *De evolutietheorie ontkracht*[63] dat de evolutietheorie vaak bizarre elementen vertoont. Bijvoorbeeld bij een soort mollusk (weekdier): miljoenen jaren geen millimeter evolutie, dan ineens een sprong, dan weer geen evolutie, maar statisch.[64] In een andere passage schrijft Dekee het volgende: "Evolutie gaat zelfs in tegen de fysica, namelijk de 2[de] wet van de Thermodynamica, die zegt dat een systeem dat op zichzelf wordt gelaten, aftakelt en van orde naar wanorde gaat."[65] Daarna legt hij deze tegenstrijdigheid uitvoerig uit in het hoofdstuk erna. In het hoofdstuk *Bewijs voor genetische Adam en Eva* toont hij aan dat evolutiewetenschappers zelf erachter zijn gekomen dat de mutaties veel sneller plaatsvinden dan verwacht. Bovendien vond men de mitochondriale Eva uit. In 1987 publiceerde een team van de Universiteit van California te Berkeley een baanbrekende studie waar het mtDNA, welke ongewijzigd blijft en via moeder wordt doorgegeven, van 147 mensen van de vijf geografische regio's van de wereld werd vergeleken. De studie besloot dat alle 147 vrouwen dezelfde vrouwelijke voorouder hebben. Zij wordt de mitochondriale Eva genoemd. Wanneer leefde zij? De initiële schattingen waren gebaseerd op de volgende redenering: "Ongeveer 6 miljoen jaar geleden divergeerden mensen van chimpansees. Omdat het mtDNA in

[63] Dit hoofdstuk is gedeeltelijk gebaseerd op dit boek van Michaël Dekee. Hij is een bioloog en fossielverzamelaar. Zijn boek is een echte aanrader voor iemand die de tegenstrijdigheden van de evolutietheorie duidelijk wil inzien vanuit een vakinhoudelijk perspectief. Zie ook zijn website: https://evolutietheorie-ontkracht.com

[64] Michaël Dekee, *De evolutietheorie ontkracht*, 7.

[65] Michaël Dekee, *De evolutietheorie ontkracht*, 19.

mensen en chimpansees verschilt op 1000 plaatsen, gebeurt er een mutatie om de 12.000 jaar." De berekening gebeurde dus op basis van de veronderstelling dat de chimpansees de voorouder van de mens zijn. Vervolgens kwam men erachter dat de mutatiesnelheid veel sneller was. Dan komt men uit dat Eva een luttele 6500 tot 6000 jaar geleden leefde. Deze becijferingen werden niet gemaakt door de creationisten, maar door evolutiewetenschappers.[66]

In het hoofdstuk *Ondoelmatige schoonheid* schrijft Dekee het volgende: "Vele bloemen, planten en dieren hebben een ondoelmatige schoonheid, die wetenschappers niet kunnen verklaren. Neem nu de vele kleurenvariaties in tweekleppige schelpdieren, die geen ogen hebben. Wat is het nut? Of een passiebloem bijvoorbeeld, hoeft zo mooi niet te zijn om insecten aan te trekken. Veel eenvoudiger kan ook. Bepaalde bloemen zijn zo mooi gevormd en gekleurd, terwijl de insecten die ze moeten bestuiven die kleuren helemaal niet kunnen zien. Bepaalde vogels zijn gewoon prachtig door hun vormen en kleuren, terwijl dit niet altijd 'functioneel' is. Idem voor prachtig gekleurde en gevormde slakkenhuisjes."[67]

De evolutietheorie van Darwin steunt voornamelijk op de huidige bekende geologische tijdschaal van 4,6 miljard jaar en de fossielen die in de overeenkomende lagen worden gevonden. Dit is een van de grondslagen van de theorie, zoals Darwin ook schreef in zijn *On the Origin of Species*. Dekee schrijft dat er heel wat problemen zijn met deze lagen en de gevonden fossielen die de evolutietheorie zouden moeten ondersteunen. Dekee schrijft hierover verder het volgende: "Eerst en vooral is het belangrijk om erop te wijzen dat de fossielen waarop de evolutietheorie grotendeels wordt gebaseerd, verkeerd

[66] Michaël Dekee, *De evolutietheorie ontkracht*, 26-28.
[67] Michaël Dekee, *De evolutietheorie ontkracht*, 31.

geïnterpreteerd kunnen worden. Een probleem bij het determineren van fossielen ligt namelijk in een aantal onzekerheden die niet weggenomen kunnen worden."[68] Vervolgens demonstreert Dekee een reeks aan afbeeldingen van verschillende soorten die door elkaar gehaald kunnen worden met andere soorten of die als fossiel vaak foutief als twee aparte soorten beschouwd kunnen worden. Daarna geeft hij een reeks voorbeelden van de zogenaamde levende fossielen. Er zijn namelijk heel wat fossielen gevonden die als twee druppels water lijken op huidige bestaande levensvormen, maar die door wetenschappers een andere soortnaam kregen. Dit wordt op grote schaal gedaan in de classificatie van fossielen. Het feit dat evolutie niét plaatsvond, wordt op die manier verdoezeld.[69]

Daarna refereert Dekee naar het boek *Living Fossils* van dr. Carl Werner. Deze wetenschapper deed ook onderzoek naar 'levende fossielen' en vond voor alle grote stammen van ongewervelden voorbeelden van levende vormen die als twee druppels water gelijken op fossielen uit het dinosauriërtijdperk: geleedpotigen (insecten, kreeftachtigen, etc.), weekdieren, stekelhuidigen (zeesterren, brokkelsterren, zeelelies, etc.), koralen, sponzen en gesegmenteerde wormen (aardwormen, mariene wormen, etc.), maar ook bij gewervelden vond hij exemplaren uit alle grote klassen (kraakbeenvissen, beenvissen, amfibieën, reptielen, etc.) Er werden zelfs moderne vogels en zoogdieren tussen dinosauriërs teruggevonden. Zo vertelt dr. Werner over eenden, futen, pinguïns en papegaaien die gevonden werden in de dinosauriërlagen. Ook tal van nu nog bestaande zoogdieren, zoals het opossum en de egel.[70] Bovendien worden in de Krijtlagen reeds heel wat modern uitziende vogelsoorten gevonden, zoals fluten,

[68] Michaël Dekee, *De evolutietheorie ontkracht*, 34.
[69] Michaël Dekee, *De evolutietheorie ontkracht*, 40.
[70] Michaël Dekee, *De evolutietheorie ontkracht*, 66.

flamingo's, aalscholvers, strandlopers, uilen, pinguïns en zelfs papegaaien, zoals dr. Strickberger en paleontologen dr. Sereno en dr. Clemens bevestigen.[71] De musea tentoonstellen deze vondsten echter niet en houden het verborgen van de mensen.

Dekee geeft ook aan dat er regelmatig vervalsingen voorkomen in fossielvondsten. Hierover schrijft hij het volgende: "Een ander 'bewijsstuk' om het evolutionaire diagram te vervolledigen, was de zogenaamde *Archaeoraptor* afkomstig uit China. Het dier zou een staart van een dinosauriër gehad hebben, maar ook vleugels. Een belangrijke vondst, zo dacht men. Het bleek echter een vervalsing te zijn: het fossiel bestaat uit verschillende samengevoegde delen van fossielen van verschillende diersoorten. Ondanks het feit dat dit door een wetenschapper ontmaskerd werd, publiceerde National Geographic in 1999 deze 'vondst' in hun tijdschrift als de *'missing link'*. Het artikel werd later dan toch terug ingetrokken. Het toevoegen van kleuren, vederen, en andere elementen aan modellen van bepaalde dinosauriërs is puur speculatief en berust geheel op de fantasie van de ontwerper van dat betreffende model. Dr. Storrs Olson, curator van de afdeling vogels in het Natuurhistorisch museum van Washington DC en een internationaal gerenommeerde paleo-ornitholoog, schreef in 1999 een open brief aan dr. Peter Raven van het Onderzoeks- en verkenningscomité van National Geographic in verband met de publicatie in hun tijdschrift van de 'vondst' van *Archaeoraptor*."[72] Dr. Olson noemt in zijn brief deze publicatie een sensatiebeluste, ongefundeerde roddelkrant-journalistiek!

[71] Michaël Dekee, *De evolutietheorie ontkracht*, 77.
[72] Michaël Dekee, *De evolutietheorie ontkracht*, 77-78.

De fossielen van vleermuizen vormen een zeer groot probleem voor de zogenaamde evolutiewetenschappers. Er zijn ruim 1000 fossielen gevonden van vleermuizen, maar er is nog geen enkel fossiel bekend van een mogelijke 'overgangssoort': een soort kruipend dier dat voorpoten zou vertonen met verlengde vingerpootjes en vliezen. Alle bekende fossielen zijn afkomstig van perfect gevormde vleermuizen![73] Hetzelfde probleem komt boven water als we kijken naar de walvissen en welke goochelarij de evolutionisten hierin spelen. Ze vervalsen de fossielen en voegen vreemde elementen toe aan de skeletmodellen waarvoor helemaal geen fossielen zijn gevonden. Er worden verzonnen overgangssoorten gebruikt om aan te tonen hoe een vierpotig beest dat op een tijger lijkt, evolueerde in een walvis zonder voorpoten, achterpoten, klauwen, staart en vacht. Bovendien kreeg de walvis vinnen en alles wat hij nodig heeft om te overleven onder water. Door tussensoorten te verzinnen, worden ze in staat gesteld om het publiek te manipuleren over hun achterlijke ideeën waar geen enkel bewijs voor is. Vervolgens proberen ze de rationele mensen die hun verzinsels en ongegronde beweringen weerleggen tot middeleeuwse dweper uit te roepen.

Een ander groot struikelblok voor de evolutietheorie zijn de nieuwe perspectieven van de biochemie. De opkomst van biochemie heeft de evolutietheorie de bodem ingeslagen. Deze wetenschap die de chemische processen van het leven op moleculair niveau bestudeert, heeft aangetoond dat er een *irreducible complexity* aanwezig is in de schepping. Deze term is voor het eerst bedacht door de Amerikaanse biochemicus professor Michael J. Behe. Volgens professor Behe zit de schepping op moleculair niveau zo ingewikkeld in elkaar dat het niet verklaard kan worden met evolutionaire mechanismen.

[73] Michaël Dekee, *De evolutietheorie ontkracht*, 80.

Professor Behe heeft meerdere academische onderzoeken neergeschreven waarin hij heeft aangetoond dat de evolutietheorie tekortschiet in het verklaren van de schepping. Een mooi voorbeeld hiervan is het gezichtsvermogen. Dit was voor Darwin een black box. In zijn boek *Darwin's Black Box* geeft professor Behe de complexe werking van het gezichtsvermogen als tegenbewijs voor de evolutietheorie. Hieronder volgt die passage:

> When light first strikes the retina, a photon interacts with a molecule called 11-cis-retinal, which rearranges within picoseconds to trans-retinal. (A picosecond is about the time it takes light to travel the breadth of a single human hair.) The change in the shape of the retinal molecule forces a change in the shape of the protein, rhodopsin, to which the retinal is tightly bound. The protein's metamorphosis alters its behavior. Now called metarhodopsin II, the protein sticks to another protein, called transducin. Before bumping into metarhodopsin II, transducin had tightly bound a small molecule called GDP. But when transducin interacts with metarhodopsin II, the GDP falls off, and a molecule called GTP binds to transducin. (GTP is closely related to, but critically different from, GDP). GTP-transducin-metarhodopsin II now binds to a protein called phosphodiesterase, located in the inner membrane of the cell. When attached to metarhodopsin II and its entourage, the phosphodiesterase acquires the chemical ability to «cut» a molecule called cGMP (a chemical relative of both GDP and GTP). Initially there are a lot of cGMP molecules in the cell, but the phosphodiesterase lowers its concentration, just as a pulled

plug lowers the water level in a bathtub. Another membrane protein that binds cGMP is called an ion channel. It acts as a gateway that regulates the number of sodium ions in the cell. Normally the ion channel allows sodium ions to flow into the cell, while a separate protein actively pumps them out again. The dual action of the ion channel and pump keeps the level of sodium ions in the cell within a narrow range. When the amount of cGMP is reduced because of cleavage by the phosphodiesterase, the ion channel closes, causing the cellular concentration of positively charged sodium ions to be reduced. This causes an imbalance of charge across the cell membrane that, finally, causes a current to be transmitted down the optic nerve to the brain. The result, when interpreted by the brain, is vision. If the reactions mentioned above were the only ones that operated in the cell, the supply of 11-cis-retinal, cGMP and sodium ions would quickly be depleted. Something has to turn off the proteins that were turned on and restore the cell to its original state. Several mechanisms do this. First, in the dark the ion channel (in addition to sodium ions) also lets calcium ions into the cell. The calcium is pumped back out by a different protein so that a constant calcium concentration is maintained. When cGMP levels fall, shutting down the ion channel, calcium ion concentration decreases, too. The phosphodiesterase enzyme, which destroys cGMP slows down at lower calcium concentration. Second, a protein called guanylate cyclase begins to resynthesize cGMP when calcium levels start to fall. Third, while all of this is going on, metarhodopsin II is chemically modified by an enzyme called rhodopsin kinase. The

> modified rhodopsin then binds to a protein known as arrestin, which prevents the rhodopsin from activating more transducin. So, the cell contains mechanisms to limit the amplified signal started by a single photon. Trans-retinal eventually falls off of rhodopsin and must be reconverted to 11-cis-retinal and again bound by rhodopsin to get back to the starting point for another visual cycle. To accomplish this, trans-retinal is first chemically modified by an enzyme to trans-retinol—a form containing two more hydrogen atoms. A second enzyme then converts the molecule to 11-cis-retinol. Finally, a third enzyme removes the previously added hydrogen atoms to form 11-cis-rennal, a cycle is complete.[74]

Hierboven heb je in biochemisch perspectief gezien hoe ingewikkeld de werking van het gezichtsvermogen is. Er zijn heel veel tussenstappen en factoren die een rol spelen bij het functioneren van de ogen en het zicht. Wat de evolutietheorie doet, is speculeren over bepaalde gedeelten van de anatomische structuren en hoe die zijn ontstaan. Nothing more! Het verklaren van het ingewikkelde proces dat hierboven staat beschreven, is een onhaalbare kaart voor de evolutionisten.

De prominente islamgeleerde professor Ramadan al-Buti stelt de evolutietheorie aan de kaak in zijn meesterwerk *kubrā al-yaqiniyyāt al-kawniyya*. Hij citeert ook meerdere keren van de prominente Syrische wetenschapper en bioloog ʿAbd al-Halim Suwaydan. Volgens Suwaydan zijn er vele tegenbewijzen

[74] Behe, *Darwin's Black Box*, 18-21.

geleverd tegen de evolutietheorie. Professor al-Buti somt sommige van deze tegenbewijzen als volgt op:

1. De huidige realiteit is niet conform het evolutionaire principe van Darwin, want volgens hem spelen *natural selection* en *survival of the fittest* de sleutelrol in de natuur. Als dit echt zo was, dan zouden er nu logischerwijs geen primitieve soorten meer moeten bestaan. Dat is niet het geval.
2. Het is een feit dat bijvoorbeeld dieren letsels oplopen en veranderingen kunnen ondergaan door de omgevingsfactoren, maar een ramp als gevolg van competitie die resulteert in de overleving van het meest competente dier is een ander verhaal. Doodgaan of de dood ontlopen, zijn geen intrinsieke eigenschappen van een wezen. Dit zijn in de meeste gevallen onaangekondigde en accidentele verschijnselen. Een groot moeras dat is uitgedroogd of een enorme golf die het zand overstroomt, laten duizenden lijken achter. Een groep overleeft deze ramp, terwijl een andere groep wordt getroffen door de dood. Het is echter niet zo dat de dood voor zichzelf de zwakken kiest of dat verlossing de sterke soorten kiest. Integendeel, dit gebeurt spontaan en accidenteel.
3. Darwin stelt dat de natuur in stand blijft met de levenden op basis van *selection* en *survival*, maar dit resulteert in contradicties, want is er überhaupt te spreken over een *survival* van de meest competente als de dood hem toch te wachten staat? Bovendien bewijzen de statistische onderzoeken dat de dood in de eerste instantie soorten overvalt die van het standaard fenotype afwijken waarbij het gemiddelde type overblijft. Hierdoor ontbreekt het essentiële element voor een mogelijke evolutie.
4. De werking van de zogenaamde *natural selection*, hoe je het ook noemt, is niet een automatische activiteit, maar het is een proces dat toewerkt

naar een bepaald doel. Werken naar een bepaald doel vereist begrip en doorgronding. Hoe is het dan mogelijk om dit toe te schrijven aan de natuur, terwijl de natuurverschijnselen niet met toeval of *selfexecuting* te verklaren zijn. Het is tevens noodzakelijk dat de selectie van de meest competente op basis van een regel of criteria plaatsvindt waarmee de meest competente wordt uitverkoren. Op basis van welke regel of criteria maakt de natuur haar keuzes en welke verklaring geeft ze hiervoor die een aanleiding was voor haar keuze?

5. Het beschermen van het leven tegen de toetreding van zwakke soorten die niet beschikken over de overlevingseigenschappen, was makkelijker voor de natuur, als ze werkelijk in staat was, dan het mislopen van deze zwakke soorten. De zwakke soorten zijn namelijk toch toegetreden in het leven en volbrengen hun natuurlijke taken. Hierna merkt de natuur plotseling deze zwakke soorten en selecteert ze om ze vervolgens te vernietigen waarmee ze haar systeemfouten herstelt. De natuur heeft deze zwakke soorten bestempeld als primitief en daarom zijn ze veroordeeld tot vernietiging, want ze behoren niet tot de competenten, maar waarom heeft de natuur deze zwakke soorten toch 'gecreëerd' als ze deze op heden wil vernietigen? Als men stelt dat de creatie van deze soorten niet in de handen ligt van de natuur, dan is het gepaster dat ook de fijne afstelling van deze soorten, door ze bijvoorbeeld te veroordelen tot vernietiging, niet in de handen ligt van de natuur.
6. Als de continue evolutie de grondslag vormt van *natural selection* en deze evolutie oplopend en progressief is, waarom is er dan geen rationeel vermogen te bemerken in de meeste dieren die geavanceerder zijn dan andere soorten? Waarom hebben bijvoorbeeld de mensapen geen hoger rationeel vermogen verkregen dat op zijn minst het rationele vermogen

van de mens nadert? Vele critici hebben tot nu toe dit bezwaar voorgelegd aan de evolutionisten en, inclusief Darwin, heeft niemand dit kunnen beantwoorden.

7. Moderne onderzoeken hebben uitgewezen dat de meeste planten en dieren van Egypte hun oorspronkelijke fenotype niet hebben verloren door de lange eeuwen heen. Dit is geconstateerd op basis van Oudegyptische sculpturen van huisdierrassen en op basis van de mummificaties. Hoe kan het zijn dat dezelfde soorten van die tijd exact op hun hedendaagse soortgelijken lijken?
8. Ten slotte is het zo dat Darwin zijn stellingen puur op basis van zijn observaties heeft gemaakt. Hierbij heeft hij de oplopende gelijkenis tussen de soorten in de natuur als uitgangspunt genomen, maar wat is de relatie tussen deze oplopende gelijkenis en de bewering dat alle soorten afstammen van één wezen? Het kan toch ook zijn dat bijvoorbeeld de verschillen tussen de mens en andere soorten gebaseerd zijn op het verschillen van de hoedanigheid en niet van de evolutie? Het kan toch ook zijn dat de keten van de oplopende gelijkenis oorspronkelijk altijd al zo was sinds Allah ﷻ de schepping had gemaakt? Zolang dit soort vragen geen bevredigende antwoorden krijgen, kan de evolutietheorie niet als de waarachtige verklaring dienen voor iemand die op zoek is naar de ultieme waarheid.

Afgezien van de bovenstaande tegenbewijzen, is het ook mogelijk om de evolutietheorie louter met het gezond verstand te beoordelen. Als we de evolutietheorie toetsen aan de volgende validatieset, dan worden de gebrekkigheid, oppervlakkigheid en de onjuistheid van deze theorie duidelijker:

1. Is deze theorie coherent?

2. Is het logisch?
3. Is het toepasbaar?
4. Is het toereikend?

Coherentie

De conclusies van de evolutietheorie hebben de neiging om het zogenaamde objectieve karakter van de theorie in gevaar te brengen. Volgens de theorie is het menselijke bewustzijn ook onderhevig aan evolutie. Dit impliceert dat zaken die observatieverklaringen omzetten in feiten - het gaat hier om zaken zoals nummer, ruimte, tijd, gebeurtenis, meting, logica, oorzakelijk verband en dergelijke - louter fysiologische toevallen zijn van *random mutation* en *natural selection* in een bepaald soort, namelijk homo sapiens. Deze zaken zijn niet gekomen van rationele overwegingen, maar zijn willekeurig tot stand gekomen in de mens door blinde en toevalligerwijze evolutie met het doel om de soorten in stand te houden. Volgens de theorie hoeven deze zaken dus de externe realiteit niet objectief te weerspiegelen, maar alleen in hoeverre ze gebruikelijk zijn voor het beschermen van de soorten. Niets garandeert de voorkeur of objectiviteit van deze zaken boven de andere die tot stand zouden komen als ons bewustzijn op een andere manier had geëvolueerd, zoals die van de verre aquatische of ondergrondse soorten. De cognitieve basis van elke bewering in de theorie is dus opgebracht uit niet erover nagedachte en niet onderzochte historische krachten die het bewustzijn hebben gecreëerd in één soort, maar dit is tevens een cognitieve basis die de theorie niettemin generaliseert over alles om de afkomst van de soorten uit te leggen, maar zonder toe te lichten wat deze generalisering toestaat. De voorwendsels van de theorie om overeen te komen met een objectieve orde van realiteit, in absolute zin toepasbaar op alle soorten, zijn simpelweg niet compatibel met de consequenties van een diepgaand evolutionair perspectief, wat met zich meebrengt dat de menselijk cognitieve zaken, die de theorie onderbouwen, puur relatief en soortspecifiek zijn. Het absolutisme van *random mutation* en *natural selection* als verklarende principes resulteert in de weerlegging van de theorie. De theorie bevat dus een methodologische incoherentie en is met diens alle beweringen contradictoir, omdat het zowel absoluut als relatief is, enerzijds objectief en anderzijds subjectief, generaliseerbaar, maar ook ongeneraliseerbaar, wetenschappelijk en tegelijkertijd soortspecifiek.

Logica

Charles Darwin stelt in hoofdstuk negen van zijn boek dat de evolutietheorie *was not in principle falsifiable*, hoewel de mogelijkheid dat een bepaald soort bewijs of iets anders in staat moet zijn om een theorie te weerleggen een randvoorwaarde is voor die theorie om als wetenschappelijk beschouwd te worden. Het fossiele bewijs van tussenvormen, die de theorie zullen bewijzen of weerleggen, zijn nog steeds niet gevonden of niet te vinden. Hoe kan de evolutietheorie dan wetenschappelijk te noemen zijn? Als het niet wetenschappelijk is, wat is het dan? Het lijkt meer op een menselijke interpretatie, poging, een industrie, een literatuur gebaseerd op abductief redeneren, zoals de Amerikaanse filosoof Charles Peirce noemde, dat als volgt werkt:

(1) verrassend feit A

(2) als theorie B het geval zou zijn, dan zou het in A kunnen resulteren

(3) daarom B

Alleen punt (1) is hier een feit, punt (2) is waarschijnlijk, want het dient slechts als een mogelijkheid en sluit andere opties niet uit. Punt (3) is in waarschijnlijkheid gelijk aan punt (2). Als je wil weten hoe sterk de theorie over de evolutie van de mens is, maak dan een lijst van alle ontdekte fossielen die de evolutie van de mens van lagere leefvormen zogenaamd bewijzen, dateer deze en vraag jezelf af of abductief redeneren niet hetgeen is wat de theorie dwingt en of het werkelijk de mogelijkheid van een heel ander punt (2) niet uitslaat in plaats van de evolutietheorie.

Toepasbaarheid

Is er een analogie mogelijk van de micro-evolutie binnen de soorten, zoals paarden fokken, welke toepasbaar is op macro-evolutie, dus veranderen van één soort naar een heel ander soort? In de jaren zeventig zijn er zogenaamde fossielbewijzen gevonden in Kenia waarover men denkt dat ze als bewijs dienen voor de evolutietheorie. Los van de voornoemde feiten met betrekking tot abductief redeneren, is er een ander merkwaardig punt en dat is dat de verandering in deze fossielen veel sneller plaatsvond, vergeleken met wat er voorgeschreven wordt in de traditionele opvattingen van Darwin met betrekking tot *random mutation* en *natural selection*. Sharon Begley en John Carey schreven in "Evolution: Change at a Snail's Pace" het volgende: "Most scientists describe evolution as a gradual process, in which random genetic mutations slowly produce new species. But the fossils of Lake Turkana (in Kenya) don't record any gradual change; rather, they seem to reflect eons of stasis interrupted by brief evolutionary 'revolutions'."

Mocht evolutietheorie toch waar zijn, hoe beoordeelt de islamitische geloofsleer dit? Zou het ongeloof inhouden om hierin te geloven? In de meesterwerken van islamitische theologen, zoals *sharḥ al- aqā d* van al-Taftazani en *umm al-barāhīn* van al-Sanusi, is geformuleerd dat zolang iets *al-mumkin al-'aqli* (rationeel mogelijk) en *al-mumkin al-shar'i* (religieus mogelijk) is, dat het dan mogelijk is voor Allah ﷻ om dat te doen. Als het niet rationeel mogelijk is, zoals het scheppen van een vijfzijdige driehoek, dan heeft de macht van Allah ﷻ geen betrekking op zoiets, omdat het simpelweg contradictoir is en absurditeiten inhoudt. Het is een bedriegende bewoording die geen plaats heeft in de realiteit. Als het religieus niet mogelijk is, zoals dat Abu Lahab tot de mensen van het paradijs behoort, dan is dit ook absurd met betrekking tot de handelingen van Allah ﷻ, want Allah ﷻ bericht in de Koran dat Abu Lahab de hel zal betreden. Nu rijst de vraag of evolutie *al-mumkin al-ʿaqli* is, afgezien van het feit dat de evolutietheorie **vals** is. Het antwoord is positief, want evolutie is intrinsiek niet rationeel absurd. Het is daarom rationeel mogelijk dat Allah ﷻ heeft gewenst om de schepping in deze vorm tot stand te brengen. Let wel: hiermee is het vraagstuk echter niet afgerond, want het tweede punt was dat het ook *al-mumkin al-sharʿi* moet zijn. Om dit te kunnen achterhalen, moeten we kijken of Allah ﷻ ons in de Koran of via de profeet ﷺ heeft bericht dat evolutie niet heeft plaatsgevonden. Hiervoor moet er onderscheid gemaakt worden tussen de eerste mens en de overige schepping. De stellingen van Darwin met betrekking tot de evolutie van de mens staan volledig haaks op de Koranische openbaringen. Volgens de Koran was de profeet Adam de eerste mens en Allah ﷻ schiep hem in het paradijs door in hem een ziel te blazen. Darwin herleidt alle schepselen tot één oervorm waar het leven mee begon. Hij schrijft namelijk in *The Origin of Species* het volgende: "I believe that animals have descended from at most only four or five progenitors, and plants from an equal or lesser number. Analogy would lead me one step further, namely, to the belief that all animals and plants have descended from someone prototype. But analogy may be a deceitful guide." Dit is dus islamitisch gezien vals.

Wat betreft de mogelijkheid van (r)evolutie van één soort naar een ander soort in de overige schepping, dit lijkt aanvankelijk niet tegenstrijdig te zijn met de Koranische leer, want er zijn voorbeelden van (r)evoluties te treffen in de

Koranische openbaringen en profetische overleveringen, zoals het Koranvers dat neerkomt op: "O mensen, vreest jullie heer die jullie uit één wezen geschapen heeft, die uit hem zijn echtgenote schiep en die uit hen beiden vele mannen en vrouwen heeft voortgebracht en verspreid."[75] Een ander voorbeeld is dat de kinderen van Israël door Allah ﷻ werden veranderd in apen.[76] Er zijn tevens profetische overleveringen over mensen die in één nacht veranderd zullen worden in apen en varkens door de zonden die ze hebben gedaan. Het overgrote deel van de islamitische geleerden hebben deze transformaties letterlijk opgevat. Het is dus niet incompatibel met de Koranische leer dat Allah ﷻ een bepaald soort verandert in een heel ander soort. Als we dit verenigen met de componenten van de evolutietheorie, namelijk causaliteit, geleidelijkheid, mutatie en adaptatie, dan maakt dit geen radicaal verschil met de overige vormen van transformatie, maar Darwin zegt uiteraard gedeeltelijk iets anders wat pertinent op valsheid berust. In de islamitische geloofsleer wordt causaliteit niet ontkend, tenzij het werkelijke effect wordt toegeschreven aan de oorzaken, want de enige werkelijke veroorzaker van effecten is Allah ﷻ. In de evolutietheorie worden de effecten toegeschreven aan de oorzaken en dit is een overduidelijke blasfemie, want volgens de Koranische leer is Allah ﷻ *musabbib al-asbāb*, dus de Schepper van de oorzaken, de effecten en al het ander. Volgens de islamitische geloofsleer kan niets willekeurig, toevallig of zelfstandig zijn ontstaan. Het concept van autonome natuur waar evolutionisten in geloven, druist regelrecht in tegen de islamitische geloofsleer. Iemand die hierin gelooft, treedt uit de islamitische religie.

[75] Koran, 4:1.
[76] Koran, 7:166.

Toereikendheid

Is de evolutietheorie wel voldoende om het bestaan te verklaren? Kan iemand die naar de waarheid zoekt, voldoening halen uit de evolutietheorie? Degene die de evolutietheorie grondig heeft bestudeerd, weet dat de evolutietheorie slechts een invloedrijke interpretatie en axioma is over bepaalde biologische en natuurlijke verschijnselen op de aarde. Daarnaast geeft het geen verklaring voor heel veel andere zaken, zoals het geestelijke aspect, het cognitieve vermogen, het gezichtsvermogen, emoties, de sterren, dromen, het doel van het leven, zwaartekracht, etc. Het is dus een lacuneus en defectief axioma dat zeker geen satisfactie kan zijn voor de verwarde mens die naar de ultieme waarheid zoekt![77]

[77] Dit hoofdstuk is gebaseerd op *sharḥ al- aqā d* van al-Taftazani, *umm al-barāhīn* van al-Sanusi, *kubrā al-yaqiniyyāt al-kawniyya* van al-Buti, *Islam and Evolution* van Nuh Ha Mim Keller, *Darwin's Black Box: The Biochemical Challenge to Evolution* van Michael J. Behe, *Teistik Evrim Düşüncesinin Eleştirisi* van Fatih Buğra Sarper, *De kleine Darwin: Zijn baanbrekende evolutietheorie samengevat* van Wilma de Rek, en *De evolutietheorie ontkracht* van Michaël Dekee.

De vier imams, antropomorfisme en de ratio

Er zijn bepaalde Koranverzen en profetische overleveringen die worden gebruikt om lichamelijkheden te bewijzen voor Allah ﷻ. Daarnaast probeert men ook de leidende geleerden van de vier wetscholen te betrekken bij deze dwaling door hun uitspraken te verdraaien. Dit hoofdstuk heeft als doel aan te tonen dat de vier imams: Abu Hanifa, Malik ibn Anas, Muhammad ibn Idris al-Shafi'i en Ahmad ibn Hambal, zich distantieerden van antropomorfisme en juist vurige tegenstanders waren van dit gedachtegoed door de aanhangers van deze dwaling te verketteren of, sterker nog, door ze te verklaren tot apostaten. De spil van deze problematiek is dat de aanhangers van antropomorfisme bepaalde citaten van de vier imams verdraaien door termen letterlijk te vertalen naar het Nederlands. Dit is een probleem an sich, want de dubbelzinnige eigenschappen van Allah ﷻ vertalen naar het Nederlands zorgt ervoor dat de betekenis van dat woord beperkt wordt tot één definitie, omdat het Nederlandse woord niet dekkend is en meestal alleen één overeenkomstige betekenis heeft met het vertaalde woord, namelijk de letterlijke betekenis die niet opgaat voor Allah ﷻ. Op deze sluwe manier proberen ze de moslimjongeren te vergiftigen met hun dwaalbegrippen. Terwijl ze de dubbelzinnige eigenschappen van Allah ﷻ letterlijk vertalen naar het Nederlands om hun dwaling te staven, spreken ze niet over het feit dat het verboden is om de dubbelzinnige eigenschappen te vertalen naar een andere taal zonder erbij te vermelden dat het niet gaat om de letterlijke betekenis. Abu Hanifa heeft dit duidelijk aangegeven in zijn theologische werkstukken en dit is bekrachtigd en uiteengezet door de prominente *ḥanafi* geleerde Kamal al-Din Ahmad al-Bayadi die de werkstukken van Abu Hanifa heeft becommentarieerd.[78]

De problematiek met betrekking tot het vertalen van bepaalde eigenschappen kan geïllustreerd worden met het voorbeeld van het Arabische woord *yad* dat meerdere malen voorkomt in de Koran en hadith en toegeschreven wordt aan Allah ﷻ. Dit Arabische woord heeft meerdere betekenissen, want het heeft een letterlijke betekenis, maar het kan ook dienen als een metafoor. Er is consensus bereikt onder de islamitische geleerden dat de letterlijke betekenis van dit woord niet opgaat voor Allah ﷻ. De prominente *shāfi'i* geleerde en de grote expert op het gebied van hadith Shihab al-Din Abu al-Fadl Ahmad ibn Nur al-Din 'Ali ibn Muhammad ibn Hajar al-'Asqalani schrijft in zijn gezaghebbende commentaar op de hadith-compilatie van de grote geleerde Muhammad ibn Isma'il al-Bukhari het volgende over het Arabische woord *yad*:

"Het woord *yad* wordt in de taal gebruikt voor vele betekenissen. Vijfentwintig betekenissen zijn bijeengekomen voor ons waaronder letterlijke betekenis en figuurlijke betekenis:

1. Lichaamsdeel (hand).[79]
2. Macht, zoals (in het Koranvers) '(Profeet) Dawud met (drie of meer) handen (machten).'
3. Heerschappij, (zoals in het Koranvers) 'Dat waarlijk alle overvloed in de hand (heerschappij) van Allah is.'

---

[78] Kamal al-Din Ahmad al-Bayadi, *ishārāt al-marām min 'ibārāt al-imām*, 190-192.

[79] **Let op:** hierna wordt het woord *yad* steeds met hand vertaald, terwijl het niet gaat om de letterlijke betekenis, dus lichaamsdeel.

4. Verbond, (zoals in het Koranvers) 'De hand (dus het verbond) van Allah is op hun handen.' Een ander (voorbeeld) is (de Arabische uitdrukking) 'Deze hand van mij is voor jou met loyaliteit.'
5. Overgave en volgbaarheid, zoals de dichter zei: 'Hij gehoorzaamde uit hand (dus onderworpen) met zijn uitspraak en hij werd onderdanig.'
6. Gunst, (zoals) hij zei: 'En veel hand (gunst) is er bij mij van de duistere nacht.'
7. Heerschappij (of eigendom), (zoals in het Koranvers) 'Zeg: Waarlijk alle overvloed is in de hand (heerschappij) van Allah.'[80]
8. Onderdanigheid, (zoals in het Koranvers) 'Totdat zij het beschermgeld betalen uit hand (dus onderdanig).'
9. (...[81] zoals in het Koranvers) 'In wiens hand (bevoegdheid) de huwelijksband ligt.'
10. Gezag.
11. Gehoorzaamheid.[82]
12. Groepering.
13. Pad, (zoals) er wordt gezegd: 'Ik ving hen op bij de hand (het pad) van de kust.'
14. Verspreiding, (zoals in de Arabische uitdrukking): 'Verspreid zoals de handen (de verspreiding) van (het volk) Saba'.'
15. Bescherming.

[80] Het is mogelijk dat Ibn Hajar of de kopiisten van het manuscript dit voorbeeld per abuis nogmaals hebben opgeschreven, terwijl dat al was gedaan in punt drie, maar het kan ook zijn dat het gaat om een fijne nuance van het woord.
[81] Het woord is hier weggevallen.
[82] Het is mogelijk dat Ibn Hajar of de kopiisten van het manuscript deze definitie per abuis nogmaals hebben opgeschreven, terwijl dat al was gedaan in punt vijf, maar het kan ook zijn dat het gaat om een fijne nuance van het woord.

16. De hand van de boog, (dus) het bovenste gedeelte ervan.
17. De hand van het zwaard, (dus) het handvat ervan.
18. De hand van de molensteen, (dus) de handgreep (op de bovenste ronde steen waarmee men kan draaien).
19. De vleugel van de vogel.
20. Tijdsduur, (zoals) er wordt gezegd: 'Ik zal hem niet ontmoeten in de hand van (dus gedurende) alle tijden.
21. Aanloop, (zoals) er wordt gezegd: 'Ik ontmoette hem als eerste van mijn hand,' (dus aanvankelijk) en 'Hij gaf hem uit de buitenkant van zijn hand,' (dus als eerste zonder tegenprijs).
22. De hand van het kleed, (dus) wat teveel is.
23. De hand van iets, (dus) de voorkant.
24. Het vermogen.
25. Contant, zoals 'Ik verkocht het uit hand met hand,' (dus met contante betaling)."[83]

[Einde citaat uit *fatḥ al-bārī*]

Het woord *yad* vertalen naar het Nederlands met het woord *hand* zonder de overige betekenissen van *yad* in acht te nemen en dan beweren dat het gaat om een lichaamsdeel, is een misdaad en verraad jegens het islamitische erfgoed dat ons is toevertrouwd door onze moslimvoorouders. Degenen die onvoldoende kennis hebben over de Arabische taal en spraakkunst zijn gedoemd tot falen in het correct begrijpen van de religieuze teksten. Juiste omgang met de islamitische bronnen vereist expertise en is niet ontvankelijk voor stupiditeiten, omdat zaken met betrekking tot geloofsleer bloedserieus zijn.

[83] Abu al-Fadl Ahmad ibn Hajar al-ʿAsqalani, *fatḥ al-bārī sharḥ ṣaḥīḥ al-bukhāri*, vol. 13 p. 332.

Opinie van de vier imams

Wat betreft de opinie van de vier imams met betrekking tot de eigenschappen van Allah ﷻ hierover volgt hieronder een aantal citaten:

- Abu Hanifa werd gevraagd over de eigenschap *al-istiwā*ʾ. Dit woord betekent onder meer *stijgen*, *vestigen*, *veroveren*. De geleerden hebben de eerste twee betekenissen uitgesloten voor Allah ﷻ, omdat ze rationeel onmogelijk zijn voor de Schepper ﷻ, maar ook tegenstrijdig zijn met andere Koranverzen en profetische overleveringen. Het antwoord van Abu Hanifa op de vraag over *al-istiwā*ʾ was: "Wie zegt 'ik weet niet of Allah in de hemel is of op de aarde,' heeft ongeloof begaan."[84] Deze bewering is door Abu Hanifa tot blasfemie verklaard, omdat het plaats en ruimte impliceert voor Allah ﷻ, terwijl Allah ﷻ vrij en verheven is van plaats en ruimte. Alle geleerden hebben deze uitspraak van Abu Hanifa op deze manier uitgelegd. Dit citaat is door meerdere geleerden overgeleverd en bekrachtigd door geleerden onder wie de grote expert in theologie Abu Mansur al-Maturidi (gest. 333 AH) in zijn commentaar op het theologisch werkstuk van Abu Hanifa. Tegenwoordig zijn er bepaalde kringen die deze uitspraken van Abu Hanifa verdraaien door met woorden te spelen en te bedriegen aan de hand van vertaalwerken.
- Abu Hanifa zegt over *al-istiwā*ʾ ook het volgende: "Wij bevestigen voor Allah zijn eigenschap *al-istiwā*ʾ over de ʿ*arsh*, (omdat het in de Koran staat), maar dit is zonder dat Hij behoefte heeft aan de ʿ*arsh*, zonder dat Hij daarop is gevestigd. Hij is de beschermer van de ʿ*arsh*

[84] Abu Hanifa, *al-fiqh al-akbar*, p. 49.

en van alles buiten de *'arsh*. Als Hij behoeftig zou zijn, dan zou Hij, zoals een schepsel, niet in staat zijn om het universum te scheppen en te beheren. Als Hij behoeftig zou zijn aan (eigenschappen zoals) zitten en vestigen, waar was Allah, de Verhevene, dan, voordat Hij de *'arsh* had geschapen? Verheven is Allah van zoiets!"[85] In dit citaat geeft Abu Hanifa expliciet aan dat het dubbelzinnige woord *al-istiwā'* niet letterlijk opgevat mag worden als het wordt gebruikt voor Allah ﷻ.

- De grote *shāfi'i faqīh* en *muḥaddith* Abu Bakr Ahmad ibn Husayn ibn 'Ali ibn Musa al-Khosrojerdi al-Bayhaqi (gest. 458 AH) heeft een boek gecompileerd specifiek over alle overleveringen met betrekking tot de namen en eigenschappen van Allah ﷻ. Hierin heeft hij meerdere malen benadrukt dat Allah ﷻ vrij en verheven is van lichamelijkheden, beperkingen, richtingen.[86] In hetzelfde boek citeert al-Bayhaqi ook van de supergeleerde en de leidende autoriteit van de *māliki* wetschool Malik ibn Anas. Volgens deze overleveringen, tevens bekrachtigd door Ibn Hajar in zijn *fatḥ al-bārī*, kwam een man naar Malik ibn Anas en vroeg hem over de hoedanigheid van *al-istiwā'*. Hierop zei Malik ibn Anas: "Het is zoals Hij zichzelf heeft beschreven. Er mag niet gezegd worden 'hoe', (want) 'hoe' is uitgesloten voor Allah. Jij bent een slechte man en een innovator. Haal hem weg hier!" Hierop werd de man eruit gehaald.[87] Door deze eigenschappen met de letterlijke betekenis te vertalen, geef je ook een hoedanigheid aan de eigenschap.

[85] Molla 'Aliyy al-Qari, *Sharḥ al-fiqh al-akbar*, 126-127; Kamal al-Din Ahmad al-Bayadi, *Ishārāt al-marām min 'ibārāt al-imām*, 195; Akmal al-Din al-Baberti, *sharḥ al-waṣiyya al-imām Abī Hanīfa*, 97.
[86] Abu Bakr Ahmad ibn Husayn al-Bayhaqi, *al- asmā' wa al-ṣifāt*, 384-385.
[87] Abu Bakr Ahmad ibn Husayn al-Bayhaqi, *al- asmā' wa al-ṣifāt*, 379; Abu al-Fadl Ahmad ibn Hajar al-'Asqalani, *fatḥ al-bārī sharḥ ṣaḥīḥ al-bukhāri*, vol. 13 p. 407.

Wat zou Malik ibn Anas doen met mensen die de dubbelzinnige eigenschappen van Allah ﷻ met de letterlijke betekenis vertalen?

- Volgens een andere overlevering, overgeleverd door al-Bayhaqi, gaf Malik ibn Anas het volgende antwoord: "(Het Arabische woord) *al-istiwā'* is niet onbekend (dus het is bekend dat het voorkomt in de Koran of de linguïstische betekenis ervan is bekend). De hoedanigheid (dus de letterlijke betekenis) ervan is niet rationeel (met betrekking tot Allah). Het geloven erin (dus dat Allah de eigenschap *al-istiwā* heeft) is verplicht. Het vragen ernaar (dus naar de hoedanigheid) is innovatie."[88]
- Hibetullah al-Lalaka'i (gest. 418 AH) levert dezelfde uitspraak ook over van de moeder der gelovigen Umm al-Salama en Rabi'a ibn 'Abdirrahman, de leraar van Malik ibn Anas.[89] Een soortgelijke uitspraak doet de bekende hadithexpert Abu 'Isa Muhammad al-Tirmidhi ook in zijn welbekende hadith-compilatie *al-sunan* waaraan gerefereerd wordt door alle islamitische geleerden, zelfs door de aanhangers van antropomorfisme.[90]
- Een andere uitspraak is weer door al-Bayhaqi overgeleverd in zijn theologisch werkstuk. Volgens deze overlevering werden grote geleerden van de vrome voorgangers, zoals al-Awza'i, Malik, Sufyan al-Thawri en Layth ibn Sa'd, gevraagd over dubbelzinnige

[88] Abu Bakr Ahmad ibn Husayn al-Bayhaqi, *al- asmā' wa al-ṣifāt*, 379.
[89] Hibetullah ibn Hasen ibn Mansur al-Lalaka'i, *sharḥ al-sunna*, vol. 3 p. 441-442.
[90] Abu 'Isa Muhammad al-Tirmidhi, *al-sunan*, bāb mā jā'a fī khulūd 'ahl al-janna wa 'ahl al-nār, vol. 4 p. 692

eigenschappen en zij antwoordden: "Laat het passeren, zoals ze zijn gekomen, zonder hoedanigheid (eraan te geven)."[91]

- Al-Bayhaqi levert meerdere authentieke berichten over van de vier imams en andere grote geleerden van de vrome voorgangers dat ze hoedanigheid met betrekking tot Allah ﷻ ontkenden.[92] Dezelfde uitspraken worden bekrachtigd door Ibn Hajar in zijn *fatḥ al-bārī*.[93]
- Het is overgeleverd van de supergeleerde en de leidende autoriteit van de *shāfiʿi* wetschool Muhammad ibn Idris al-Shafiʿi dat hij heeft gezegd: "Ik geloof (in de dubbelzinnige eigenschappen) zonder te vergelijken en ik bevestig zonder gelijkenis te geven. Ik heb mezelf verfoeid in het doorgronden (van die eigenschappen) en heb mezelf volledig weerhouden van speculaties (over die eigenschappen)."[94] Dezelfde uitspraak is ook overgeleverd door de grote *shāfiʿi* geleerde Shams al-Din al-Ramli, die bekend staat als de kleine al-Shafiʿi, in zijn boek *al-fatāwā*.
- De *shāfiʿi* geleerde Jalaladdin al-Suyuti geeft in zijn bekende boek *al-ʾashbāh wa al-naẓāʾir* aan dat al-Shafiʿi de aanhangers van antropomorfisme tot ongelovigen verklaarde.[95] Hetzelfde oordeel is ook overgeleverd van de andere drie imams.[96]
- Het is ook overgeleverd van al-Shafiʿi dat hij heeft gezegd: "Allah was er, terwijl er geen plaats bestond. Hij schiep de plaats, terwijl Hij in

[91] Abu Bakr Ahmad ibn Husayn al-Bayhaqi, *al-iʿtiqād*, 44.
[92] Abu Bakr Ahmad ibn Husayn al-Bayhaqi, *al-ʾasmāʾ wa al-ṣifāt*, 380, 394, 395, 418 en 421.
[93] Abu al-Fadl Ahmad ibn Hajar al-ʿAsqalani, *fatḥ al-bārī sharḥ ṣaḥīḥ al-bukhāri*, vol. 3 p. 30.
[94] ʿIzz ibn ʿAbd al-Salam, *ḥall al-rumūz wa mafātīḥ al-kunūz*, 121.
[95] Jalaladdin al-Suyuti, *al-ʾashbāh wa al-naẓāʾir*, vol. 2 p. 245.
[96] Muhammad Zahid al-Kawthari, *maqālāt al-kawthari*, 268-300.

eeuwigheid was zoals Hij was voordat Hij de plaats schiep. Verandering gaat niet op voor Allah en Zijn eigenschappen."[97]

- De supergeleerde Ahmad ibn Hambal werd gevraagd over het woord *al-istiwā'* en hij antwoordde: "Allah deed *al-istiwā'* zoals Hij dat heeft bericht en niet zoals het opkomt in de gedachten van de mensen."[98]
- Helaas misbruiken de hedendaagse aanhangers van het antropomorfisme de naam van Ahmad ibn Hambal om hun dwaling te verspreiden in de islamitische wereld. De islamitische geleerden, zoals 'Abdurrahman ibn al-Jawzi en Badr al-Din ibn Jama'a, hebben tot op de dag van vandaag onomstotelijk bewezen dat Ahmad ibn Hambal verre is van antropomorfisme. De grote *hambali* geleerde en autoriteit in de *hambali* wetschool Abu al-Fadl 'Abd al-Wahid al-Tamimi (gest. 425 AH) heeft een boek gecompileerd specifiek over de geloofsleer van Ahmad ibn Hambal waarin hij duidelijk heeft aangetoond dat Ahmad ibn Hambal, zoals alle andere islamgeleerden, Allah ﷻ vrij en verheven acht van lichamelijkheden, vormen, beperkingen, richtingen. In hetzelfde boek schrijft Abu al-Fadl dat Ahmad ibn Hambal heeft gezegd: "Het is niet toegestaan om te zeggen dat Allah *al-istiwā'* heeft gedaan door aanraking of bijeenkomen. Verheven is Allah van zoiets. Allah, de verhevene, is nooit een verandering of wijziging ondergaan en Hij kan niet onderhevig worden aan beperkingen, zowel niet vóór de schepping van de *'arsh* als ná de schepping ervan."[99]

[97] Muhammad ibn Muhammad Murteda al-Zabidi, *itḥāf al-sāda al-muttaqīn*, vol. 2 p. 24.
[98] 'Izz ibn 'Abd al-Salam, *ḥall al-rumūz wa mafātīḥ al-kunūz*, 121.
[99] Abu al-Fadl 'Abd al-Wahid al-Tamimi, *i'tiqād al-imām Aḥmad*, 38-39. De citaten tot hier zijn grotendeels gebaseerd op het boek *bayān anna al-a'imma al-arba'a 'ala al-tanzīh fī mas'ala al-istiwā'* van doctor Jamil Halim.

Rationele bewijzen tegen het antropomorfisme

De grote *mutakallim* Fakhruddin al-Razi heeft een boek geschreven genaamd *'asās al-taqdīs* waarin hij onder andere rationele bewijzen geeft voor het bestaan van de Schepper ﷻ, Die op niets en niemand lijkt, zonder aanwezig te zijn in een plaats en zonder vormen en lichamelijkheden te hebben. Hieronder volgt in hoofdlijnen een aantal rationele bewijzen dat Fakhruddin al-Razi in zijn boek heeft uiteengezet om te bewijzen dat Allah ﷻ niet in een plaats is en geen vorm of lichaam is:[100]

- Als Allah ﷻ een plaats zou hebben, dan zou Hij ﷻ in Zijn overige eigenschappen ook op de schepping moeten lijken die noodzakelijkerwijs een plaats innemen. Als je Allah ﷻ in één opzicht gelijkstelt aan de schepping, dan impliceert dit de mogelijkheid van een gelijkenis met de schepping in andere opzichten. Dit resulteert in absurditeiten.
- Als Allah ﷻ een plaats zou hebben, dan zou Hij ﷻ eindig zijn, aangezien plaats een volume heeft. Elk volume is vatbaar voor vermeerdering en vermindering. Als iets vatbaar is voor vermeerdering en vermindering, dan is het eindig. Als Allah ﷻ eindig zou zijn, dan zou Hij ﷻ contingent, dus geschapen zijn. Dit is rationeel onmogelijk.
- Als Allah ﷻ een plaats zou hebben, dan zou Hij ﷻ afhankelijk zijn van iets. Dit is absurd.
- Als Allah ﷻ een plaats zou hebben, dan zou Hij ﷻ een kant hebben wat impliceert dat Hij ﷻ verdeeld of samengesteld is.
- Als Allah ﷻ een lichaam zou zijn, dan zou Hij ﷻ onderhevig zijn aan beweging wat impliceert dat Hij ﷻ een zwak schepsel is.

[100] Fakhruddin al-Razi, *'asās al-taqdīs*, vanaf pagina 48.

- Als Allah ﷻ een plaats zou hebben, dan zou plaats ook eeuwig moeten zijn, aangezien Allah ﷻ eeuwig is.
- Als Allah ﷻ een vorm zou hebben, dan zou er ook iemand moeten zijn die deze vorm heeft bepaald wat weer resulteert in grote absurditeiten.

Allah ﷻ is vrij en verheven van plaatsen, richtingen, lichamelijkheden, vormen en alle andere eigenschappen van de schepselen. De Koran, profetische overleveringen en het gezond verstand bewijzen dit feit. De geloofsleer van de vrome voorgangers onder wie Abu Hanifa, Malik, al-Shafi'i en Ahmad is conform dit feit. Alle werkstukken en boeken die zijn geschreven door de soennitische geleerden bekrachtigen dit. Het is een grote dwaling om af te wijken van de mainstream geloofsleer van de hele islamitische natie sinds de tijd van de geliefde profeet Mohammed ﷺ. Daarom dient elke moslim zijn of haar geloofsleer af te stellen conform de geloofsleer die is verkondigd door de geleerden van de islam om te kunnen behoren tot de ware volgelingen van de geliefde profeet Mohammed ﷺ. En vrij is Allah ﷻ van wat de onwetenden valselijk toeschrijven aan Hem!

Beteugeling van de bandieten die beweren dat de vrome voorgangers *ta'wīl* absoluut niet toelieten

Het is een wijdverspreide overtuiging onder de wahabitische groepering dat *ta'wīl*, dus interpreteren, absoluut niet werd gehanteerd met betrekking tot de dubbelzinnige religieuze teksten door de vrome voorgangers, terwijl *ta'wīl* een van de twee legitieme methodes is waarmee de islamgeleerden dubbelzinnige religieuze teksten hebben benaderd. Wij gaan echter niet in op de uiteenzetting van deze twee legitieme benaderingsmethoden, maar het is hier zeker noemenswaardig dat de wahabieten altijd de indruk geven van *tafwīḍ*, dus de betekenis van dubbelzinnige eigenschappen overlaten aan Allah ﷻ, maar in de werkelijkheid is dit een camouflage, want wat zij eigenlijk zeggen is dat deze eigenschappen letterlijk genomen moeten worden en dat slechts de hoedanigheid ervan overgelaten moet worden aan Allah ﷻ. Dit kunnen we als volgt illustreren: Allah ﷻ schrijft het woord *wajh* toe aan Zichzelf in de Koran. De letterlijke betekenis van dit Arabische woord is gezicht (een ledemaat). Allah ﷻ heeft dus een gezicht, maar we weten niet, zeggen ze dan, hoe Zijn gezicht is. Hij ﷻ heeft een gezicht, maar niet zoals dat van ons. Vrij en verheven is Allah ﷻ van wat de onwetenden Hem valselijk toeschrijven! Dit wat zij doen is absoluut geen *tafwīḍ*, maar literalisme! Hiermee bedriegen ze de massa's en gebruiken hierbij bekoorlijke slogans zoals: "Kijk, wij ontkennen niets van de Koran en Sunna. Wij volgen strikt de Koran en Sunna!" Moge Allah ﷻ de moslimnatie behoeden tegen deze demagogische valstrikken. Nog een manipulatie van de wahabieten is dat ze zich voordoen als zogenaamde hadithexperts. Hiermee kunnen ze zich autoriseren om te beoordelen welke overlevering authentiek is en welke niet. Dit kunnen ze dan gelijk met alle agressie inzetten als er een overlevering voorbij komt die hun valse ideologie gelijk maakt met de grond. Als je tegen hem zegt dat Imam Ahmad dit en dit zei, dan zegt hij met een staand zeil dat de overlevering zwak is. Als je zegt dat Imam al-Bukhari dit en dit zei, dan zoekt hij gelijk toevlucht bij de terminologie van de hadithwetenschappen zeggende dat de overlevering niet authentiek is. Desalniettemin redt dit wangedrag en dewetenschapsfraude die ze plegen hen niet van de bestempeling met onwetendheid en dwaasheid, omdat er altijd echte hadithexperts zijn die hun drogredenen ontmantelen. Hoe dan ook zijn er duizenden citaten die we kunnen aanhalen om aan te tonen dat de wahabitische ideologie niet klopt en haaks staat op de geest van de islam.

In dit hoofdstuk wil ik demonstreren dat er ook geleerden waren onder de vrome voorgangers die welzeker gebruikmaakten van *ta'wīl* door een waarschijnlijke betekenis te geven aan bepaalde dubbelzinnige woorden in de Koran en Sunna. Er volgt hieronder een opsomming van de bekendste voorbeelden:

1. De grote imam en mufassir, de gezegende metgezel, 'Abdullah ibn 'Abbas heeft het woord *sāq* (letterlijk: scheenbeen) dat voorkomt in het Koranhoofdstuk 68 vers 42 geïnterpreteerd met ernst en ernstige zaak. Imam al-Tabari schrijft hierover: "Een groep onder de sahaba en tabi'in van degenen die *ta'wīl* doen, heeft gezegd (als interpretatie van het voornoemde Koranvers): er zal een ernstige zaak verschijnen. Dit is overgeleverd van Ibn 'Abbas, Mujahid, Sa'id ibn Jubayr, Qatada en andere imams van de salaf."[101] Hetzelfde is overgeleverd door Imam Ibn Hajar al-'Asqalani waar hij zegt: "Wat betreft *sāq*, het is van Ibn 'Abbas gekomen over het Koranvers dat hij zei: (verschijnen) van een ernst aan zaak."[102] Daarna citeert Imam Ibn Hajar van Imam al-Khattabi waarin hij de

[101] Imam al-Tabari, *jāmi' al-bayān fī ta'wīl al-qur'ān*, vol. 23 blz. 554.
[102] Imam Ibn Hajar al-'Asqalani, *fatḥ al-bārī sharḥ ṣaḥīḥ al-bukhāri*, vol. 13 blz. 428.

interpretatie van Ibn 'Abbas bekrachtigt en aangeeft dat Imam al-Bayhaqi met twee overleveraarsketen deze interpretatie heeft overgeleverd van Ibn 'Abbas waarvan beide interpretaties authentiek zijn.[103]

2. Het is weer van Imam Ibn 'Abbas overgeleverd dat hij het woord *'aydin* (letterlijk: handen, meervoud van *yad*) dat voorkomt in het Koranhoofdstuk 51 vers 47 heeft geïnterpreteerd met macht. Dit is overgeleverd door Imam al-Tabari met een authentieke overleveraarsketen.[104] Bovendien is dezelfde interpretatie gedaan door andere vrome voorgangers zoals Imam Mujahid, Imam Qatada, Imam Mansur, Imam Ibn Zayd en Imam Sufyan.[105]

3. Nog een interpretatie is van Imam Ibn 'Abbas overgeleverd waarin hij de werkwoordsvormen van het Arabische woord *nisyān* (letterlijk: vergeten) die voorkomen in onder meer het Koranhoofdstuk 6 vers 51 heeft geïnterpreteerd met *laten*. Imam al-Tabari heeft dit overgeleverd van Ibn 'Abbas en Mujahid met zijn authentieke overleveraarsketen.[106] De wahabitische benadering hier is dat je de letterlijke betekenis van *nisyān* moet bevestigen voor Allah ﷻ, dus *vergeten*, maar om deze dwaling van hen te camoufleren, zeggen ze dat de hoedanigheid van *vergeten* overgelaten moet worden aan Allah ﷻ. Op deze manier zijn ze het slachtoffer geworden van een zeer gevaarlijke duivelse list!

4. Dezelfde interpretatie over het woord *nisyān* (letterlijk: vergeten) is ook gedaan door de geleerde van de tabi'in Imam al-Suddi (gest. in het jaar 127 AH) in zijn eigen tafsir.[107]

---

[103] Imam Ibn Hajar al-'Asqalani, *fatḥ al-bārī sharḥ ṣaḥīḥ al-bukhāri*, vol. 13 blz. 428.
[104] Imam al-Tabari, *jāmi' al-bayān fī ta'wīl al-qur'ān*, vol. 22 blz. 438.
[105] Zie tafsir van Imam Ibn Abi Hatim (10/3313), tafsir van Ibn al-Jawzi (4/172), *al-aḥādīth al-mukhtāra* van Imam al-Maqdisi (12/109), tafsir van Imam Ibn Kathir (7/395), *al-asmā' wa al-ṣifāt* van Imam al-Bayhaqi (1/326).
[106] Imam al-Tabari, *jāmi' al-bayān fī ta'wīl al-qur'ān*, vol. 12 blz. 475.
[107] Imam al-Suddi, *tafsīr al-suddi al-kabīr*, blz. 382.

5. Een andere interpretatie zien we terug bij Imam Mujahid (gest. in het jaar 104 AH), de leerling van de gezegende metgezel Imam Ibn ‘Abbas. Imam Mujahid interpreteerde het woord *wajh* (letterlijk: gezicht) dat voorkomt in het Koranhoofdstuk 2 vers 115 met de gebedsrichting. Deze interpretatie van hem is overgeleverd door onder meer Imam al-Tirmidhi[108] en Imam al-Tabari[109] en het is zelfs authentiek verklaard door Ibn Taymiyya[110] en al-Albani.

6. Nog een interpretatie is weer van Imam Mujahid over het woord *janb* (letterlijk: zij) in het Koranhoofdstuk 39 vers 56. Imam al-Tabari levert dit over met een authentieke overleveraarsketen. Imam Mujahid interpreteert het woord *janb* met *de zaak van Allah*.[111] De wahabieten bevestigen een letterlijke zij (ledemaat) voor Allah ﷻ, maar ze zeggen dat je niet mag speculeren over de hoedanigheid ervan. Vrij en verheven is Allah ﷻ van wat de dwazen over Hem zeggen!

7. Een andere interpretatie is van Imam Sufyan al-Thawri (gest. in het jaar 161 AH). Imam al-Bayhaqi levert over dat Imam Sufyan werd gevraagd over het Koranhoofdstuk 57 vers 4 wat letterlijk betekent dat Allah ﷻ met ons is waar we ook zijn. Dit interpreteert Imam Sufyan met Zijn Kennis.[112]

8. Het is door Imam al-Bukhari overgeleverd in zijn boek *khalq af ͑āl al- ͑ibād* dat Imam ‘Abdullah ibn Mubarak (gest. in het jaar 181 AH) over het Arabische woord *kanaf* (letterlijk: schouder/zij) heeft gezegd dat het *bedekking* betekent.[113] Volgens de wahabitische ideologie heeft Allah ﷻ een schouder, maar zij weten

---

[108] In zijn hadithcompilatie *al-sunan*, vol. 5 blz. 206.
[109] In zijn tafsir, vol. 2 blz. 534.
[110] In *majmū' al-fatāwā*, vol. 3 blz. 193.
[111] Imam al-Tabari, *jāmi ͑ al-bayān fī ta ͗wīl al-qur ͗ān*, vol. 21 blz. 314-315.
[112] Imam al-Bayhaqi, *al-asmā ͗ wa al-ṣifāt*, vol.2 blz. 341. Dezelfde overlevering is overgeleverd door anderen.
[113] Imam al-Bukhari, *khalq af ͑āl al- ͑ibād*, blz. 78.

niet wat de hoedanigheid van deze schouder is en volgens hen lijkt deze schouder niet op de schouders van de mensen. Vrij en verheven is wat de dwazen over Allah uitkramen!

9. Imam Malik (gest. in het jaar 179 AH) heeft de hadith over *nuzūl* (letterlijk: neerdalen) uitgelegd met het neerdalen van Zijn bevel. Dit is overgeleverd door Imam Ibn ‘Abdilbarr en Imam al-Dhahabi (met een andere keten). Daarna verhaalt Imam al-Dhahabi dat Salih deze interpretatie van Imam Malik benoemde bij Yahya ibn Bakir en dat hij zei: “Bij Allah ﷻ, (deze interpretatie is) mooi! Ik heb het niet gehoord van Malik.”[114] Hoewel er wahabieten zijn die deze interpretatie van Imam Malik niet aanvaarden, is dezelfde interpretatie tevens gedaan door andere grote Maliki geleerden zoals Imam Abubakr ibn al-‘Arabi, Imam al-Qurtubi en Imam Abubakr ibn Furak. Zij behoren tot de belangrijkste geleerden van deze school en dit verschaft een sterke indicatie dat deze interpretatie daadwerkelijk ook is gedaan door Imam Malik. Imam Ibn ‘Abdilbarr schrijft: “Muhammad ibn ‘Ali al-Jabali (hij behoort tot betrouwbare overleveraars in Qayrawan) leverde over van Jami’ ibn Sawada in Egypte van Mutarraf van Imam Malik ibn Anas dat hij werd gevraagd over de hadith: Waarlijk Allah doet *nuzūl* in de nacht naar de wereldse hemel… Hierop antwoordde Imam Malik: Zijn Bevel daalt neer. (Daarna voegt Ibn ‘Abdilbarr toe): De betekenis (van de hadith) kan zijn zoals Malik heeft gezegd dus dat Zijn Genade en Zijn Besluit om vergeving en acceptatie neerdaalt.”[115]

[114] Imam a-Dhababi, *siyar a'lām al-nubalā'*, vol. 8 blz. 105.
[115] In zijn *al-tamhīd*, vol. 5 blz. 155.

Imam Ibn Salah werd ook gevraagd over dezelfde hadith en hij zei dat de vrome voorgangers deze hadith niet letterlijk opvatten en Allah ﷻ vrij achtten van de letterlijke betekenis van dit soort dubbelzinnige woorden.[116] Ook Imam Ibn Rajab al-Hambali heeft aangegeven dat de vrome voorgangers dit soort dubbelzinnige woorden niet letterlijk namen en niet speculeerden over de betekenis ervan door de letterlijke betekenis ervan te nemen. Hij geeft ook aan dat Imam Ahmad verre was van dit soort praktijken, terwijl sommige mensen die zich toeschreven aan zijn school dit wel deden door de weg van Muqatil te volgen (wat dus antropomorfisme was). Volgens Imam Ibn Rajab al-Hambali nam niemand van de geleerden, zoals 'Abdullah ibn Mubarak, Malik, al-Thawri, al-Awza'i, al-Shafi'i, Ahmad, Ishaq en Abu 'Ubayd, dit soort dubbelzinnige woorden letterlijk![117]

10. Imam al-Nadr ibn Shumayl (gest. in het jaar 203 AH) heeft het woord *qadam* (letterlijk: voet) geïnterpreteerd met *degenen die in de Kennis van Allah ﷻ vaststaan als helbewoners.*[118]

11. Imam Ahmad ibn Hambal (gest. in het jaar 241 AH) heeft ook *ta wīl* gedaan. Imam Ibn Kathir levert over van Imam al-Bayhaqi uit zijn boek *manāqib al-imām Aḥmad* dat Imam Ahmad het werkwoord *jā a* (letterlijk: kwam) dat voorkomt in het Koranhoofdstuk 89 vers 22 heeft geïnterpreteerd met *Zijn beloning kwam*. Daarna zegt Imam al-Bayhaqi over deze overlevering: "Dit is een keten waar geen twijfels over bestaan."[119]

---

[116] Ibn Salah, *fatāwā ibn ṣalāḥ*, blz. 168.
[117] Ibn Rajab al-Hambali, *faḍl ilm al-salaf alā al-khalaf*, blz. 4.
[118] Imam al-Bayhaqi, *al-asmā wa al-ṣifāt*, vol. 2 blz. 190.
[119] Imam Ibn Kathir, *al-bidāya wa al-nihāya*, vol. 10 blz. 327.

12. Imam al-Bukhari (gest. in het jaar 256 AH) heeft ook meerdere keren *ta'wīl* gedaan. Hij interpreteerde in zijn *al-ṣaḥīḥ* het woord *wajh* (letterlijk: gezicht) in het Koranhoofdstuk 28 vers 88 met *Zijn Heerschappij*.[120]

13. Imam al-Bukhari interpreteerde het woord *ḍaḥk* (letterlijk: lachen) dat in de hadith voorkomt met de Genade van Allah ﷻ. Deze interpretatie van Imam al-Bukhari is bericht door Imam al-Khattabi (gest. in het jaar 388 AH) die een van de oudste commentators van *ṣaḥīḥ al-bukhāri* is.[121] Imam al-Khattabi geeft aan dat Imam al-Bukhari deze interpretatie heeft gedaan. Bovendien heeft Imam Ibn Hajar na het benoemen van deze interpretatie aangegeven dat *ḍaḥk* (letterlijk: lachen) figuurlijk genomen moet worden als het over Allah ﷻ gaat.[122] Volgens de wahabitische ideologie lacht Allah ﷻ letterlijk, maar niet zoals wij. Vrij en verheven is Hij ﷻ van wat deze bandieten beweren!

14. Imam al-Bukhari interpreteerde ook vers 56 van het Koranhoofdstuk 11 met de Heerschappij en Macht van Allah ﷻ.[123]

15. Imam al-Tirmidhi interpreteerde in zijn bekende compilatie *al-sunan* het woord *nafs* (letterlijk: zelve/ego) dat voorkomt in de hadith met de manifestatie van Allah ﷻ.[124]

16. Imam al-Tirmidhi interpreteerde het woord *taqarrub* (letterlijk: dichtbij komen) dat voorkomt in de hadith met de vergevingsgezindheid en genade van Allah ﷻ.[125] Volgens de wahabitische ideologie moet je dit letterlijk nemen. Dat zou betekenen dat Allah ﷻ werkelijk rent en loopt, komt en gaat. Daarom is het

---

[120] Imam al-Bukhari, *al-jāmi' al-ṣaḥīḥ*, vol. 6 blz. 112.
[121] Deze uitleg heet *a'lām al-sunan*.
[122] Imam Ibn Hajar al-'Asqalani, *fatḥ al-bārī sharḥ ṣaḥīḥ al-bukhāri*, vol. 7 blz. 120.
[123] Imam al-Bukhari, *al-jāmi' al-ṣaḥīḥ*, vol. 6 blz. 73.
[124] Imam al-Tirmidhi, *al-sunan*, vol. 4 blz. 692.
[125] Imam al-Tirmidhi, *al-sunan*, vol. 5 blz. 581.

ook dat de pseudo-geleerde Ibn al-'Uthaymin zei dat Allah ﷻ letterlijk loopt en rent.[126] Ik zoek toevlucht bij Allah ﷻ tegen dit soort afgoderij!

17. Er is een hadith[127] waarin staat dat je Allah ﷻ ook onder de aarde tegenkomt als je daarheen zou dalen. Imam al-Tirmidhi heeft aangegeven dat dit geïnterpreteerd is met de kennis en macht van Allah ﷻ, dus al ga je naar de onderste verdiepingen van de aarde, dan is de kennis en macht van Allah ﷻ ook daar. Zo hebben de geleerden deze hadith begrepen en ze hebben het absoluut niet letterlijk genomen.[128] Dan komt er een of andere pseudo-geleerde genaamd Ibn al-Qayyim en op basis van de leer van zijn leraar Ibn Taymiyya verkettert hij Imam al-Tirmidhi door hem te scharen tot de sektarische beweging al-Jahmiyya.[129] De antropomorfisten hebben Imam al-Tirmidhi altijd beschuldigd met het aanhangen van al-Jahmiyya, omdat Imam al-Tirmidhi de verzonnen overlevering verwierp waarin staat dat Allah ﷻ de profeet Mohammed ﷺ naast Zich zal laten vestigen op de *'arsh*, vrij en verheven is Allah ﷻ! Deze verzonnen overlevering is door Ibn Taymiyya en vele andere antropomorfisten als argument gebruikt voor hun dwaling.

18. Imam Ibn Jarir al-Tabari (gest. in het jaar 310 AH) heeft ook *ta'wīl* gedaan. Hij interpreteerde het woord *istawā* (letterlijk: steeg en zetelde) dat meerdere malen voorkomt in de Koran met de verhevenheid van heerschappij en macht en niet een verhevenheid waarbij sprake is van verplaatsing en verdwijning.[130]

---

[126] Ibn 'Uthaymin, *majmū' fatāwā wa rasā'il ibn al-'uthaymīn*, vol. 1 blz. 184.
[127] Het discussiepunt is nu hier niet de athenticiteitsgraad van deze hadith. Dat is het onderwerp niet.
[128] Imam al-Tirmidhi, *al-sunan*, vol. 5 blz. 403.
[129] Zie *mukhtaṣar al-ṣawā'iq al-mursala 'alā al-jahmiyya wa al-mu'aṭṭila li ibn al-qayyim* van Ibn al-Mawsili, blz. 485. Zie ook *majmū' al-fatāwā* van Ibn Taymiyya, vol. 6 blz. 547.
[130] Imam al-Tabari, *jāmi' al-bayān fī ta'wīl al-qur'ān*, vol. 1 blz. 430.

Volgens een wahabiet zit Allah ﷻ letterlijk op de *'arsh*. We vragen vergiffenis van Allah ﷻ!

19. Imam al-Tabari interpreteerde ook het woord *yad* (letterlijk: hand) dat voorkomt in het Koranhoofdstuk 5 vers 64. Hij interpreteerde dat woord met de gunst en gift van Allah ﷻ.

20. Imam al-Dahhak, een grote geleerde van de tabi'in (gest. in het jaar 102 AH), legde het Arabische woord *'ayn* (letterlijk: oog) dat in het Koranhoofdstuk 11 vers 37 voorkomt, uit met *het bevel van Allah* ﷻ.[131]

21. Imam Ibn Hibban al-Busti (gest. in het jaar 354 AH) interpreteerde het woord *qadam* (letterlijk: voet) met een figuurlijke betekenis en gaf aan dat Allah ﷻ vrij en verheven is van de letterlijke betekenis van dit soort dubbelzinnige woorden.[132]

22. Imam Ibn Hibban heeft ook de hadith van *nuzūl* (letterlijk: neerdalen) geïnterpreteerd met een algemene interpretatie waarbij hij aangaf dat je het niet letterlijk mag nemen zodanig dat er sprake is van verplaatsing en beweging.[133]

23. We zien dat Ibn Qutayba ook aan *ta'wīl* deed door bijvoorbeeld het woord *wajh* (letterlijk: gezicht) dat in meerdere verzen voorkomt te interpreteren met de figuurlijke betekenis.[134]

---

[131] Zie tafsir van Imam al-Tabari, (21/605), tafsir van Imam al-Qurtubi, (9/33) en tafsir van Imam Ibn al-Jawzi, (4/101).
[132] Imam Ibn Hibban, *al-ṣaḥīḥ*, vol. 1 blz. 502.
[133] Imam Ibn Hibban, *al-ṣaḥīḥ*, vol. 3 blz. 199.
[134] Ibn Qutayba, *ta'wīl mushkil al-qur'ān*, blz. 159.

24. Imam al-Bayhaqi (geb. in het jaar 384 AH) heeft meerdere boeken geschreven over de islamitische geloofsleer en de eigenschappen van Allah ﷻ.[135] In deze boeken heeft hij regelmatig duidelijk aangegeven dat de letterlijke betekenissen van dubbelzinnige religieuze teksten niet opgaan voor Allah ﷻ. Hij heeft ook meerdere citaten aangehaald waarin de interpretaties voorkomen van de vrome voorgangers. Imam al-Bayhaqi geeft in zijn boek *faḍā'il al-'awqāt*[136] aan dat Allah ﷻ vrij en verheven is van de letterlijke betekenis van dalen en komen, omdat ze verplaatsing en beweging inhouden en deze gaan niet op voor Allah ﷻ. Dan zien we dat antropomorfisten zoals Ibn Baz hierdoor fel uithalen naar Imam al-Bayhaqi en hem bestempelen met dwaling.[137]

Het is mogelijk om een boek te schrijven over de interpretaties van de vroege geleerden. Je moet ook niet vergeten dat Imam Abu al-Hasen al-Ash'ari (gest. in het jaar 324 AH) en Imam Abu Mansur al-Maturidi (gest. in het jaar 333 AH) tot de vrome voorgangers behoren. Dit is iets wat de dwazen steeds maar niet kunnen begrijpen. Ze roepen steeds met "volg de vrome voorgangers", maar als je zegt dat je de methodiek van Imam al-Ash'ari of Imam al-Maturidi volgt, dan zie je ze naar jou kijken met een blik alsof ze bijna dood vallen. Wee hen!

Nog iets wat de wahabieten vaak misbruiken, is de Hambali school. Imam Ahmad is verre van de dwaalbegrippen die zij verspreiden. De prominente Hambali geleerde Imam Abu al-Faraj 'Abdurrahman ibn al-Jawzi (geb. in het jaar 510 AH) heeft een heel boek geschreven genaamd *daf' shuba al-tashbīh* waarin hij het antropomorfisme in de bodem heeft geslagen. Hij heeft in dit boek duidelijk gemaakt dat antropomorfisme een valselijk toegeschreven

[135] Zoals *al-asmā' wa al-ṣifāt*, *al-i'tiqād* en *dalā'il al-nubuwwa*.
[136] Zie blz. 132 van dat boek.
[137] Zie het artikel van Ibn Baz waarin hij fel uithaalt naar Imam al-Bayhaqi: https://ar.islamway.net/article/35579/printable

ideologie is aan Imam Ahmad en zijn school.[138] De wahabitische ideologie is verdoemd tot falen. Deze ideologie is een dood kind met een lam handje. De intellectuele moslims hebben allang de valsheid van deze beweging ingezien en dat zal de doorsnee moslim zich ook vroeg of laat realiseren. In de nabije toekomst zal de moslimwereld zich volledig vrijmaken van deze boze ideologie!

"Sometimes what Satan says is true, to make us more ready to believe his lies."

---

[138] Ibn al-Jawzi, *daf shuba al-tashbīh*, blz. 131.

Taṣawwuf in het licht van de Koran en Sunna

In dit hoofdstuk zullen de verhandelingen van de zeventiende-eeuwse islamgeleerde Imam Sayyid ʻAbdullah ibn ʻAlawi al-Haddad (gest. 1720 AD) behandeld worden. Hij was een geleerde uit Jemen en studeerde bij grote geleerden van zijn tijd. Hij heeft vervolgens talloze studenten opgeleid tot geleerden. Imam al-Haddad schreef veel werken. De meeste werken gaan over zielszuivering en behelzen nuttige adviezen voor de moslimleek. Hij benadrukte (1) de versterking van het geloof en (2) de zuivering van de ziel. Dit is duidelijk af te leiden uit zijn werken. Dit heeft ook te maken met de condities van zijn tijd. De Britten en Portugezen waren Jemen binnengevallen. Naast de westerse invloed was er in het algemeen ook sprake van een degeneratie onder de moslims. Hij focuste zich daarom op die twee doelen en gaf belangrijke adviezen en formuleerde oplossingen om die twee doelen te realiseren. Daarom wordt hij ook wel als de tweede Imam al-Ghazali beschouwd door de geleerden na hem. Sommige geleerden hebben zelfs over zijn werken gezegd dat Imam al-Ghazali de werken van Imam al-Haddad zou raadplegen als hij ze tot zijn beschikking zou hebben. Imam al-Haddad had de werken van Imam al-Ghazali al op jonge leeftijd gedoceerd gekregen en had ze grondig bestudeerd. Daarna onderwees hij deze werken voor jaren en hij adviseerde zijn studenten altijd om vast te klampen aan de werken van Imam al-Ghazali, omdat ze als een ideale uitleg dienden van de Koran en de Sunna.[139]

[139] Hieruit moet niet ten onrechte geconcludeerd worden dat Imam al-Ghazali onfeilbaar is en dat zijn werken foutloos zijn. Het is ook niet terecht om te zeggen dat alleen zijn boeken een ideale uitleg waren van de Koran en de Sunna. Noch Imam al-Haddad noch een andere geleerde heeft ooit zoiets beweerd. Imam al-Ghazali is inderdaad een geniale geleerde, maar hij is niet de enige islamgeleerde en hij was ook niet onfeilbaar.

In dit hoofdstuk heb ik de mooie wijsheden en inzichten die zijn opgenomen in het werk van Imam al-Haddad dat in het Arabisch is getiteld met *al-fuṣūl al-ʿilmiyya wa al- ʿuṣūl al-ḥikemiyya* samenvattend geparafraseerd en becommentarieerd. Voordat we daaraan beginnen, wil ik nog eerst een inleiding geven over *al-taṣawwuf* en de ontstaansgeschiedenis ervan. Er is helaas veel onduidelijkheid en desinformatie over dit onderwerp. Het is ook waar dat er enorm veel innovaties zijn in sommige hedendaagse kringen die zich, volgens hunzelf, intensief bezighouden met zielszuivering. Elke islamitische wetenschap kent een discipline die zich bezighoudt met de beginstelen en basisprincipes van die wetenschap en fungeert als de methodologie, met technische termen, als het moederbord van die wetenschap. Dit hoofdstuk bekleedt ook deze functie en daarom is het mogelijk om de studie in dit hoofdstuk *uṣūl al-taṣawwuf* te noemen, zoals er bijvoorbeeld een *uṣūl al-fiqh* voor *al-fiqh* en een *uṣūl al-tafsīr* voor *al-tafsīr* bestaat. Deze studie dient als een wegwijzer voor de moslimjongeren die heen en weer spartelen tussen de beweringen van de twee extremen. Het onthult de valse overtuigingen en beweringen en leidt met de wil van Allah ﷻ tot de gulden middenweg. In deze inleiding wil ik graag stilstaan bij de volgende drie aspecten:

1. Terminologie
2. Heterodoxie
3. Etiologie

Terminologie

De islamitische religie kent drie fundamentele facetten, zoals bekend bij eenieder:

1. *īmān*
2. *islām*

3. *iḥsān*

Deze onderverdeling is gebaseerd op de welbekende hadith waarin de engel Jibriel in een menselijke gedaante komt om vragen de stellen aan de geliefde profeet Mohammed ﷺ met het doel om de fundamenten van de islamitische religie aan de metgezellen te leren. De bovengenoemde facetten worden in deze lange hadith genoemd en uitgelegd. Aan het einde van de overlevering zegt de geliefde profeet ﷺ tegen de metgezellen dat de engel kwam om hen de religie te leren. Hieruit begrijpen we dat de islamitische religie uit deze drie fundamentele facetten bestaat. Uit de desbetreffende hadith leren we ook dat het eerste facet betrekking heeft op de zaken waarin we moeten geloven. Het tweede facet gaat over de aanbiddingsvormen. Over het derde facet geeft de geliefde profeet ﷺ de volgende uitleg welke in de Nederlandse vertaling neerkomt op: "Dat je Allah aanbidt alsof je Hem ziet. Als je dat niveau niet kan bereiken, dan dien je in ieder geval te weten dat Hij jou ziet." Dit is dus het facet dat zich bezighoudt met de zuivering en verbetering van de ziel, want een spirituele status bereiken waarin je bent alsof je Allah ﷻ ziet, vereist een ziel die gezuiverd is van de spirituele kwalen.

Het bevel om de ziel te zuiveren, komt ook in de Koran voor. Eén van de meerdere voorbeelden zijn de volgende verzen die neerkomen op: "En bij de ziel en Wie haar vervolmaakt heeft. Toen toonde Hij de ziel het goede en het kwade. Voorzeker, degene die de ziel reinigt, zal welslagen. En voorzeker, degene die haar bederft, zal verliezen."[140] De zielszuivering is dus een taak die de mens is opgelegd. Er zijn talloze bewijzen uit de Koran en Sunna dat dit een plicht is, maar het is hier de plek niet om hierover uit te weiden.[141]

---

[140] Koran, 91:7-10.

[141] Er zijn hierover talloze werken geschreven door de vroege en late islamgeleerden. Deze werken staan voornamelijk bekend onder de naam *al-zuhd* en *al-raqā iq*. Vrijwel alle

Het probleem is echter dat men door de bomen het bos niet meer ziet, want er wordt steeds gesproken over de negatieve connotaties van de term soefisme. Het is een oppervlakkige benadering om te blijven haken bij de termen zonder moeite te doen om de inhoud van deze termen te begrijpen. Het maakt niet uit of je dit vaststaande facet van de islamitische religie *iḥsān* noemt of soefisme noemt of andere termen gebruikt, zoals *taṣawwuf*, *ʿilm al-akhlāq* of *ʿilm al-sulūk*. Het gaat hier niet om de termen, maar om de inhoud die wordt gegeven aan deze termen. Het is waar dat er mensen of stromingen waren, en nu her en der nog steeds bestaan, die zich associeerden met dit facet van de islamitische religie, maar afdwaalden van het rechte pad door afkeurenswaardige opvattingen of praktijken te adopteren. Dit geeft niemand het recht om dit facet van de islam te ontkennen of om alles over een kam te scheren door moslims te verketteren die dit facet van de islam op een rechtsgeldige manier proberen uit te voeren.

Heterodoxie

Er is veel valse informatie in omloop over het spirituele facet van de islamitische religie waardoor er sprake is van een enorme informatievervuiling

bekende hadith-compilaties bevatten een hoofdstuk met deze namen, zoals in *al-ṣaḥīḥ* van Imam al-Bukhari en Imam Muslim. Ook zijn er geleerden van *al-salaf al-ṣāliḥ* die hierover afzonderlijke werken compileerden, zoals *al-zuhd wa al-raqā'iq* van Imam 'Abdullah ibn al-Mubarak (gest. 181 AH), *kitāb al-zuhd* van Imam Ahmad ibn Hambal (gest. 241 AH), de werken van Imam al-Hakim al-Tirmidhi (gest. 320 AH), *tanbīh al-ghāfilīn* van Imam Abu Layth al-Samarqandi (gest. 373 AH), *al-taʿarruf ʿalā madh-hab ʾahl al-taṣawwuf* van Imam Abubakr al-Kilabadhi (gest. 384 AH), *qūt al-qulūb* van Imam Abu Talib al-Mekki (gest. 386 AH), *ḥilya al-ʾawliyāʾ* van Imam Abu Nu'aym al-Isfahani (gest. 430 AH), *al-risāla al-qushayriyya* van Imam Abu al-Qasim al-Qushayri (gest. 465 AH) en natuurlijk de werken van Imam Abu Hamid al-Ghazali (gest. 505 AH). Om een verzameling aan bewijzen uit de Koran en Sunna te zien over zielszuivering kunnen de werken *al-adhkār*, *riyāḍ al-ṣāliḥīn* en *bustān al-ʿārifīn* van de latere geleerde Imam al-Nawawi (gest. 676 AH) geraadpleegd worden.

onder de moslimleek. Dit komt door het zorgelijke gebrek aan correct islamitisch onderwijs. Er zijn twee extremen in de moslimwereld:

1. Een groep die het spirituele facet van de islam probeert te beleven zonder rekening te houden met de overige islamitische voorschriften.
2. Een groep die het spirituele facet volledig of gedeeltelijk ontkent en alle groepen die zich hiermee associëren, verkettert.

De beide groepen zijn verre van de Koranische en profetische instructies. Het is mogelijk om expliciete stromingen te noemen van de eerste groep. Deze zijn te veel om één voor één op te noemen, maar wij zullen een bestaand exemplaar daarvan aan de kaak stellen in de loop van deze studie. Eerst een opsomming van de meest voorkomende innovaties in de kringen van de eerste groep:

1. Het geloven in bepaalde elementen van het pantheïsme en/of incarnatie van zielen met God of andersom (*immanentisme*). Dit wordt ook wel *waḥda al-wujūd*[142] genoemd en de aanhangers ervan worden *ḥulūliyya* genoemd.
2. Vergezochte mystieke interpretaties geven aan bepaalde Koranverzen en hadith. Deze sekte wordt ook wel *bāṭiniyya* genoemd.
3. Beweren niet meer toerekeningsvatbaar te zijn voor de islamitische voorschriften door het voltooien van de zielszuivering.
4. Springen, schreeuwen, lichaam beschadigen, dansen, muziekinstrumenten afspelen tijdens dhikr-bijeenkomsten. Een persoon die door de liefde of

[142] Sommige geleerden beschouwen dit ook als *waḥda al-shuhūd*. Dit houdt dus in dat God niet in de materie zit, maar dat de materie verwijst naar God en dat men is alsof hij God ziet. Deze opvatting is niet kwalijk en behoort juist tot de aanbiddingsvormen van de islamitische religie, zoals uitgelegd in de hadith Jibriel.

verlangen voor Allah ﷻ in trance[143] treedt, is uiteraard hiervan uitgezonderd.

5. Contact zoeken met het tegengeslacht in de naam van collectieve zielszuivering of bijwonen van gemengde bijeenkomsten met het tegengeslacht om samen aanbiddingen uit te voeren.
6. Excessieve houding in vroomheid en aanbidding, zoals té weinig eten of drinken, geen zoetigheden of vlees meer nuttigen, té weinig slapen, niet meedoen aan de maatschappij door volledig af te zonderen, niet trouwen, etc. Dit zijn dingen die regelrecht indruisen tegen de leefstijl van de geliefde profeet Mohammed ﷺ.
7. Overdreven bewonderen en loven van (dode of levende) vromen, zoals geloven dat die persoon onfeilbaar is, dat hij het ongeziene kan achterhalen of dat hij intrinsieke vermogens heeft waarmee hij mensen kan bevoordelen of benadelen. Dit gebeurt meestal ook door deze mensen aan te roepen en door de graven van deze mensen te versieren en te verbouwen. Het fetisjisme[144] is verboden in de islamitische wetgeving en komt vaak voor in heterodoxe soefi-kringen. In het gedrag van de metgezellen zien we juist dat ze het blindelings volgen en het tolereren van de valsheid, streng veroordeelden. Tegenwoordig durven de aanhangers van een pseudo-leermeester zijn openlijke valsheid niet tegen te spreken, omdat ze dan onmiddellijk geëxcommuniceerd worden of hiermee bedreigd worden. Een echte vrome of een echte leermeester zal zichzelf nooit privileges toekennen en zal zijn leerlingen en volgers dit ook niet toelaten. De geliefde profeet ﷺ liet nooit de metgezellen achter

[143] Een dissociatief verschijnsel waarbij iemand een ander bewustzijnsniveau heeft en waarbij het persoonlijke identiteitsgevoel verminderd kan zijn.
[144] Verering van fetisjen waarbij goddelijke eigenschappen of vormen van perfectie geattribueerd worden aan personen of voorwerpen.

zich lopen. Hij ﷺ liep altijd samen met zijn metgezellen uit nederigheid. De pseudo-leermeester wordt tegenwoordig zelfs woedend als zijn aanhanger bij ontmoeting zijn hand niet kust.

8. Het veelvuldig toepassen en voordragen van verzonnen overleveringen. Weinig aandacht besteden aan de studie van de islamitische wetenschappen, in het bijzonder de geloofsleer en de wetgeving, sterker nog, de grondige studie van de islamitische wetenschappen depreciëren.
9. Onnodig veel refereren aan of zich associëren met prominente afstammelingen van de geliefde profeet Mohammed ﷺ. Denk hierbij aan de metgezel ʿAli ibn Abi Talib of zijn twee zonen Hasen en Husayn of Mahdi al-Muntazar. Sommige pseudo-leermeesters claimen zelfs dat ze Mahdi zijn of dat ze weten wie Mahdi is en wanneer hij zal verschijnen. Daarnaast benadrukken ze in elke mogelijkheid dat ze tot de *ahl al-bayt* behoren door hunzelf te betitelen met *sayyid* of *sharīf*.[145]

Een zeer opvallend en typerend voorbeeld voor een dwalende soefi-kring is de gemeenschap van de pseudo-leermeester Nazim al-Haqqani al-Qibrisi (gest. 2014 AD). Nazim al-Qibrisi is de leerling van de pseudo-leermeester ʿAbdullah al-Daghestani (gest. 1973 AD). Deze man komt oorspronkelijk uit Noordelijke Kaukasus.

De tijdgenoot van al-Daghestani, Shaykh Muhammed Zahid al-Naqshbandi, zei over ʿAbdullah al-Daghestani het volgende: "Hij is geen soenniet. Hij is vertrokken uit zijn streek en heeft beweerd dat hij soenniet en Naqshbandi is. Hij heeft geen keten (via de echte leermeesters tot aan de profeet ﷺ)."[146] Deze pseudo-leermeester al-Daghestani heeft ook een boek geschreven, genaamd

[145] Moslims zijnde houden wij van de afstammelingen van de geliefde profeet ﷺ, maar er zijn helaas mensen die deze gevoelens van de moslims misbruiken door gezag en geld op te eisen.
[146] Zie het boek *al-tasharruf bi dhikr ahl al-taṣawwuf* van dr. Jamil Halim pagina 149-150.

al-Wasiyya welke vol zit met dwaling. Daarin schrijft hij ook dat een persoon van deze tijd een hogere gradatie kan bereiken dan de profeten, zoals radicale sjiieten claimen over hun imams. Het is duidelijk dat deze bewering dwaling inhoudt, want niemand kan de gradatie van de profeten en metgezellen bereiken. Bovendien heeft al-Daghestani tijdens zijn verblijf in Beiroet een interview gegeven aan de krant *al-anwār al-lubnāniyya* waarin hij beweerde dat hij eerst stierf en dat zijn ziel vervolgens door 24.000 profeten werd meegenomen om een rondleiding te krijgen in het paradijs en daarna is hij weer teruggestuurd naar de wereld.[147]

De loyale leerling van al-Daghestani, Nazim al-Qibrisi, doet ook soortgelijke vreemde uitingen. Hijzelf is de Arabische taal niet machtig en geeft geen blijk van een gedegen kennis in de islamitische wetenschappen. Zijn valse beweringen en handelingen zijn te veel om op te sommen. Hij schrijft in zijn Engels geschreven boeken over "religies" en over "hemelse religies", terwijl de enige religie bij Allah ﷻ de islam is. In zijn boek *Mercy Oceans' Rising Sun* schrijft hij heel vaag over de verhoudingen tussen moslims en niet-moslims. Het is niet een onschuldige tolerantie of acceptatie van andersdenkenden, maar eerder een erkenning van bijvoorbeeld het christendom als waarheid. Hij beweert dat alle mensen, ongeacht hun religieuze overtuiging, gelijk zijn in rang bij Allah ﷻ. Dit is een valse bewering, want Allah ﷻ eerbiedigt de moslims in de Koran en verfoeit de ongelovigen door hun ondankbaarheid en ontkenning jegens Allah ﷻ. Dit is een Koranisch feit en staat los van tolerantie. De implicatie ervan is dat ongelovigen niet het paradijs kunnen betreden. Volgens al-Qibrisi is daar blijkbaar geen sprake van. Hij haalt vervolgens ook een citaat aan van zijn pseudo-leermeester al-Daghestani welk als volgt luidt: "I am an

[147] *al-tasharruf bi dhikr 'ahl al-taṣawwuf* van dr. Jamil Halim op pagina 149-150.

advocate for all the Children of Adam on the Last Day."[148] Als hij had gezegd dat hij de pleitbezorger van de moslims zal zijn op de dag des oordeels, dan is dat nog begrijpelijk, maar hij zegt alle kinderen van Adam, dus ook de ongelovigen. Hoe kan je een ongelovige na zijn dood op de dag der opstanding nog verdedigen? Welke geleerde of vrome kan deze uitspraak doen? Dit druist regelrecht in tegen de fundamenten van de islamitische geloofsleer, aangezien de Koranverzen expliciet uitwijzen dat een persoon die als niet-moslim is heengegaan niet meer gered kan worden. Dat is ook de reden dat zowel al-Qibrisi als zijn meester al-Daghestani uitingen hebben gedaan zoals: "Als een ongelovige sura al-Fatiha één keer reciteert, dan sterft hij met een speciale hulp, want Allah ﷻ maakt geen onderscheid tussen een ongelovige, een zondaar, een gelovige of een moslim, maar allen zijn gelijk."[149]

Nazim al-Qibrisi schrijft en zegt ook vaak dingen conform *waḥda al-wujūd* welke blasfemie inhoudt. Hij gebruikt bewoordingen zoals *the presence of the One in the many* en *the total absorption in the Divine Presence*.[150] Hij haalt de overlevering aan waarin Allah ﷻ zegt dat Hij ﷻ een verborgen schat was en ervan hield om gekend te worden.[151] Daarna bouwt al-Qibrisi verder op deze overlevering en beweert dat de mensen ook een onderdeel uitmaakten van deze schat. Dit resulteert logischerwijs in grote absurditeiten. Hij kleineert ook regelmatig de studie van de islamitische wetenschappen en de bestudering van de boeken die geschreven zijn door de islamgeleerden.[152]

---

[148] Nazim al-Qubrusi, *Mercy Oceans' Rising Sun* (Sebat: Konya, 1986), p. 19-29.
[149] Zie *kashf ḍalālāt nāẓim al-qibriṣi* van Shaykh Samir al-Qadi op pagina 28 en zie ook *al-tasharruf bi dhikr ahl al-taṣawwuf* van Shaykh Jamil Halim al-Husayni op pagina 150.
[150] Nazim al-Qubrusi, *Mercy Oceans' Rising Sun*, p. 28 en 108.
[151] De hadithgeleerden hebben aangegeven dat deze overlevering verzonnen is.
[152] Nazim al-Qubrusi, *Mercy Oceans' Rising Sun*, p. 103-105.

De werken van de pseudo-leermeester al-Qibrisi zitten vol met dwaling en blasfemie. Hij schrijft in zijn boek *Mercy Oceans* (Book Two) het volgende: "Our Grandsheikh was speaking about Awliya'; «who are saints?» They have attributes of Allah Almighty. When Allah likes and trusts a servant He gives to him from His Divine Power. Once a wali was speaking in front of a crowd saying: «If a Saint says to a mountain, move, it moves.» Then the mountain behind him actually began to move until the wali shouted: «No! Stop! I was only giving an example.» It is important for a servant to be trustworthy in the sight of Allah Almighty. First the sheikh will try the mureed for his trustworthiness, then the Prophet will try his Ummah, and then Allah will try His servants. If the sheikh is finding him trustworthy, he gives him from his treasures. If the Prophet finds him trustworthy, he gives him from his treasures. If Allah finds him trustworthy, He gives him from His Divine Attributes and Powers, so that if that servant says for something to be, it is."[153] De valse beweringen in deze passage zijn kristalhelder en zijn niet eens behoeftig aan enige commentaar.

In een andere passage van hetzelfde boek verhaalt al-Qibrisi het volgende van zijn meester al-Daghestani: "Our Grandsheikh said to me: Oh Nazim Efendi, in the time of the Prophet the rank of Siddiq was only for Abu Bakr from among 124,000 companions. Siddiq is the highest degree for saints. We are now living in the last time. Allah is opening His Mercy Oceans and giant waves are coming on the nation of Muhammad. If a man is putting one wind of turban around his head, he is given the reward of Siddiq. For each wind more, the reward is multiplied."[154] Het is heel typerend voor dit soort pseudo-leermeesters om

[153] Nazim al-Qubrusi, *Mercy Oceans - II* (Sphor Publishers: Larnaca, 1980), P. 47-48.
[154] Nazim al-Qubrusi, *Mercy Oceans - II*, P. 87-88.

namens Allah ﷻ en de profeet ﷺ instructies en richtlijnen te verzinnen. In een soortgelijke passage zien we dat al-Qibrisi hetzelfde doet: "On the Judgement Day, Allah will give inspirations to the hearts of all people who did goodness in their lives. Don't be sorrowful about this. The Prophet says that any non-muslims doing something beneficial for a Muslim must come to real faith in the end. This is the time of Muhammad and his nation, no more nation of Moses or Jesus, finished. All of your ancestors will be rescued from hell or pass right by it because of the fountains of faith coming from you, like oil wells giving wealth to once poor countries. Your ancestors lived in non-muslim countries and didn't know any better than what was available to them. Perhaps some intrinsic goodness in their hearts led them to do the best that they could do in their surroundings and thus deserve having Muslim descendants. The Prophet says that a good son prays, makes du'â', for his father and ancestors. No one will be punished for what they didn't fully know."[155] Hier bepaalt hij namens Allah ﷻ dat de ongelovige voorouders van moslims vergeven zullen worden op de dag des oordeels, terwijl de Koranverzen duidelijk aangeven dat een persoon die met ongeloof is gestorven niet meer gered kan worden. Bovendien verbiedt de Koran ook om te bidden voor gestorven ongelovigen, ook al zijn dat je ouders. Denk hierbij aan het voorbeeld van de profeet Ibrahiem en de profeet Nuh.

In een andere passage verhaalt al-Qibrisi weer van zijn meester en geeft een heel vreemde definitie aan het woord "ongelovige". Hij schrijft het volgende: "Our Grandsheikh says whoever is never saying «Allah» is a kafir, unbeliever. Anyone saying «Allah», even in his own language, you must not say to him «Kafir». This is clear, our Grandsheikh is leaving this so wide, so open, not

[155] Nazim al-Qubrusi, *Mercy Oceans - II*, P. 136-137.

making conditions, all Prophets just came to make people, believing in their Lord, not in themselves. Anyone saying «God» must be considered a believer. Even if a person says, as we do in English, «Oh my God», Allah is catching him. This is gigantic good news. The Prophet, peace be upon him, says if a person says: «Ya Rabb», Allah says to him: I am here, oh my servant, what do you need?» Allah is closer to you than you to yourself."[156] Het is zelfs bij een beginner van kennis bekend dat louter geloven in Allah ﷻ niet voldoende is om gevrijwaard te worden van ongeloof. Dit is slechts de eerste pilaar van het geloof. Er zijn nog vijf pilaren waar je aan moet voldoen om geen ongelovige te zijn.

De pseudo-leermeester al-Qibrisi gelooft ook in de eeuwigheid van schepsels. Hij schrijft in zijn boek *Mercy Oceans* op bladzijde 13 het volgende: "He [Allah] is a king. And yet you cannot find a king without a kingdom. Without subjects his kingship has no meaning. Just as there can be no meaning for a prophet without an ummah (nation). Therefore, Allah was ready without beginning, and his servants also were ready without beginning. If there were no people, to whom was He Allah? Was it to Himself? No! A hadith relates: "I was a secret treasure and wanted to be known." His people were part of this treasure."[157]

Zo zijn er talloze citaten en beweringen te vinden van al-Qibrisi en zijn meester die haaks staan op de fundamenten van de islam. Deze al-Qibrisi, een pseudo-leermeester die zijn volgelingen uitbuit, vrouwen zijn handen laat kussen,[158]

[156] Nazim al-Qubrusi, *Mercy Oceans - II*, P. 157-158.
[157] Nazim al-Qubrusi, *Mercy Oceans - II*, P. 13.
[158] https://www.youtube.com/watch?v=nwHhxrCMAgI

bijeenkomsten organiseert of toestaat waar man en vrouw gemengd zitten[159] of muziekinstrumenten afspelen samen met de namen van Allah ﷻ of de Koranrecitatie,[160] regelmatig ongegronde en valse uitingen doet over de bekering tot de islam van beroemde mensen zoals Paus Benedictus XVI en prins Charles van het Brits koningshuis.[161]

Nazim al-Qibrisi heeft ook altijd zijn steunbetuiging geuit aan de zelfverklaarde Mahdi Adnan Oktar. Deze charlatan heeft in de gevangenis gezeten door het misbruiken van vrouwen en organiseren van prostitutie. Hij ging elke avond live op zijn eigen tv-kanaal met halfnaakte vrouwen. Toen de groeten van Oktar werden doorgegeven aan al-Qibrisi, zei hij over Oktar dat hij niet alleen blonde dames moest uitnodigen voor zijn live-programma's, maar af en toe ook getinte dames.[162] Deze duivelse charlatans hebben voor jaren hun volgers opgelicht en misleid. Dit soort misbruikgevallen komen vaker voor in de soefi-kringen, omdat het gezond verstand en de studie van de islamitische wetenschappen buitenspel worden gezet door de pseudo-leermeester. De moslims dienen daarom heel waakzaam te zijn en moeten dit soort charlatans met wortel en tak uitroeien! Daarnaast moet men duidelijk onderscheid maken tussen echte *taṣawwuf* en heterodoxe soefi-kringen.

Ibn Taymiyya en zijn visie over *taṣawwuf*

Een ander probleem is de andere extreem, namelijk bepaalde aanhangers en fans van Ibn Taymiyya die in de naam van de bestrijding van innovaties, *taṣawwuf*

[159] https://www.youtube.com/watch?v=C7c_uun4lAE
[160] https://www.youtube.com/watch?v=IjsT_KFGCgM
[161] Nazim al-Qubrusi, *Defending Truth* (Zero Productions: Londen, 1997), P. 68. Zie voor paus Benedictus XVI: https://www.youtube.com/watch?v=qQXEXa3VjKs Zie ook de video waarin al-Qibrisi de paus bezoekt met zijn leerlingen: https://www.youtube.com/watch?v=Owe-ymO3hew
[162] https://www.youtube.com/watch?v=o-j2w3UYrkk

en de beoefenaars ervan, gedeeltelijk of volledig, veroordelen en zelfs verketteren. Deze actie van hen lijkt op de slag van een persoon met een kei op iemands gezicht dat bevlogen wordt door een vlieg.[163] Hiervoor hebben zij de werken van hun eigen leermeester, Ibn Taymiyya, als uitgangspunt genomen. Hier rijst dan wel de volgende vraag: "Wat was het standpunt van Ibn Taymiyya met betrekking tot *taṣawwuf*?" Voordat ik inga op de ontstaansgeschiedenis van *taṣawwuf* wil ik deze vraag in het kort beantwoorden.

Ibn Taymiyya noemt *taṣawwuf* de innerlijke opvoeding welke leidt tot liefde en vrees voor Allah ﷻ, vertrouwen op Allah ﷻ en oprechtheid. Hij beschouwt deze innerlijke opvoeding als een onlosmakelijk onderdeel van de islamitische religie. Bovendien schrijft hij dat het verplicht is voor de moslims om dit facet van de islamitische religie te beoefenen.[164] Ibn Taymiyya ziet *taṣawwuf* als een weg van onachtzaamheid over Allah ﷻ naar de herdenking en spirituele waarneming van Allah ﷻ. Hierbij maakt hij zelfs gebruik van de terminologie van de soefi's, zoals *fanā'*, dus verdwijnen in de herdenking en spirituele waarneming van Allah ﷻ. Sterker nog, in dezelfde passages spreekt hij over een groep soefi's die in de toestand van trance bepaalde uitspraken deed die haaks staan op de fundamenten van de islam[165] en dat deze uitspraken incorrect zijn, maar dat deze soefi's niet aansprakelijk zijn voor deze uitspraken door de spirituele beschonkenheid waarin ze verkeerden.[166]

[163] Deze gelijkenis wordt gegeven door Shaykh Ramadan al-Buti in zijn meesterwerk *qaḍāyā sākhina* op pagina 341.
[164] Zie hiervoor *kitāb al-sulūk* in *majmū' fatāwā ibn taymiyya*, vol. 10 vanaf p. 5. Zie ook *qaḍāyā sākhina* van Shaykh Ramadan al-Buti voor een uitgebreide toelichting.
[165] In de terminologie wordt dit ook wel *shaṭḥiyyāt* genoemd. Dit komt voor in de toestanden die *ḥāl al-fanā'* en *waḥda al-shuhūd* worden genoemd.
[166] Zie *majmū' fatāwā ibn taymiyya*, vol. 10 vanaf p. 341. Zie ook *qaḍāyā sākhina*, p. 327-328.

We zien dus dat Ibn Taymiyya in de werkelijkheid geen tegenstander is van *taṣawwuf* en de prominente beoefenaars ervan. Hij heeft in het algemeen dezelfde opvattingen hierover als de andere prominente islamgeleerden, zoals Imam 'Abdulqadir al-Jilani, Imam Ahmad al-Rifa'i, Imam Muhammad ibn 'Ataillah al-Sakandari, Imam al-Ghazali en Imam al-Nawawi.[167] Desalniettemin is Ibn Taymiyya[168] ten onrechte beroemd geworden onder de mensen als een vurige tegenstander van de soefi's. Dit is het gevolg van drie factoren:[169]

1. Zijn bekende houding tegenover Muhyiddin ibn 'Arabi.[170]
2. Zijn strenge afwijzing van de pseudo-soefi's. Hij heeft vaker zijn bewondering geuit voor prominente soefi's, maar hij heeft zich vooral gebogen over de dwalende soefi's, omdat de condities van zijn tijd dit vereisten.

[167] Zie *qaḍāyā sākhina*, p. 329.
[168] Hetzelfde geldt trouwens ook voor zijn discipel Ibn al-Qayyim al-Jawziyya. Het bewijs hiervan is ook zijn werk *madārij al-sālikīn*.
[169] Deze drie factoren worden uitgebreid toegelicht door Shaykh Ramadan al-Buti in zijn voornoemde werk.
[170] Beter bekend als *al-shaykh al-akbar* (letterlijk: de grootste shaykh). De werken die toegeschreven worden aan deze Andalusische soefi-leermeester (gest. 638 AH) hebben voor grote ophef gezorgd onder de islamgeleerden. De meerderheid van de islamgeleerden is van mening dat zijn werken zijn verbasterd door de Joodse *bāṭiniyya* en dat hij een vrome islamgeleerde was. Dezelfde groep verbiedt tevens de verspreiding en lezing van zijn werken, zoals Ibn Hajar al-Haythami in zijn *al-fatāwā al-hadīthiyya* heeft gedecreteerd. Dat zijn werken zijn verbasterd, klinkt heel aannemelijk, want in hagiografische literatuur van gezaghebbende islamgeleerden wordt Muhyiddin ibn 'Arabi altijd geprezen en als een vrome islamgeleerde beschouwd. Daarnaast zien we in zijn werken dat de blasfemie-inhoudende beweringen juist weer tegengesproken worden door andere passages in dezelfde werken. Bovendien bevat zijn werk *rūḥ al-quds fī muḥāsaba al-nafs* enorm veel waarschuwingen tegen slechte innovaties en blasfemische opvattingen binnen de heterodoxe soefi-kringen. Hoe is zijn verkettering dan te rechtvaardigen, terwijl de moslim is opgedragen om altijd van het beste uit te gaan over zijn medemoslim? Toch zijn er ook islamgeleerden die hem hebben verketterd op basis van de werken die aan hem worden toegeschreven, maar dit is een relatief kleine groep.

3. Zijn populariteit onder de tegenstanders van *taṣawwuf*, want zijn weerleggingen en felle veroordelingen over pseudo-soefi's worden regelmatig aangehaald door de tegenstanders van *taṣawwuf* om de oprechte beoefenaars ervan in een kwaad daglicht te stellen.

Etiologie

Het wordingsproces van de *taṣawwuf* start met de openbaring van de eerste Koranverzen. Dit betekent dus dat de *taṣawwuf* is ontstaan samen met de islam zelf. Zodoende is het zelfs mogelijk om de *taṣawwuf* terug te voeren naar de tijd van de profeet Adam, want de islam is de universele en de enige echte religie bij Allah ﷻ.[171] Er zijn echter bepaalde onderdelen van de islam die onderhevig waren aan verandering conform de veranderende omgevingsfactoren door de millennia heen, want dit is een vereiste van de wijsheid en rechtvaardigheid, maar de fundamentele waarden en normen van de islam zijn nooit veranderd en werden verkondigd door alle profeten. Tot deze fundamenten behoren niet alleen de geloofsfundamenten, zoals bijvoorbeeld de eenheid van Allah ﷻ, maar ook bepaalde morele waarden en nobele gedragseigenschappen, zoals genadevol zijn, integer zijn, oprecht zijn, verdraagzaam zijn, grootmoedig zijn, etc. Aangezien het doel van *taṣawwuf* het ontwikkelen van deze eigenschappen en het minimaliseren van de tegenpolen ervan is, kunnen we zeggen dat dit religieuze facet van de islam eigenlijk sinds mensenheugenis bestond. Desalniettemin heeft de *taṣawwuf* een nieuwe wending gekregen met de profeetschap van de geliefde profeet Mohammed ﷺ. Deze wending heeft

[171] Koran, 3:19.

betrekking op de voltooiing en perfectionering van *taṣawwuf*. Daarom zei de geliefde profeet ﷺ: "Ik ben gezonden om het goed gedrag te vervolmaken."[172] Als *taṣawwuf*, het spirituele facet van de islam, wordt losgekoppeld van de islamitische religie, dan blijft er een lichaam over zonder ziel.

De volgende fase in het wordingsproces van *taṣawwuf* gaat in als er een groep mensen verschijnt die dit facet van de islam benadrukt en zich hiermee intensief bezighoudt. Deze groep verscheen voor het eerst in de Irakese stad Basra en vloeide voort uit de studiekringen van de grootgeleerde Imam Hasen al-Basri (gest.110 AH). Ibn Taymiyya schrijft hierover in *kitāb al-taṣawwuf* van *majmū' fatāwā* het volgende: "Voor het eerst verscheen *taṣawwuf*[173] in Basra. Het eerste besloten gezelschap voor de soefi's werd gevoerd door sommige leerlingen van 'Abdulwahid die weer een leerling van Hasen al-Basri was. Er was in Basra sprake van een bijzondere inspanning voor ascetisme, aanbiddingen verrichten, vrees en soortgelijke dingen welke (op dit niveau) niet te vinden waren in andere moslimsteden. Zoals er inspanning was voor fiqh in Koefa welke (op dat niveau) niet te vinden was in andere steden. Daarom zegt men: Koefische fiqh en Basrische *'ibāda*."[174]

Vervolgens schrijft Ibn Taymiyya verder over soefi's en hij gebruikt de Arabische term van dit woord, namelijk *al-ṣūfī*: "De soefi is degene die gezuiverd is van troebelheid, gevuld is met overpeinzing, en (is degene) bij wie goud en steen gelijk zijn aan elkaar. Zij (de soefi's) herleiden (het begrip) soefi

[172] Overgeleverd door meerdere hadithgeleerden onder wie Imam Ahmad ibn Hambal in *al-musnad*.
[173] Hij gebruikt hier het Arabische woord *taṣawwuf*.
[174] Zie hiervoor *kitāb al-taṣawwuf* in *majmū' fatāwā ibn taymiyya*, vol. 11 vanaf p. 6. Zie ook *al-taṣawwuf wa ḥaraka al-iṣlāḥ wa al-tajdīd* van Shaykh Muhammad Salih ibn Ahmad al-Ghursi, vanaf p. 18.

tot de betekenis van *al-ṣiddīq*.[175] De beste der schepping na de profeten zijn *al-ṣiddīqūn*, zoals Allah ﷻ openbaart: "En degenen die Allah en de boodschapper gehoorzamen, zullen dan in het gezelschap verkeren van degenen aan wie Allah Zijn gunst heeft verleend, namelijk, de profeten, de oprechten, de martelaren en de rechtvaardigen. En uitmuntend zijn deze metgezellen."[176]

De term soefi werd in de eerste drie eeuwen uiteraard niet gebruikt. Het kwam pas in de eeuwen erna in omloop als een aanduiding op de groep die zich intensief bezighield met *taṣawwuf*. Imam al-Qushayri schrijft hierover in zijn meesterwerk *al-risāla* de volgende uitleg: "Weet dat de moslims na de boodschapper van Allah ﷺ, de beste van hen in hun eeuw zich niet vernoemden naar een naam, behalve (naar de naam) *ṣaḥāba al-rasūl* (de metgezellen van de boodschapper), want er is geen voortreffelijkheid boven deze (titel). Zij werden dus *al-ṣaḥāba* genoemd. Wanneer de tweede generatie kwam, werden degenen die de metgezellen ontmoetten *al-tābiʿīn* genoemd. Zij zagen dat als de meest eervolle titel voor hunzelf. Daarna werden degenen na hen *ʾatbāʿ al-tābiʿīn* genoemd. Daarna verschilden de mensen en conflicteerden ze met elkaar in rangen. De prominente mensen die een buitengewone toewijding hadden aan de religieuze zaken werden *al-zuhhād*[177] en *al-ʿubbād*[178] genoemd. Daarna verschenen de innovaties en wederzijdse uitdaging tussen de sekten. Elke sekte claimde dat er asceten waren onder hen. De prominenten van *ahl al-sunna* die

[175] Een benaming voor oprechte en trouwe dienaren (pluraal: *al-ṣiddīqūn*). Dit was tevens de bijnaam van de gezegende metgezel Abu Bakr gegeven door de geliefde profeet ﷺ.
[176] Koran, 4:69. Zie voor de passage *majmūʿ fatāwā ibn taymiyya*, vol. 11 p. 16-17. Zie ook *al-taṣawwuf wa ḥaraka al-iṣlāḥ wa al-tajdīd* van Shaykh Muhammad Salih ibn Ahmad al-Ghursi, p. 19.
[177] Asceten
[178] Aanbidders

hun ademtochten oplettend onderhielden met (de spirituele waarneming van) Allah ﷻ en hun harten beschermden tegen de paden van onachtzaamheid vormden een aparte groep in de naam van *taṣawwuf*. Deze naam verspreidde zich voor deze prominenten vóór tweehonderd na de hijra."[179]

Het is vanzelfsprekend dat er in de tijd van de geliefde profeet ﷺ geen behoefte was aan een buitengewone toewijding aan *taṣawwuf*. Shaykh Ramadan al-Buti geeft als belangrijkste reden hiervoor de fysieke aanwezigheid van de geliefde profeet Mohammed ﷺ. De metgezellen hadden hem gezien en voerden gezelschap met hem. Voor iemand die in de profeetschap van de profeet Mohammed ﷺ geloofde, was het genoeg om louter met zijn uitzicht en gezelschap zijn ziel te zuiveren en te transformeren in een vrome dienaar, want de profeet ﷺ was de belichaming van de edele Koran.[180] Bovendien was er in zijn tijd weinig geschil en verleiding onder de moslims en het leven was eenvoudig. Hierdoor werd *taṣawwuf* als een onderdeel van de islam al beleefd zonder daar speciale aandacht aan te besteden. Wanneer kwaadheden zoals materialisme, verlangens, zonden, conflicten weer opdoken ná het overlijden van de geliefde profeet ﷺ en een groot deel van de metgezellen, ontstond er logischerwijs een bijzondere aandacht voor *taṣawwuf* simpelweg door de sterke behoefte ernaar.[181]

Dan rest er nog één ding en dat is de verdere ontwikkeling van *taṣawwuf* als een wetenschapsdiscipline. Dit wordt ook wel *'ilm al-taṣawwuf* genoemd. Deze wetenschapsdiscipline ontstond door het initiatief van de ingewijden ervan om

179 Zie *al-taṣawwuf wa ḥaraka al-iṣlāḥ wa al-tajdīd* van Shaykh al-Ghursi, p. 19-20.
180 Het gaat hier uiteraard om een figuurlijk taalgebruik.
181 Zie *qaḍāyā sākhina*, p. 321-322.

het te systematiseren op basis van principes uit de Koran, Sunna, praktijken van de *ṣaḥāba* en hun spirituele belevingen. Op deze manier werd er een nieuwe wetenschapsdiscipline gecreëerd waarin de beoefenaars ervan zich spiritueel ontwikkelden, leerlingen opleidden en werken schreven zoals in de overige islamitische wetenschappen. Het doel van de studie van deze wetenschapsdiscipline was het behalen van het eeuwige succes. De methode in deze wetenschapsdiscipline was dat de leerling bij de leraar verbleef om direct van hem kennis en wijsheid te nemen door zijn goed gedrag en leefstijl te observeren en tot zich te nemen. Op deze manier werd de leerling met de leermethodes van zijn leraar opgevoed en opgeleid tot een leraar in dezelfde wetenschapsdiscipline. De eerste soefi-leermeesters die werken compileerden waarin ze deze wetenschapsdiscipline uiteenzetten, waren Imam Harith ibn Asad al-Muhasibi (gest. 243 AH), Imam Siraj al-Tusi (gest. 328 AH), Imam al-Qushayri (gest. 465 AH), Imam ʻAli ibn ʻOthman al-Hijwiri (gest. 470 AH), Imam al-Ghazali (gest. 505 AH), Imam ʻAbdulqadir al-Jilani (gest. 561 AH) en Imam Ahmad al-Rufa'i (gest. 578 AH). Zij waren de meest deskundige en beroemde leermeesters van hun tijd.

Ter afsluiting van de inleiding wil ik graag een reeks citaten aanhalen van prominente soefi-leermeesters die als een verlichting kunnen dienen voor de harten en als een voeding voor de zielen. Hieronder volgen deze citaten:

- Imam Junayd ibn Muhammed zei: "Deze kennis van ons (dus *ʻilm al-taṣawwuf*) is geclassificeerd conform de Koran en de Sunna. Wie de Koran niet reciteert en de hadith niet schrijft, voor hem is het niet toegestaan om te spreken over onze kennis."
- Imam Sahl al-Tusteri zei: "Deze school van ons is gebaseerd op drie fundamenten: (1) het navolgen van de profeet ﷺ in de gedragingen en

handelingen, (2) het nuttigen van halal, en (3) het hebben van een oprechte intentie in alle daden."

- Imam Fudayl ibn 'Iyad zei: "Volg de wegen van rechtleiding. Wees niet bedrogen door de kleine hoeveelheid volgers ervan. Pas op voor de wegen van dwaling. Wees niet bedrogen door de grote hoeveelheid volgers ervan."
- Imam Abu Sa'id al-Kharraz zei: "Elke innerlijkheid[182] die haaks staat op de uiterlijkheid[183] behoort tot de valsheid."
- Imam 'Abdullah ibn Khafif al-Shirazi zei: "Houd je bezig met de studie van kennis. Laat je niet bedriegen door de uitingen van (dwalende) soefi's."
- Imam al-Ghujduwani al-Naqshbandi zei tegen zijn leerlingen: "O zoon, ik adviseer je de vergaring van kennis, ik adviseer je de goede omgangsnormen en het vrees voor Allah ﷻ. Treed in de voetsporen van de vrome voorgangers en klamp je vast aan de Sunna en de geredde groep. Bestudeer de fiqh, hadith en tafsir. Vermijd de onwetende soefi's. Blijf doorgaan met de gebeden in collectieve vorm. Pas op voor beroemdheid, want dat is een ramp. Wees een doorsnee mens!"
- Imam Ahmad al-Rifa'i zei: "Acht Allah ﷻ transcendent van de attributen van de contingenten en de namen van de schepsels. Reinig je geloofsleer met betrekking tot de interpretatie van *al-istiwā'* over Allah ﷻ met vestiging, zoals *al-istiwā'* van de lichamen op lichamen welke incarnatie, neerdaling, komst en verplaatsing inhoudt."

[182] Mentale toestanden en spirituele ervaringen.
[183] De eenduidige voorschriften van de islam.

- Imam Abubakr al-Kilabadhi al-Hanafi zei: "De soefi's hebben onderling een unaniem akkoord bereikt dat geen plaats Allah ﷻ kan bevatten en dat tijd niet opgaat voor Hem."
- Imam Malik ibn Dinar zei: "Niemand heeft ooit iets genoten wat weldadiger is dan de herdenking van Allah ﷻ."
- Imam Muhammed al-Warraq zei: "Wie zijn ledematen tevredenstelt met de lusten, plant in zijn hart bomen van verdrieten."
- Imam Dhun-nun al-Misri zei: "Wijsheid vestigt niet in iemand met volle maag."
- Imam Harith al-Muhasibi zei: "Wie zijn innerlijkheid verbetert met bewustzijn en oprechtheid, dan zal Allah ﷻ zijn uiterlijkheid versieren met inspanning en het navolgen van de Sunna."
- Imam Yahya ibn Mu'adh al-Razi zei: "Ascetisme bestaat uit drie dingen: geringheid, afzondering en honger."
- Imam Ibrahiem al-Khawas zei: "De medicatie van het hart zijn vijf dingen: (1) Koranrecitatie met overpeinzing, (2) lege maag, (3) nachtgebed, (4) smeken aan Allah ﷻ in de nacht, en (5) gezelschap van de vromen."
- Imam Bishr al-Hafi zei: "De persoon die wenst om gekend te worden door de mensen, zal de zoetigheid van het hiernamaals niet kunnen vinden."
- Imam Shaqiq al-Balkhi zei: "Het godsvrees van iemand kan achterhaald worden aan de hand van drie zaken: (1) wat neemt hij (aan geld, voedsel, etc.), (2) wat belet hij, en (3) wat spreekt hij?"
- Imam Abu Yazid al-Bistami zei: "Als jullie een man zien zweven in de lucht, volg hem niet totdat jullie hebben gezien wat zijn toestand is in de

geboden, verboden en grenzen van de islamitische wetgeving en de toepassing ervan."

- Imam Ibrahiem ibn Adham zei: "Het behoort niet tot de tekenen van liefde dat je houdt van iets wat niet geliefd is voor jouw geliefde."
- Imam Hasen al-Basri zei: "Je bestaat uit dagen. Steeds als er een dag verstrijkt, vergaat een stuk van je."
- Imam Sufyan al-Thawri zei: "Er is buiten de verplichtingen geen voortreffelijkere daad dan de vergaring van kennis."
- Imam 'Abdullah ibn Mubarak zei: "Vermijd de overbodige blik en je zal de staat van respect en vrees voor Allah ﷻ verkrijgen."
- Imam Abu Sulayman al-Darani zei: "Wie een waarde toeschrijft aan zichzelf, zal de zoetigheid van de dienaarschap niet kunnen vinden."
- Imam 'Abdulqadir al-Jilani zei: "Shirk kan zichtbaar en onzichtbaar zijn. De zichtbare shirk is dat je afgoden aanbidt. De onzichtbare shirk is dat je, je vertrouwen legt op de schepping."
- Imam 'Abdurrahman ibn al-Jawzi zei: "Het is gepast voor iemand die niet weet wanneer de dood hem nadert dat hij elk moment voorbereid is."
- Imam al-Ghazali zei: "Jij zondigde jegens Allah ﷻ met jouw ledematen welke een toevertrouwd geschenk waren van Allah ﷻ aan jou. Allah ﷻ ongehoorzaam zijn door middel van Zijn gunsten is de uiterste vorm van ondankbaarheid."
- Imam Zayn al-'Abidin zei: "Wie content is met wat Allah ﷻ aan hem toebedeelde, behoort tot de rijkste mensen."
- Imam Ahmad ibn Hambal zei: "Goedheid zit in degene die geen goedheid in zichzelf ziet."
- Imam al-Awza'i zei: "Wie het nachtgebed verlengt, dan verkort Allah ﷻ de dag der opstanding voor hem."

- Imam al-Rabbani zei: "Het is de hoogste tijd om je te schamen. Vermijd zelfs een hazenslaapje en houd je aan de voorschriften van Allah ﷻ.
- Imam al-Khalid al-Baghdadi zei: "Wees niet bedrogen door dit vuile kadaver (het wereldse). Ik adviseer je om te vluchten van slechte innovaties en verlangens."

Wijsheden en inzichten van Imam al-Haddad

De prioriteitenladder van de devoot

De devoot vestigt zijn aandacht in de eerste instantie op de verbetering van het geloof en de versterking van de geloofsovertuiging. Hij focust zich op de zuivering van zijn geloof van verborgen kwalen. Na een zorgvuldige herstelling van zijn geloof besteedt hij aandacht aan de ontwikkeling van de goede gedragseigenschappen, zoals ascetisme, oprechtheid, goede bedoelingen hebben over de moslims. Tegelijkertijd werkt hij aan het wegwerken van slechte gedragseigenschappen, zoals hebzucht, showen en hoogmoed. Na de correctie van het geloof en gedrag, houdt hij zich bezig met het verrichten van goede daden en het vermijden van slechte daden. Als laatste richt hij zich op de wereldlijke zaken onder voorbehoud van strikt godsvrees, goed advies geven aan iedereen, content zijn en genoegen nemen met kleine hoeveelheid.

De onoplettende vestigt zijn aandacht op de weelderige zaken en driften aan voedsel, kleding, seksueel genot en het verzamelen van eigendom. Wie van deze onoplettende personen enigszins wakker is kunnen blijven, besteedt vervolgens aandacht aan het verrichten van goede daden. Daarna pas komt het gedrag aan de beurt en als laatste wordt er gewerkt aan de versterking van de geloofsovertuiging. Bij deze onachtzame groep is de prioriteitenladder dus precies het tegenovergestelde van wat de devoten doen.

Als er geen dwazen leefden

Als alle mensen de religieuze en rationele realiteiten zouden onderkennen, dan zouden ze zich volledig toewijden aan het hiernamaals. Ze zouden zich volledig afwenden van het wereldse, behalve wat noodzakelijk is. Dit zou resulteren in het debacle van het wereldse leven. De wijsheid heeft desalniettemin vereist dat de meeste mensen onachtzaam zijn van het hiernamaals, aangezien Allah ﷻ de instandhouding van het wereldse heeft gewild tot een vastgesteld moment. Daarom zei Imam Hasen al-Basri: "Als er geen dwazen zouden zijn, dan zou de wereld niet verbouwd worden." Sommige vrome voorgangers hebben gezegd: "De mens is met dwaasheid gebrandmerkt. Als dit niet het geval zou zijn, dan zou het leven gecompliceerd zijn voor hem."[184]

Daarnaast heeft Allah ﷻ met Zijn genade bepaalde dienaren begunstigd met volledige waakzaamheid en inzicht over de realiteit der dingen. Zij hebben de religieuze en rationele realiteiten onderkend. Daarom hebben ze zich volledig afgekeerd tegen het wereldse en ze houden zich volkomen bezig met het hiernamaals. Deze mensen zijn enkelingen en zijn erg zeldzaam in elke tijd en plaats. Overpeins goed over deze kwestie, want het is erg kostbaar. Er zit hier curieuze kennis achter! En Allah ﷻ weet het beste.

Goede tijden en kwade tijden

In alle tijdperken was er goed en kwaad. In elke tijd waren er weldoeners en boosdoeners. Wanneer goedheid kwaadheid overstijgt waardoor de meerderheid goed en de minderheid kwaad is, dan wordt deze periode *goede periode* genoemd, zoals de periode van de geliefde profeet Mohammed ﷺ en de periode

[184] Elke mens, behalve de profeten en overige oplettende dienaren van Allah, heeft op zijn minst sporen van dwaasheid simpelweg door het feit dat hij onderhevig is aan verlangens, vergeetachtigheid en het begaan van zonden en vergissingen.

van de vier rechtgeleide kaliefen. Wanneer er grotendeels kwaadheid en verderf is waarbij liefdadigheid en weldoeners in minderheid zijn, dan wordt deze periode *kwaadaardige periode* genoemd.

De perioden worden dus gekenmerkt met de overheersing van goedheid of van kwaadheid, want er is geen tijdperk dat gevrijwaard is van goed en kwaad. De dominante van onze tijd[185] en het nabije verleden is ontaarding, slecht, kwaad en boosdoener. Goedheid, weldoeners en vromen zijn zeldzaam en in de minderheid.

Het gevaar van hoogmoed en onachtzaamheid

De hoogmoedigen en de onachtzamen zijn verhinderd van de tekenen van Allah ﷻ en van het begrijpen van Zijn wijsheden en het waarnemen van Zijn rechtleiding. Allah ﷻ openbaart hierover wat neerkomt op: "Ik zal degenen die arrogant op aarde zijn van Mijn tekenen laten afkeren. Zelfs als zij alle tekenen zien, zullen zij daarin niet geloven. En als zij de juiste manier zien, zullen zij dat niet als manier aannemen, maar zij zullen de verkeerde manier zien en die aannemen, omdat zij Onze tekenen verwerpen en achteloos zijn."[186] Allah ﷻ beschreef hen met hoogmoed en daarna met verworpen eigenschappen. Aan het einde van het vers beschreef Hij ﷻ ze met achteloosheid over Zijn tekenen als gevolg van hun hoogmoed en onachtzaamheid. Hoogmoed en onachtzaamheid behoren tot de ziekten van het hart welke het hart verhinderen om de tekenen van Allah ﷻ te begrijpen zolang het hart niet geneest van deze ziekten. Hoe kan een hoogmoedige de tekenen van Allah ﷻ begrijpen, terwijl hij arrogant is en zich niet onderwerpt aan de waarheid. Allah ﷻ heeft zijn hart verzegelt, zoals

[185] Imam al-Haddad overleed in 1720 AD. Hij zegt dat in die tijd al kwaadheid overheersend was. Dit is zeer angstaanjagend.
[186] Koran, 7:146.

Hij ﷻ openbaart in het vers dat neerkomt op: "Zo verzegelt Allah het hart van elke arrogante tiran."[187]

Wat betreft de onachtzame, zijn onachtzaamheid heeft zijn hart verhinderd van het begrijpen van de tekenen van zijn Heer ﷻ. Hij heeft zich afgewend van Allah ﷻ. Daarom heeft Allah ﷻ Zijn profeet ﷺ opgedragen om zich af te wenden van zulke mensen: "Wend je daarom af van wie zich van Onze overdenking afkeert, en die niets dan het wereldse leven wenst."[188] Een soortgelijk vers komt neer op: "Gehoorzaam niet degenen wiens harten Wij achteloos voor Onze overdenking hebben gemaakt."[189] Behoed jezelf tegen hoogmoed, want dat is de ziekte die Iblies overkwam en hem weerhield van het gehoorzamen van Allahs ﷻ bevel. Hierdoor verdiende hij de verwoesting, vloek en schorsing van Allahs ﷻ genade. Pas op voor onachtzaamheid over Allah ﷻ, Zijn herdenking en het hiernamaals, want dit zal je verwoesten en zal in de wereld en hiernamaals alle kwaadheden tot je trekken. Allah ﷻ openbaart wat neerkomt op: "Waarlijk, degenen die niet op een ontmoeting met Ons hopen, maar blij en tevreden zijn met het leven in de huidige wereld, en degenen die achteloos voor Onze tekenen zijn. Voor hen zal hun verblijfplaats het vuur zijn, door datgene wat zij verdiend hebben."[190] In een ander vers staat wat neerkomt op: "Zij kennen slechts de uiterlijke schijn van het wereldse leven en zij zijn achteloos voor het hiernamaals."[191] Kijk hoe Allah ﷻ de toeschrijving van kennis aan deze groep ontzegt. Daarna bevestigt Hij ﷻ voor hen de kennis over de uiterlijke schijn van

[187] Koran, 40:35.
[188] Koran, 53:29.
[189] Koran, 18:28.
[190] Koran, 10:7-8.
[191] Koran, 30:7.

het wereldse leven. Daarna beëindigt Allah ﷻ het vers door hen te beschrijven met onachtzaamheid over het hiernamaals. Vat het en overpeins!

Negeer de sociale druk

Het is in deze tijd niet nodig voor de vrome verstandige om veelvuldig rekening te houden met de mensen en tactvol om te gaan met ze en om bepaalde zaken te verlaten door mensen om mentale rust en kalmte te krijgen.[192] In deze tijd is rekening houden met mensen en voorzichtigheid omwille van mensen louter een last geworden waar geen profijt in zit, omdat mensen alleen maar met zichzelf bezig zijn, diep gewikkeld zijn in hun wereldse bezigheden en geen onderscheid weten te maken tussen zaken. Daarom keurden de vromen het af om rekening te houden en voorzichtig te zijn met de wensen en meningen van mensen. Wat mooi zei de dichter: "Wie rekening houdt met de mensen, sterft van innige droefheid en de dappere verkrijgt de zoetigheid."[193]

Vroeger zat daar enig profijt in, omdat mensen onderscheid konden maken tussen zaken. Zij hadden voldoende tijd om goed na te denken over de situatie van anderen, maar dit is niet meer het geval door de intensieve bezigheden van de mensen en de afwezigheid van hun onderscheidingsvermogen.[194]

Het is dus noodzakelijk voor de vrome verstandige om alleen te handelen conform de tevredenheid van zijn Heer ﷻ en wat voordelig is voor hem in het

[192] Imam al-Haddad spreekt hier over de sociale druk en dat mensen op basis van deze sociale druk vormgeven aan hun leven door bepaalde handelingen te doen of te verlaten.
[193] Hiermee bedoelt de dichter dat degene die steeds rekening houdt met anderen zal de dingen die hij wil doen, moeten verlaten door de sociale druk of zal de dingen die hij niet wil doen, moeten doen door de sociale druk. Hierdoor zal hij zichzelf benadelen.
[194] Dus vroeger had het nog zin om gehoor te geven aan anderen, omdat ze niet waren overheerst door wereldse bezigheden en onderscheid konden maken tussen wat goed en slecht is voor de ander. Tegenwoordig ontbreken deze kwaliteiten. Sterker nog, mensen gunnen het goede niet meer voor elkaar. Daarom is het niet verstandig om vorm te geven aan je leven of jezelf te laten sturen door de sociale druk.

hiernamaals. Hij moet zich verder niets aantrekken van wat mensen zeggen of vinden. De mensen zijn bezig met hunzelf en hij dient zich ook bezig te houden met zichzelf en met wat in het voordeel is van zijn wereldse leven en hiernamaals.

Vier invloedrijke mensen

De mensen van de wereld zijn vier soorten. De deugdelijkheid van de wereld is afhankelijk van de deugdelijkheid van deze vier soorten mensen. De eerste is een oprechte aanbidder die vroom en asceet is en een gedegen kennis heeft over Allah ﷻ en de religie. De tweede is een geleerde van de islamitische wetgeving die de Koran en de Sunna goed kent, ernaar handelt en de mensen onderwijst en adviseert. Hij beveelt het goede en verbiedt het kwade en vreest van niemand, behalve Allah ﷻ. De derde is een staatsleider die rechtvaardig en eerlijk is. Hij is deugdzaam en integer. De vierde is een rijke persoon die vroom is. Hij heeft een legitiem eigendom en besteedt het om de armen en behoeftigen te helpen.

Tegenover elk van deze soort staat de tegenpool ervan die schijnbaar op de bovengenoemde soorten lijkt, maar in de werkelijkheid niet is. Tegenover de godzalige aanbidder staat de verwarde soefi. Tegenover de godzalige geleerde staat de zondige en corrupte geleerde. Tegenover de godzalige staatsleider staat de tiran. Tegenover de godzalige rijke staat de opportunistische rijke. Deze vier genoemde tegenpolen zijn de oorzaak van alle ellende in de wereld.

De groepen mensen

Allah ﷻ schiep de mensen en maakte de wereld een tijdelijke vestigingsplaats waar de weldoener zich kan voorbereiden op het hiernamaals en de boosdoener zich onachtzaam van zijn Heer kan bevredigen in zijn verboden en overbodige lusten en verlangens. Daarnaast heeft Allah ﷻ Zijn dienaren erop gewezen dat ze in de wereld genoegen moeten nemen met datgene wat voldoende is voor hen om voort te bestaan en voor te bereiden op het leven na de dood. Hij ﷻ heeft hen gewaarschuwd tegen de bevrediging van verboden en overbodige lusten. Hierop zijn de mensen gesplitst in drie verschillende groepen. De eerste groep bestaat uit degenen die zich in de meeste gevallen vastberaden beperken tot datgene wat zelfs onvoldoende is voor hun primaire behoeften om hiermee twijfels en mogelijke kwalen te ontlopen. Steeds als ze iets tot hun beschikking krijgen wat meer is dan de hoeveelheid die zij aanhouden, geven ze dat uit aan goed doel. Tot deze groep behoren de profeten en hun oprechte volgers.

De tweede groep neemt van het wereldse precies wat ze nodig hebben. Niet meer en niet minder dan dat. De derde groep neemt meer van het wereldse dan wat ze nodig hebben. Deze groep kent weer mensen met verschillende intenties en bedoelingen. Sommigen nemen meer dan nodig om het vervolgens weer uit te geven op het pad van Allah ﷻ. Sommige anderen nemen meer dan nodig, omdat ze binnen de kaders van de islamitische wetgeving van het toegestane willen genieten. Deze laatste erkent echter wel de voortreffelijkheid van de asceten. Dit betekent tevens dat ze de hoge gradaties in het hiernamaals zullen ontberen. Weer anderen die meer dan nodig nemen, zijn mensen die een buitensporig luxe en comfortabele leefstijl willen leiden. Zij worden bedrogen door de genade van Allah ﷻ. Sommigen van hen kleineren de asceten ook en achten zich voortreffelijker. Zij beweren in weelde te leven om liefdadigheid te kunnen doen aan de behoeftigen, maar in de werkelijkheid zijn ze daar verre van. Hun daden verloochenen hun woorden. Allah ﷻ, Zijn engelen en de gelovige dienaren zijn hiervan getuige.

De arme

Degene die van het wereldse wenst wat gelijk is aan zijn behoefte of meer dan genoeg is, maar deze niet in staat wordt gesteld, omdat het hem niet is voorbestemd, behalve dan minder dan wat hij daadwerkelijk nodig heeft, is een arme persoon. Deze wordt niet gerekend tot de werkelijke asceten. Als deze arme persoon echter met godsvrees handelt in zijn omgang met het wereldse, geduld en tevredenheid vertoont in datgene wat hem is voorbestemd, dan is hij een geduldige arme. Zijn armoede is geprezen en over de voortreffelijkheid daarvan zijn vele Koranverzen en profetische berichten gekomen. Tot deze behoort de overlevering: "De geduldige armen zijn de speciale gasten van Allah ﷻ op de dag der opstanding."

Wat betreft de arme die het godsvrees verzaakt in zijn omgang met het wereldse, tekortdoet aan datgene wat verplicht is voor hem, niet geduldig en content is met wat hem is voorbestemd, maar bezorgdheid, ontevredenheid, woede vertoont en de mensen van weelde bewondert, dat is een misprezen arme. Waarschijnlijk is deze vorm van armoede ook wat bedoeld wordt in de profetische overlevering: "De armoede zou bijna ongeloof worden." Dit is waarschijnlijk de armoede waartegen de profeet ﷺ toevlucht zocht. Het is ook deze vorm van armoede die afgekeurd wordt in de uitspraken van geleerden en vromen.

De verstandige en de dwaas

Voor een verstandige moslim is er uiteraard geen rust in het wereldse leven. Als er rust aanwezig is voor hem, dan gaat dat ongetwijfeld gepaard met onachtzaamheid over zijn Heer ﷻ en het hiernamaals. Wat betreft de dwaas, deze vindt rust in het wereldse leven. De reden van de aanwezigheid van deze rust is dat hij een dwaas is die de rampen van deze rust niet heeft kunnen doorgronden.

Daarom is gezegd dat er geen rust is in de wereld en dat de mens naar iets streeft wat niet geschapen is in de wereld, namelijk rust. Ze bedoelen hiermee de absolute en pure rust. De dwaas begrijpt dit niet en denkt dat hij in rust verkeert. Daarom is gezegd dat degene die in rust wil verkeren, geen verstand heeft. De dichter al-Mutanabbi heeft als volgt naar deze betekenis verwezen: "Het leven wordt schijnbaar gezuiverd van wat plaatsvond en zal gebeuren voor de onwetende en onachtzame. Ook voor degene die zichzelf over de realiteiten tot fouten aanzet en zichzelf bestraft met de aspiratie van het absurde en dit verlangt." Hij zei ook: "De verstandige wordt ongelukkig in de gunst met zijn verstand, terwijl de onwetende in ongeluk geniet."

Godvruchtigheid en liefdadigheid

Weet dat met godsvrees en liefdadigheid alles mooi wordt aan diverse achtereenvolgende toestanden van de mens, zoals armoede, rijkdom, gezondheid, ziekte, aanzien, vernedering, dofheid, bekendheid en soortgelijke dingen. Met immoraliteit en kwaadaardigheid wordt alles lelijk en afkeurenswaardig aan die toestanden.

De uiteenzetting hiervan is dat wanneer de mens godvruchtig en liefdadig is en tegelijkertijd lijdt aan armoede, dan is zijn relatie met Allah ﷻ gebaseerd op tevredenheid, voldoening, geduld, vroomheid, onafhankelijkheid van de mensen, en overige geprezen toestanden. Hierdoor is zijn aandeel van Allah ﷻ Zijn tevredenheid, nabijheid, hulp en overige giften afkomstig van Allah ﷻ. Bovendien is zijn band met de mensen gebaseerd op bedekking van zijn persoonlijke situatie, fraaie vertoning, en dat de mensen met lof spreken over hem in zijn armoede dat hij hiermee in de voetsporen treedt van de heiligen en vromen. Als deze armoede een boosdoener zou overkomen, dan zou zijn toestand zorgen, ontevredenheid, hebzucht en verlangen in andermans eigendom. Zijn aandeel van Allah ﷻ zou enkel en alleen ontevredenheid, toorn en hulpeloosheid zijn. Ook de mensen zouden hem degraderen en vernederen door zijn armoede. Ze zouden hem misprijzen en zeggen dat hij zichzelf eerloos behandelt (door bijvoorbeeld te bedelen of hebzucht te vertonen) en dat Allah ﷻ hem daarom bestraft met armoede.

Hetzelfde geldt voor de toestand waarin Allah ﷻ de mens heeft verrijkt en verruimt. Als de mens in deze situatie godvrezend en liefdadig is, dan zal zijn relatie met Allah ﷻ gebaseerd zijn op dankbaarheid, waardering van de gunst, vermeerdering van gehoorzaamheid, het spenderen ervan en weldoen tegen iedereen. In dat geval is zijn aandeel van Allah ﷻ Zijn tevredenheid, liefde en hulp. De mensen zullen hem prijzen over zijn vrijgevigheid en zullen voor hem smeken aan Allah ﷻ voor vermeerdering in zijn rijkdom. Als deze rijkdom van een boosdoener was, dan zou hij sparen, niet delen, gierigheid en hebzucht vertonen. In dat geval zou zijn aandeel van Allah ﷻ enkel en alleen Zijn ontevredenheid en toorn zijn. De mensen zouden hem degraderen voor zijn hebzucht en gierigheid.

Als een weldoener in de toestand van gezondheid en welzijn verkeert, dan zal zijn relatie met Allah ﷻ gebaseerd zijn op dankbaarheid en besteding van de gezondheid en kracht op het pad van Allah ﷻ. Dit zal resulteren in de tevredenheid en begunstiging van Allah ﷻ. De mensen zouden hem prijzen over zijn goede daden en inspanning. Als deze weldoener zou lijden aan een ziekte, dan zou zijn band met Allah ﷻ nog steeds gebaseerd zijn op tevredenheid, geduld en onderwerping aan de wil van Allah ﷻ. Hij zou niet klagen over deze situatie en zou tevreden zijn met het oordeel van Allah ﷻ. Dit zou resulteren in de tevredenheid en hulp van Allah ﷻ. De mensen zouden hem dan prijzen en zouden over hem zeggen dat hij met deze ziekte wordt beproefd ter kwijtschelding van zijn zonden en ter verheffing van zijn gradaties.

Als een boosdoener in de toestand van gezondheid en welzijn verkeert, dan zal zijn houding niets anders zijn dan hoogmoed, grensoverschrijding, passiviteit in goede daden en inspanning in overtredingen. Dit zou resulteren in de ontevredenheid en toorn van Allah ﷻ. De mensen zouden hem misprijzen door zijn grensoverschrijding en ongehoorzaamheid. Als hem een ziekte of beproeving zou overkomen, dan zou hij ontevredenheid en ongeduld vertonen. Hij zou het oordeel van Allah ﷻ tegenspreken en overige afkeurenswaardige eigenschappen bekleden. Dit zou resulteren in toorn en schorsing. De mensen zouden hem misprijzen en zouden zeggen dat Allah ﷻ hem bestraft met ziekten en rampen door zijn grensoverschrijding, onrecht en zonden.

Op deze manier kan je de overige toestanden, zoals aanzien, vernedering, dofheid, bekendheid, tegenspoed en voorspoed, uiteenzetten. Weet dat godsvrees en liefdadigheid deze toestanden versieren. Daarmee worden deze toestanden prijzenswaardig en goed. Weet dat immoraliteit en kwaadaardigheid deze toestanden verlelijken. Ze zorgen ervoor dat de persoon die in verschillende toestanden verkeert, wordt misprezen door mensen en wordt afgekeurd door Allah ﷻ.

Het belang van deugdelijkheid

Deugdelijkheid in het verrichten van goede daden is belangrijker dan de daden zelf volgens de deskundige geleerden. Het verrichten van de uiterlijkheid van de daden aan gebeden, vasten, recitaties en herdenking van Allah ﷻ zonder deugdelijkheid, perfectie, accurate nakoming van de innerlijke betekenissen ervan, waardig respect en vrees voor Allah ﷻ, is een vruchteloze inspanning.

Dat is waar de geliefde profeet ﷺ naar verwees met zijn uitspraak: "Er zijn vele mensen die bidden, maar niets verdienen aan hun gebed behalve slapeloosheid en vermoeidheid. Er zijn vele mensen die vasten, maar niets verdienen aan hun vasten behalve honger en dorst." De nobele metgezel 'Ali zei: "Er zit geen goedheid in een recitatie zonder overpeinzing."

Sterker nog, de persoon die alleen de uiterlijkheden van de goede daden nakomt, kan misschien ook hierdoor zondigen, zoals het sommige pronkers overkomt of sommige mensen die de articulatie tijdens het gebed niet correct uitvoeren. Hierdoor verricht hij een ongeldige aanbidding. Hij wordt tevergeefs vermoeid en zondigt zelfs daardoor. Als je een daad verricht, doe het dan gedegen. Kom in elke taak de vereisten ervan goed na door het met zuivere intentie en vrees voor Allah ﷻ uit te voeren. Dan wordt de goede daad die weinig is, maar die je met deugdelijkheid verricht, voortreffelijker bij Allah ﷻ, dan goede daden die veel zijn, maar niet met deugdelijkheid zijn verricht.

De geliefde profeet ﷺ zei: "Waarlijk Allah ﷻ, schreef deugdelijkheid voor in alles. Als jullie doden, doe het dan gedegen. Als jullie slachten, doe het dan gedegen." Denk hierover goed na! Deugdelijkheid zit in alles. Zodra het wordt losgekoppeld van iets, dan wordt dat kwalijk en lelijk.

Deugdelijkheid is ook gepast bij het verlaten van verboden, afkeurenswaardige en twijfelachtige zaken zoals het ook aanwezig moet zijn bij het verrichten van goede daden.

Dat houdt in dat je een verbod of dergelijke verlaat omwille van de tevredenheid van Allah ﷻ en uit respect, schaamte en vrees voor Hem. En niet uit schaamte en vrees voor de mensen of omwille van hun tevredenheid. Ook zuiver je jouw innerlijk van het neigen tot en verlangen naar die zonde nadat je het in het uiterlijk hebt verlaten. Ook behoort het tot de deugdelijkheid bij het verlaten van zonden dat je alle riskante situaties vermijdt waar je opnieuw in die zonden kan vallen en dat je afstand neemt van degenen die ervoor kunnen zorgen dat je opnieuw in die zonde valt.

De nuttige en relevante kennis

De wetenschappen zijn erg veel. Niet alles daarvan is nuttig en relevant in het geval van elke persoon, maar sommige daarvan is nuttig en relevant in het geval van sommige mensen in plaats van sommige anderen. Het kan ook zijn dat het in sommige tijden zo is of in sommige situaties. Sommige wetenschappen zijn schadelijk en er zit geen profijt in. Ze zijn overbodig en er zit geen relevantie in. Een gedeelte daarvan heeft Imam al-Ghazali uiteengezet in het hoofdstuk *kitāb al-ʿilm* van zijn boek *ʾiḥyāʾ ʿulūm al-dīn*. Als de zaak zo in elkaar zit, dan is het gepast voor de verstandige om zich met datgene van de wetenschappen bezig te houden wat relevant en nuttig is. Sterker nog, hij dient zich bezig te houden met de kennis die in zijn geval de hoogste prioriteit heeft en als hij daarmee klaar is en bekwaam is, daarna pas met de kennis die prioriteit heeft voor de ander.[195] Dit, omdat het leven kort is en de tijd zeldzaam is. De dood is dichtbij en de reis is lang. De overhoring en afrekening bij Allah ﷻ is zeer fijn, risicovol en moeilijk.

Men kan dit vergelijken met de wereldse zaken. Als hij verstandig is, dan houdt hij zich ook in wereldse zaken enkel en alleen bezig met datgene wat de hoogste prioriteit heeft. Hij is daarin amper bezig met datgene wat nuttig is voor de ander. Als dit het geval is bij wereldse zaken, hoe zit het dan met de hemelse zaken?

---

[195] Zodat hij de anderen kan voorzien in hun educatieve en intellectuele behoeften.

Welke kennis en daad?

Wanneer je wil weten wat nuttige en relevante kennis en daden zijn in jouw geval, dan dien je te veronderstellen dat je morgen dood zult gaan en Allah ﷻ zal ontmoeten. Hij ﷻ zal je ondervragen over al je kennis, daden, zaken en toestanden. Daarna zal je op basis daarvan doorgestuurd worden naar de hel of het paradijs. Wat in jouw geval het meest relevant en nuttig is, is wat je bij die veronderstelling als meest relevant en nuttig beschouwt. Dat heeft in jouw geval de hoogste prioriteit. Wat je als nutteloos en irrelevant beschouwt tijdens die veronderstelling is in jouw geval nutteloos en irrelevant.

De beste kennis

De meest alomvattende, nuttige, authentieke en duidelijke kennis is de kennis wat het meest dichtbij de Koranische en profetische kennis is en het meest daarop lijkt. Dit is bijvoorbeeld de kennis over Allah ﷻ, Zijn eigenschappen, Zijn namen, Zijn handelingen, Zijn voorschriften, het hiernamaals en terugkeer tot Allah ﷻ, en de gebeurtenissen daarin tot en met het paradijs en de hel. De kennis over deze zaken is het fundament van alle wetenschappen en de kern ervan. Het veelvuldig kijken naar dit soort kennis vermeerdert de intensiviteit van het geloof in Allah ﷻ, Zijn boodschapper en de dag der opstanding. Dit soort kennis spoort ook aan tot het aanbidden en gehoorzamen van Allah ﷻ en het verlaten van Zijn verboden. Het leidt tot de vermindering van wereldse verlangens en tot de voorbereiding op de dood. Het zorgt ervoor dat men liefde heeft om Allah ﷻ te ontmoeten en dat men afstandelijk wordt tegen weelde en wereldse lusten. Zodoende resulteert het in deugden en goede daden.

Als je goed kijkt naar wat de moslimgeleerden hebben gecompileerd en geschreven aan nuttige boeken, dan zal je zien dat de meest alomvattende boeken over de bovengenoemde kennis de boeken van Imam al-Ghazali zijn zoals *al-'iḥyā', al-'arba'īn, minhāj al-'ābidīn* en *bidāya al-hidāya*. Dit is bekend bij degenen die hierover goed hebben nagedacht en goed hebben onderzocht.

Er zijn vele manieren

Degenen die verlangen naar de waarheid en het spirituele pad belopen, komen na een blik erachter dat er vele wetenschappen en daden zijn en vele wegen zijn naar Allah ﷻ. Hij weet in dat geval niet meer wat hij moet doen, welke methode hij moet hanteren en welke weg hij moet volgen. Degene die in deze situatie belandt, maar onder het toezicht van een bekwame leermeester is die hem alles instrueert en de wegwijst, is veilig en de instructies van zijn leermeester zijn voldoende voor hem. Als dit voor iemand niet het geval is, dan dient hij te weten dat er van kennis en daad een gedeelte is dat verplicht is op elk individu zoals de basis geloofsleer en de basale voorschriften van de rituelen en dergelijke zaken. Het kennen en uitvoeren van deze zaken is verplicht voor elk moslimindividu. Als hij dit soort kennis en daad in orde heeft gemaakt, dan kan hij op zoek gaan naar meer kennis en daad die het beste bij zijn situatie passen. Dit zal hem duidelijk worden zolang hij oprecht daarnaar op zoek gaat. Hiermee wordt duidelijk dat de situatie van elke persoon andere soort kennis en daden vereist voor hem. Het kan zijn dat bepaalde kennis of daad goed en gepast is voor iemand, terwijl het niet goed is voor de ander. Afzondering kan bijvoorbeeld nuttig zijn in het geval van een persoon, terwijl volledige participatie aan de gemeenschap weer nuttig is voor de ander. Als de persoon de meest geschikte weg kiest voor zichzelf, dan zal hij vroeg of laat in aanmerking komen voor de tevredenheid van Allah ﷻ en Zijn spirituele nabijheid. Het is niet gepast om een weg te ontkennen, omdat het niet nuttig en goed is in jouw geval zolang die weg conform de Koran en Sunna is. Allah ﷻ heeft namelijk voor elke kennis, daad of weg ingewijden aangesteld. De gelijkenis hiervan is een bedekte eettafel waarop diverse soorten voedsel en zoetigheid beschikbaar is. Het is aan de deelnemers van deze maaltijd om zelf te kiezen en te verlaten uit het beschikbare voedsel en zoetigheid al naargelang hun smaak en voorkeur. Het kan zijn dat de ene bepaald voedsel bewondert, terwijl de ander ervan walgt. Een ander voorbeeld is een markt waarin allerlei soorten waardevolle goederen zijn verzameld. De ene koopt wat de andere achterwege laat. Het is niet de bedoeling dat deze mensen met verschillende smaken en voorkeuren elkaar berispen voor hun keuzes of elkaars keuzen verbieden en zwartmaken. Als dit duidelijk is geworden, dan is het mogelijk om de deelnemers in vier groepen te verdelen: (1) Degene die alleen neemt van de gepaste en benodigde goederen en voedsel en niet verlangt naar meer dan dat. Dit is de verstandige. (2) Degene die alleen neemt van de gepaste en benodigde goederen en voedsel, maar de andere deelnemers zwartmaakt. Dit is de persoon zonder inzicht. (3) Degene die van alles neemt die wel en niet benodigd is. Soms verlangt hij naar iets en andere keer weer naar iets anders. Deze persoon is een dwaas en heeft ook geen inzicht. (4) Degene die versteld staat tegenover de veelvuldige goederen en voedsel. Hij weet niet wat hij moet nemen en welke hij moet kiezen. Deze is de verbijsterde.

De bovengenoemde groepen kom je ook exact tegen in de strevers van kennis en daad. Hetzelfde overkwam onze Shaykh Abu al-Hasan al-Shadhali en Shaykh ‘Abdullah al-Yafi’i in het begin van hun spirituele loopbaan. Ze twijfelden bijvoorbeeld tussen het focussen op kennis en focussen op aanbiddingen. Uiteindelijk maakten ze de gepaste keuze.

Zoek de schuld bij je zelf

Het wordt vaker door de soefi geleerden gezegd dat het noodzakelijk is voor de dienaar om content te zijn met de situatie waarin Allah ﷻ hem laat verkeren. De dienaar dient hier niet uit te treden door zijn ego en lusten te volgen. Wat Allah ﷻ voor jou wenst is beter dan wat jij voor jezelf wenst. Er zijn echter sommige onverstandige mensen die onrecht doen of zondigen en de schuld aan Allah ﷻ geven met de bewering dat Hij ﷻ degene is die hen in deze situatie heeft geplaatst. Terwijl Allah ﷻ voor Zijn dienaren slechts tevreden is met situaties die Hem tevreden maken. Bovendien gaat de situatie waar wij het over hebben een situatie waarin de dienaar handelt naar de regels van Allah ﷻ en streeft naar hogere spirituele gradaties. De enige reden die hem weerhoudt van deze situaties is niet alleen luiheid, uitstel en het volgen van de lusten, maar ook zwakte en onmacht.

Hoge ambities

Het is de bedoeling voor de ijverige moslim die streeft naar de tevredenheid van Allah ﷻ en spirituele nabijheid bij Hem dat hij niets hoort aan religieuze voortreffelijkheden en goede daden behalve dan dat hij zijn uiterste best doet om dat te realiseren zolang hij in staat is. Er zijn religieuze voortreffelijkheden die door elke moslim gerealiseerd kunnen worden zoals vrijwillige gebeden en vasten, Koranrecitatie en gedenken van Allah ﷻ. Er zijn ook voortreffelijkheden die alleen door enkelingen gerealiseerd kunnen worden. Als je niet in staat bent om een voortreffelijkheid uit te voeren, dan dien je het op zijn minst als intentie te hebben en ernaar te verlangen, zodat je alsnog de beloning ervoor krijgt, want de profeet ﷺ heeft gezegd dat de intentie van de gelovige waardevoller is dan zijn daad. Een voorbeeld daarvan is dat je financieel niet in staat bent om behoeftigen en armen te helpen en te voeden, maar dat je als intentie hebt om dit te doen als je in staat zou zijn. Bovendien dien je de mensen die dit wel kunnen realiseren, te helpen en aan te sporen. De profeet ﷺ zei: "Degene die duidt op goedheid is (in de beloning) zoals degene die (de goedheid) uitvoert." In een uitspraak zei de profeet ﷺ: "Degene die roept tot rechtleiding krijgt ook de beloning van degenen die hem daarin volgen zonder dat dit iets vermindert van hun beloningen."

Zolang je kunt combineren tussen meerdere goede daden, dan doe je dat. Wanneer het niet lukt, gaat je voorkeur uit van de meest voortreffelijke goede daad. Sommige voortreffelijkheden hebben geen risico's, zoals nuttige kennis leren en vrijwillige gebeden verrichten. Hiervan kan je zoveel mogelijk doen. Er zijn ook voortreffelijkheden met risico's, zoals een ambt of functie beoefenen en welgesteld worden (om het op het pad van Allah ﷻ te kunnen spenderen). Deze voortreffelijkheden hebben grote risico's. Daarom verbood de profeet ﷺ om te verlangen naar een positie. Hij ﷺ zei: "Verlang niet naar leidinggevende functie. Als je het krijgt, omdat je ernaar vroeg, word je er aan overgelaten. Als je het krijgt zonder te vragen, dan word je geholpen." Ook adviseerde de profeet ﷺ om niet naar meer eigendom te vragen en tevreden te zijn met de situatie waarin je verkeert. Een concreet voorbeeld hiervan is de gebeurtenis van Tha'laba.[196]

Het is ook niet de bedoeling dat je om zware beproevingen vraagt, omdat je in aanmerking wil komen voor de beloningen en voortreffelijkheden van geduld. Het kan zijn dat je het niet kunt verdragen wanneer het je overkomt. De profeet ﷺ heeft ons geleerd dat we altijd gezondheid, vrede en welzijn moeten vragen aan Allah ﷻ.

---

[196] Deze man die Tha'laba heette, was arm en kwam altijd naar de gebedsruimte om samen met de profeet te bidden. Hij was niet tevreden met zijn situatie en wilde graag rijk worden. Hij vroeg de profeet hierover du'a. De profeet adviseerde hem om content te blijven, maar hij volhardde hierin. Daarom deed de profeet du'a voor hem. Toen Tha'laba rijk werd, begon hij steeds minder te komen naar de gebeden. Op een dag vroeg de profeet aan hem om zijn zakat te betalen, maar hij wilde niets uitgeven. Op deze manier verloor hij tegen zijn hebzucht en lusten.

Oorzaak van zorgen en verdriet

De mensen die het meest genotzuchtig en hebzuchtig zijn, hebben de meeste zorgen en verdriet, zoals koningen en rijken. Degenen die het minst genotzuchtig en hebzuchtig zijn, hebben de minste zorgen en verdriet, zoals armen en behoeftigen. De reden hiervan is dat werelds genot en de lusten ervan verdriet als gevolg hebben. Bovendien zijn daarin de concurrenten en deelnemers erg groot in aantal. Er is veel vraag naar. Daarom zijn de koningen en rijken de meest vermoeide en bezorgde mensen, omdat er veel mensen in hun plaats zouden willen zijn.

Het is zelfs zo dat degene die genoegen neemt met zijn dagelijkse onderhoud gelukkiger en zorgelozer is dan degene die streeft naar zijn wekelijkse onderhoud, enzovoorts. Hoe meer de streven en verlangens worden des te groter de zorgen en verdrieten worden. Dit geldt dan in het wereldse leven. In het hiernamaals zullen de genotzuchtige en hebzuchtige mensen zeer vernederende ondervragingen en pijnlijke bestraffingen treffen. Het tegenovergestelde geldt voor degenen die niet overbodig lustig zijn. Zij zullen grote gradaties en mooie beloningen ondervinden in het hiernamaals. Als je rust wil in het wereldse leven, dan dien je rust te verlaten. Er werd aan een wijze geleerde gevraagd: “Voor wie is het hiernamaals?” Hij antwoordde: “Voor degene die ernaar streeft.” Daarna vroeg men aan hem: “En voor wie is het wereldse?” Hij zei: “Voor degene die het laat.”

De vrome voorganger Ibrahiem ibn Adham zag dat een arme persoon droevig eruit zag. Hij zei tegen hem: “Wees niet bedroefd. Als de koningen wisten in wat voor een rust wij verkeren, zouden ze hierom in strijd gaan tegen ons met hun zwaarden.” De reden dat Ibrahiem ibn Adham zijn rijkdom en heerschappij verliet,[197] was dat hij op een dag uit het raam van zijn paleis naar buiten staarde en een arme man zag die in de schaduw van zijn paleis zat. De man pakte een stuk brood uit zijn zak en at het op. Vervolgens dronk hij een slokje water en ging liggen in de schaduw om te slapen. Hij werd erg verbijsterd door wat hij allemaal zag. Hij liet de arme man onmiddellijk naar zich brengen. Hij zei tegen hem: "Je had honger en at je brood?" De man zei: "Ja." Ibrahiem zei: "Je hebt ook een slokje genomen van je water?" De man antwoordde weer met ja. "Daarna ging je zorgeloos slapen?", zei Ibrahiem. De man zei weer ja. Ibrahiem zei hierop: "Als men ook genoeg kan nemen van het wereldse met zo een hoeveelheid, waarom verduur ik mijn huidige situatie!?" En in die nacht vertrok hij stiekem en alleen uit zijn paleis en kwam nooit meer terug. Hij werd een van de grootste asceten en vromen van zijn tijd.

De wijsheid achter kwaadheid

Sommige mensen met korte verstanden kijken naar de schepping en zien de tegenpolen zoals licht en duisternis, goed en kwaad, orde en chaos, nut en schade en dergelijke zaken. Hij denkt ten onrechte dat het beter zou zijn dat alleen de positieve polen bestonden. Hiermee levert hij bezwaar en kritiek aan Allah ﷻ. Terwijl de schepping zoals die nu is en de negatieve polen met een bepaalde wijsheid zijn geschapen. Er is een overlevering waarin staat dat Allah ﷻ heeft gezegd: "Waarlijk, Ik ben Allah. Er is geen andere god dan Ik. Ik heb goed en kwaad geschapen en Ik heb voor elk daarvan ingewijden geschapen. Blijde tijdingen voor degenen die Ik voor het goede heb geschapen en degenen die Ik het goede laat doen. Wee voor degenen die Ik voor het kwade heb

[197] Hij was de sultan van Balkh, gelegen in het huidige Afghanistan.

geschapen en degenen die Ik het kwade laat doen. Wee en nog eens wee voor degenen die (uit bezwaar en kritiek) *waarom* en *hoe* zeggen."

Het is daarom niet gepast om met woorden zoals *waarom*, *hoe* en *als* bezwaar en kritiek te uiten op de manier waarop Allah ﷻ de schepping heeft gemaakt. De mens heeft een kort verstand en een beperkte kennis. Hij kan niet alle wijsheid doorgronden. Weet dat het bestaan van deze schepping op de beste wijze is geschapen. Er waren vier opties voor het bestaan: (1) dat het bestaat zoals het nu is, (2) dat het zou bestaan met alleen goedheid, (3) dat het zou bestaan met alleen kwaadheid, en (4) dat het niet zou bestaan. Er is geen vijfde optie. Wat betreft de vierde optie, dus non-existentie, daar zit geen goedheid en betekenis in. Wat betreft de tweede optie, dus dat er alleen goedheid was, dan zou het bestaan voor de helft een betekenis hebben, omdat vele wijsheden verloren gaan. Wat betreft de derde optie, dus dat er alleen kwaad bestond, dan zou het leven niet te verdragen zijn. Hiermee is vast komen te staan dat de huidige toestand van de schepping de meest wijze toestand is. Dat is ook wat Imam al-Ghazali bedoelt met zijn uitspraken waarin hij zegt dat het niet mogelijk is dat de schepping beter was dan wat het nu is. Dit is een correcte uitspraak, ondanks het feit dat de woorden tekortschieten om de beoogde betekenis te verwoorden, maar degenen die het niet begrijpen en geen voldoende kennis hebben, hebben kritiek geleverd op hem.

De beste mensen

De beste mensen onder de schepping zijn de ingewijden van de kennis over Allah ﷻ en degenen die Hem gehoorzamen. Dit is algemeen bekend bij iedereen, maar toch doen de meeste mensen dit niet, omdat het botst met hun lusten en in strijd is met hun ego. De gelijkenis van de ingewijden is de gelijkenis van de hoge ambtenaren van de koning. Deze ambtenaren hebben een hoge positie bij de koning, bevinden zich nabij hem en zijn op de hoogte van zijn geheimen. De gelijkenis van de overige mensen is de gelijkenis van de onderdanen van de koning. Kijk naar het verschil tussen de beide groepen en kies de beste groep.

Als Allah ﷻ Zijn vrome dienaren niets had beloofd aan beloningen en deugden in het hiernamaals, dan zou de eer en hoge positie in de wereld voldoende zijn als beloning voor de vrome dienaren. De wereldse begunstiging zou al genoeg zijn, laat staan de hemelse begunstiging die Allah ﷻ heeft beloofd aan Zijn vrome dienaren. Hetzelfde geldt voor de bedreigingen en beloofde bestraffingen aan de zondige dienaren. De vernedering in het wereldse leven is al voldoende voor hen als bestraffing, laat staan dat ze nog bestraft zullen worden in het hiernamaals.

Liefde voor vromen

Als de onachtzame en zondige mensen liefde tonen voor de vrome geleerden, dan is dat een goede daad voor hen. Dit zal er uiteindelijk voor kunnen zorgen dat ze hen als voorbeeld nemen en in hun voetsporen treden. Daar zijn vele voorbeelden van. Op een dag zat een groep vrienden te genieten in een bijeenkomst. Ze stuurden een van hen naar de markt om lekkernijen te kopen om de bijeenkomst nog gezelliger te maken. Toen de jongeman aankwam bij de markt, zag hij dat de mensen waren verzameld bij een watermeloen. Toen hij erom vroeg, zeiden ze dat de vrome dienaar Bishr ibn al-Harith deze watermeloen had aangeraakt. Iedereen wilde deze watermeloen kopen, maar de jongeman bood al zijn geld aan om de watermeloen te verkrijgen. Toen hij vertraagd aankwam bij de bijeenkomst van zijn vrienden, werden ze boos op hem, zeggende dat hij te laat was en slechts met een watermeloen was gekomen. De jongeman zei dat dit niet zomaar een watermeloen was en dat iedereen het probeerde te verkrijgen. Toen ze vroegen om de reden, zei de jongeman dat Bishr ibn al-Harith deze watermeloen had aangeraakt en dat hij een zeer vrome dienaar van Allah ﷻ is. Hierop keek iedereen verbijsterd elkaar aan en besloten om berouw te tonen, want als dit de beroemdheid en eer van de vromen is in het wereldse leven, wat zou dan hun beloning zijn in het hiernamaals (Einde verhaal). Er zijn hier veel soortgelijke voorbeelden van waarbij zondaren terugkeerden tot Allah ﷻ, omdat ze bewondering en respect hadden voor de vromen.

Precies het tegenovergestelde is weer kwalijk. Als de vromen bewondering en respect tonen aan de zondaren, dan dalen die vromen naar een nog lagere gradatie dan de zondaren, want wereldse lusten zijn waardeloos en daarom dienen ze ook als waardeloos geacht te worden. Het wereldse is gelijk gesteld aan een stinkend kadaver, aan uitwerpselen en aan vuilnisbelt door de profeet ﷺ en de vrome voorgangers. Daarom zei de vrome geleerde Fudayl ibn 'Iyad: "Als er tegen mij gezegd zou worden dat ik het werelds mocht nemen zonder dat ik er over ondervraagd zal worden, dan nog zou ik het verafschuwen zoals een van jullie een kadaver verafschuwt."

Imam al-Yafi'i verhaalt in sommige boeken van hem dat er ooit een vizier was die in pracht en uitstraling voor het volk verscheen. Iedereen bewonderde hem en vroeg wie het was. Hierop zei een vrouw aan de kant van de weg: "Hoe vaak gaan jullie nog vragen wie het is? Hij is een dienaar die beproefd is door Allah ﷻ en waardeloos is bij Hem." De vizier hoorde deze uitspraak van de vrouw en ging onmiddellijk naar de koning om ontslag te nemen en vervolgens berouw te tonen voor zijn buitensporige leefstijl.

Het is daarom gepast dat de vrome en religieuze mensen genade en medelijden tonen aan degenen die beziggehouden worden met overbodige lusten en weelde.

Bovendien dienen ze voor hen te bidden dat ze gered worden uit deze situatie, maar als ze in plaats daarvan bewondering en liefde tonen voor hen, dan zullen zij ook tot de verliezers behoren. Het wereldse is waardeloos en daarom dient de focus gelegd te worden op het hiernamaals. De profeet ﷺ zei: "Als het wereldse bij Allah ﷻ de waarde zou hebben van een muggenvleugel, dan zou Hij ﷻ geen enkele ongelovige een slokje water daarvan geven."

De voortreffelijkheid van gematigdheid

Weet dat gematigdheid in alle zaken gewenst is en benodigd is. Er is overgeleverd dat de beste van de zaken de gematigde ervan zijn. Er is ook een bericht gekomen tot ons dat gematigdheid, kalmte, wijze stilte en waardigheid onderdeel uitmaken van de vijfentwintig onderdelen van de profeetschap. Het tekortdoen aan de gematigdheid is een groot gebrek en het overschrijden van de gematigdheid is extremisme. Beide zijn afkeurenswaardig in de islam. Allah ﷻ beveelt ons om zelfs in een van de voortreffelijkste daden gematigd te blijven, namelijk aalmoes geven aan behoeftigen. Het vers komt neer op: "En degenen die niet verspillen wanneer ze uitgeven, maar ook niet gierig doen. Zij blijven gematigd tussen die twee." In alles dien je de twee extremen te vermijden. Te vrijgevig zijn, valt onder verspillen. Gierig zijn, is ook afkeurenswaardig. Een ander voorbeeld is dapperheid. Dit is een goed kenmerk, maar als je de grens van gematigdheid overschrijdt, dan riskeer je verwoesting. Als je tekortdoet aan dapperheid, dan ben je weer een bangerik. Nederigheid is ook een goede eigenschap. Als je overdrijft, val je in vernedering en als je tekortdoet, val je in hoogmoed. Door te veel zedigheid wordt je mannelijkheid geschonden en door te weinig zedigheid wordt jouw kuisheid geschonden, enzovoorts. Hetzelfde geldt ook voor de dagelijkse gewoonten, zoals slapen, eten, spreken en kleden. Ook daarin dien je met gematigdheid te handelen. Het is erg moeilijk om de exacte gulden middenweg te vinden in deze zaken. Dit is alleen bekend bij de geleerden. Zoek hen daarom op om het van hen te leren. Mocht je niet in staat zijn en je weet niet hoe je gematigd moet handelen in een bepaalde zaak, dan kan je de volgende maatstaf hanteren, totdat je een geleerde vindt: In goede eigenschappen kan je neigen tot meer dan gematigdheid en in dagelijkse gewoonten kan je neigen tot minder dan gematigdheid. Zo loop je het minste risico, maar deze maatstaf geldt alleen als je de gematigdheid van iets niet kunt navragen bij een geleerde. Anders gaat de voorkeur altijd uit naar een exacte gematigdheid in alle zaken. De onderbouwing van deze maatstaf is dat het ego van de mens in goede eigenschappen altijd neigt tot tekortdoen en in dagelijkse gewoonten altijd neigt tot te veel doen. Een soortgelijke uitleg over dit onderwerp heeft Imam al-Ghazali ook gegeven.

Er zijn echter berichten afkomstig van sommige vrome voorgangers die niet met gematigdheid handelden in bepaalde zaken, zoals dat ze erg veel bezig waren met aanbiddingen of dat ze erg weinig aten zodanig dat ze lichamelijk verzwakt werden. De verklaring hiervan is dat zij dit slechts in de beginfase van hun zielszuivering deden om hun ego onder de controle te krijgen door strenge regels toe te passen net zoals een wild dier in de beginfase van haar training op de strengste wijze wordt getemd. Wat betreft de berichten over bepaalde vrome voorgangers die ook in hun latere fase de gematigdheid verlieten, de verklaring daarvoor is dat ze overmeesterd werden door de spirituele ervaringen en waarnemingen waarmee ze tijdelijk geen behoefte hadden aan bepaalde lichamelijke bevredigingen. Zij zijn daarom geëxcuseerd. Bovendien kunnen bepaalde voorbeelden daarvan gerekend worden tot hun wonderen en begunstigingen door Allah ﷻ, zoals bijvoorbeeld is overgeleverd over Imam Sahl ibn 'Abdillah al-Tustari die in sommige perioden van zijn leven slechts een keer in de vijftien dagen at.

De voortreffelijkheid van zachtaardigheid

Zachtaardigheid is erg geprezen in de Koran en Sunna. Als deze aanwezig in iets, dan maakt het dat mooier en beter. Daarom dien je in al je zaken met zachtaardigheid te handelen. Dit is ook de manier om tactvol om te gaan met je onderdanen en degenen voor wie je verantwoordelijk bent. Met zachtaardigheid is het alleen mogelijk dat je succes boekt en aanhangers krijgt. Soms zijn er ook gevallen dat je schijnbaar wreed moet zijn, omdat zachtaardigheid bij sommige mensen averechts effect heeft door hun aparte geaardheid. Daarom hebben sommige geleerden gezegd: "Waarlijk, sommige mensen zijn alleen lichaam zonder verstand. Als jij hen niet forceert, dan forceren zij jou." Dat is ook wat de bekende dichter al-Mutanabbi bedoelt in zijn gedicht: "Wanneer je een nobele vereert, dan bezit je hem. Als je een gemene vereert, dan wordt hij nog erger. Plaatsen van vriendelijkheid op de plek van het zwaard is kwalijk zoals het plaatsen van het zwaard op de plek van vriendelijkheid."

Dit geldt echter wel in zeldzame gevallen bij mensen die niet van zachtaardigheid en vriendelijkheid begrijpen door hun dwaasheid en onwetendheid. In de meeste gevallen dienen we zachtaardigheid te hanteren, zoals de profeet ﷺ dat ook deed. Degene die zijn leven bestudeert, zal zien dat hij ﷺ in de meeste gevallen zo was. Denk aan de bedoeïen die in de gebedsruimte urineerde, en de man die ontevreden was met wat hem werd geschonken door de profeet ﷺ en om meer vroeg, en de jongeman die ontucht wilde doen en dit voorlegde aan de profeet ﷺ. In al deze gevallen was de reactie van de geliefde profeet ﷺ zachtaardigheid, vriendelijkheid en verdraagzaamheid.

Prijzen van mensen

Het is niet gepast voor een geleerde om een onwetende persoon openlijk te bewonderen of te prijzen, ook al is die persoon nobel of vroom. Hij kan namelijk hierdoor bedrogen worden zodanig dat hij eigendunk of arrogantie krijgt of zelfverzekerd wordt waardoor hij geen goede daden meer verricht. Hoe kan men arrogant worden met zijn nobele afkomst, terwijl de profeet ﷺ zijn eigen familieleden, inclusief zijn eigen dochter, waarschuwde tegen de bestraffing van Allah ﷻ. Het is afkeurenswaardig om mensen te prijzen in hun gezicht, want de profeet ﷺ heeft dit verboden, omdat het een bedriegend zelfvertrouwen geeft aan de persoon. Ingeval van vrome geleerden is dit gevaar zeer minimum. Daarom zien we dat de profeet ﷺ zijn sommige metgezellen in hun gezicht prees, omdat hij ﷺ wist dat ze genoeg inzicht en kennis hadden dat ze niet bedrogen zullen worden. In deze tijd zijn zulke mensen in de minderheid. Daarom is het beter om dit te vermijden. Het komt in deze tijd voor dat de foutieve daden van sommige mensen die beweren dat ze afstammelingen zijn van de profeet ﷺ goedgepraat worden. Dit is zeer kwalijk. Hoe kan men hun foutieve daden goedspreken, terwijl er in de Koran staat dat de beloning van hun goede daden, maar ook de bestraffing van hun slechte daden wordt verdubbeld. Wie denkt dat het plegen van slechte daden en verlaten van goede daden niet erg is ingeval men afstamt van de profeet ﷺ of vromen, dan heeft hij waarlijk valselijk gelogen over Allah ﷻ. Het is echter wel zo dat de afstammelingen van de profeet ﷺ zeer eerwaardig zijn bij de moslims en dat ze van hen dienen te houden. Als deze afstammeling van de profeet ﷺ of een afstammeling van een vrome voorganger leeft zoals zijn voorouders, dan is het een edele leider die gevolgd moet worden, maar als hij niet leeft zoals zijn voorouders, dan dient hij gewaarschuwd en geadviseerd te worden, want bloedlijn kan hem niet redden zonder goede daad. Toch dient hij wel met respect behandeld te worden wegens zijn afkomst. Hoezo niet, terwijl de twee wezen vereerd werden door Allah ﷻ wegens hun vrome voorvader (zoals in Koranhoofdstuk al-Kahf)? Dat was hun zevende voorvader. Hierdoor werden ze begunstigd, zoals in het Koranvers wordt beschreven welk neerkomt op: "Wat de muur betreft: deze behoorde toe aan de twee weesjongens in de stad. Onder (deze muur) bevond zich een (verborgen) schat (bestaande uit goud, zilver én een boek met nuttige kennis) die hen (rechtmatig) toebehoorde; en (vanwege het feit dat) hun vader een rechtschapen man was (zorgde Allah niet alleen voor de bescherming van de kinderen maar ook voor het geheim van de schat want) het was de bedoeling van jouw Heer dat zij zouden opgroeien tot ze de volwassenheid hadden bereikt (om dan vervolgens) de schat op te graven als een genade van jullie Heer."

Daling of stijging

Degene die wil weten of zijn religiositeit is toegenomen of afgenomen, dient te kijken naar zijn verleden. Als zijn religieuze toestand in het afgelopen jaar of afgelopen maand beter was dan zijn huidige toestand, dan is hij in daling. Als zijn huidige toestand beter is dan zijn verleden, dan is hij in stijging. Er is in een overlevering gekomen: "Wiens dag hetzelfde is als zijn gister, dan is hij bedrogen. Wiens dag slechter is dan zijn gister, dan is hij verdoemd." Wie niet in vooruitgang is, is in tekortkoming.

Werelds versus hiernamaals

Iedereen die het wereldse en hiernamaals gelijkstelt en dezelfde inspanning ervoor toont, verkeert in een grote dwaasheid. Dit, als hij evenveel moeite doet voor beide, laat staan degene die meer moeite doet voor het wereldse dan het hiernamaals. Hoe erg is de toestand dan van degene die helemaal geen moeite doet voor zijn hiernamaals!? We zoeken toevlucht bij Allah ﷻ. Het wereldse is waardeloos, tijdelijk en ongelukkig, terwijl het hiernamaals zeer waardevol, eeuwig en gelukkig is. De gelijkenis van iemand die beide gelijkstelt aan elkaar is de gelijkenis van degene die een diamant gelijkstelt aan mest, en een stuk goud gelijkstelt aan aardewerk. Als in het hiernamaals niets zou zijn, behalve eeuwigheid en veiligheid, dan zou het ook al de voorkeur moeten krijgen. De vrome voorgangers zeiden: "Als het wereldse een vergankelijk goud zou zijn en het hiernamaals een eeuwig aardewerk, dan zouden we alsnog voorkeur moeten geven aan het eeuwige aardewerk, terwijl in de werkelijkheid het tegenovergestelde van toepassing is."[198]

Spirituele ziekten

De ziekten van het hart zijn in meerdere opzichten vele malen schadelijker en gevaarlijker dan de ziekten van het lichaam. De ziekte van het hart heeft schade op het geloof en dit is het grootste gevaar. Dit zorgt weer voor een slecht eind in het hiernamaals, terwijl de lichamelijke ziekten tijdelijk zijn en alleen betrekking hebben op het wereldse leven. Bovendien heeft lichamelijke ziekte groot nut voor de religie en het hiernamaals van de persoon, omdat Allah ﷻ vele beloningen en hoge gradaties daarvoor heeft voorgeschreven.

De ziekten van het hart zijn niet voelbaar en niet zichtbaar waardoor het kennen ervan moeilijk wordt. Hierdoor wordt er weinig aandacht aan besteed en weinig moeite ervoor gedaan om het te genezen. Het is zoals Imam al-Ghazali zei: "Het is net als lepra op het gezicht van iemand die geen spiegel heeft. Als iemand anders hem hierover bericht, dan gelooft hij hem amper." Bovendien zijn er

[198] Namelijk dat het werelds juist een vergankelijk aardewerk is en het hiernamaals eeuwig goud.

pijnlijke bestraffingen voorgeschreven aan degenen die ziekten in hun hart hebben. Deze onachtzame mensen zien dat als vergezocht en betwijfelen deze dreigementen. Ze denken daartegen dat ze veilig zijn, omdat ze bedrogen worden door valse hoop en denken dat ze ervoor vergeven zullen worden zonder moeite te doen voor de genezing ervan.

De ziekten van het hart zijn erg veel. De ergste ziekte is twijfelen over het geloof. Een andere ziekte is zwakte in het geloof. Nog andere ziekten zijn: showen met je aanbiddingen en goede daden, hoogmoedigheid, gierigheid, afgunst, haat, liefde voor het wereldse, hebzucht, lange verlangens, vergeten van de dood, onachtzaamheid over het hiernamaals, het verlaten van goede daden en nog veel meer ziekten. De verstandige doet zijn uiterste best om te werken aan de genezing van deze ziekten door naar de manieren ervan te zoeken. Aangezien deze ziekten niet gevoeld kunnen worden, moet men kijken naar de kenmerken ervan. Deze kenmerken verschijnen van de persoon die deze ziekten heeft. Een van de belangrijkste kenmerken is dat men lui is in het verrichten van goede daden, hebzucht heeft voor wereldse lusten en liefde heeft voor het verblijven in de wereld.

De snelste route naar de genezing van deze ziekten is het hebben van een geleerde en deskundige leermeester die behoort tot de vrome dienaren van Allah ﷻ. Deze spirituele leermeester begeleidt hem en wijst hem de weg in de genezing van die ziekten. Als men zo een leermeester niet kan vinden, dan zoekt hij een vrome broeder die hem goed advies geeft. Als dat ook niet mogelijk is, wat hedendaags meestal het geval is, dan dient hij de boeken van de deskundige geleerden van dit vakgebied te lezen. Het beste boek op dit gebied is het boek *al- iḥyā'* van Imam al-Ghazali. Natuurlijk dient dit niet als een plaatsvervanger van de spirituele leermeester of vrome broeder die goed advies geeft, maar het is een tactische uitweg voor degene die deze mensen niet kan vinden.

Uiterste halen

Degene die niet in staat is of geen voldoende motivatie heeft om een bepaalde goede daad of aanbidding te doen, dient in ieder geval niet de gehele daad te verlaten, maar dient dat gedeelte te doen waartoe hij in staat is of wat voor hem makkelijk is, want goedheid trekt andere goedheid aan. Als je weinig doet, zal je misschien daarna veel doen. Hetzelfde geldt voor een zonde. Als men niet in staat is om de gehele zonde te verlaten, dan dient hij op zijn minst dat gedeelte te verlaten waartoe hij in staat is om te verlaten. Als de dienaar een slechte daad heeft verricht, dan dient hij niet afstandelijk te worden tegen het verrichten van goede daden, want dan blijft er geen andere weg over om de band met Allah ﷻ weer goed te maken. Overpeins het verhaal van de dief die mensen beroofde en doodde, terwijl hij bleef vasten. Sommige moslims zeiden tegen hem dat hij misdaden pleegt en tegelijkertijd vast. Hierop zei hij dat hij op zijn minst een weg wilde behouden in zijn band met Allah ﷻ. Later zag men hem bij de Ka'ba aanbiddingen verrichten. Hij had berouw getoond van zijn zonden en had zichzelf verbeterd dankzij die daad van vasten.

Uiteraard is het beste om alleen goede daden te doen, maar het advies aan degenen die slechte daden doen, is dat ze zoveel mogelijk proberen om goede daden te verrichten en van zonden af te komen.

Gezelschap

Gezelschap en bijeenkomsten hebben grote invloed, maar deze invloed kan zowel positief als negatief zijn. Deze invloed wordt niet altijd direct zichtbaar tijdens of na de omgang. Vaak duurt het enige tijd dat de invloed zichtbaar wordt van die bijeenkomst. Daarom heeft de geliefde profeet ﷺ ons gewaarschuwd tegen kwaadaardige vriendschap en gezelschap. Daarnaast heeft hij ﷺ ons aangespoord tot goede vriendschap en gezelschap.

Als je ziet dat je na een bepaald gezelschap of bijeenkomst sterker in je geloof en vromer bent geworden, dan weet je dat dit gezelschap of deze bijeenkomst goed is. Met deze maatstaf kan je bepalen wat goed en slecht gezelschap is. De geliefde profeet ﷺ zei: "Goed gezelschap is beter dan alleen zijn en alleen zijn, is beter dan slecht gezelschap."

Tekenen van goedheid

Het kennen van de vrome gelovige is beter dan het horen van zijn berichten, al is dat ook goed. Hoe meer je hem leert kennen en met hem omgaat, des te meer liefde en respect je voor hem krijgt. Je ziet namelijk in zijn omgang met anderen dat hij zich richt tot Allah ﷻ, Zijn wetten grootacht en de zonden vermijdt. Het kennen van de hypocriet is kwalijker dan het horen van zijn berichten. Hoe meer je hem kent, des te meer haat en afkeer je krijgt tegen hem, omdat je ziet hoe losbandig hij is in het naleven van Allahs ﷻ wetten en hoe lui hij is in het verrichten van de aanbiddingen. Hetzelfde geldt voor de geleerden en heersers. Als je ziet dat hun omgeving uit vromen bestaat en dat kwaadaardige mensen afstand nemen van hen, dan duidt dat op de vroomheid van die geleerden en heersers. Als je ziet dat ze omgeven zijn door slechteriken en dat vromen afstand nemen van hen, dan duidt dat op de buitensporigheid van die geleerden en heersers. Dat geleerden en heersers omgeven zijn door vromen sluit natuurlijk niet uit dat ze tekortkomingen en gebreken hebben. Het kan zijn dat ze zwakte vertonen in het uitvoeren van hun taken en verantwoordelijkheden door hun beperkte capaciteit. Dat is ook de reden dat bepaalde vromen geen ambt en functie hebben aanvaard, omdat voorkeur gaven aan het beschermen van hun religie, zoals de profeet ﷺ ook zei: "Dat je jezelf behoedt, is beter dan dat je een functie bekleedt die je niet aankunt."

Vergezellen van vromen

Het vergezellen van de speciale dienaren van Allah ﷻ is een zeer voortreffelijke daad waarover vele overleveringen zijn gekomen. De mensen zijn echter in verschillende categorieën te verdelen als het gaat om hun intentie in het vergezellen van deze speciale dienaren. De beste groep is die het doet om van hun kennis en goed gedrag te leren en daarvan te profiteren. Een andere groep vergezelt hen door de liefde die ze hebben voor deze speciale dienaren. Weer een andere groep vergezelt hen om te genieten van hun zegeningen en van hun smeekbeden. Al deze groepen verkeren in goedheid en kunnen gerekend worden tot de uitspraak in de bekende *ḥadīth qudsi*: "Zij[199] zijn zo een volk, degene die hen vergezelt, zal niet ongelukkig worden." (Einde *ḥadīth*) Sterker nog, degenen die hen vergezellen, omdat ze beschermd willen blijven tegen kwaadaardige mensen en jinn, kunnen ook gerekend worden tot de bovengenoemde *ḥadīth*.

Degenen die hen vergezellen, maar toch de bovengenoemde deugden ontberen, zijn slechts degenen die hen vergezellen om beroemd te worden of om hun reputatie te behouden, zoals degene die de bijeenkomsten van deze speciale dienaren bijwoont om zijn zonden en buitensporige activiteiten te camoufleren.

[199] Dus de speciale en geliefde dienaren van Allah ﷻ.

Gradaties van halal en haram

Het streven naar toegestane onderhoudsmiddelen is verplicht. Dat je streeft naar toegestane middelen in voedsel en kleding en dat je, je daarin beperkt tot de behoefte, kent vele voordelen en mooie resultaten. Dit vormt een belangrijke basis voor de zielszuivering en goed gedrag.

Het toegestane kent ook gradaties. De hoogste gradatie daarvan is dat je van het puur toegestane consumeert, zoals het water van Tigris, de groente van een niemandsland of een gejaagd dier dat toegestaan is om te nuttigen. De huidskleur van sommige vrome voorgangers, zoals Sufyan al-Thawri en Ibrahiem ibn Adham, veranderde, omdat ze lange periode alleen groente aten in weiden doordat ze geen puur toegestaan voedsel konden vinden.

De tweede hoogste gradatie is dat men de bovengenoemde pure middelen verzamelt uit de natuur en vervolgens verkoopt en met dat geld voedsel koopt uit de markt. Hierbij vermijdt hij alle twijfelachtige zaken en beperkt zich ook tot de behoefte. Dit is de methode die door een gemeenschap onder de vrome voorgangers werd gehanteerd.

De derde gradatie is dat men een bepaald vak of handel verricht waarmee hij zijn brood verdient. Hij doet dit wel volgens de richtlijnen van de islamitische wetgeving en beperkt zich tot de behoefte. Wat overblijft geeft hij uit op het pad van Allah ﷻ.

De vierde gradatie van het toegestane is dat men bij het verwerven van onderhoudsmiddelen of geld of eigendom duidelijke verboden vermijdt, maar niet strikt handelt conform de richtlijnen van de islamitische wetgeving en daardoor in twijfelachtige gevallen terechtkomt.

Dit zijn de vier gradaties van het toegestane. Daartegenover staan de vier gradaties van het verboden. De eerste gradaties is wat an sich verboden is, zoals bloed, kadaver, varkensvlees, wijn. De tweede gradatie is wat an sich toegestaan is, zoals rijst of graan, maar indirect verboden is, omdat het bijvoorbeeld beroofd is, gestolen is of op een illegale wijze verkregen is. De derde gradatie is alles wat oorspronkelijk verboden is, maar door een betwistbare factor toegestaan kan zijn of alles wat oorspronkelijk toegestaan is, maar door een betwistbare factor verboden kan zijn. Alles wat onder deze gradatie valt, is zeer twijfelachtig en wordt door de vromen altijd verlaten. Alleen degenen die weinig kennis en godsvrees hebben en hun lusten volgen, zijn daarin geïnteresseerd. De laatste gradatie is alles wat ogenschijnlijk toegestaan is, maar de mogelijkheid bestaat dat het twijfelachtig is. Hierin is een tolerantie gegeven, omdat anders het toegestane moeilijk verkrijgbaar wordt. Het beste is om je hierin te beperken tot de noodzakelijke. In een profetisch bericht is gekomen: "De dienaar kan de gradatie van de godvrezenden niet bereiken zolang hij datgene wat niet kwalijk is, kan verlaten uit vrees voor datgene wat wel kwalijk is." Daarom zeiden sommige metgezellen: "Wij verlieten negen van de tien toegestane uit vrees voor het vallen in verboden."

Influisteringen

Duivelse influisteringen of gedachten over het verleden of toekomst tijdens het gebed of de Koranrecitatie behoren tot de meest schadelijke dingen voor de moslim. Als deze influisteringen en gedachten aandacht krijgen, dan kunnen ze de spirituele betekenis van de aanbiddingen schenden. Geef daarom geen aandacht aan deze influisteringen en gedachten, opdat je aanbiddingen niet vruchteloos en waardeloos worden.

Standvastigheid

Standvastigheid en doorzettingsvermogen is het moeilijkste wat er is. Vele mensen, behalve profeten en speciale dienaren, wankelen wel eens. Daarom hebben de vrome voorgangers standvastigheid gerekend tot de meest voortreffelijke kenmerken.

Richten op het hiernamaals

De Koranverzen en de profetische overleveringen duiden ons op de voortreffelijkheid van het hiernamaals en de vergankelijkheid van het wereldse. Degene die deze feiten goed doorgrondt, zal zijn focus op het hiernamaals leggen en al zijn capaciteit en tijd benutten om goed voorbereid te zijn op het hiernamaals door nuttige kennis op te doen en ernaar te leven. De geleerden hebben het wereldse vergeleken met een stinkend kadaver en ze hebben degenen die verlangen naar dit kadaver vergeleken met dieren. De verstandige moslim richt zich op het hiernamaals en maakt dat zijn grootste ambitie in dit leven.

Wanneer word je wakker?

De verstandige besteedt zijn volle energie alleen voor de voorbereiding op zijn hiernamaals en aan de noodzakelijke behoeften van het wereldse. Het aardse leven bestaat uit een uur. Besteed dat aan de gehoorzaamheid jegens Allah ﷻ. Dat je toeneemt in het wereldse is eigenlijk een tekortkoming. De opbrengsten die niet pure goedheid zijn, behoren eigenlijk tot verlies. Tot wanneer ga je nog zo door in bedrog en onachtzaamheid!? Hoelang ga je nog slapen zonder dat je een keer echt wakker wordt!? Tot wanneer ga je besteden aan het wereldse welk niet eens de waarde heeft van een muggenvleugel bij Allah ﷻ!? Als je zoveel zou verwerven als de rijkdom van Qarun, zal je daar slechts kunnen genieten van een hapje in je mond en een stukje kleed dat je draagt!

Ga goed om met je tijd

Imam al-Ghazali schrijft in zijn boek *bidāya al-hidāya* dat de moslim hebzuchtig moet zijn om zijn tijd en dat hij zijn tijd niet moet verdrijven met zinloze dingen. Hij dient voor zichzelf duidelijk te hebben wanneer hij wat doet en dient zich strikt te houden aan deze planning waarin staat wat zijn dagelijkse plichten, taken en activiteiten zijn. Op deze manier voorkom je dat je, je meest waardevolle bezit, namelijk je tijd, verspilt. Je ademtochten zijn zo waardevol dat ze niet getaxeerd kunnen worden, want ze zijn zeldzaam en hebben geen alternatief. Wees niet zoals de dwazen die blij worden met het verzamelen van geld en eigendom, terwijl hun leven voorbij gaat. Wees alleen blij met toename qua nuttige kennis en goede daad. Die twee zijn jouw echte vrienden. Ze zullen je vergezellen in het graf wanneer je achtergelaten zal worden door iedereen, zelfs je familie en kinderen.

Een dag bestaat uit vierentwintig uur. Slaap niet meer dan acht uur per dag. Het is genoeg dat je twintig jaar verspilt van je leven als je bijvoorbeeld zestig jaar zou leven, want dat is een derde deel. Als je veelvuldig denkt aan de dood, daarop voorbereidt en geduldig blijft in het verrichten van goede daden, dan zal je tijdens de dood een eindeloze vreugde ervaren. Als je uitstelt en losbandig doet, dan bereikt de dood jou in een onverwachts moment. Je zal dan verkeren in een groot verdriet dat geen einde kent. Aan het einde van de nacht worden de reizigers blij die niet gingen slapen, maar de nacht benutten door verder te reizen.

Het boek *bidāya al-hidāya* van Imam al-Ghazali is de verstandige moslim meer dan genoeg. De kennis in dat boek maakt je onafhankelijk van andere uitgebreide boeken. Sommige leermeesters van de *ṭarīqa shādhaliyya*[200] zeiden: "De kennis in het boek *bidāya al-hidāya* van Imam al-Ghazali is genoeg voor de beginner soefi. De kennis in zijn boek *minhāj al- ābidīn* is genoeg voor de gevorderde soefi en de kennis in het boek *al- iḥyā* is genoeg voor de expert soefi."

De voortreffelijkheid van de sahaba

Het is overgeleverd dat de gezegende metgezel Mu'awiya een keer tegen Darrar ibn Dumra zei: "Vertel me over 'Ali." Darrar zei: "Hij was verreikend en vermogend. Hij sprak kort en krachtig. Oordeelde rechtvaardig. Hij hield van ruw voedsel en van kleding met korte mouwen. Hij zonderde af van het wereldse en vergezelde de nacht in duisternis en eenzaamheid. Ik zag hem vaak overnachten staand in zijn gebedsplaats, heen en weer bewegend. Huilend zoals die van een droevige en trekkend aan zijn baard, terwijl hij zei: "O werelds, bedrieg anderen dan ik. Naar mij verlang je of mij heb je op het oog? Ik heb jou gescheiden met de drie *ṭalāq* die geen herstelling heeft. Jouw duur is kort, je waarde is laag en je gevaar is groot. Ach, wat weinig is de proviand, wat lang is de weg, wat eenzaam is de reis!" (Einde uitspraak Dirar) Mu'awiya was hevig aan het huilen toen hij dit allemaal hoorde. Hij zei: "Inderdaad, zo was 'Ali." (Einde overlevering) De metgezellen die meningsverschillen kregen met 'Ali kregen achteraf allemaal spijt.[201]

[200] Een soefi-orde volgens de methodiek van Imam Nuruddin al-Shadhali (gest. 656 AH).
[201] Wij bemoeien niet met het conflict tussen de metgezellen. Zij zullen allen het paradijs betreden, want die garantie hebben ze gekregen. We gedenken hen allen met respect en liefde. De gebeurtenissen die plaatsvonden tussen hen laten we over aan Allah ﷻ. Ieder van hen gebruikte zijn uiterst intellectuele inspanning om conform de beste keuze bij Allah ﷻ te werken. Wat we echter weten is dat de kant van Mu'awiya ongelijk had, terwijl 'Ali en zijn aanhangers gelijk hadden. Dit betekent dat Mu'awiya en zijn aanhangers één beloning hebben gekregen en 'Ali en zijn aanhangers twee beloningen hebben gekregen.

De voortreffelijkheid van de vier kaliefen

Het is overgeleverd dat wanneer Abubakr al-Siddiq uitademde dat zijn adem rook naar geroosterde lever. Dit kwam door zijn diepe vrees voor Allah ﷻ. Toen hij op sterfbed lag, liet hij ‘Omar al-Faruq brengen en adviseerde hem het goede en benoemde hem als zijn opvolger. Wat betreft ‘Omar al-Faruq, hij at gerst toen hij kalief was en droeg met lappen gerepareerde kleding. Hij placht in de nacht Koran te reciteren en viel uit vrees flauw tijdens de recitatie. Daarna werd hij dagenlang bezocht door de mensen, omdat hij daardoor ziek werd. Wat betreft ‘Othman, hij trakteerde mensen de overheidsmaaltijd, maar hij at zelf brood welk hij doopte in olijfolie. Toen hij werd vermoord door de opstandelingen wenste hij het beste voor de moslims en smeekte Allah ﷻ om eenheid voor de moslims. Hij was op dat moment Koran aan het reciteren en zijn bloed kwam precies terecht op de Koranbladzijde waar het Koranvers stond welk neerkomt op: “En Allah zal jou hen genoeg zijn. En Hij is Alhorend en Alwetend.” Sommige geleerden hebben gezegd dat dankzij deze smeekbede van ‘Othman het nog mogelijk werd voor de moslims om na hem eenheid te vormen. Wat betreft ‘Ali, hij at ook gerst en droeg kleding met korte mouwen tot aan zijn polsen. Zo waren de vrome voorgangers en hun oprechte opvolgers.

Destructie van de ranzige vuilnisproductie tegen de profeet ﷺ van de moslimnatie

"Integrity is the noblest possession."

In de geschiedenis van de islam is er altijd wel een lastercampagne gevoerd tegen de islam in de persoonlijkheid van de profeet Mohammed ﷺ. Er is geen twijfel dat deze vijandige zwartmakerij hoog op de politieke agenda staat van bepaalde groepen. Daar gaat dit hoofdstuk echter niet over. Het doel van dit hoofdstuk is, zoals de titel luidt, het tenietdoen van bepaalde aantijgingen die gericht zijn aan de profeet ﷺ van de laatste goddelijke openbaringen. Dit hoofdstuk is geen alomvattend materiaal over het onderwerp, maar dient slechts als een leidraad voor degenen die vraagtekens hebben gekregen over de geliefde profeet Mohammed ﷺ en de islam door de valse toeschrijvingen van degenen die een ideologische strijd voeren tegen de islam. Allah ﷻ openbaart hierover wat neerkomt op: "Zij willen het licht van Allah (dus waar de profeet mee is gekomen aan rechtleiding en waarheid) doven met hun monden (hun gelijkenis is de persoon die zonnestraling probeert te doven door te blazen met zijn mond en dit is absurd), maar Allah wil slechts zijn licht laten schijnen, ook al haten de ongelovigen het. Hij is het Die zijn boodschapper gestuurd heeft met leiding en om de religie van de waarheid over alle andere geloven superieur te maken, zelfs als de polytheïsten het haten."[202]

Er zijn veel antagonisten verpletterd onder de bulldozer van de islam. Desalniettemin is het pijnlijk om te zien dat men zo ver kan gaan in exagereren

[202] Tafsir van Ibn Kathir in de uitleg van vers 32-33 hoofdstuk 9.

en misbruiken van historische feiten. Deze onethische benadering staat volledig haaks op wetenschappelijke integriteit en menselijke digniteit. Daarom is het een onbegonnen werk om zulke mensen een standje te geven, aangezien ze het eergevoel niet hebben om het excellente en geniale karakter van de profeet Mohammed ﷺ eerlijk en ruiterlijk toe te geven, nadat ze zijn leven en persoonlijkheid hebben bestudeerd. Daarenboven zijn er voldoende wetenschappers en onderzoekers, moslim of niet, die de hoge geaardheid van de profeet Mohammed ﷺ wel erkennen. Dit hoofdstuk behandelt een aantal kwesties met betrekking tot de geliefde profeet Mohammed ﷺ en de islam dat wordt gebruikt om ze te demoniseren.

De zedigheid van de geliefde profeet ﷺ

Bepaalde mensen die geobsedeerd zijn door hun vijandigheid tegen de geliefde profeet Mohammed ﷺ proberen hem te denigreren met de walgelijkste lynchcampagnes ooit. Ze kotsen hun gore gedachtes naar buiten en geven blijk van hun zielige en monsterachtige karakter. Een typerend voorbeeld hiervan is het Franse weekblad Charlie Hebdo waarvan de cartoonisten een ernstig demonische bezetenheid en pornografische temptatie doormaken. Ze publiceerden smerige spotprenten waarin ze onze geliefde en meest dierbare profeet Mohammed ﷺ afbeeldden. Anderen proberen deze publicaties steeds opnieuw te actualiseren. Degenen die hem belasteren en bespotten, zullen in de nabije toekomst met een laaiend vuur en een gruwelijke straf beboet worden, zowel in dit leven als in het hiernamaals. Dat is overgelaten aan Allah ﷻ. Aan ons is de taak om deze stakkerige ratten op een intellectuele manier een standje te geven. Eerst een aantal feiten op een rij over de zedigheid (*al-ḥayā'*) van de geliefde profeet Mohammed ﷺ waar de smerige cartoonisten van Charlie Hebdo geen aandeel van hebben, maar wel veel leringen eruit kunnen trekken:

- ✓ De geliefde profeet trouwde voor het eerst toen hij 25 jaar oud was. Zijn eerste echtgenote was Khadija, moge Allah ﷻ tevreden zijn met haar. Zij was een weduwe. Ze had zelfs kinderen van haar overleden man en was vele malen ouder dan de geliefde profeet ﷺ. De geliefde profeet ﷺ kon ook een jonge maagd huwen, maar dat deed hij ﷺ niet. Bovendien bleef hij ﷺ jarenlang alleen getrouwd met Khadija en huwde geen tweede vrouw tot haar dood, terwijl polygamie een wezenlijk onderdeel was van de Arabische cultuur (en ook van de Romeinse en Perzische culturen).
- ✓ De geliefde profeet ﷺ stimuleerde zijn metgezellen tot zedigheid en zei altijd: “De zedigheid behoort tot het geloof.”[203]
- ✓ De metgezellen beschreven de geliefde profeet ﷺ als volgt: “De boodschapper van Allah was zediger (en dus ook kuiser) dan een maagd in haar bedekkingsplaats.”[204]
- ✓ Ze zeiden ook: “Als hij afkerig was tegen iets, dan bleek dat uit zijn gezichtsuitdrukking.”[205] Dus zijn gezichtskleur en blik veranderden.
- ✓ Anas ibn Malik zei: “De boodschapper van Allah confronteerde niemand direct in zijn gezicht (als hij hem wilde waarschuwen) voor iets waar hij afkerig tegen was. Op een dag kwam een man bij hem, terwijl de man sporen van geel op zich had. Toen hij opstond, zei de geliefde profeet tegen zijn metgezellen: “Zouden jullie hem kunnen bevelen om die gele (sporen) te wassen?”[206]
- ✓ Moeder der gelovigen ‘Aisha zei: “Als tot de boodschapper van Allah een bericht kwam over een man (waar hij ontevreden mee werd) zei hij niet: Wat

---

[203] Overgeleverd door meerdere hadithgeleerden, zoals: al-Tirmidhi, Ibn Hibban en Ahmad ibn Hambal.
[204] Overgeleverd in *al-ṣaḥīḥ* van al-Bukhari en Muslim.
[205] Overgeleverd in *al-ṣaḥīḥ* van al-Bukhari.
[206] Overgeleverd door meerdere hadithgeleerden, zoals: al-Tirmidhi en Abu Dawud.

is er met die persoon…, maar hij zei: Wat is er met deze mensen dat ze dit en dat zeggen/doen."[207] Dus de geliefde profeet ﷺ bekritiseerde de verkeerde handelingen van mensen door publiekelijk te waarschuwen zonder de naam te noemen van de persoon die dat heeft gedaan of gezegd.

- ✓ De geliefde profeet ﷺ werd een keer bezocht door een groep metgezellen. Ze bleven heel lang bij hem zitten. De geliefde profeet ﷺ wilde overgaan naar zijn andere taken en verantwoordelijkheden, maar hij ﷺ was zo zedig en deugdzaam dat hij ﷺ zijn gasten niets liet merken.[208] Hierdoor werd er zelfs een Koranvers geopenbaard waarin Allah ﷻ de metgezellen waarschuwt om de geliefde profeet ﷺ niet te belasten en te storen.[209]
- ✓ Bilal ibn al-Harith leverde over: "De profeet zocht een verre en afgelegen plaats als hij zijn behoefte wilde doen."[210]
- ✓ Anas ibn Malik berichtte: "Als de profeet zijn behoefte wilde doen (en hij had de verre en afgelegen plaats gevonden), hief hij zijn kleding niet, totdat hij de grond naderde."[211]
- ✓ Moeder der gelovigen 'Aisha zei: "Ik heb niets van de boodschapper van Allah gezien en hij heeft niets van mij gezien."[212] Ze alludeerde hiermee op het geslachtsorgaan.
- ✓ De geliefde profeet ﷺ bedekte zich zelfs volledig tijdens de geslachtsgemeenschap.[213]

[207] Overgeleverd in *al-sunan* van Abu Dawud.
[208] Overgeleverd in *al-ṣaḥīḥ* van al-Bukhari.
[209] Het gaat hier om vers 53 van het Koranhoofdstuk 33.
[210] Overgeleverd door meerdere hadithgeleerden, zoals: Ahmad ibn Hambal, al-Nasa'i en Ibn Maja.
[211] Overgeleverd door al-Tabarani in zijn *al-mu'jam al-awsaṭ*.
[212] Overgeleverd door meerdere hadithgeleerden, zoals: al-Tirmidhi.
[213] Molla 'Ali al-Qari in zijn uitleg op *al-shamā'il* van al-Tirmidhi.

- ✓ ‘Abdallah ibn ‘Abbas leverde over: “De boodschapper van Allah placht de grote wassing te nemen achter de kamers en nooit heeft iemand zijn intiem lichaamsdeel gezien.”[214]
- ✓ De geliefde profeet ﷺ zei nooit ‘nee’ tegen iemand.[215] Hij ﷺ gaf altijd en deed altijd wat van hem werd gevraagd.
- ✓ De geliefde profeet ﷺ tuurde nooit in de ogen van iemand.[216]

Wee voor de zedeloze bende!

Polygamie

Het is welbekend dat de islamitische wetgeving toestaat voor een man om te trouwen met meer dan één vrouw tegelijk. Het maximum is vier vrouwen tegelijk. Dit is geen verplichting, maar een toestemming die is gegeven aan de man door de Schepper ﷻ der werelden. De voorwaarden hiervan zijn heel zwaar en streng. De pré-islamitische wereld kende echter een ongebreidelde polygamie. Het is daarom van cruciaal belang om te weten dat de islam polygamie juist heeft beperkt tot vier vrouwen. Parallel aan dit feit is het belangrijk om te weten dat de islam veel meer restricties heeft voorgeschreven aan genderrelaties, zoals het verbod op adulterium, prostitutie, verkrachting, orale en anale seks, homoseksualiteit, bestialiteit, seks in periode van menstruatie en in periode van postnatale bloeding. Sterker nog, islam verbiedt ook zelfbevrediging en pornografie. Er is geen ander juridisch systeem dat zo veel en gedetailleerd dictaten geeft met betrekking tot seksuele relaties. Het is daarom een gratuite bewering om te zeggen dat de profeet Mohammed ﷺ, vrij is

[214] Molla ‘Ali al-Qari in zijn uitleg op *al-shamā’il* van al-Tirmidhi.
[215] In *al-shamā’il* van al-Tirmidhi
[216] Yusuf al-Nabhani in zijn boek over *al-shamā’il*. Zie ook het boek *sayyiduna Muhammad* van ‘Abdallah Sirajaddin.

hij ﷺ daarvan, seksueel immoreel was. Er zijn twee verklaringen voor iemand die dit stelt, óf hij weet geen laars van het onderwerp óf hij is een actieve participant van de ideologische strijd die wordt gevoerd tegen de islam.

Voordat we verdergaan over polygamie, wil ik je attenderen op twee punten. De geliefde profeet ﷺ vermeerderde de hoeveelheid van zijn echtgenoten pas in zijn ouderdom, dus na zijn vijftigste jaar. Het tweede aandachtspunt is dat de moeder der gelovigen ‘Aisha, de dochter van zijn beste vriend Abu Bakr, de enige echtgenote van de geliefde profeet ﷺ was die jong en maagd was toen ze met hem trouwde. De overige echtgenoten van de profeet ﷺ waren allemaal zonder uitzondering weduwen. Als de geliefde profeet ﷺ seksueel pervers zou zijn, vrij is hij ﷺ daarvan, dan had hij ﷺ op jonge leeftijd meerdere vrouwen gehuwd en niet bedaagde weduwen, maar jonge maagden. Dit is als bewijs genoeg om de smerige beschuldigingen te weerleggen. Ik wil echter toch de waarheid omtrent deze kwestie volledig delven om de vraagtekens geheel te elimineren.

Het is mogelijk om de beweegredenen van de meerdere huwelijken van de geliefde profeet ﷺ in vier categorieën te verdelen:

1. Educatieve doelen
2. Juridische doelen
3. Sociaalmaatschappelijke doelen
4. Politieke doelen

Het educatieve doel voor het huwelijk van de geliefde profeet ﷺ is dat hij vrouwelijke docenten wilde opleiden, omdat ook vrouwen aansprakelijk zijn voor de voorschriften van de islam en dus deze voorschriften gedoceerd moeten krijgen. Meeste vrouwen schaamden zich om de geliefde profeet ﷺ vragen te

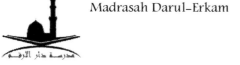

stellen over bepaalde voorschriften met betrekking tot de vrouwen, zoals bijvoorbeeld menstruatie, staat van grote onreinheid (*janāba*) en zwangerschap. Op dezelfde manier was de geliefde profeet ﷺ ook heel verlegen om expliciete antwoorden te geven op zulke vragen, want hij ﷺ was, zoals het is overgeleverd van de metgezellen, meer verlegen dan een jonge maagd, vrede en zegeningen zij met hem. Dit heeft te maken met zijn hoge karakter. Daarom beantwoordde hij ﷺ zulke vragen door te alluderen op het antwoord. Het is overgeleverd van de moeder der gelovigen 'Aisha dat een vrouw vroeg aan de profeet ﷺ over haar reiniging van de menstruatie. De profeet ﷺ leerde haar hoe ze de grote wassing (*ghusl*) moest doen. Vervolgens zei hij ﷺ tegen haar dat ze met een stuk geurend kleed moest reinigen. De vrouw vroeg: "Hoe moet ik dat doen, o de boodschapper van Allah ﷺ?" De profeet ﷺ zei: "Reinig daarmee." De vrouw vroeg weer: "Hoe moet ik dat doen, o de boodschapper van Allah ﷺ?" De profeet ﷺ zei: "Reinig daarmee." De vrouw vroeg weer: "Maar hoe moet ik dat doen, o de boodschapper van Allah ﷺ?" De profeet ﷺ zei: "Glorie aan Allah! Reinig daarmee." Vervolgens kwam onze moeder 'Aisha ertussen en greep haar bij haar hand en nam haar mee. Ze liet haar precies zien hoe ze het kleed moest gebruiken om haar privé delen te reinigen van het bloed. Dit kon de geliefde profeet ﷺ uiteraard niet laten zien, omdat zijn verheven karakter dit niet toeliet. De vrouwen kwamen daarom meestal naar de echtgenoten van de geliefde profeet ﷺ om de voorschriften met betrekking tot vrouwelijke kwesties te leren. Bovendien zijn niet alleen de uitspraken van de geliefde profeet ﷺ religieuze instructies, maar ook zijn handelingen en stilzwijgingen. Wie anders dan de echtgenoten van de profeet ﷺ zou zijn handelingen en stilzwijgingen in zijn huis en privé domein aan ons overleveren? Daarom spelen zij een cruciale rol in de educatie en overlevering van vele voorschriften met betrekking tot vrouwen en andere privé omstandigheden. Dat is ook de reden dat een belangrijk gedeelte van de islamitische jurisprudentie (*fiqh*) tot ons is gekomen via onze moeder 'Aisha, moge Allah ﷻ tevreden zijn met haar. Zij had jaren doorgebracht met de geliefde profeet ﷺ en ze heeft na het overlijden van de geliefde profeet ﷺ nog ongeveer een halve eeuw geleefd, omdat ze in de tijd van de profeet ﷺ nog jong was. Dit gaf haar de mogelijkheid om haar kennis door te geven aan de nieuwe generaties.

De tweede wijsheid achter het huwelijk van de geliefde profeet ﷺ was de juridische reden. Een voorbeeld hiervan is de opheffing van een wijdverbreide pré-islamitische gewoonte onder de Arabieren, namelijk dat ze kinderen adopteerden en hen de juridische status van hun eigen kinderen gaven. Ze behandelden dit adoptiekind in erfrecht en huwelijksrecht precies hetzelfde als hun echte kinderen. Zelfs de geliefde profeet ﷺ had een adoptiekind genaamd Zayd ibn Haritha die hij vóór de profeetschap had aangenomen. Tot op het moment dat deze gewoonte werd opgeheven door Allah ﷻ werd hij zelfs geroepen met Zayd ibn Mohammed, dus de zoon van Mohammed ﷺ. De geliefde profeet ﷺ liet hem huwen met Zaynap bint Jahsh al-Asadiyya. Na een tijd samen te hebben geleefd, ontstonden er spanningen tussen Zayd en Zaynap (moge Allah ﷻ tevreden zijn met hen), want Zaynap kwam uit een welgestelde familie, terwijl Zayd oorspronkelijk een slaaf was. De verschillen in de sociale positie brachten familieproblemen met zich mee. Dit resulteerde in een echtscheiding. Na deze gebeurtenis kreeg de geliefde profeet ﷺ de opdracht van Allah ﷻ om Zaynap te huwen. De profeet ﷺ was bezorgd over de roddels van de huichelaren. Als de profeet ﷺ haar zou huwen, zouden de huichelaren zeggen dat hij ﷺ, volgens de pré-islamitische normen, zijn eigen schoondochter had gehuwd. Hierop werd geopenbaard wat neerkomt op: "En jij vreesde voor de mensen, terwijl Allah er meer recht op heeft dat je Hem zult vrezen. Toen Zayd geen behoefte meer aan haar had, gaven Wij haar aan jou om te huwen, zodat er geen moeilijkheden onder de gelovigen zou bestaan met betrekking tot het (huwen van) de (voormalige) vrouwen van hun geadopteerde zonen, wanneer de laatste niet de wens hebben om hen te houden. En het bevel van Allah moet worden nageleefd."[217] Hiermee is de pré-islamitische gewoonte met betrekking tot het adoptiekind opgeheven ter vergemakkelijking voor de moslims. Het huwelijk van de geliefde profeet ﷺ met onze moeder Zaynap was dus niet met zijn eigen keuze en wens. Het was puur op basis van deze nieuwe wetgeving en het bevel van Allah ﷻ. Bovendien was Zaynap volgens de islamitische wetgeving nooit de schoondochter van de geliefde profeet ﷺ. Ze was ook al gescheiden van Zayd. De dwazen die de profeet ﷺ belachelijk proberen te maken door te beweren dat hij ﷺ zijn eigen schoondochter huwde, zijn dus armzalige en walgelijke schepsels die totaal geen kennis hebben over het onderwerp waarvoor ze hun giftige tong laten zwenken.

Het derde doel voor de huwelijken van de geliefde profeet ﷺ was het sociaalmaatschappelijke doel. De geliefde profeet ﷺ trouwde met bepaalde vrouwen om hen te beschermen tegen armoede en prostitutie. Dat was ook de reden dat hij ﷺ weduwen huwde die zelfs kinderen hadden. Een voorbeeld hiervan is onze moeder Ummu Salama. Haar man was overleden tijdens de veldslag van Uhud. Ze was achtergelaten met vier weeskinderen. De geliefde profeet ﷺ kon niemand vinden die de verantwoordelijkheid over haar en haar kinderen kon nemen. Daarom huwde hijzelf haar. Zij was heel dapper, want ze reageerde als volgt: "O boodschapper van Allah ﷺ, ik ben een oude vrouw en ik heb vier wezen." De geliefde profeet ﷺ zei toen: "Wees niet bezorgd over je

[217] Tafsir van Ibn Kathir in de uitleg van vers 37 hoofdstuk 33.

leeftijd. Wat betreft je wezen, daar ben ik voortaan verantwoordelijk voor." De geliefde profeet ﷺ behandelde hen altijd als zijn eigen kinderen.

Een ander voorbeeld is onze moeder Sawda bint Zam'a. Toen haar man was overleden, had ze niemand meer die haar kon bijstaan. Als ze terug zou gaan naar haar familie, dan zouden ze haar mishandelen of dwingen om haar geloof te verlaten. De geliefde profeet ﷺ huwde haar om te voorkomen dat ze in nog grotere problemen terechtkwam. Toen ze trouwde met de profeet ﷺ was ze vijfenvijftig jaar oud. Een andere vrouw was onze moeder Zaynap bint Khuzayma. Haar man was overleden tijdens de veldslag van Badr. Ze was een bejaarde vrouw van zestig jaar oud die geen hulp en zorg meer had van iemand. De geliefde profeet ﷺ huwde haar om haar bij te staan. Dit was het verheven karakter van de geliefde profeet Mohammed ﷺ, maar dit is niet iets wat giftige harten zomaar kunnen behappen. Wee voor hen!

Het politieke doel van zijn huwelijken is duidelijk zichtbaar in het feit dat hij ﷺ bijvoorbeeld zijn vier opvolgers (respectievelijk) Abu Bakr, 'Omar, 'Othman en 'Ali (moge Allah ﷻ tevreden zijn met hen allen) had aangehuwd om de banden onderling sterker te maken. De geliefde profeet ﷺ was getrouwd met de dochters van Abu Bakr en 'Omar. Hij ﷺ huwde zijn eigen dochters aan 'Uthman en 'Ali. De geliefde profeet ﷺ was ook getrouwd geweest met vrouwen uit bepaalde stammen en families om hen daarmee een stap dichterbij de islam te brengen, want familiebanden waren heel belangrijk in de Arabische traditie. Het mooiste voorbeeld hiervan is de dochter van Abu Sufyan. Toen hij nog geen moslim was en de moslims in Mekka vervolgde, werd zijn dochter Ummu Habiba moslim. Ze vluchtte met haar man naar Ethiopië. Haar man overleed daar waardoor ze eenzaam en hulpeloos werd. Ze kon ook niet terug naar Mekka, omdat haar vader nog geen moslim was. Hij zou haar dwingen om afstand te nemen van de islam. Het bericht kwam tot de geliefde profeet ﷺ die toen al in Madina was. Hij ﷺ stuurde een brief naar Najashi, de koning van Ethiopië, moge Allah ﷻ tevreden zijn met hem, want hij werd later ook moslim. In deze brief deed de geliefde profeet ﷺ haar een huwelijksaanzoek. De blijdschap van Ummu Habiba was niet te beschrijven toen ze dit hoorde. Ze emigreerde naar Madina en trouwde met de geliefde profeet ﷺ. Toen Abu Sufyan dit hoorde, keurde hij dit huwelijk goed met een vaderlijke trots, terwijl hij toen nog de vijand van de geliefde profeet ﷺ was. Dit zou zijn vijandschap tegen de geliefde profeet ﷺ een stuk minder maken.

Dan rest nog het huwelijk van de geliefde profeet ﷺ met 'Aisha, de dochter van Abu Bakr. Hoewel haar exacte leeftijd controversieel blijft door de verschillende overleveringen, blijkt uit sommige overleveringen dat ze relatief jong was.[218] Het woord 'jong' is echter een relatief begrip. Het kan een andere definitie krijgen naarmate de tijd, plaats en cultuur verandert. Haar leeftijd tijdens dit huwelijk was tot de afgelopen eeuw nooit een probleem. Zelfs de grootste vijanden van de geliefde profeet ﷺ hebben hem nooit hiermee aangevallen, omdat het simpelweg niet afkeurenswaardig was. Bovendien is het algemeen bekend dat meisjes in warme klimaten sneller volwassen worden. Dus dit huwelijk aan de kaak stellen zonder rekening te houden met de bijbehorende condities en de context, is een duidelijk teken van onwetendheid óf slechte

[218] Er zijn ook geleerden die zeggen dat de jaartelling van de leeftijd van meisjes vanaf hun eerste menstruatie periode werd geteld door de Arabieren. Volgens deze traditie is een meisje van 9 jaar dat in haar elfde levensjaar voor het eerst begon te menstrueren, eigenlijk volgens de moderne jaartelling 20 jaar oud, dus 9 + 11 = 20. Dit klinkt zeer aannemelijk in het geval van 'Aisha, omdat ze zelf aangeeft dat ze de Mekkaanse gebeurtenissen goed herinnert en als we haar leeftijd vergelijken met de leeftijd van haar zus Asma, dan betekent dit dat ze minimaal 15 jaar en maximaal 18 jaar oud was toen ze trouwde met de geliefde profeet ﷺ. Arabieren waren een analfabeet volk en hielden de jaartelling vast op basis van gebeurtenissen en niet op basis van getallen. Daarom komt het vaker voor dat de datums en jaartallen van vroeg-islamitische geschiedenis controversieel en betwistbaar kunnen zijn.

bedoeling. Daarnaast weten wij uit talloze overleveringen dat 'Aisha de gelukkigste vrouw was met dit huwelijk.[219] Zij heeft dit huwelijk altijd als een grote eer en gelukzaligheid beschouwd. Aan wie is het dan in dit geval om dit huwelijk in discussie te trekken? Ten slotte heeft 'Aisha na de profeet ﷺ nog ongeveer een halve eeuw geleefd. Zij heeft de nieuwe generaties het geloof geleerd. Een groot deel van de islamitische wetgeving is afkomstig van haar, omdat ze niet alleen de leerling maar ook de vrouw was van de geliefde profeet ﷺ. Zij kon gevallen meemaken, die niemand anders kon waarnemen, omdat ze de echtgenote was van de profeet ﷺ. Daarom hebben wij kennis overgeleverd gekregen van haar die we van niemand anders konden leren.

De echtgenoten van de geliefde profeet ﷺ hebben een hoge status bij Allah ﷻ. Het volgende vers duidt hierop, welk neerkomt op: "De profeet is dichter bij de gelovigen dan zijzelf. En zijn echtgenoten zijn hun moeders." Een ander vers komt neer op: "En jullie mogen de boodschapper van Allah niet kwetsen en jullie mogen nooit na hem zijn echtgenoten huwen. Waarlijk, dat is een grote zonde bij Allah." De profeet ﷺ en zijn echtgenoten zijn hiermee geëerbiedigd door Allah ﷻ. Moslims moeten hen respecteren en ze mogen voor eeuwig niet huwen met de echtgenoten van de geliefde profeet ﷺ, omdat ze de moeders van de moslims zijn.[220]

Vrouwen in de islam

De regels van de islam met betrekking tot vrouwen zijn zo oud als de islam zelf, want de islamitische voorschriften over vrouwen zijn niet in loop der tijd ontstaan door veranderende condities of door revoluties en emancipaties.

[219] Zie onder andere hadith met nummer 1423 in *al-ṣaḥīḥ* van Muslim.
[220] Tafsir van al-Qurtubi in de uitleg van de verzen 6 en 53 hoofdstuk 33. Zie ook *rawā i al-bayān* van Shaykh Muhammad Ali Sabuni.

Gedurende de islamitische geschiedenis is de status van vrouwen in de islam nooit in twijfel getrokken door iemand tot op heden, behalve in de afgelopen decennia. Er zijn hier uiteraard redenen voor, maar dit hoofdstuk tracht aan te tonen dat vrouwen helemaal niet minderwaardig of onrechtvaardig worden behandeld door de islam. Integendeel, de islam heeft vrouwen hun waardige sociale positie gegeven. Als men een blik werpt op de pré-islamitische geschiedenis en leest hoe vrouwen werden behandeld in het Romeinse Rijk en het Perzische Rijk of in andere beschavingen, zoals in China en India, dan zal hij snel tot de conclusie komen dat de islam inderdaad vrouwen hun waardige positie heeft gegeven. Hetzelfde geldt voor westerse vrouwen in de middeleeuwen en later. Ze werden op een genadeloze manier bejegend door mannen en moesten tragische tijden doorstaan. Er werden uitvoerige debatten gehouden over vrouwen waarin zelfs aan bod kwam of vrouwen normale mensen waren. De traditionele houding van de kerk tegenover de vrouw is algemeen bekend. Om de waarde van de vrouw in judeo-christelijke traditie te begrijpen, hoef je maar jezelf in te lezen over Lilith. Zij moet de vrouwelijke demoon voorstellen die de duivelsheid van de vrouw symboliseert.

Het is niet nodig om eeuwen terug te gaan in de geschiedenis om te zien hoe wreed vrouwen werden behandeld. Nog tot de negentiende eeuw was *wife selling* een Britse traditie. Men kon zijn vrouw verkopen en er waren zelfs marktprijzen vastgesteld hiervoor. Tot de afgelopen eeuw kon een vrouw in Frankrijk geen contracten aangaan, want dit was wettelijk ongeldig. Een ander afschuwelijk geval dat de geschiedenis is ingegaan als een grote schande was het leven van Sarah Baartman, een slavin uit Zuid-Afrika. Ze werd door de Schotse Alexander Dunlop naar Europa gebracht in de negentiende eeuw om geld te verdienen aan haar.[221] Ze werd in Europa op een walgelijke manier behandeld en misbruikt door westerlingen. Dan begin ik niet eens over mensen die nog tot minder dan een eeuw terug uit Afrika werden gehaald om in een *human zoo* in Brussel of elders in Europa gepresenteerd te worden aan de witte mens.[222]

De westerse misdaden in Afrika zijn te ziek voor woorden. Moet ik het hebben over zwarte kinderen waarvan de ledematen werden geamputeerd door westerse militairen, omdat hun ouders niet voldoende hadden gewerkt of moet ik het hebben over zwarte kinderen die werden opgehangen door witte mensen?[223] Hieronder zie je een foto[224] van Amerikaanse soldaten gedurende de Eerste Wereldoorlog in een militaire kamp genaamd *Camp Zachary Taylor* in Louisville, een stad in de Amerikaanse Staat Kentucky. De linker soldaat leest passages uit de Bijbel, terwijl het zwarte kind is voorbereid om opgehangen te worden. Een walgelijk tafereel!

[221] Zie voor meer informatie: https://isgeschiedenis.nl/nieuws/saartjie-baartman-of-de-hottentot-venus-een-tragisch-leven-als-curiositeit
[222] Zie voor meer informatie: https://news.cnrs.fr/articles/in-the-days-of-human-zoos
[223] https://rarehistoricalphotos.com/father-hand-belgian-congo-1904/
[224] Uit The Nanny Jack & Co. Archives.

De walgelijke misdaden van westerlingen kunnen we helaas niet beperken tot Afrika. Als je kijkt naar de genocides in Amerika, Afrika en Australië, dan zie je dat in de meeste gevallen de misdadigers ervan Europeanen waren die met zelf verzonnen motieven zoals *Mission Civilisatrice*[225] andere landen binnenstormden om daar te plunderen en te exploiteren. Door wie is het Indiaans volk uitgeroeid? Hebben de Turken of Arabieren dat gedaan? Of een ander moslimvolk? En de genocides in Afrikaanse landen, zoals Congo, Uganda, Rwanda, Algerije? Welke barbaarse mensen hebben hier miljoenen vermoord? En de genocides in Australië dan?

Hoe werden de Aboriginals uitgeroeid? En de mensen in Tasmanië? Door wie werden hun vrouwen verkracht en hun eigendommen geplunderd? Waren dat de Britten of de Arabieren?[226] En de kinderen die in de afgelopen eeuw in Zwitserland werden geplukt van hun ouders en geforceerd werden om zonder loon te werken op het platteland? Dit staat bekend als *Verdingkinder* en heeft vrij recent plaatsgevonden![227] Hebben de moslims dit gedaan of de zogenaamde filantropen en vaandeldragers van de democratie!? Over dit soort onderwerpen hoor je de militanten van de ideologische strijd echter nooit spreken.[228] Nog

[225] Dit was een Europees project waarbij de Europeanen zich bevoegd stelden om beschaving te brengen naar andere volken waarvan ze geloofden dat ze primitief en achterlijk waren.
[226] Voor meer informatie over de genocide in Tasmanië zijn de volgende boeken aangeraden: *The Black War* van Nicholas Clements, *The Last Man: A British Genocide in Tasmania* van Tom Lawson, *The Memory of Genocide in Tasmania* van Jesse Shipway.
[227] Zie voor meer informatie: http://archive.boston.com/news/world/europe/articles/2011/11/24/swiss_grapple_with_history_of_forced_child_labor/
[228] Je hoort ze ook niet over de neigingen en praktijken in Europa met betrekking tot antrofagie. In het boek *Mummies, Cannibals and Vampires* onthult de Britse lector Richard Sugg dat kannibalen niet alleen in primitieve volken in Afrika en Australië voorkwamen, maar ook in Europa. Tot eind achttiende eeuw was het in Europa heel normaal om menselijke lichaamsdelen te nuttigen en men geloofde zelfs dat ze gezond waren. Bovendien is ook bekend dat in de zeventiende eeuw in Nederland de belangrijke politicus Johan de Witt tijdens een lynchpartij werd vermoord en verminkt door zijn politieke vijanden. Daarna werd

redelijk recent, in de afgelopen decennia, zijn er in landen zoals Bosnië, Afghanistan, Irak, Libanon en Syrie bloedbaden veroorzaakt. Waren het niet de helden van democratie die dit deden en steunden!? Het zijn dezelfde mensen die nu beweren dat ze vrijheid en gelijkheid hebben gebracht voor de vrouwen. Dit is de grootste leugen van deze eeuw! Er valt nog veel te zeggen over zulke historische schandes, maar om het hoofdstuk niet nog langer te maken, ga ik nu verder over vrouwen in de islam.

De islam en de islamitische geschiedenis kennen een heel ander verhaal als het gaat om vrouwen. De geliefde profeet ﷺ heeft de mannen altijd geadviseerd om hun vrouwen zachtmoedig en vriendelijk te behandelen, want vrouwen zijn over het algemeen emotioneler dan mannen. Daarom heeft de geliefde profeet ﷺ vrouwen vergeleken met kristallen, omdat ze heel gevoelig en waardevol zijn.[229] Allah ﷻ openbaart in de Koran ook dat mannen hun vrouwen op een goede manier moeten behandelen.[230] De islam heeft aan vrouwen het recht gegeven om te studeren, werken, erven, legateren, contracten aangaan, etc. Er waren artsen en ambtenaren onder de vrouwelijke metgezellen. Zowel de geliefde profeet Mohammed ﷺ als de rechtgeleide kaliefen vroegen regelmatig advies aan bepaalde vrouwelijke metgezellen die kennis en wijsheid hadden gekregen van Allah ﷻ. Als individu zijn vrouwen niet anders dan mannen, want vrouwen zijn ook verantwoordelijk gesteld door Allah ﷻ voor hun daden en woorden. Ze zullen, zoals mannen, ook berecht worden door Allah ﷻ.

hij gedeeltelijk opgegeten. Dit soort wilde praktijken kom je in de geschiedenis van de moslims in ieder geval niet tegen. Desalniettemin linkt men steeds opnieuw de islam aan barbaarse praktijken, terwijl de geschiedenis en de islamitische wetgeving een heel ander beeld vertonen.

[229] In *al-ṣaḥīḥ* van al-Bukhari en in *al-ṣaḥīḥ* van Muslim.

[230] Koran, 4:19.

Vrouwen hebben juist meer juridische verlichting gekregen vergeleken met de mannen. Een vrouw is volgens de islamitische wetgeving niet verplicht om onderhoudskosten van het gezin te betalen. Dat is de taak van de man. De geliefde profeet ﷺ heeft zelfs gezegd dat een man beloning krijgt als hij een hap in de mond van zijn echtgenote legt.[231] Bovendien hoeft een vrouw de bedevaart niet te doen als ze geen echtgenoot of een nabije mannelijk familielid (*maḥram*) heeft, zoals haar man, vader of broer. Vrouwen zijn ook niet verplicht om bijvoorbeeld mee te doen aan de collectieve gebeden, het vrijdaggebed, de militaire dienst en andere activiteiten die voor de man wel verplicht zijn. Vrouwen hoeven ook geen bruidsschat te betalen tijdens het huwelijk, maar de mannen zijn wel verplicht om bruidsschat te geven aan vrouwen. Een vrouw is zelfstandig niet verplicht om getuigenis af te leggen bij rechtszaken voor een moord, criminaliteit en andere gevaarlijke incidenten ter bescherming van haar leven en eer, tenzij er een tweede vrouw is die haar kan bijstaan in het afleggen van de getuigenis. Zodoende zijn er meerdere voordelen in de islamitische wetgeving waarmee alleen vrouwen zijn bevoorrecht.

Volgens de islam zijn man en vrouw niet gelijk aan elkaar: fysiologisch en psychologisch gezien, is dat ook absurd. Vrouw en man zijn echter wel gelijkwaardig aan elkaar volgens de islam. Sterker nog, er zijn genoeg religieuze teksten in de islamitische bronnen die erop duiden dat vrouwen in veel opzichten voortreffelijker zijn dan mannen. De geliefde profeet ﷺ heeft ouders die één of meerdere dochters hebben, verblijd met het paradijs.[232] Dit heeft hij ﷺ echter niet gedaan voor ouders die alleen zonen hebben. Het is dus een grote voortreffelijkheid in de islam om een dochter te hebben. De geliefde

[231] In *al-ṣaḥīḥ* van Muslim.
[232] Hierover zijn er meerdere authentieke overleveringen gekomen van de geliefde profeet in verschillende bronnen van hadith waaronder *al-ṣaḥīḥ* van Muslim.

profeet ﷺ heeft ook gezegd dat de man de helft van zijn geloof vervolmaakt door te trouwen met een vrome vrouw.[233] Hoe belangrijk is de positie van de vrouw in de islam dat de man de helft van zijn geloof te danken heeft aan haar. Bovendien heeft de geliefde profeet ﷺ aangegeven dat het hebben van een vrome vrouw behoort tot de gelukzaligheid.[234] In een andere uitspraak maakte hij ﷺ bekend dat een vrome vrouw het beste is dat een man in dit wereldse leven kan krijgen.[235] Al deze uitspraken van de geliefde profeet ﷺ duiden op de voortreffelijke status van vrouwen. De geliefde profeet ﷺ heeft ook gezegd dat het paradijs onder de voeten van moeders is.[236] Dit betekent dat men het paradijs kan behalen door liefdadig en nederig te zijn tegen zijn moeder.[237]

Dit is de voortreffelijke en waardevolle positie die de islam geeft aan vrouwen.[238] Hierover hoor je de militanten van de ideologische strijd tegen de

[233] Er zijn hierover authentieke overleveringen in *al-mu'jam al-awsaṭ* van Sulayman ibn Ayyub al-Tabarani, *al-mustadrak* van Muhammad ibn 'Abdillah al-Hakim en *al-sunan* van Ahmad ibn Husayn al-Bayhaqi.

[234] In *al-ṣaḥīḥ* Muhammad ibn Hibban al-Busti.

[235] In *al-ṣaḥīḥ* van Muslim.

[236] Er zijn authentieke varianten van deze overlevering die voorkomen in *al-musnad* van Ahmad ibn Hambal, *al-sunan* van Ahmad ibn Shu'ayb ibn 'Ali al-Nasa'i, *al-sunan* van Ibn Maja, *al-mu'jam al-kabīr* Sulayman ibn Ayyub al-Tabarani en *al-mustadrak* van Muhammad ibn 'Abdillah al-Hakim. Tevens authentiek verklaard door al-Hakim en bekrachtigd door Shamsaddin Muhammed ibn Ahmad ibn Osman al-Dhahabi en Abdalazim ibn Abdilqawiyy ibn Abdillah al-Munziri.

[237] Zie de uitleg van Muhammed Abdurrauf ibn Nuriddin Ali al-Munawi in zijn boek *fayḍ al-qadīr*.

[238] Het is misschien noemenswaardig dat bepaalde mensen de nobele positie van de vrouw in de islam in twijfel proberen te trekken door de praktijken met betrekking tot vrouwenbesnijdenis aan te halen. De mensen die dit doen, hebben geen kennis over de islamitische wetgeving, want besnijdenis is alleen verplicht voor de moslimman. Voor de moslimvrouwen is dit niet verplicht. Sommige Medinensische vrouwen hadden dit als gewoonte en de geliefde profeet heeft deze praktijk niet afgekeurd, maar wel genuanceerd door te zeggen dat ze niet te veel moeten besnijden, omdat het negatieve invloed heeft op het seksuele genot. Vrouwenbesnijdenis is dus niet aangeraden, maar juist beperkt. De mensen die deze voorschriften niet kennen, nemen de praktijken van bepaalde culturen in moslimgebieden als uitgangspunt. Of deze culturele praktijken onjuist zijn, is een ander discussiepunt dat heel divers zal uitpakken in de verschillende optieken. Voor een familie in

islam niet schrijven of spreken. De meeste mensen spreken zonder kennis over dit soort onderwerpen. Het komt ook vaak voor dat men op de hoogte is van deze kennis, maar toch de geliefde profeet Mohammed ﷺ en de islam zwart probeert te maken om de doelen van zijn politieke agenda te behalen. Goed geprobeerd, maar olie drijft altijd boven!

Vrouwen in de islamitische beschaving

De geliefde profeet Mohammed ﷺ heeft de moslims onderwezen dat ze heel gevoelig moeten zijn met betrekking tot de waarborging van de kuisheid. Dit wordt *al-qhayra* genoemd in de islamitische terminologie. Daarom dienen moslims grote waarde te hechten aan deze deugd. Hoewel dit door sommige kringen onder de moslims is verzaakt, hebben de moslims in het verleden grote waarde geschonken aan de kuisheid van hun gezin en familie. Niet alleen de correcte bedekking van de vrouw valt onder kuisheid, maar de juiste genderrelaties binnen de samenleving zijn ook een wezenlijk onderdeel van de kuisheid. Dit is weer een ander onderwerp, maar het punt is dat kuisheid van essentieel belang is voor de moslim. De geliefde profeet ﷺ heeft gezegd: "Drie soorten mensen wiens (directe) toetreden tot het paradijs verboden is gemaakt door Allah ﷻ zijn: (1) alcoholist, (2) boosdoener jegens ouders en (3) hoorndrager die zedeloosheid in zijn gezin goedkeurt.[239] Sterker nog, het verdedigen van de kuisheid behoort tot fysieke inspanning (*jihād*), want de geliefde profeet ﷺ heeft gezegd: "Wie wordt vermoord wegens zijn geloof, is een martelaar. Wie wordt vermoord wegens (verdediging van) zijn eigen leven

Afrika kan deze praktijk heel normaal zijn, terwijl het in Nederland afkeurenswaardig is. Zodoende kunnen er talloze voorbeelden bedacht worden waarbij een fenomeen territoriaal op verschillende manieren wordt beoordeeld door de inheemse mensen.

[239] In *al-musnad* van Ahmad ibn Hambal; *al-sunan* van Ahmad ibn Shu'ayb ibn 'Ali al-Nasa'i; *al-mustadrak* van Muhammad ibn 'Abdillah al-Hakim en authentiek verklaard door Ibn Hajar al-Haythami in zijn *majma' al-zawā'id.*

Doctor Muhammed Akram al-Nadwi publiceerde in 2020 een werk van 45 volumes als resultaat van 20 jaar onderzoek. Het werk behelst de biografie van 10.000 geleerde moslimvrouwen vanaf de tijd van de geliefde profeet ﷺ. Dit zijn allemaal moslimvrouwen die de koers van de geschiedenis veranderden en anders op zijn minst een onweerstaanbare bijdrage hadden geleverd aan de mensheid. De geliefde profeet ﷺ besteedde gedurende zijn leven speciale aandacht aan de sociale en intellectuele ontwikkeling van de vrouwen en organiseerde daarom speciale bijeenkomsten voor vrouwen waarin ze kennis en wijsheid kregen van de geliefde profeet Mohammed ﷺ.[242]

Dankzij de inspanningen van de grootste leermeester profeet Mohammed ﷺ en zijn leerlingen werden ze opgevolgd door moslimgeneraties die met hun vooraanstaande wetenschappers en geleerden de wereld hadden gevuld met kennis en wijsheid op het gebied van literatuur, geschiedschrijving, rechtsgeleerdheid, astronomie, wiskunde, geografie en geneeskunde. De boeken van Ibn Sina en al-Razi op het gebied van geneeskunde behoorden eeuwenlang tot de belangrijkste literatuur in het curriculum van de westerse universiteiten. De wereld had de algebra geleerd van de moslimwetenschapper Mohammed ibn Musa al-Khwarizmi. De westerlingen studeerden aan de universiteiten van de Andalusische moslims en waren erg beïnvloed door de Arabische literatuur waardoor ze grotendeels lazen en schreven in het Arabisch. William Shakespeare en Dante Alighieri raakten geïnspireerd door literaire werken die afkomstig waren van Andalusische literatoren. De ontdekkingen van de vijftiende-eeuwse Osmaanse cartograaf Piri Reis creëerden nieuwe perspectieven voor de mensheid. Hij stond bekend om zijn kaarten waarin hij

[242] Overgeleverd in *al-ṣaḥīḥ* van Muhammad ibn Isma'il al-Bukhari en in *al-ṣaḥīḥ* van al-Muslim ibn al-Hajjaj ibn al-Muslim.

onder andere gedetailleerde beschrijvingen gaf over de geografie van Amerika. Na de expeditie van Napoleon Bonaparte naar Egypte werd het boek *mukhtaṣar al-khalīl*, een belangrijk juridisch werkstuk in de *māliki* wetschool, vertaald naar het Frans. Dientengevolge zou deze tekst het fundament vormen voor de *Code Napoléon*, dus het Franse burgerlijk wetboek. De westerlingen waren grotendeels geïnspireerd op het islamitische model van religieus pluralisme, sociale instituties, vrouwenrecht en financieel recht. De moslimvrouwen waren de onmisbare actoren van deze bloei, want zij hadden een belangrijke rol gespeeld in de islamitische beschaving. Voor meer informatie kan men onder andere het boek *The World of Islamic Civilization* raadplegen van de negentiende-eeuwse Franse wetenschapper Gustave Le Bon.

Het boek *Do Muslim Women Need Saving?* van de prominente Amerikaanse antropologe en academica Lila Abu-Lughod een echte aanrader. Het boek verschaft nieuwe inzichten voor de mensen die een negatieve beeldvorming hebben over de positie van de vrouwen in de islam. De werkelijkheid zit namelijk heel anders in elkaar. Abu-Lughod schrijft in haar boek dat de slechte positie van vrouwen in de moslimwereld niets te maken heeft met de islamitische religie. Ze stelt na decennia onderzoek dat het te maken heeft met de volgende twee factoren: (1) autoritarisme en (2) armoede. Deze twee factoren zijn de oorzaak van het leed van vrouwen in de moslimwereld. We moeten niet vergeten dat Europese mogendheden een belangrijke rol hebben gespeeld in de totstandkoming van deze twee verschijnselen in de moslimwereld.

De met blindheid geslagen militanten van de ideologische strijd tegen de islam bestempelen de profeet Mohammed ﷺ en de islam valselijk met stagnatie en wreedheid. Zij weten echter niet waar ze over spreken. Het ergste is dat ze lijden aan dubbele onwetendheid. Dit houdt in dat ze onwetend zijn, maar tegelijkertijd niet doorhebben dat ze onwetend zijn. Dit is een gif dat alle zintuigen uitschakelt waardoor men niet meer in staat is de waarheid te vinden.

Ten slotte nog heel kort over de positie die de vrouw op heden toebedeeld heeft gekregen door de zogenaamde democraten, liberalen en feministen. Is de vrouw op heden waardevoller geworden? Het antwoord op deze vraag kan verschillen op basis van de betekenis die wordt gegeven aan het woord 'waardevol'. De vraag kan dus met 'ja' beantwoord worden als we onder 'waardevol' verstaan dat de vrouw een lustobject en een werkpaard is gemaakt. Inderdaad, de vrouw heeft vrijheid gekregen, want ze kan eindelijk halfnaakt op het strand lopen om de aandacht van mannen te trekken. Ze kan eindelijk afgebeeld worden op billboards met haar diep decolleté om één product meer te kunnen verkopen. Ze kan eindelijk halfnaakt in de vitrines van bordelen zitten in de steegjes van Amsterdam om zich als een seksueel object in de markt te brengen. Ze kan eindelijk gezinnen vernielen door met haar schoonheid gehuwde mannen te verleiden. Ze kan eindelijk haarzelf stuk werken in het bedrijfsleven om hebzuchtige werkgevers tevreden te stellen waarbij ze haar eigen gezin en kinderen verwaarloost. Dit vrijheid en instandhouding van vrouwenrechten noemen, is niets anders dan verstandsverduistering!

De twijfels omtrent het islamitische strafrecht

De geliefde profeet Mohammed ﷺ had niet alleen theologische en ethische hervormingen doorgevoerd, maar hij ﷺ implementeerde ook juridische regels om de mensheid te voorzien van een bescherming in vijf waarden: religie, leven, verstand, nageslacht en eigendom. De geliefde profeet ﷺ had een nieuwe maatschappij en een overheid opgericht in Madina. Hij was de leider van deze staat. Dit juridische systeem stoelde op de Koran en Sunna. Het is een universeel systeem dat ten alle tijden toepasbaar is, maar dit juridische systeem bestaat tegenwoordig grotendeels alleen in theorie. Wat betreft de toepassing hiervan, dit is hedendaags niet mogelijk, omdat er geen legitieme staat bestaat die dit juridische systeem adopteert. Slechts een heel klein onderdeel van dit juridische systeem is het islamitische strafrecht.

Het strafrecht van de islamitische wetgeving doelt als volgt op de bescherming van de bovengenoemde vijf waarden:

1. Doodstraf voor afvalligheid ter bescherming van de religie.
2. Doodstraf voor moord ter bescherming van het leven.
3. Straf voor bedwelmende middelen ter bescherming van het verstand.
4. Straf voor overspel en kuisheidschendende aantijging ter bescherming van het nageslacht.
5. Straf voor diefstal en roverij ter bescherming van het eigendom.

De uitvoering van het islamitische strafrecht is strikt verbonden aan een ingewikkeld juridisch proces, zoals dat nu het geval is voor het strafrecht van de moderne natiestaten. Er zijn heel veel eisen en regels die een cruciale rol spelen in dit juridische proces. Sommige mensen danken de afschrikkende maatregelen van het islamitische strafrecht af door ze onder andere te bestempelen als ouderwets. Zij gebruiken meestal de term modern om indruk te maken en vergeten tegelijkertijd dat een groot deel van de hedendaagse wetgevingen een derivatie is van de vroege juridische systemen. Niet alles wat oud is, hoeft per definitie kwalijk te zijn, zoals dat iets wat modern is niet per se onschadelijk hoeft te zijn. Een ander bezwaar tegen het islamitische strafrecht is dat deze maatregelen extreem en wreed zijn. Zulke beweringen zijn subjectief en verschaffen geen fundering. De inspiratiebron van deze bezwaren is niet het verstand of de logica, maar de heersende emoties en lusten.

In de eerste instantie lijkt de bewering met betrekking tot de vermeende excessiviteit en wreedheid van het islamitische strafrecht plausibel, maar in de werkelijkheid is het niets anders dan demagogie en zinsbegoocheling. Het ideaal zou zijn dat er helemaal geen strafrecht bestond, maar de genetische aanleg van de mens vereist enige vorm van dwangmaatregel. De nature van de mens heeft noodzakelijkerwijs behoefte aan controle, maatregelen en juridische sancties die een afschrikkende werking hebben. Deze maatregelen en sancties hebben bijsmaken en zijn daarom altijd onlosmakelijk verbonden met een bepaalde hoeveelheid wreedheid en leed. Een bepaalde wet van het strafrecht is gebaseerd op het perspectief dat men heeft over het strafbaar feit. De strengheid van de wet is evenredig aan de ernst van de wetsovertreding. Dientengevolge is de kritiek op de strafwet welke gebaseerd is op de ernst van het delict, een ondoordachte daad. Het strafrecht is namelijk conditioneel. Celstraf en opsluiting worden tegenwoordig als een doodnormale straf gezien, maar het kan zijn dat men dit over een eeuw als gruweldaad opvat. Een uitspraak of daad waar niemand in Nederland naar omkijkt, kan in een ander land aanleiding zijn tot de doodstraf. Elke verstandige persoon snapt dat het strafrecht van een bepaald volk vorm krijgt conform de levensbeschouwing en moraalfilosofie van dat volk en niet op basis van de mening van een willekeurige buitenstaander die niets te maken heeft met de waarden en normen van dat volk. Het islamitische strafrecht hoeft niet te stroken met de moderne grondwetten of de Europese mensenrechten, want niet iedereen heeft dezelfde levensbeschouwing en moraalfilosofie. Alles over een kam scheren, zal daarom in dit geval averechts uitpakken. Deze kromme benaderingswijze - dus dat iedereen dezelfde levensbeschouwing en moraalfilosofie moet hebben - resulteert in een mystificatie omtrent het islamitische strafrecht. Op basis van deze valse weergave der dingen permitteert men zich om de islam aan te vallen en, sterker nog, als gevolg hiervan worden westerse moslims gemarginaliseerd, terwijl de moslims juist de toepassing van het islamitische strafrecht in deze status quo niet appreciëren.

Wat betreft de vermeende excessiviteit en wreedheid in het islamitische strafrecht, dit is gesteld op basis van een simplistische optiek. Degene die zelfs een basiscursus heeft gevolgd in het islamitische strafrecht zal weten dat de ogenschijnlijke wreedheid is bedoeld voor een afschrikwekkend en afstotend effect. Dit dient eerder als een pedagogische en preventieve maatregel dan een wraakactie of vergelding voor wat al heeft plaatsgevonden.[243] De volgende aandachtspunten wijzen dit feit uit:

1. Voor adulterium is lapidatie voorgeschreven in het islamitische strafrecht alsook in het Oude Testament. Dit is ongetwijfeld een dreigende en afschrikkende maatregel, maar om deze wet toe te kunnen passen, moet er onder andere zijn voldaan aan de rechtsgeldige getuigenis van vier betrouwbare getuigen die het overspel met blote ogen in alle helderheid hebben zien gebeuren. Bij één kleine onenigheid of tegenstrijdigheid in de getuigenis wordt de getuigenis ongeldig verklaard en de getuigen worden bestraft, omdat de getuigenis in dat geval wordt beschouwd als een aantijging. Als de hoeveelheid van vier getuigen niet wordt bereikt, dan worden de getuigen veroordeeld tot misdadigers en krijgen een sanctie opgelegd.
2. Voeg hieraan toe het verbod op het bespioneren van andermans zonden en het schenden van de privacy. Het is ten strengste verboden om mensen

[243] Ramadan al-Buti, *'alā ṭarīq al-'awda ilā al-islām* (Beiroet: Mu'assasa al-Risala, 1981), p. 87-133.

te bespioneren. Dit wordt *tajassus* genoemd in de Koran en is ten strengste veroordeeld.

3. Een andere manier voor de uitvoering van lapidatie is schuldbekentenis, maar dit komt bijna nooit voor. Mocht het zich toch voordoen, dan is de rechter plichtig om deze bekentenis in de eerste instantie te negeren door de overspelige te adviseren om berouw te tonen. Als lapidatie uiteindelijk toch legitiem wordt door de aanwezigheid van vier betrouwbare getuigen of een definitieve schuldbekentenis, dan is het nog steeds niet zo dat de aanleiding voor de lapidatie louter het overspel is. De voorwaarde voor lapidatie is dat de overspelige zijn of haar misdaad in het openbaar heeft gedaan, zodanig dat hij/zij een bijdrage heeft geleverd aan de verspreiding van ontucht in de maatschappij. Als dit niet het geval zou zijn, dan waren de vier getuigen überhaupt niet in staat zijn geweest om zijn misdaad in alle helderheid te bezichtigen. Dit grensoverschrijdende bederf kan alleen rechtgezet worden met een waterdichte kuur die een afschrikkend effect heeft.
4. In het islamitische strafrecht staat het principe om twijfelgevallen te ecarteren, centraal. De rechter dient de bestraffing van de verdachte zelfs bij de kleinste ambiguïteit ongedaan te maken. Dit is gebaseerd op de hadith die neerkomt op: "Neutraliseer het strafrecht voor de moslims door twijfels in acht te nemen. Als jullie een uitweg kunnen vinden, laat hem dan gaan. Het is beter voor de rechter dat hij een fout maakt door hem te vergeven dan dat hij een fout maakt door hem te bestraffen."[244]

[244] Overgeleverd in *al-muṣannaf* van Ibn Abi Shayba, in *al-sunan* van Tirmidhi, *al-mustadrak* van Hakim en *al-sunan* van Bayhaqi. Er is een dispuut over sommige ketens van deze hadith, maar het is in ieder geval een hadith waarvan de inhoud door de islamitische geleerden met unaniem akkoord is aanvaard sinds de generatie van de metgezellen. Er is dus een consensus bereikt onder de geleerden over het principe dat in de hadith wordt genoemd.

Voorbeelden voor de uitvoering van dit principe komen veelvuldig voor in de islamitische geschiedenis sinds het tijdperk van de geliefde profeet ﷺ. Bovendien spelen de omgevingsfactoren ook een rol. Een dief wordt bijvoorbeeld in economische malaise niet bestraft op basis van de reguliere strafwetten.

5. Er zijn heel strenge eisen voor de geldigheid van de getuigenis. De getuigen moeten vroom en rechtvaardig zijn. Als een getuige bijvoorbeeld ooit is gezien met alcohol of is verdacht van fraude of leugen, dan wordt zijn getuigenis absoluut niet aanvaard.
6. Bij de doodstraf voor moord wordt de claim van de bloedeigenaar in acht genomen. Als de familie van de vermoorde persoon de moordenaar vergeeft, dan is het aan de rechter om de doodstraf in dit geval ongedaan te maken. Een alternatief is dan bijvoorbeeld een dwangsom opleggen.
7. De doodstraf van de afvallige wordt ook ongedaan gemaakt als de afvallige berouw toont en terugkeert tot de islam, al doet hij dit onoprecht, want de rechter dient te oordelen op basis van de schijnbare toestand. Bovendien is de rechter verplicht om een geleerde te benoemen die de afvallige bewijst dat de islam de ultieme waarheid is. De afvallige krijgt ook voldoende denktijd om zijn beslissing te heroverwegen.
8. Amputatie voor diefstal wordt pas uitgevoerd als het voldoet aan bepaalde eisen, zoals dat het gestolen voorwerp een bepaalde minimumwaarde moet hebben. Bovendien wordt de dief een aantal keren verzocht om de diefstal of zijn betrokkenheid bij de diefstal te ontkennen. Als de dief op heterdaad is betrapt en minstens twee betrouwbare getuigen dit hebben gezien, dan kan de dief nog steeds de amputatie schuwen door simpelweg te beweren dat het gestolen voorwerp zijn eigendom is. Deze ambiguïteit is voldoende om de amputatie op te

heffen. Bovendien moet het gestolen voorwerp uit een goed beschermende en beveiligde plaats zijn gestolen om de amputatie te kunnen toepassen. Deze strenge eisen maken de uitvoering van amputatie en lapidatie bijna onmogelijk, zoals de Nederlandse islamoloog professor Rudolph F. Peters schreef: "It is nearly impossible for a thief or fornicator to be sentenced, unless he wishes to do so and confesses."[245] Professor Brown citeert bovendien van de prominente *shāfi'i* geleerde al-Subki drieëntachtig (83) voorwaarden voor de uitvoering van amputatie voor diefstal.[246]

In de islamitische geschiedenis zijn de lapidatie en amputatie zelden uitgevoerd. Een achttiende-eeuwse Schotse doctor die in Aleppo werkte, rapporteerde slechts zes executies in twintig jaar. Diefstal kwam heel weinig voor en werd bestraft met bastonnade, dus stokslagen op de voetzolen.[247] Een bekende negentiende-eeuwse Britse onderzoeker in Egypte vermeldde dat amputatie voor diefstal niet was uitgevoerd in het recente verleden.[248] In de vijfhonderdjarige regeringsperiode van het Osmaanse Rijk in Istanbul is er volgens de geregistreerde gegevens slechts één keer lapidatie uitgevoerd voor overspel. Dit in tegendeel tot de Verenigde Staten waar meer dan vijftig mensen waren geëxecuteerd voor verschillende seksuele overtredingen tussen de jaren 1608 en 1785.[249]

[245] Rudolph Peters, *Crime and Punishment in Islamic Law* (Cambridge: Cambridge University Press, 2005), p. 54; Jonathan A. C. Brown, "Stoning and Hand Cutting - Understanding the Hudud and the Shariah in Islam," *Yaqeen Institute for Islamic Research* (2017), p. 14.
[246] Brown, "Stoning and Hand Cutting," 35-39.
[247] Brown, "Stoning and Hand Cutting," 18.
[248] Brown, "Stoning and Hand Cutting," 18.
[249] Brown, "Stoning and Hand Cutting," 18.

Is de islam een gewelddadige religie?

Tegenwoordig zijn er mensen, vooral degenen die een gladde tong hebben, die allerlei ongegronde uitspraken doen over de islam, terwijl de islam nog een terra incognita is voor deze mensen. Soms hoor je deze figuren zulke uitingen doen over de islam waardoor je genoodzaakt bent om te zeggen: "Wat heb je ingenomen, in godsnaam!?" Hij weet totaal niet waar hij over spreekt. Bovendien is hij ongeremd. Welk gedeelte van zijn uitspraak moet je een blunder noemen? Bij welk onderdeel moet je beginnen met corrigeren? Het zijn er zoveel! Hetzelfde geldt voor de simplistische uitspraak: "Islam is gewelddadig!" Deze benadering is typerend voor de middeleeuwen. Het duistere tijdperk van Europa, vol met dogma's en taboes. Deze oppervlakkige benadering tot de islam moet Europa niet representeren. Dat is het geval ook niet gelukkig, ondanks de zwarte propaganda van de media.[250] De Britse schrijfster Karen Armstrong zei: "There is nothing in the Islam that is more violent than Christianity… Terrorism has nothing to do with Muhammad, any more than the Crusades had anything to do with Jesus."[251] Ze behandelt in haar boek *Fields of Blood. Religion and the History of Violence* de historische relatie tussen geweld en religie. Ze toont onder meer aan dat religie niet de oorzaak is van geweld en oorlog, zoals bepaalde mensen beweren. De twee catastrofale Wereldoorlogen in de afgelopen eeuw werden ook niet gevoerd in de naam van God! Paus Franciscus sprak zich in 2016 ook uit tegen het demoniseren van de islam. Hij zei: "In elke godsdienst zijn er kleine groepen fundamentalisten. Wij

[250] Hierover is het volgende boek van professor Edward Said een echte aanrader: *Covering Islam: How the Media and the Experts Determine How we See the Rest of the World.*
[251] https://www.nieuwwij.nl/english/karen-armstrong-nothing-islam-violent-christianity/

katholieken hebben ze ook. Dus het is onjuist en oneerlijk om islam te koppelen aan geweld."[252]

Mensen die de islam verklaren tot intolerant en agressief, zijn degenen die door de bomen het bos niet meer zien. Ze zijn verdronken geraakt in de uitzendingen van de media waarbij afzonderlijke gevallen uit de context zijn getrokken conform een politiek gemotiveerd proces. Als we terugkeren tot de bronnen van de islam, dan komt de realiteit weer boven water. Jihad is oorspronkelijk het verdedigingsmechanisme van de islam tegen de militaire aanvallen van buitenaf. Het belangrijkste motief voor jihad is de verdediging van het eigen territorium.[253] Dit hoeft niet te betekenen dat je niet expandeert, want soms geldt het principe dat de aanval de beste verdediging is. Als de nationale veiligheid van Nederland in gevaar komt, dan worden er toch ook militairen ingeschakeld? Of worden er rozen uitgedeeld? Jihad is een militaire activiteit die louter uitgevoerd mag worden door de staat zelf als daar behoefte aan is. Dit heeft niets te maken met terrorisme, anarchie, chaos, burgeroorlog, etc. Het is juist om dit soort wanorde tegen te gaan. Jihad wordt pas legitiem onder bepaalde voorwaarden welke op heden afwezig zijn.

Hoe zit het dan met de verspreiding van de islam? De islam verspreidde uiteraard dankzij de hulp van Allah ﷻ aan de moslims, omdat ze Hem gehoorzaamden en loyale dienaren waren, maar er zijn daar uiteraard ook verklaringen voor binnen de sociaal-historische context en in het kader van de middelen. Vanuit die invalshoek bekeken, is het mogelijk om te zeggen dat de islam voornamelijk werd verspreid door handel en economische activiteiten.

---

[252] https://www.reuters.com/article/us-pope-islam-idUSKCN10B0YO
https://www.rtlnieuws.nl/buitenland/artikel/480481/paus-islam-gelijkstellen-aan-geweld-oneerlijk

[253] Shaykh Professor Ramadan al-Buti, *al-jihād fī al-islām*, p. 144.

Moslims reisden naar andere gebieden en kwamen in aanraking met diverse volken en beschavingen. Niet-moslims die gefascineerd raakten door het nobele gedrag van de moslims bekeerden zich tot de islam. Er waren uiteraard ook militaire activiteiten, maar deze werden voornamelijk gevoerd tegen de rivaliserende militairen van die tijd, zoals het Romeinse Rijk en het Perzische Rijk. De historici stellen ook dat de succesvolle verspreiding van de islam in korte tijd van Spanje tot en met India, ondanks het kleine aantal van moslimsoldaten, onder andere te maken had met de steun van de inheemse volken. Een voorbeeld hiervan is dat het moslimleger in Noord-Afrika en Spanje werd gesteund door de lokale christenen, omdat ze het zat waren van de tirannie van christelijke vorsten. Hetzelfde geldt voor de Joden en christenen in Istanbul toen het werd veroverd door de moslims onder leiding van Sultan Mehmed II. Tijdens de belegering van Istanbul door de Ottomanen was de slogan van deze Joden en christenen: "We zien liever de tulband van de moslims dan de hoed van de Latijnen."

De bewering dat de islam intolerant en agressief is tegen niet-moslims staat haaks op de Koran. In de Koran staat wat neerkomt op: "Misschien dat Allah tussen jullie en hen die jullie als vijand beschouwen genegenheid zal brengen; Allah is vrijmachtig en Allah is vergevend en barmhartig. Allah verbiedt niet dat jullie hen die niet wegens de godsdienst tegen jullie gestreden hebben en die jullie niet uit jullie woningen verdreven hebben, met respect en rechtvaardig behandelen. Allah bemint hen die rechtvaardig handelen. Maar Allah verbiedt dat jullie hun die wegens de godsdienst tegen jullie gestreden hebben, die jullie uit jullie huizen verdreven en die bij jullie verdrijving geholpen hebben, bijstand verlenen. En zij die hun bijstand verlenen, zij zijn de onrechtplegers.[254]

[254] Koran, 60:7-9.

De bovenstaande verzen werden geopenbaard naar aanleiding van een vraag van 'Asma bint Abi bakr, de schoonzus van de geliefde profeet ﷺ. Ze vroeg namelijk aan de profeet ﷺ hoe ze haar ongelovige moeder moest bejegenen.[255] De gezaghebbende Koranexegeet Mahmud al-Alusi schrijft in zijn meesterwerk dat deze verzen als duidelijke richtlijnen dienen voor de moslims bij hun omgang met niet-moslims.[256] Moslims dienen dus goed en vriendelijk om te gaan met niet-moslims. Hiervan zijn vijandige niet-moslims uitgezonderd. Hoe moeten zij dan bejegend worden? Dit wordt toegelicht in een ander Koranvers dat neerkomt op: "Hij heeft tot jullie in het boek neergezonden dat jullie, wanneer jullie horen dat men aan Allahs tekenen geen geloof hecht of ermee de spot drijft, niet bij hen gaat zitten totdat zij op een ander gesprek overgaan. Anders zijn jullie gelijk aan hen. Allah brengt de huichelaars en de ongelovigen bijeen in de hel allen.[257]

Zo zijn er meerdere verzen die hetzelfde bevel geven. Als een niet-moslim vijandige uitingen doet over de islam, dan dienen we die plek te verlaten totdat het gespreksonderwerp verandert. Zodra men over iets anders spreekt, dan mogen we weer met zulke mensen zitten. Als dit geen tolerantie is, wat betekent tolerantie dan?

De geliefde profeet ﷺ heeft gezegd dat wie een niet-moslim vermoordt, de geur van het paradijs niet zal ruiken, terwijl deze te ruiken is van veertigjarige reisafstand.[258] Wij dienen als moslims de profeten als voorbeeld te nemen. De Koran staat vol met voorbeelden uit het leven van de profeten. Hoe verdraagzaam en tolerant ze waren tegenover hun koppige en kwaadaardige

---

[255] Overgeleverd in *al-jāmi al-ṣaḥīḥ* van de prominente hadithgeleerde Muhammad ibn Isma'il al-Bukhari.
[256] Zie *Ruh al-Ma'ani* in de uitleg van de genoemde verzen.
[257] Koran, 4:140.
[258] Overgeleverd in *al-jāmi al-ṣaḥīḥ* van de prominente hadithgeleerde Muhammad ibn Isma'il al-Bukhari.

volk is algemeen bekend. Sterker nog, onze geliefde profeet ﷺ werd gestenigd door zijn eigen volk, maar hij ﷺ smeekte Allah ﷻ om hen te vergeven, terwijl er bloed stroomde over zijn wangen.[259] Het ideale maatschappijmodel in de geschiedenis is dat van islamitisch Andalusië, huidig Spanje. De moslims waren aan de macht, maar ze leefden met niet-moslims in vrede en veiligheid. Het islamitisch Spanje kan gekenmerkt worden met pluralisme, religieuze vrijheid, vreedzaamheid, rechtvaardigheid. Hetzelfde geldt voor de Joodse en christelijke gemeenschappen in de Osmaanse territoria. De islam geeft iedereen een (religieuze) vrijheid. In de Koran staat wat neerkomt op: "En zeg: 'De waarheid komt van jouw Heer vandaan.' Wie het wil, die moet dan geloven en wie het wil, die moet maar ongelovig zijn."[260] In een ander vers staat wat neerkomt op: "In de godsdienst is geen dwang."[261]

Bepaalde Koranverzen waaruit men onterecht aanmoediging tot agressie concludeert, hebben betrekking op specifieke gebeurtenissen in de tijd van de profeet ﷺ waarbij het gaat om militair-diplomatieke gevallen die niet als leidraad of instructie dienen voor individuen. Om deze verzen uit de context te halen en vervolgens als propagandamateriaal te gebruiken, is niet alleen een wetenschapsfraude, maar ook een groot verraad aan de mensheid! Een andere fout die men maakt, is de praktijken van buitensporige moslims ten onrechte toeschrijven aan de islam. Als er moslims zijn in de wereld die geweld plegen of terreur bedrijven, dan mogen we dat niet verwijten aan de islam. Net zoals het niet eerlijk is als moslims de christelijke wereld zouden beschuldigen wegens het bloedbad in Nieuw-Zeeland, gepleegd door de terrorist Brenton

[259] Zie hiervoor de biografie van de geliefde profeet toen hij naar Ta'if ging om protectie te zoeken.
[260] Koran, 18:29.
[261] Koran, 2:256.

Tarrant, of wegens de aanslagen in Noorwegen van de terrorist Anders Behring Breivik.

De illegale jihadisten en het internationale terreurnetwerk[262]

Om het jihadisme te kunnen begrijpen, moet men de historie van het wahabisme weten dat teruggaat tot de 7e-eeuwse beweging van de khawarij. Deze sekte staat bekend om haar extreme en gewelddadige praktijken. Ze hebben een literalistische houding tegenover de religieuze teksten. Ze erkennen geen autoriteit en permitteren zich alles zodra ze dat nodig vinden. De beweging werd nadat ze uitstierf opnieuw in leven geroepen onder de naam wahabisme en neo-salafisme. Volgens hun leer moeten de niet-moslims en degenen die innoveren in de religie, streng bestreden worden. Hierbij wordt er zelfs toestemming gegeven om zulke mensen te vermoorden, met de stelling dat zij blasfemie hebben begaan en daardoor geen moslim meer zijn.[263] De aanhangers van deze leer hanteren ook een strenge methode bij de interpretatie van de religieuze teksten waarbij ze erg strikt en letterlijk worden genomen.[264] In het bijzonder de religieuze teksten met betrekking tot de termen *tawḥīd*, *shirk*, *kufr* en *bid'a*. Het gaat dus vooral om de zaken die betrekking hebben op de geloofsleer.[265] Deze doctrine is ook duidelijk terug te zien in sommige oude publicaties van de Golfstaten.[266]

[262] **Let op:** Er is in dit subhoofdstuk en het subhoofdstuk erna bewust voornamelijk gerefereerd aan niet-islamitische literatuur om een neutraal beeld te geven aan de niet-moslim lezer. Ik kon ook refereren aan tientallen islamitische bronnen, maar dat zou dan als het implausibele moslimnarratief van deze problematiek worden beschouwd door de niet-moslim.
[263] A. Moussalli, *Wahhabism, Salafism and Islamism: Who is the enemy?* (Beiroet: Conflicts Forum, 2009), 9.
[264] Ook wel literalisme genoemd. Degenen die deze methode hanteren worden ook wel literalisten genoemd.
[265] Moussalli, *Wahhabism*, 4.
[266] Moussalli, *Wahhabism*, 4-5.

Deze stroming wordt dus teruggevoerd op de khawarij die een sekte waren in de tijd van de metgezellen. De aanhangers van deze extreme godsdienstbeleving adhereren het buitensporig gebruik van de *takfīr*. Deze excessieve houding maakt het mogelijk om mensen vrijwel direct te verketteren en vervolgens hun eigendom en bloed tot tastbaar te verklaren. De aanhangers van het wahabisme wijken op veel meer punten af van de mainstream moslims. Het gedrag van de aanhangers van deze doctrine werd door de geleerden van die tijd en erna altijd scherp bekritiseerd. Ze hebben zich ten onrechte vernoemd naar *al-salaf al-ṣāliḥ*,[267] dus de eerste drie vrome generaties, maar wijken theologisch en methodologisch drastisch af van hen.

Het buitensporig gebruik van de *takfīr* is een product van de khawarij die zelfs het bloed en eigendom van de metgezellen *(ṣaḥāba)* toegestaan achtten. Dit afgekeurde gedrag werd na eeuwen genadeloos opnieuw geïntroduceerd. Hierdoor werden er ook veel onschuldige moslims vermoord in de Hijaz in de achttiende eeuw. Zowat alle hedendaagse jihadisten zijn geïnspireerd op deze leer en vertegenwoordigen grotendeels dezelfde standpunten als deze beweging. Het is wijd en zijd dat deze beweging steun kreeg van de Britten om tegen het Osmaanse Rijk te vechten. De wahabitische leer is tegenwoordig de officiële religieuze optiek in de Golfstaten. Het is ook geen mysterie meer dat deze staten de wahabitische ideologie financieren en propageren om het te laten heersen in de islamitische wereld. Sterker nog, Mohammad bin Salman, de kroonprins van Saoedi-Arabië, gaf in 2018 zelf toe dat Saoedi-Arabië in opdracht van de Verenigde Staten de wahabitische leer propageerde over de hele islamitische wereld.[268]

[267] Ze noemen zich salafi's, maar de term neo-salafi's past beter bij hen.
[268] https://www.rt.com/news/422563-saudi-wahhabism-western-countries/

In de loop der tijd zijn er bepaalde veranderingen opgetreden. De anatomie van de neo-salafisten is grotendeels veranderd. De verschillende contextuele benaderingen hebben drie grote facties geproduceerd: de puristen, de politici en de jihadi's. De puristen benadrukken een focus op geweldloze methodes van verspreiding, zuivering en educatie. Volgens hen veroorzaakt de politiek een grote separatie. Politici, integendeel, benadrukken de toepassing van de extreme godsdienstbeleving in de politieke arena, omdat dit volgens hen de enige manier is om sociale rechtvaardigheid en Allahs legislatierecht te implementeren. De jihadi's nemen meer een militante positie in en beweren dat de huidige toestand roept tot geweld en revolutie. Alle drie de facties hebben grotendeels dezelfde geloofsbelijdenis, maar ze bieden verschillende interpretaties van de hedendaagse wereld.[269]

Om het bovenstaande te illustreren, is het mogelijk om ISIS als voorbeeld te geven. ISIS is de afkorting van *Islamitische staat van Irak en Syrië*. Het is een zogenaamde jihadistische beweging. De beweging was opgericht door Abu Musab al-Zarqawi. De Arabische benaming van deze beweging is *Daesh*.[270] Na de invasie op Irak in 2003 door de westerse machten, opereerden ze samen met al-Qaida welke werd geleid door Osama Bin Laden. Daarom werd zijn naam vervangen door *al-Qaida in Irak*. Sinds 2013 heet de beweging ISIS. De beweging proclameert de autoriteit te hebben over alle moslims in de hele wereld, maar er is geen prominente islamgeleerde die hen als een legitieme organisatie heeft erkend. Sterker nog, moslims weten dat dit soort bewegingen niet een product zijn van de islam, zoals professor Michel Chossudovsky

---

[269] Quintan Wiktorowicz, "Anatomy of the Salafi Movement," *Studies in Conflict & Terrorism*, no. 29 (2006): 207-239.

[270] Erin Marie Saltman & Charlie Winter, *Islamic State: The Changing Face of Modern Jihadism* (London: Quilliam, 2014), 13-14.

schrijft in één van zijn artikelen genaamd "The Terrorists R Us. The Islamic State Big Lie."[271] Hij schrijft hier dat de werkelijke oprichter van IS de Amerikaanse geheime dienst CIA is.[272] Zowel al-Qaida als Taliban werden opgericht met de financiële en logistieke steun van de Verenigde Staten om Sovjet-Unie te bestrijden onder het mom van jihad.[273]

Dezelfde schimmige relaties gelden ook voor Hamas.[274] Alle gewapende bewegingen in de regio hebben zonder uitzondering schimmige relaties met Mossad en CIA. Hier zijn vele bewijsmaterialen en getuigen voor. Er zijn vele staatsmannen, diplomaten en onderzoekers die dit hebben gezegd en bewezen.[275] De Israëliërs zelf geven dit zelfs toe. De oude Mossadspion Victor Ostrovsky schrijft in zijn boek *The Other Side of Deception* het volgende: "Supporting the radical elements of Muslim fundamentalism sat well with the Mossad's general plan for the region. An Arab world run by fundamentalists would not be a party to any negotiations with the West, thus leaving Israel again

[271] https://www.globalresearch.ca/the-terrorists-r-us-the-islamic-state-big-lie-and-the-criminalization-of-the-united-nations/5404146
[272] Zie ook *The Terror Factory: Inside the FBI's Manufactured War on Terrorism* van Trevor Aaronson.
[273] Marc Sageman, *Understanding Terror Networks*, University of Pennsylvania Press, Philadelphia, blz.57-58; Martin Ewans, *Conflict in Afghanistan: Studies in Asymmetric Warfare*, Routledge, London, 2004, blz. 128, 241; Martin Ewans, *Afghanistan: A New History*, Routledge, London, 2013, blz. 205.
[274] De relaties en privé-leven van Hamas-leiders zijn erg schimmig. Ze onderhouden achter de schermen vreemde relaties met Iran en westerse geheimediensten. Ismail Haniyeh leeft in Qatar, terwijl Qatar een bolwerk is van invloedrijke Amerikaanse multinationals. Bovendien is de stabiele relatie van Qatar met de VS algemeen bekend. Qatar behoort ook tot een van de grootste financierders van Hamas. Dit zijn curieuze verhoudingen. Mosab Hassan Yousef, de zoon van een van de oprichters van Hamas, werd zelfs een spion voor Shin Bet, de Israëlische veiligheidsdienst en bekeerde zich zelfs tot het christendom. Zie ook WikiLeaks.
[275] Zie o.a. "How Israel Helped to Spawn Hamas" van Andrew Higgins
https://www.wsj.com/articles/SB123275572295011847
en "How and why Israel helped create Hamas?" van dr. Moonis Ahmar
https://tribune.com.pk/story/2302309/how-and-why-israel-helped-create-hamas

as the only democratic, rational coun-try in the region. And if the Mossad could arrange for the Hamas (Palestinian fundamentalists) to take over the Palestinian streets from the PLO, then the picture would be complete."[276]

Mossad gebruikt de gewapende bewegingen in de regio voor zijn eigen politieke agenda. Dit doen ze door ze bijvoorbeeld te tolereren en te financieren, om chaos, burgeroorlogen en sektarische conflicten aan te wakkeren in de moslimregio. Dit zorgt niet alleen voor verzwakking, fragmentatie en destabilisatie van moslims, maar creeërt ook een vacuüm waarin Israël, VS of Rusland, zoals in het geval van Syrië, Irak en Palestina, gemakkelijk kunnen opereren als een held en zelfverdediger en daarmee hun wrede staatsterrorisme kunnen rechtvaardigen. Hamas onderhoudt schimmige relaties met Mossad en Israëliërs. Beide kanten hebben daar belangen bij. Nog een belang van Israël is dat Hamas een alternatief vormt voor Palestine Liberation Organization (PLO) die wat milder en diplomatieker omging met het Israëlisch-Palestijns conflict.[277] Het is algemeen bekend dat er in de regio alles wordt gedaan met de steun van de VS, VN en EU voor de verdediging van Israël en om het Groter Israël op te richten. Daarnaast hebben economische belangen ook invloed. Hierbij spelen gewapende bewegingen en de politieke islamisten een cruciale rol, omdat ze altijd schimmige relaties hebben gehad achter de schermen met Israël en westerse geheimediensten. De jihadi's en politieke islamisten hebben in de naam van de islam altijd veel schade berokkend aan de moslimwereld.[278]

---

[276] Victor Ostrovsky, *The Other Side of Deception*, p. 197. Zie ook: https://youtube.com/watch?v=o7grSsuFSS0&si=kIiDR1cdwZWMh95T

[277] Sterker nog, hierdoor werd zelfs Yitzhak Rabin, de toenmalige premier van Israël, vermoord door de Jemenitische Jood Yigal Amir, wegens de *Oslo I Accord* waarmee vreedzame afspraken werden ondertekend tussen Yitzhak Rabin namens de Israëlische regering en Yasser Arafat namens de PLO.

[278] Het is een fout om de Tsjetsjeense krijgers, zoals Shamil Basayev en Dzhokhar Dudaev, te vergelijken met terreurbewegingen. Hiervoor is een aantal redenen: (1) Zij waren geen

Het dieptepunt werd bereikt op 11 september 2001 toen er meerdere aanslagen werden gepleegd in de Verenigde Staten waarbij duizenden onschuldige mensen omkwamen en verwond raakten. Dit was een complot van de duivelse kring tegen de moslimwereld. De zondebok was allang bepaald, namelijk de zogenaamde jihadi's onder leiding van Osama Bin Laden. Desalniettemin is deze man nooit ergens gevonden en opgepakt. De VS is Irak binnengevallen. Uiteindelijk is er in Noord-Irak een Koerdische staat opgericht met de familie Barzani aan het hoofd. Dit was een grote stap naar het Groter Israël. Waren er geen jihadi's, dan konden Joden en zionistische christenen ook nooit zover komen. Professor Michel Chossudovsky vermeldt in zijn gezaghebbende boek *America's "War on Terrorism"* een zeer belangrijk gegeven. De familie Bin Laden en de familie Bush hebben met elkaar lange jaren sterke handelsrelaties gehad en blijken helemaal geen vijanden te zijn van elkaar.[279]

In september 2015 werd er door *The New York Times* aangekondigd dat er uit honderd verschillende landen dertigduizend gewapende mensen naar Syrië gingen om zich aan te sluiten bij IS. Volgens andere bronnen waren er ongeveer honderdduizend gewapende mensen naar Syrië gegaan om een onderdeel van het IS-leger te worden. Dit was inderdaad een enorm groot leger, maar wie waren deze gewapende mensen en waar kwamen ze vandaan? Hoe kwamen ze aan de wapens en door wie werden ze gefinancierd? Hoe konden de verschillende overheden, internationale politie en de geheime diensten deze

wahabieten of sjiieten die moslims doodden, (2) ze deden geen zelfmoordaanslagen, (3) ze vermoordden geen onschuldige burgers, (4) ze hadden geen schimmige relaties met de vijanden en werden ook niet gefinancierd door hen. Later is helaas ook hun vrijheidsoorlog verwaterd met de deelname van een groot aantal wahabitische militanten en verraders.

[279] Michel Chossudovsky, *America's "War on Terrorism"* (Québec: Global Research, 2005), blz. 172.

verschuivingen niet tegenhouden? Het antwoord op deze vragen zit verscholen in de duivelse driehoeksverhouding tussen de VS, de Golfstaten en de westerse geheime diensten. De coöperatie en sterke relaties tussen de VS en de Golfstaten is bij iedereen bekend. Dan hebben we het nog geen eens over de genadeloze baronnen van de wapenindustrie, aangezien 78% van alle wapens in de wereld afkomstig is van zes landen: China, Frankrijk, Duitsland, Rusland, het Verenigd Koninkrijk en de Verenigde Staten.[280] Deze bedrijven worden gerund door een duivelse kliek. Terreur en oorlog betekenen geld voor hen. De landen waar men gewapende strijd wil, worden eerst klaargestoomd voor verdeling en chaos. Het enige dat overblijft, is het terroristische netwerk inschakelen *and that's it*! Een voorbeeld hiervan is de *US Institute of Peace* welke een gretige geldschieter is van de tegenstanders van Bashar al-Asad in Syrië. In 2011 kwam boven water dat deze organisatie twee jaar voordat de Arabische Lente begon grote projecten leidde om de activisten te financieren, op te leiden en te bewapenen voor de zogenaamde revolutie in Egypte.[281]

Daarnaast is het ook geen mysterie meer dat de Bush-regering sektarische burgeroorlogen financierde en aanwakkerde in het Midden-Oosten. De Amerikaanse onderzoeker Seymour M. Hersh welke de Pulitzerprijs, een prestigieuze Amerikaanse literatuurprijs, won, bewees dat de Bush-regering de soennieten in het Midden-Oosten ophitste tegen de sjiieten.[282] Een operationele man van dit soort activiteiten is bijvoorbeeld de Amerikaanse Colonel James

[280] https://www.amnesty-international.be/subthema/globale-wapenhandel-in-cijfers/40253
[281] Tony Cartalucci, "U.S. Writing New Syrian Constitution," *Global Research*, 22.07.2012.
[282] Seymour M. Hersh, "The Redirection: Is the Administration's new policy benefitting our enemies in the war on terrorism?", The New Yorker, 05.03.2007; Ismail Tokalak, *Küresel Sömürü* (Istanbul: ATAC, 2016), 389.

Steele. Hij organiseerde een grote groep aan terreurbewegingen en contra-guerrilla in diverse landen. Na een aantal bloedige decennia ging hij met pensioen en zette hij zijn leven voort in Texas. Hij zette de Koerden en sjiieten in Irak aan tegen de soennieten.[283] Hij organiseerde sjiitische terreurbewegingen. Op deze manier veroorzaakte hij sektarische bloedbaden waarin duizenden onschuldige mensen om het leven kwamen. Toen hij opereerde in Irak stierven maandelijks gemiddeld drieduizend mensen. Deze bloedbaden en massamoorden werden heel gewoonlijk gerapporteerd aan het ministerie van buitenlandse zaken van de VS. Dit was een echte genocide, maar niemand zei er wat van. Er zijn vierhonderdduizend rapporten van de Amerikaanse mogendheden gelekt over de massamoorden in Irak, maar alle staatsmannen waren monddood. Toen de rapporten boven water kwamen, werden de bloedbaden tevergeefs overgedragen aan de VN en gepubliceerd in documentaires. Toch kwam er geen einde aan de bloedbaden, want de hoeveelheid van de huursoldaten bleven maar toenemen. In 2003 waren dat er tienduizend en binnen drie jaar nam het toe tot vijftigduizend huursoldaten. Het bekendste bedrijf dat dit soort huursoldaten recruitte en de verdeling ervan organiseerde, was het schimmige bedrijf Blackwater waar zeer weinig over wordt gesproken.[284] De oprichter van dit bedrijf is de extremistisch-evangelische kruisvaarder Erik Prince. Hij is een vurige kruisvaarder en is een lid van *the Knights of Columbus*, een organisatie die staat voor de militaire expansie van het christendom en de herleving van de kruistochten.[285]

[283] Michel Chossudovsky, *The Globalization of War*, Montreal, 2015.
[284] Banu Avar, *Zemberek* (Istanbul: Remzi Kitabevi, 2016), 47-48.
[285] https://www.patheos.com/blogs/nolongerquivering/2009/11/christian-dominionism-part-4-erik-prince-and-the-ties-that-bind-extremist-politics-to-christian-patriarchy/

Een ander feit dat achteraf boven water kwam, is dat de IS-leider Abu Bakr al-Baghdadi in 2004 werd opgepakt door de Amerikaanse soldaten en gevangen werd genomen in gevangenis van Camp Bucca gelegen op de grens van Koeweit. De voormalige directeur van de gevangenis, Colonel Kenneth King, beweerde dat al-Baghdadi in 2009 vrij werd gelaten en zei toen hij afscheid nam: "I'll see you guys in New York."[286] Het is in een rapport genaamd *Illusion of Justice: Human Rights Abuses in US Terrorism Prosecutions* van Human Rights Watch ook aangetoond dat CIA en FBI illegaal contacten legt met bepaalde mensen om ze aan te zetten tot geweld en terreuraanslagen onder andere in ruil voor geld. Andrea Prasow, directeur en één van de auteurs van het rapport, zegt het volgende: "Americans have been told that their government is keeping them safe by preventing and prosecuting terrorism inside the US, but take a closer look and you realize that many of these people would never have committed a crime if not for law enforcement encouraging, pressuring, and sometimes paying them to commit terrorist acts."[287]

Oorlogen en conflicten zijn niet alleen voordelig, omdat ze grote opbrengsten leveren aan bepaalde duivelse kringen in de wapenindustrie, maar ze zijn ook zeer effectief in het teweegbrengen van internationale migratieproblemen. De grote hoeveelheid oorlogsmigranten kunnen als een wapen gebruikt worden door de duivelse kringen. In een onderzoek met de titel *Strategic Engineered Migration as a Weapon of War* welk is gedaan aan de Harvard University wordt geconstateerd dat de grote migratiegolven als een wapen gebruikt kunnen

---

[286] Michael Daly, "ISIS Leader: 'See You in New York', The Daily Beast, 14.06.2014; Robert Spencer, "ISIS chief Abu Bakr al-Baghdadi on his release from U.S. detention in 2009: 'I'll see you guys in New York', Jihad Watch, 14.06.2014; Ismail Tokalak, *Küresel Sömürü* (Istanbul: ATAC, 2016), 389.

[287] https://www.hrw.org/report/2014/07/21/illusion-justice/human-rights-abuses-us-terrorism-prosecutions

worden tegen bepaalde staten.[288] De migratiekampen zitten vol met spionnen en medewerkers van internationale inlichtingendiensten. Zij houden toezicht op de zaken en organiseren diverse illegale activiteiten voor de orgaanmaffia en de drugsdealers. Laat je niet misleiden door de zogenaamde filantropen en feeën van de Verenigde Naties. De corruptie is te gek voor woorden. De mensheid wordt op een wilde en meedogenloze wijze belazerd. De VN is sinds haar oprichting onder de controle van de duivelse elite. Haar hoofdkwartier met zes verdiepingen in New York in het midden van Manhattan is zelfs een geschenk van de bankier John Rockefeller.[289] De VN hebben tot nu toe nooit een internationaal conflict kunnen tegengaan. Niet in het Israël-Palestijns conflict, niet in het Servisch-Bosnisch conflict, niet in Nagorno-Karabakh, niet in de Golfoorlog, niet in Irak, niet in Libië en ook niet in Syrië. Wat stelt zo een wereldorganisatie dan in godsnaam voor? Niets anders dan dissimulatie! De VS weigerde in 2014 alle verzoeken van oorlogsmigranten, behalve van één groep. Deze groep bestond uit 1519 mensen. Zij kregen wel toegang en burgerschap in de VS. Iedereen in deze groep, zonder enkele uitzondering, was iemand die ooit betrokken was geweest bij een terreuraanslag of -beweging.[290]

Een andere cruciale factor in de burgeroorlogen en destabilisatieprocessen is de drugshandel. Een Amerikaanse invasie op een bepaald land resulteert onder andere in de Amerikaanse monopolie op de drugshandel in dat land. Een duidelijk voorbeeld hiervan is Afghanistan.[291] *The New York Times* publiceerde

---

[288] Kelly M. Greenhill, "Strategic Engineered Migration as a Weapon of War." Civil Wars, vol. 10. no. 1. (March 2008): 6-21; Banu Avar, *Zemberek* (Istanbul: Remzi Kitabevi, 2016), 19-20.
[289] Banu Avar, *Zemberek* (Istanbul: Remzi Kitabevi, 2016), 17-18.
[290] Report on the Secretary's Application of the Discretionary Authority Contained in Section 212(d)(3)(B)(i) of the Immigration and Nationality Act, Annual Report to Congress, Fiscal Year 2014, Homeland Security.
[291] "The CIA continues trafficking drugs from Afghanistan," *Veterans Today*, 04.06.2016.

in 1993 dat CIA gedurende de Vietnamoorlog in 1963 tot 1973 volledige controle had op de drugshandel in Vietnam en samenwerkte met de vooraanstaande drugsdealers in Vietnam om een aandeelhouder te worden van de enorme winsten in het drugsverkeer.[292] De statistieken hebben uitgewezen dat de drugshandel onder leiding van de VS vele malen is vermeerderd na de Amerikaanse invasie op Afghanistan.[293]

Zonder de bovengenoemde feiten in acht te nemen, is het niet mogelijk om te begrijpen wat er zich in de moslimwereld afspeelt. Bovendien zijn de bovengenoemde feiten nog maar het topje van de ijsberg. De terreurbewegingen worden opgericht en anders georganiseerd en gefinancierd door Mossad en CIA. Nu rijst de vraag hoe jihad zich verhoudt tot de islam. Om deze vraag te beantwoorden, moet het concept van jihad uiteengezet worden conform de bronnen van de islamitische religie.

Jihad conform de islamitische bronnen

Er zijn drie termen die vaak voorkomen in de Koran met betrekking tot dit onderwerp, namelijk *ḥarb*, *qitāl*, en *jihād*. De Mekkaanse verzen van de Koran bevatten geen verzen betreffende martelaarschap. Het woord *ḥarb*, dat letterlijk oorlog betekent, komt alleen voor in de Medinensische verzen, *qitāl* komt zelden voor in de Mekkaanse verzen en evenzo het woord *jihād*, het komt maar een aantal keren voor in de Mekkaanse verzen. Bovendien worden de laatste

[292] Larry Collins, "The CIA Drug Connectionals as Old as the Agency," *The New York Times*, 03.12.1993.
[293] Peter Dale Scott, *American War Machine: Deep Politics, the CIA Global Drug Connection, and the Road to Afghanistan* (New York: Rowman & Littlefield Publications, 2010), blz. 13.

twee termen louter in de betekenis van spirituele inspanning of metafysische strijd gebruikt in de Mekkaanse verzen.[294] Daarom zijn er door de profeet Mohammed ﷺ ook geen militaire activiteiten uitgevoerd gedurende de twaalf jaren in Mekka. Koranverzen omtrent fysieke strijd en militaire activiteiten zijn pas ná de emigratie naar Medina geopenbaard. Het eerste Koranvers dat werd geopenbaard over *jihād* was welk neerkomt op: "Verlof is gegeven aan hen die worden aangevallen, omdat hun onrecht is gedaan en Allah is waarlijk bij machte om hen te helpen."[295] Vervolgens werden deze verzen, die fysieke strijd toestaan, vervolgd met verzen die de fysieke strijd een religieuze taak hebben gemaakt. Dit waren de volgende verzen die neerkomen op: "En bestrijdt op de weg Allahs hen die jullie bestrijden maar overschrijd niet de maat Allah bemint niet hen die de maat overschrijden. En dood hen waar jullie hen aantreffen en verdrijf hen van waarvan zij jullie hebben verdreven maar de verzoeking is erger dan de doodslag. En bestrijdt hen niet bij het gewijde bedehuis zolang zij jullie niet daarin bestrijden. Doch indien zij jullie bestrijden dood hen dan. Aldus is de vergelding der ongelovigen. Doch indien zij ophouden dan is Allah waarlijk vergevend en barmhartig. En bestrijd hen tot er geen verzoeking meer is en de godsdienst aan Allah behoort. En indien zij dan ophouden dan is er geen vijandschap dan tegen de onrechtdoeners."[296]

Volgens de overtreffende meerderheid van de moslimjuristen is fysieke strijd een aspect van het menselijk bestaan en gesanctioneerd door Allah ﷻ, zodoende moeten de hieraan gerelateerde ethisch-juridische dimensies als een wezenlijk

[294] Rudolph Peters & Peri Bearman, *The Ashgate Research Companion to Islamic Law* (Surrey: Routledge, 2014), chap. 14 p. 193-194.
[295] Koran, 22:39.
[296] Koran, 2:190-193.

onderdeel van de *sharīʿa* beschouwd worden.[297] Voordat we de betekenis van *jihād* volgens de Koran kunnen begrijpen, is het essentieel om te weten dat de openbaring van dit woord niet alleen beperkt is tot het Medinensische tijdperk, maar dat het woord ook voorkomt in de Mekkaanse Koranverzen. Dit is een belangrijke voorkennis bij het begrijpen van *jihād*, want de oorlogen zijn pas ná de migratie naar Medina uitgevoerd door de moslims. Dit betekent dat er in de Mekkaanse periode geen oorlogen waren plaatsgevonden tussen de moslims en de Arabische polytheïsten. Dat het woord *jihād* in die tijd al was geopenbaard in de Koran toont aan dat het woord meer dan één betekenis heeft in de islamitische terminologie.[298] Het is dus wetenschappelijk gezien ongegrond om te beweren dat *jihād* alleen fysieke strijd betekent. Een aantal van deze Mekkaanse verzen waarin het woord *jihād* wordt gebruikt, is:

- "Leen dan niet het oor aan de ongelovigen en ijver tegen hen daarmede in grote ijver."[299] Het woord *jāhada* is hier met 'ijveren' geïnterpreteerd. 'Abdullah ibn 'Abbas heeft die passage met 'bestrijd hen met de Koran' uitgelegd.[300]
- "Daarna is uw Heer voor hen die uitgeweken zijn na verzoeking te hebben weerstaan en vervolgens zich beijverd hebben en geduldig uitgehouden na dat al is uw Heer waarlijk vergevend en barmhartig op de dag waarop iedere ziel voor zichzelf zal moeten opkomen en van iedere ziel zal worden ingevorderd wat zij bedreven heeft zonder dat hun onrecht geschiedt."[301] Het woord *jāhada* is hier weer met het werkwoord 'ijveren' weergegeven.

---

[297] R. Peters & P. Bearman, *The Ashgate Research Companion to Islamic Law*, chap. 14 p. 194.
[298] Said Ramadan al-Buti, *al-jihād fī al-islām*, (Damascus: Dar al-Fikr, 1993) 19-20.
[299] Koran, 25:52.
[300] Muhammad 'Ali Sabuni, *ṣafwa al-tafāsīr*, (Cairo: al-Asdiqa, 2001) 818.
[301] Koran, 16:110 en 111.

Het woord 'uitwijken' in het vers verwijst naar de eerste emigratie die plaatsvond naar Ethiopië.

De Koran gebruikt het woord *jihād* dus niet alleen in de betekenis van 'fysieke strijd', maar ook als spirituele en verbale strijd. Tevens heeft de profeet Mohammed ﷺ de belangrijkste vorm van *jihād* gedefinieerd met het uitspreken van de waarheid tegen een tiran.[302] Hiermee wordt dus duidelijk dat *jihād* in de islam zowel met fysieke strijd als met verbale strijd wordt gedefinieerd. De betekenis van het woord *jihād* wordt meestal gemanipuleerd door de werkelijke betekenis ervan te verdraaien om het aangenamer te maken. Er zijn Koranverzen waar het woord *jihād* in de betekenis van *qitāl* is gebruikt. De betekenis is dan 'fysieke strijd' of 'oorlogsinspanning'. Om dan hier de betekenis met 'spirituele inspanning' of 'verdediging van het vaderland' te verdraaien, is volkomen onjuist,[303] want *jihād* bestaat volgens de algemene leerstelling binnen de islamitische wetgeving uit de verdediging van de islamitische staat én de militaire actie met het doel om de islam te verspreiden.[304]

Het is echter niet zo dat de Koran opdraagt om direct te strijden tegen de niet-moslims. Het is volgens alle islamitische geleerden verplicht om de niet-moslims eerst uit te nodigen tot de islam voordat er sprake mag zijn van een

302 al-Buti, *al-jihād fī al-islām*, 21.
303 Andrzej Zaborski, "Etymology, etymological fallacy and the pitfalls of literal translation of some Arabic and Islamic terms," *Words, texts and concepts cruising the Mediterranean Sea*, no. 3 (2004): 143-144.
304 Tyan, "Djihad," v. 2 p. 538.

fysieke strijd.[305] Er wordt in de Koran geopenbaard dat de mensen eerst uitgenodigd moeten worden tot de islam: "Roep op tot de weg van uw Heer met wijsheid en schone vermaning en bestrijd hen met een betoog dat schoner is."[306] Vervolgens instrueert de Koran wat neerkomt op: "Bestrijd hen die niet geloven in Allah noch in de laatste dag en die niet verboden stellen wat Allah en Zijn boodschapper verboden hebben gesteld en die niet zich voegen naar de wezenlijke godsdienst onder degenen aan wie de Schrift gegeven is totdat zij uit de hand de schatting opbrengen in onderdanigheid."[307] Pas na deze stappen te hebben gevolgd, kan er sprake zijn van een fysieke strijd.[308] In de Koran staat wat neerkomt op: "En bestrijd op de weg Allahs hen die u bestrijden, maar overschrijd niet de maat. Allah bemint niet hen die de maat overschrijden."[309] Dit is het eerste Medinensische Koranvers dat is geopenbaard over *jihād*.[310]

Met de overeenstemming van de overtreffende meerderheid van de islamitische rechtswetenschappers is *jihād* alleen verplicht in drie gevallen:

1. Als er oorlog is uitgeroepen tussen een door de moslims erkend kalifaat en tussen een niet-islamitische staat.
2. Als een door de moslims erkend kalifaat wordt aangevallen.
3. Als een door de moslims erkende kalief *jihād* afkondigt en de mensen roept om mee te doen.[311]

---

[305] Rudolph Peters, *Jihad in classical and modern Islam*, (Princeton: Markus Wiener Publishers, 2005) 37.
[306] Koran, 16:125.
[307] Koran, 9:29.
[308] R. Peters, *Jihad in classical and modern Islam*, 37-40.
[309] Koran, 2:190.
[310] Ibn Kathir, *tafsīr al-qur ān al- aẓīm*, (Riyad: International Ideas Home for Publishing & Distribution, 1999) 197.
[311] *Encyclopaedia of Fiqh (al-mawsū a al-fiqhiyya)*, (Koeweit: Wizarat al-Awqaf wa al-Shu'un al-Islamiyya, 198) v. 16 p. 130-133.

Bovendien is het ten strengste verboden om tijdens *jihād* vrouwen, minderjarigen, bejaarden en onschuldige burgers die niet meedoen aan de oorlog, te vermoorden,[312] want het doel van *jihād* is niet vermoorden. De activiteit van *jihād* heeft namelijk twee doelen:

1. De mensen tot de islam laten bekeren.
2. Belasting heffen ingeval ze de bekering weigeren.[313]

Uit de context van de Koranverzen wordt duidelijk dat de ongelovigen en polytheïsten bestreden moeten worden als reactie op hun aanvallen en dat de Joden en christenen bestreden moeten worden om de betaling van de schatting te forceren.[314] Al deze Koranverzen zijn echter alleen toepasbaar indien er een legitiem islamitisch staatshoofd, dus kalifaat, aanwezig is dat erkend is door de islamitische geleerden. Zo een staatshoofd is sinds 1924 met de afschaffing van het kalifaat in Istanbul niet meer aanwezig in de wereld!

Ethische aspecten van *jihād*

De *sharīʿa* verbiedt om onethische middelen te gebruiken met het doel om geheime militaire informatie te verzamelen om het vervolgens tegen de vijand te gebruiken. Onder onethische middelen wordt een middel verstaan dat volgens de islamitische wetgeving *ḥarām* is verklaard, zoals alcohol en prostitutie. Dit zijn twee typische voorbeelden van gebruikelijke middelen om de vijand in de val te lokken.[315] Het is in de *sharīʿa* dus niet toegestaan om het doel te bereiken door middel van immorele en onzedelijke hulpmiddelen. Dit principe is

---

312 *Encyclopaedia of Fiqh (al-mawsūʿa al-fiqhiyya)*, v. 16 p. 148-151.
313 R. Peters, *Jihad in classical and modern Islam*, 40.
314 M. A. S. Abdel Haleem, "Qur'anic 'jihad': A Linguistic and Contextual Analysis," *Journal of Qur'anic Studies*, Vol. 12 (2010): p. 155.
315 Yusuf al-Qaradawi, *fiqh al-jihād: dirasa muqārana li aḥkāmihi wa falsafatihi fī ḍawʾ al-qurʾān wa al-sunna* (Cairo: Maktabah Wahbah, 2009), p. 475.

gebaseerd op een profetische overlevering afkomstig uit de hadith-compilatie *al-musnad* van de grootgeleerde Ahmad ibn Hambal: "Waarlijk, Allah annihileert het kwaad niet met kwaadheid, maar vernietigt het met goedheid. Waarlijk, onreinheid verwijdert geen onreinheid."[316] Tijdens de oorlog is het ten strengste verboden om gebruik te maken van chemische en biologische wapens en atoombommen waarmee een heel volk, zonder onderscheid te maken tussen soldaat en burger, wordt aangevallen.[317] Deze regel wordt door de moslimjuristen onderbouwd met de Koranverzen die neerkomen op: "En wanneer zo een heengaat beijvert hij zich op de aarde verderf te verspreiden en het bouwland en het jonge vee te vernielen. Maar Allah bemint niet het verderf."[318] en "Telkens wanneer zij een vuur ontsteken tot de oorlog dooft Allah het uit terwijl zij pogen in het land verderf te stichten. Maar Allah bemint niet de verdervers."[319]

Wat betreft de normen na het aflopen van de oorlog, in het bijzonder na het verkrijgen van de triomf, deze worden expliciet behandeld door de moslimjuristen in de juridische boeken. De krijgsgevangenen moeten zachtmoedig en vriendelijk behandeld worden, zoals ernaar is verwezen in het volgende Koranvers dat neerkomt op: "En zij verstrekken spijziging om Zijn liefde aan behoeftigen en wezen en gevangenen: Wij spijzigen u slechts ter wille van Allahs tevredenheid, niet verlangen wij van jullie vergelding noch dank."[320] Het is ook niet toegestaan om het verslagen volk te vernederen en om hun heiligdommen te vernielen. Zulke immorele handelingen zijn niet terug te

[316] *Hadith* no. 3672
[317] Yusuf al-Qaradawi, *fiqh al-jihād: dirasa muqārana li aḥkāmihi wa falsafatihi fī ḍaw' al-qur'ān wa al-sunna*, p. 476.
[318] Koran, 2:205.
[319] Koran, 5:64.
[320] Koran, 76:8-9.

zien in de oorlogen en veroveringen gedurende de tijd van de profeet Mohammed ﷺ en de eerste vier kaliefen. Sterker nog, zoals Gustave Le Bon en andere antropologen en historici hebben gezegd, de geschiedenis kent geen veroveraar met meer tolerantie dan de moslims.[321] Bovendien brachten de moslims zelfs de Europese edelen ridderlijkheid bij. Middeleeuwse ridders waren oorspronkelijk niet ridderlijk met nobele idealen zoals vrouwen en zwakkeren beschermen. Dat leerden ze uit de islamitische literatuur.[322]

Het is mogelijk om al deze ethische normen te categoriseren in vier hoofdprincipes:[323]

1. Het is niet toegestaan om af te wijken van de gulden middenweg. Het is dus een noodzakelijke regel om een handelwijze te hanteren waarbij de beide uitersten worden vermeden. Dit is gebaseerd op het Koranvers dat neerkomt op: "En bestrijd op de weg Allahs hen die jullie bestrijden, maar overschrijd niet de maat. Allah bemint niet hen die de maat overschrijden."[324] Deze overschrijding is nader verklaard door de moslimjuristen met de volgende twee interpretaties: (1) Het bestrijden van niet-moslims die een passieve houding nemen en geen vijandschap tonen tegen de moslims. (2) Het vermoorden van vrouwen, kinderen, bejaarden en zwakke mensen die niet in staat zijn om te participeren aan de oorlog.[325]

---

[321] Gustave Le Bon, *La civilisation des Arabes* (Paris: Librairie de Firmin-Didot et Cie, 1884), p. 605.
[322] Historia, nr. 7/2021.
[323] Yusuf al-Qaradawi, *fiqh al-jihād: dirasa muqārana li aḥkāmihi wa falsafatihi fī ḍaw ʾ al-qur ʾān wa al-sunna*, p. 748-756.
[324] Koran, 2:190.
[325] Ibn Kathir, *tafsīr al-qur ʾān al- ʿaẓīm* (Riyad: International Ideas Home for Publishing & Distribution, 1999), v. 1 p. 226.

2. De handeling *muthla*, wat in de juridische terminologie verminking betekent, is verboden. Hiermee wordt bedoeld dat het lijk van de vijand met wraakgevoelens wordt mishandeld door bijvoorbeeld de ogen of andere organen van het lichaam te onttrekken. Er zijn in de beroemde hadith-compilaties meerdere overleveringen omtrent het verbod op deze handeling.
3. Het is verboden om huizen en bomen te vernielen en om dieren te doden.
4. Het is verplicht om de afspraken van officiële overeenkomsten, ondertekend met de tegenstander, na te komen.

Hoe zit het met de zelfmoordaanslagen van de jihadisten?

De term suïcide (*qatl al-nafs* of *intiḥār*) is het met opzet beëindigen van het eigen leven. Zelfmoord is een heel ernstige misdaad in de islamitische wetgeving.[326] Er is zelfs een discussie onder de *fuqahā* over de toepassing van de begrafenisrituelen voor een persoon die zelfmoord heeft gepleegd. Volgens sommigen van hen komen zij niet in aanmerking voor deze gewoonlijke rituelen. Vandaar moet suïcide strikt onderscheid worden van martelaarschap. De soennitische juristen nemen een wat meer rationele en pragmatische houding aan als het gaat om het gedrag van moslims in oorlog. Zij benadrukken eerder overleving en overwinning dan de dood. Dientengevolge, het wensen van martelaarschap en de moslims aansporen om in aanmerking te komen voor de beloning van martelaarschap is geen prominent thema in de soennitische wetgeving omtrent *jihād*. In feite zijn zulke wensen afgekeurd door islamitische juristen, omdat zulke wensen geassocieerd worden met kharijieten.[327] Tevens is

[326] Franz Rosenthal, "On suicide in Islam," *Journal of the American Oriental Society*, vol. 66, No. 3 (1946): 240.
[327] Daniel Brown, "Martyrdom in Sunni Revivalist Thought," *Sacrificing the Self*, (2002): 113.

zo een wens nauwelijks anders dan neigingen tot zelfmoord.[328] De soennitische traditie bevat overleveringen die streng zijn in het oordeel tegen enige vorm van mogelijke relatie tussen de dood van een persoon en zijn eigen wil. Er zijn overleveringen die zelfs het wensen van een ontmoeting met de vijand verbieden. Sommige juristen hebben aangegeven dat de belijdenis van vals geloof zelfs is geprefereerd boven zelfmoord.[329]

De profetische overleveringen (*ḥadīth*) zijn erg duidelijk over het verbod op zelfmoord, alhoewel de Koranverzen betreffende zelfmoord niet eenduidig zijn. In een van deze overleveringen zei de profeet Mohammed ﷺ dat wie zichzelf vermoordt (met een ijzeren middel of iets anders) op dezelfde manier bestraft zal worden in de hel.[330] In de uitleg van deze overlevering beweren de geleerden dat deze bestraffing eeuwenlang zal duren. In een andere overlevering, welke vermeld is in *al-ṣaḥīḥ* van de prominente geleerde al-Bukhari,[331] wordt er bericht dat een persoon naar de profeet Mohammed ﷺ kwam en een opmerking maakte over zijn bewondering voor een dappere krijger. De profeet ﷺ weigerde en kondigde aan dat deze krijger de hel zou binnentreden. Dit verwarde de moslims, maar de volgende dag werd duidelijk waarom die krijger met de hel werd bestempeld door de profeet ﷺ. Hij was namelijk zwaargewond en vermoordde zichzelf om een einde te brengen aan zijn pijn. Deze gebeurtenis was waargenomen door enkele metgezellen. Hieruit wordt duidelijk dat zelfmoord zelfs tijdens een oorlog verboden is. Bovendien staat het volgende in

[328] A. J. Wensinck, "The Oriental doctrine of the Martyrs," *Mededeelingen der Koninklijke Akademie van Wetenschappen, Afdeeling Letterkunde*, (1922): 153.
[329] Ignaz Goldziher, *Muslim Studies*, (New York: State University of New York Press, 1971) 352.
[330] F. Rosenthal, "On suicide in Islam," *Journal of the American Oriental Society*, 244. (Geciteerd door hem uit Sahih al-Bukhari, Musnad ibn Hanbal en Sunan an-Nasai).
[331] *Hadith* no. 2898

het Koranvers dat neerkomt op: "O jullie die geloven, verteer niet jullie bezittingen onder jullie in ijdelheid tenzij dat er koophandel is met wederzijds goedvinden van jullie kant. En dood elkander niet (*wa lā taqtulū anfusakum*). Allah is waarlijk voor jullie barmhartig. Maar wie dat wel doet in overtreding en onrecht die zullen Wij braden in een vuur."[332] De passage *wa lā taqtulū anfusakum* van het bovenstaande Koranvers zou ook als volgt weergegeven kunnen worden in het Nederlands: "En vermoord jullie zelven niet." De moslimexegeten van de Koran hebben aangegeven dat er hier ook sprake kan zijn van een wederkerend taalgebruik.[333] Het is dus ook mogelijk om de passage op deze manier te vertalen.

Alhoewel de Koran niet expliciet genoeg is omtrent het juridische oordeel van suïcide, zijn er voldoende overleveringen uit de profetische traditie waarin het oordeel van suïcide expliciet wordt beschreven. Het is daarom mogelijk om suïcide als *ḥarām* te beoordelen als het gaat om de islamitische wetgeving. Er is een eenduidige overlevering in *al-ṣaḥīḥ* van de prominente geleerde al-Bukhari die door de profeet ﷺ is toegeschreven aan Allah ﷻ (*ḥadīth qudsi*). Allah ﷻ zegt namelijk over een persoon die zichzelf heeft vermoord wat neerkomt op: "Mijn dienaar anticipeerde op mijn actie door zijn ziel met zijn eigen handen te ontnemen. Daarom zal hij niet toegelaten worden tot het paradijs." In een variant van deze overlevering is er de toevoeging dat de man met een mes zijn hand had afgehakt en vervolgens door bloedverlies overleed. Deze toevoeging impliceert dat een actie die de dood van iemand als gevolg heeft, zelfs als dit gevolg niet is voorafgegaan door opzettelijke en bewuste handelingen, ook als ongeoorloofd wordt beschouwd.[334]

[332] Koran, 4:29-30.
[333] F. Rosenthal, "On suicide in Islam," *Journal of the American Oriental Society*, 241.
[334] F. Rosenthal, "On suicide in Islam," *Journal of the American Oriental Society*, 243-244.

De illegale jihadisten beweren dat ze de niet-moslims bestrijden en ze bepleiten deze bewering met bepaalde Koranverzen waarin wordt aangespoord tot fysieke strijd tegen niet-moslims. De Koran spoort aan tot jihad, maar zoals voorheen is toegelicht, zijn er regels en voorwaarden voorgeschreven omtrent de uitvoering van jihad. De jihad waar de Koran over spreekt en de jihad van deze illegale jihadisten, verschillen drastisch van elkaar. Dit met name in de volgende zaken:

1. De verzen over fysieke strijd zijn Medinensische verzen, d.w.z. dat ze pas na de emigratie zijn geopenbaard, dus nadat de islamitische staat door de profeet ﷺ werd opgericht. Het is dus noodzakelijk dat er een legitieme islamitische staat is onder leiding van een door de moslims erkende rechtvaardige kalief die deze wetten handhaaft.[335] Dit is voor de hedendaagse illegale jihadisten niet het geval, want ze worden niet door de moslims noch door de islamgeleerden erkend.

2. De verzen[336] waarin gesproken wordt over jihad hebben ieder hun eigen context en aanleiding. Bovendien hebben ze betrekking op oorlog. Een oorlog wordt tussen twee of meerdere staten gevoerd. De hedendaagse illegale jihadisten vermoorden onschuldige mensen, participeren aan de drugshandel en mensenhandel, werken voor de politieke agenda van en worden gefinancierd door duivelse kringen.

3. Hierbij geldt ook dat de islamitische staat verplicht is om de niet-moslims eerst vriendelijk uit te nodigen tot de islam door de onomstotelijke en kristalheldere bewijzen van de ultieme waarheid, dus de islam, voor te leggen

[335] al-Buti, *al-jihād fī al-islām*, 112-245.

[336] Het gaat om de volgende verzen: 2:190, 2:194, 2:216, 3:157, 3:200, 4:71, 4:74, 4:75, 4:76, 4:89, 4:104, 8:39, 8:60, 8:65, 9:14, 9:38, 9:39, 9:41, 22:78, 47:4, 47:20, 61:4, 61:11, 66:9.

aan de mensen.[337] Als ze weigeren, dient de staat *jizya* (belasting) van hen te vragen in ruil voor eigen godsdienstbeleving en bescherming.[338]
Als het tweede voorstel ook wordt geweigerd, dan pas kan er sprake zijn van een fysieke strijd.[339] De illegale jihadisten houden zich niet aan deze regels en vallen daarenboven volledig buiten de boot, omdat ze geen islamitisch rechtsgeldig en door de moslimwereld erkende staat zijn. Volgens deze illegale jihadisten moeten alle niet-moslims direct fysiek bestreden worden,[340] terwijl er duidelijke Koranverzen zijn waarin moord verboden is gemaakt. Een voorbeeld hiervan is het volgende Koranvers dat neerkomt op: "Deswege hebben Wij voorgeschreven aan de zonen van Israël dat wie een ziel doodt anders dan wegens een andere ziel of wegens verderfbrenging op aarde is alsof hij gedood had de mensen altezamen en dat wie haar tot leven brengt, is alsof hij tot leven gebracht had de mensen altezamen."[341]

4. Zelfmoordaanslagen worden regelmatig uitgevoerd door deze illegale jihadisten en terreurbewegingen tijdens hun zogenaamde jihad,[342] terwijl zelfmoordaanslag ten strengste verboden is volgens de islamitische wetgeving. Het is dus een kwaadaardige poging om de islam te demoniseren door het continu te linken met deze illegale jihadisten, terroristen en criminelen die openlijk worden gefinancierd en gesteund door duivelse kringen uit geopolitieke en economische belangen.

---

[337] Koran 16:125 en 60:8-9.
[338] Koran 9:29.
[339] Koran 2:190 en 8:39.
[340] Abu Hamzah, ISIS Magazine - *The kafir's blood is halal for you*, 34-36.
[341] Koran, 5:32.
[342] Barret, *The Islamic State*, 35-40.

Slavernij en de islamitische wetgeving

Er zijn drie factoren die een cruciale rol spelen in deze kwestie:

1. Juridische deviatie waarmee geanticipeerd werd op slavernij uitgaande van politiek-militaire gelijkstelling met de vijand.
2. Zodra slavernij door de abolitionisten werd afgeschaft, reculeerde de juridische deviatie omtrent slavernij in de islamitische wetgeving naar de gangbare normen en criteria.
3. Vrijkopen van slaven is in de islamitische wetgeving vereiste kwijtschelding voor zonden en overtredingen. Bovendien heeft de islamitische wetgeving heel gunstige voorschriften geïmplementeerd voor de slaven.[343]

Voor sommigen is de islamitische wetgeving omtrent slavernij een problematisch vraagstuk. In de werkelijkheid is de problematiek louter een product van onwetendheid of valse weergave der dingen. Logischerwijs worden zwakke gelovigen hierdoor beïnvloed, omdat ze de islamitische kennis oppervlakkig leren of helemaal niet. Dit vraagstuk is daarom voor velen heel aantrekkelijk om uitingen erover te doen. Ook voor de moslims die de islam zogenaamd proberen te verdedigen, terwijl ze eigenlijk eerder bezig zijn met vernieling. Daarom is het belangrijk om dit onderwerp eerst goed te begrijpen en daarna juist te instrueren aan anderen om twijfels en onduidelijkheden weg te nemen.[344]

[343] *hādhihi mushkilātuhum* van Shaykh professor Ramadan al-Buti, p. 54-63.
[344] *hādhihi mushkilātuhum* van Shaykh professor Ramadan al-Buti, p. 54-63.

Slaven hebben altijd al bestaan in de tijd van de oude Grieken, Egyptenaren, Israëlieten, Romeinen en de vroege Arabieren. Ze hadden geen rechten en werden als minderwaardige mensen beschouwd. Het is daarom niet de Mohammedaanse wetgeving die slavernij heeft gebracht en/of goedgekeurd. De islamitische wetgeving moest anticiperen op dit fenomeen dat een wezenlijk onderdeel was van het menselijke leven. Absolute afschaffing was niet reëel zolang de rest van de wereld slavernij rechtsgeldig achtte. Daarom zijn er in de islamitische wetgeving wetten en voorschriften met betrekking tot slavernij. De islam heeft echter wel alles gedaan om de reductie van slavernij te stimuleren. Daarom is het vrijkopen van slaven één van de voortreffelijkste goede daden in de islamitische religie. Tevens is het een vereiste kwijtschelding in de islamitische wetgeving voor bepaalde zonden en overtredingen. Bovendien heeft de islam een heel nieuw concept der opvattingen van slavernij geïmplementeerd. Slaven hebben hiermee rechten verkregen en een betere positie in de samenleving.[345]

De islamitische wetgeving heeft de rechtsmatige aanleidingen tot slavernij verlaagd tot één aanleiding, namelijk de oorlog. Buiten krijgsgevangenen kan niemand een slaaf worden volgens de islamitische wetgeving, terwijl er voorheen diverse manieren waren om mensen tot slaven te maken, zoals bijvoorbeeld de schulden van iemand. Als iemand zijn schuldeiser niet kon betalen, verkreeg de schuldeiser hiermee het recht om de schuldige tot zijn slaaf te maken.[346]

345 *hādhihi mushkilātuhum* van Shaykh professor Ramadan al-Buti, p. 54-63.
346 "Tarihimizde Kölelik" van professor Ekrem Buğra Ekinci (artikel gepubliceerd in: Köleleri Evlat Sayan Medeniyet, *Tarih ve Medeniyet*, no: 11, januari 1995, p: 20-25).

Het belangrijkste component in de islamitische regeling met betrekking tot de krijgsgevangenen is dat ze als terugvorderingsmiddel werden gebruikt om de eigen krijgsgevangenen bij de vijand terug te krijgen. Bovendien zou er geen sprake kunnen zijn van een militair-politieke gelijkstelling met de vijand als de moslims geen krijgsgevangenen zouden kunnen nemen. Dit zou betekenen dat de vijand wel krijgsgevangenen kan nemen en de andere partij niet waardoor er een militair-politieke achterstand tot stand komt. Denk aan een schaakspel waarbij de koning van de witspeler meerdere stappen tegelijk, horizontaal, verticaal of diagonaal, mag bewegen, terwijl de koning van de zwartspeler volgens de norm één stap tegelijk, recht of diagonaal beweegt. Er is geen gelijkstelling tussen de beide spelers waardoor het schaakmat zetten van de vijandelijke koning relatief minder mogelijk wordt voor de zwartspeler.

Islamitische wetgeving heeft voor het eerst gelijkheid gebracht tussen de slaven en de vrije mensen. Daarom is het ten strengste verboden in de islamitische wetgeving om slaven te vernederen, mishandelen of onderdrukken. De geliefde profeet Mohammed ﷺ heeft vele uitspraken gedaan hierover waarin hij ﷺ instrueerde dat men zijn slaaf gelijk moet behandelen met zijn eigen kinderen. Sterker nog, dat men zijn slaaf moet aanspreken met 'mijn kind'. Dat men zijn slaven moet voeden van het voedsel dat hijzelf eet en zijn slaven moet bekleden met kledij die hijzelf ook draagt. De heer van de slaaf is volgens de islamitische wetgeving verantwoordelijk voor de opvoeding, educatie, huisvesting en overige primaire behoeften van de slaaf. De islamitische wetgeving heeft met deze regels een heel andere invulling gegeven aan slavernij welke gunstig is voor de slaven. Hiermee werd de traditionele definitie van slavernij vervaagd zodanig dat het mogelijk is om te spreken van een indirecte afschaffing van de slavernij. Daarom kent de islam een heel andere vorm van slavernij.[347]

Veel prominente en geleerde moslims waren oorspronkelijk slaven, zoals Hasan al-Basri, Ibn Sirin, Ata ibn Abi Rabah, Mujahid, Sa'id ibn Jubayr, Makhul, Tawus, Nafi', Ibrahim al-Naha'i, Malik ibn Dinar, Abu Hanifa en zijn leraar Nu'aym ibn Hammad, A'mash, en de bekende historicus Ibn Ishaq. Dit, terwijl in Europa en Amerika tot het moderne tijdperk verboden was om lees- en schrijfvaardigheid te leren aan slaven.[348]

Hetzelfde succes van slaven gold ook voor het Osmaanse Rijk. Veel prominente staatsmannen waren oorspronkelijk slaven. De bekendste grootvizieren, hoogste ambtenaar in het kalifaat, waren slaven, zoals Dawud Pasha, Ishak Pasha, Koca Sinan Pasha, Rustam Pasha, Mahmud Pasha, Mesih Pasha, Maktul Ibrahim Pasha, Ayas Pasha, Jazzar Ahmad Pasha, Sokullu Mehmed Pasha. De laatste behoorde tot de meest succesvolle staatsmannen van het Osmaanse Rijk, terwijl hij een slaaf uit de Balkan was wiens familie bekeerde tot de islam door de Osmaanse veroveringen.[349]

Dit is dus wat de islam had gemaakt van slaven en slavernij. Natuurlijk is dit een vergezochte voorstelling en erg absurd voor een westerling om te begrijpen, omdat het westen een heel andere realiteit kent van slavernij. In de Europese geschiedenis was slavernij veel voorkomend en slaven werden op een genadeloze manier behandeld door in slechte omstandigheden, zoals

[347] "Tarihimizde Kölelik" van professor Ekrem Buğra Ekinci (artikel gepubliceerd in: Köleleri Evlat Sayan Medeniyet, Tarih ve Medeniyet, no: 11, januari 1995, p: 20-25).
[348] *Slavery & Islam* van professor Jonathan A. C. Brown (One World Publications, 2020).
[349] *Slavery & Islam* van professor Jonathan A. C. Brown (One World Publications, 2020).

mishandeling, honger en armoede, te werken voor hun meesters. Daarom schreven vele Europese explorators, zoals Baron de Tott, Helmuth von Moltke en d'Ohsson dat slaven in de islamitische wereld een veel betere positie hadden dan slaven in Europa. De populaire westerse universiteiten, zoals George Washington University en Harvard University waren zelfs betrokken in slavernij en hadden veel geld eraan verdiend.[350] Een typerend voorbeeld is de Europese slavenhandel tussen Afrika en Amerika waarbij miljoenen Afrikanen door de Europeanen ten onrechte als slaven werden gedeporteerd naar Amerika om daar in ernstige omstandigheden te werken.

Het is zelfs mogelijk om op basis van de historische bewijzen te zeggen dat de slaven in de klassieke islamitische wereld er veel beter aan toe waren dan de arbeiders in de kapitalistische consumptiemaatschappij van de moderne wereld waarin de verbloemde oerwoudregels geldig zijn. Waarom is slavernij afgeschaft, denk je? Simpelweg, omdat slaven duurder uitkwamen, terwijl arbeiders zelf verantwoordelijk zijn voor de onderhoudskosten van hunzelf en hun gezin. Overpeins, moge Allah ﷻ je rechtleiden!

[350] https://www.harvardmagazine.com/2016/04/harvard-acknowledges-slave-connections https://www.washingtonpost.com/local/education/as-colleges-investigate-slavery-ties-george-washington-university-joins-in/2017/12/10/23fe3aa2-d466-11e7-b62d-d9345ced896d_story.html

Islam belijden in Einde der Tijden

We leven moslims zijnde in heftige tijden. De islam belijden en beleven, is moeilijker dan ooit. Wanhoop en leed heerst overal. Blasfemie en onheil is verspreid. Zondigen is makkelijker dan ooit. Desalniettemin is alles wat zou en zal gebeuren in einde der tijden uitgelegd door ons ooglicht de geliefde meester profeet Mohammed ﷺ. Als je zijn uitspraken hierover goed leest en grondig bestudeert, dan zie je dat ze allemaal een voor een uitkomen. Natuurlijk is het geloof en gedrag van ons als moslims medebepalend voor het verloop en de afloop van deze ontwikkelingen, maar dit is afhankelijk van onze band met Allah ﷻ. Er is op heden een opkomst van de islam te bemerken, maar ik ben bang dat dit slechts een retorische opkomst is zonder serieuze inhoud. Een opkomst van de schijne betekenis van de islam zonder dat de essentie ervan aanwezig is. Dat zeg ik aan de hand van een heleboel donaties en analyses waar ik nu niet over wil uitweiden, maar kort samengevat kan ik zeggen dat deze schijne opkomst van de islam vertegenwoordigd wordt door de volgende elementen in de moslimwereld en -gemeenschappen:

1. Enthousiasme: vurige uitingen en houdingen
2. Formalisme: focus op uiterlijke vorm van de islam ten koste van de innerlijke kern
3. Sloganisme: veel praten weinig doen
4. Fanatisme: blijven hangen in het verleden en verheerlijken van prominenten
5. Illusionisme: geen kennis en inzicht waardoor de realiteit niet correct wordt gelezen

De hedendaagse opmars van de moslims is helaas grotendeels beperkt tot de bovengenoemde vijf *ismen*. Deze vijf *ismen* moeten vervangen en/of gecombineerd worden met de volgende islamitische waarden die de essentie van de islam vormen:

1. Enthousiasme moet gecombineerd gaan met *oprechtheid*.
2. Formalisme moet gecombineerd gaan met *dienaarschapsbewustzijn*.
3. Sloganisme moet vervangen worden door *daadkracht*.
4. Fanatisme moet vervangen worden door *anticipatie*.
5. Illusionisme moet vervangen worden door *kennis*.

Hopelijk kunnen we als moslims iets doen aan de nieuw ontstane religieuze dynamieken door deze in goede banen te leiden conform de islamitische instructies en directieven. Dit kan alleen als we sterke hervormingsmaatregelen nemen, want de crisis van de moslimwereld is niet een klein probleem. De oorzaak van de crisis vanuit het perspectief van de middelen en maatregelen is dat de moslims op heden grote problemen en gebreken hebben met betrekking tot drie zaken:

1. Leiderschap
2. Vertrouwen
3. Specialisatie

Er moet een bekwame leider zijn die de moslims uit deze crisis gaan halen door de religieuze dynamieken van de moslims, in het bijzonder van de jongeren, in goede banen te leiden. Zo een leider is helaas niet te bespeuren in de moslimwereld. Een oprechte, ijverige en geleerde leider die achter het stuur gaat zitten. Er zijn mensen die beschikken over deze eigenschappen, maar niet alle eigenschappen tegelijk of niet op voldoende niveau. We hebben oprechte mensen, maar zij zijn weer niet geleerd. We hebben moslimdiplomaten, maar zij hebben weer geen religieuze kennis of motieven. De moslims zijn behoeftig naar een charismatische leider die al deze eigenschappen behelst, maar dit is zeer zeldzaam. Als er zo iemand is, dan is hij of niet ijverig genoeg om radicale stappen te ondernemen of heeft geen aanzien in de samenleving dat mensen naar hem luisteren, aangezien we tot op heden zo iemand niet zijn tegengekomen op het podium van de wereldpolitiek. De tweede zaak heeft betrekking op vertouwen. De moslimgemeenschappen en -stromingen hebben blijkbaar het vertrouwen in elkaar verloren waardoor ze niet gezamenlijk aan de ronde tafel kunnen zitten om de krachten te bundelen. Het vertrouwen van verschillende moslimgemeenschappen tegenover elkaars geestelijke leiders, geleerdes of intellectuelen is erg cruciaal voor de eenheid en consolidatie van de moslims. Dit is ook een van de belangrijkste manieren waarmee de vijanden van de moslims hen aanvallen. De argwaan die heerst heeft te maken met het feit dat de vooraanstaande mensen van verschillende moslimgemeenschappen niet onfeilbaar zijn. Dit is natuurlijk, want alleen de profeten zijn onfeilbaar, maar de moslims zien deze kwaliteit blijkbaar als een voorwaarde in het kunnen vertrouwen op een prominente leider, geleerde of denker, terwijl dit onmogelijk is. Onfeilbaarheid is geen voorwaarde om elkaar te kunnen vertrouwen, want elke mens maakt wel eens zonden, fouten en vergissingen. Het is daarom afgrijselijk om elkaar daardoor volledig af te keuren. Zolang iemand oprecht, eerlijk en loyaal is, doen persoonlijke zondes niets tekort aan zijn betrouwbaarheid. Wat betreft de derde zaak, namelijk specialisatie, dit is ook een groot gebrek in de moslimwereld. De gelijkenis daarvan is de gelijkenis van een vader die zelfstandig verantwoordelijk is voor het uitvoeren van alle gezinstaken. Hij moet het huishouden doen, de maaltijd voorbereiden, de tuin onderhouden, de kinderen opvoeden, naar werk gaan om de kosten te dekken, en alle andere taken doen die je, je kunt bedenken met betrekking tot het dagelijkse leven van een gezin. Deze vader redt het niet meer in zijn eentje en faalt in alle taken tegelijk waardoor het hele huis en gezin afbreekt. Dit is een precieze gelijkenis voor de hedendaagse toestand van de moslimwereld. Er moet een goed georganiseerde en gesystematiseerde takenverdeling gemaakt worden tussen deskundige en bekwame mensen in het uitvoeren van de belangrijke taken en functies. Zolang de moslims geen duurzame plannen en projecten ontwikkelen om deze letsels weg te werken, zullen ze niet in staat zijn om zich te verhelpen uit de huidige crisis. Moge Allah ﷻ ons bijstaan!

In de nasleep van al deze crises krijgen we als mensheid te maken met duivelse en goddeloze praktijken en activiteiten waar de profeet ﷺ naar heeft verwezen in zijn gezegende uitspraken. Het is daarom belangrijk om deze kwaadheden in kaart te brengen voor de hedendaagse moslim opdat hij in staat is om zich ertegen te behoeden. Dit hoofdstuk zal daarbij ondersteuning en begeleiding bieden met de toestemming van Allah ﷻ. Door de overleveringen in dit hoofdstuk te bestuderen, ontstaat er een besef dat je voorbereid moet zijn en dat dit wereldse leven waardeloos is. Dit besef stuwt de moslim om zich opnieuw te focussen op Allah ﷻ en het hiernamaals. Ik zal in deze verhandeling meer dan zestig profetische overleveringen opsommen die een duidelijk beeld schetsen over de toestanden van het einde der tijden. Ik hoop dat dit een bijdrage levert aan de visie en handelwijze van de hedendaagse moslim en voor hem het vinden van de weg een stuk vergemakkelijkt.

Hadith 1

Overgeleverd door Ahmad, al-Bukhari en Ibn Maja van Anas ibn Malik dat hij zei dat de boodschapper van Allah ﷺ zei: “Er overkomt jullie niet een jaar noch een dag, behalve dan dat hetgeen erna erger is dan dat, totdat jullie je Heer ontmoeten.”

Uitleg:

Deze hadith duidt ons erop dat de toestand met het verstrijken van de dagen en jaren steeds erger zal worden tot het laatste uur. Dit kent uitzonderingen, zoals de regeringsperiode van Mahdi en de profeet 'Isa. De toestand van de wereld en de mensheid zal dus steeds erger worden dan het is. Een argeloos optimisme is dus onnodig en soms zelfs kwalijk, omdat het leidt tot losbandigheid. De moslim dient bewust te zijn over deze feiten en dient zich continu serieus toe te wijden aan zijn religieuze taken.

Hadith 2

Overgeleverd door al-Tabarani van Abu Umama dat hij zei dat hij de boodschapper van Allah ﷺ hoorde zeggen: "De zaak zal in ernst alleen maar toenemen. Het eigendom zal in hoeveelheid alleen maar toenemen. De mensen zullen in gierigheid alleen maar toenemen. Het uur zal slechts op de meest kwaadaardige mensen aanbreken."

Uitleg:

Ook in deze hadith zien we dat de toestand van de wereld en de mensheid steeds erger zal worden. De moslim dient hierover bewust te zijn en zich te behoeden tegen deze gevaren.

Hadith 3

Overgeleverd door al-Tirmidhi dat de boodschapper van Allah ﷺ zei: "Waarlijk, het geloof begon vreemd en zal weer vreemd worden zoals het begon. Blijde tijdingen voor de vreemdelingen. Zij zijn degenen die hervormen wat de mensen hebben verdorven na mij aan mijn traditie."

Uitleg:

De beginsituatie van de moslims was eenzaamheid, onderdrukking, zwakte, buitensluiting. Degene die de vroeg islamitische geschiedenis leest, zal dit duidelijk terugzien. Nu bericht de geliefde profeet ﷺ ons dat de eindsituatie zoals de beginsituatie zal worden. Wij maken dit werkelijk mee. De moslims zijn eenzaam, onderdrukt, zwak en buitengesloten. Het bloed van een moslim is minder waard dan wat dan ook. De moslim die serieus en nauwkeurig de islam wil beleven, wordt overal gekleineerd en buitengesloten. Hij wordt beschouwd als een vreemdeling in zijn eigen leefomgeving waar hij was geboren en opgetogen. Hij wordt als een buitenstaander gezien, soms zelfs door zijn eigen familieleden. De reden hiervoor is dat hij de leer van de profeet ﷺ in leven proberen te roepen. De profeet ﷺ verblijdt hem met een nabije verlossing en de eeuwige gelukzaligheid.

Hadith 4

Overgeleverd door al-Hakim, tevens authentiek verklaard door hem, van Ruwayfi' ibn Thabit dat hij zei: Er werd een dadel gebracht naar de boodschapper van Allah ﷺ en ze aten daarvan totdat er niets overbleef, behalve pitten en restanten. Hierop zei de boodschapper van Allah ﷺ: "Weten jullie wat dit is? Jullie zullen weldoener voor weldoener weggaan totdat er niets overblijft van jullie, behalve zoals deze (pitten en restanten)."

Uitleg:

De goede mensen worden steeds minder. De devote moslims kom je steeds minder tegen. Als er geen weldoeners meer zijn, dan blijft er alleen een grote massa over die waardeloos is bij Allah ﷻ zoals dat het restant van een dadel waardeloos is bij de mensen.

Hadith 5

Overgeleverd door al-Tabarani van al-Mastur en Ibn Shaddad dat de boodschapper van Allah ﷺ zei: "De weldoeners zullen een voor een weggaan. Er zal overblijven wat lijkt op het restant van dadel waar Allah ﷻ geen waarde aan geeft."

Uitleg:

Naarmate de tijd voorbij gaat, zal het aantal van de weldoeners en vromen afnemen totdat er een waardeloze massa overblijft. Het laatste uur zal aanbreken op deze massa.

Hadith 6

Overgeleverd door Ahmad van Sahl ibn Sa'd dat de boodschapper van Allah ﷺ zei: "O Allah ﷻ, laat de tijd mij niet bereiken…" of[351] hij ﷺ zei: "O Allah ﷻ, laat niet een tijd bereiken waarin de geleerde niet wordt gevolgd en waarin niet wordt geschaamd tegenover de milde. Hun harten zijn niet-Arabisch, terwijl hun tongen Arabische tongen zijn."

Uitleg:

De profeet ﷺ bericht ons dat er een zeer kwaadaardig en rampzalig tijdperk zal komen waarin de geleerden verwaarloosd zullen worden door de gemeenschap. Niemand zal hen de waarde geven die ze in de werkelijkheid verdienen. Ook zullen vromen en voortreffelijke mensen als achterlijk worden beschouwd, want niemand zal zich tegenover hen schamen bij het plegen van onheil en zonden. Er zal zo een gemeenschap ontstaan waarvan de individuen met hun harten sterk

[351] Hier twijfelt de overleveraar over de exacte bewoording van de geliefde profeet ﷺ. Dit, omdat de overdracht van kennis een grote verantwoordelijkheid is en daarom op een accurate wijze dient te gebeuren.

neigen tot ongeloof en tot de gewoonten van de ongelovigen, terwijl hun tongen de Koran reciteren en met Arabische formules Allah ﷻ gedenken. Dit betekent dus dat ze in diverse vormen de islam zullen uitstralen, maar in de werkelijkheid verre zullen zijn van de islam. Glorie aan Allah ﷻ! We zien dit overduidelijk terug in de moslimgemeenschap. Men houdt zich voornamelijk bezig met de uiterlijkheden en uitstralingen, terwijl de essentie en de geest van de islam worden verwaarloosd.

Hadith 7

Overgeleverd van al-Tabarani van Abu Bakra dat de boodschapper van Allah ﷺ zei: "Er zal de mensen een tijd overkomen waarin ze het goede niet bevelen en het kwade niet verbieden."

Uitleg:

De mens is niet alleen verantwoordelijk voor zichzelf, maar ook voor zijn omgeving en gemeenschap. Hij dient in de eerste instantie zijn eigen gezin te onderwijzen en daarna de overige mensen in zijn omgeving en als laatste de gemeenschap. De laatste is een collectieve verplichting. Als een of meerdere mensen dat uitvoeren, vervalt het van de rest. Dit dienen ze uit te voeren door bijvoorbeeld een islamitische school of onderwijsinstelling op te richten waarin ze de correcte geloofsleer en wetgeving van de islam onderwijzen aan de mensen. Als niemand dit doet in de gemeenschap, dan is de gehele gemeenschap zondaar en schuldig.

Hadith 8

Overgeleverd van Ahmad, al-Bazzar, al-Hakim, tevens door hem authentiek verklaard, van 'Abdullah ibn 'Omar dat de boodschapper van Allah ﷺ zei:

"Wanneer je mijn natie ziet dat ze vrezen om te zeggen tegen de onrechtdoener: 'jij bent een onrechtdoener', dan kan je echt afscheid nemen van ze."

Uitleg:

In deze hadith legt de profeet ﷺ uit hoe erg de toestand zal worden van de Mohammedaanse natie wanneer ze niet meer de waarheid durven te zeggen. Als je dit ziet gebeuren, dan kan je afstand nemen van hen. Helaas is deze hadith ook uitgekomen in onze tijd: Moslims met dubbele standaard, twee gezichten en schijnheiligheid. Ze laten degene die de waarheid spreekt in de steek. Ze geven prijs van de waarheid en verraden de islam. Ze slijmen bij de mensen die macht en geld hebben, terwijl ze de oprechte moslims buitensluiten en alleen laten. Dat zijn vreselijke schepsels!

Hadith 9

Overgeleverd door al-Hakim van 'Iyad ibn al-Samit dat de boodschapper van Allah ﷺ zei: "Er zullen jullie na mij leiders voorgaan die datgene wat jullie als goed kennen tot kwaad zullen verklaren en wat jullie als kwaad kennen tot goed zullen verklaren. Wie van jullie die tijd bereikt, hoeft de zondige niet te gehoorzamen."

Uitleg:

Dit is helaas het geval voor de heersers en staatsmannen van onze tijd. Ze legaliseren alle soorten onheil en immoraliteit, terwijl ze de waarheid en goedheid proberen te verdrukken.

Hadith 10

Overgeleverd van al-Hakim van 'Abdullah ibn al-Harith dat de boodschapper van Allah ﷺ zei: "Er zullen na mij heersers zijn, onheil zal voor hun deuren zijn zoals de vestigingsplaats van kamelen. Ze geven niets, behalve dan dat ze van zijn geloof hetzelfde nemen."

Uitleg:

Met deze kamelen worden kamelen met schurft bedoeld. Degenen die naar de deuren van deze kwaadaardige heersers komen, zullen besmet worden met spirituele ziektes zoals ze besmet zouden worden als ze in de buurt van zieke kamelen zouden komen.[352] Met het nemen van zijn geloof wordt het geloof van de persoon bedoeld die naar de deuren van deze heersers komt om geschenken en giften te ontvangen. Hierop zal de heerser hem vragen om af te staan van bepaalde religieuze wetten en hij zal dat moeten doen, omdat hij zojuist geschenken en giften had ontvangen. In sommige berichten is gekomen dat Allah ﷻ aan een profeet van Hem het volgende had geopenbaard: "Zeg tegen Mijn vrienden dat ze niet de kleding van Mijn vijanden moeten dragen en niet hun plaatsen moeten betreden, want anders worden zij ook Mijn vijanden." Rafi' ibn Khudayj keek naar Bishr ibn Marwan die op de preekstoel aan het preken was en zei over hem: "Kijk naar jullie leider! Hij is mensen aan het preken, terwijl hij de sier van de zondaren draagt." Hij droeg namelijk een dunne kleding. Er is ook gezegd dat wiens kleding dun is, zijn geloof ook dun wordt.[353] De heersers kleden zich met pracht en praal en wensen dat de aanwezigen ook zo zijn gekleed.[354]

[352] Zie *fayḍ al-qadīr* van al-Munawi.
[353] Zie *fayḍ al-qadīr* van al-Munawi.
[354] Dunne kleding is afgeraden, omdat het transparant of aanstootgevend kan zijn. Het is namelijk ook voor de mannen niet toegestaan dat ze dunne en karige kleding dragen die het postuur van de privé lichaamsdelen duidelijk tevoorschijn brengt. Dit opent geleidelijk de deur naar schaamteloosheid, onkuisheid en buitensporigheid.

Hadith 11

Overgeleverd door al-Bukhari van Abu Hurayra dat de boodschapper van Allah ﷺ zei: "Er zal zeer zeker een tijd komen voor de mensen waarin de persoon niet omkijkt naar hoe hij het eigendom verwerft, op een toegestane of verboden wijze."

Uitleg:

Dit is helaas de toestand van de hedendaagse mensen. Ze vinden het niet belangrijk hoe ze het eigendom verkrijgen. Bovendien proberen ze dit ook nog eens te rechtvaardigen zeggende dat ze hun gezinsleden moeten onderhouden en anders niet kunnen rondkomen in deze tijd.

Hadith 12

Overgeleverd door al-Bayhaqi in zijn boek *al-zuhd* van Abu Hurayra dat de boodschapper van Allah ﷺ zei: "Er zal een tijd komen voor de mensen waarin het geloof van de gelovige niet veilig is, behalve als hij met zijn geloof vlucht van bergtop naar bergtop en van hol naar hol. Wanneer deze tijd in is, wordt het levensonderhoud slechts verkregen met de ontevredenheid van Allah ﷻ. Als die tijd er is, dan wordt de verwoesting van de persoon door middel van zijn/haar partner en kinderen. Als hij/zij geen partner en kinderen heeft, dan door middel van zijn/haar ouders. Als hij/zij geen ouders heeft, dan door middel van zijn/haar familie en buren." Ze zeiden: "Hoe zal dat gebeuren, o boodschapper van Allah ﷺ?" De profeet ﷺ antwoordde: "Ze zullen hem/haar te schande maken door de financiële krapte en daarom zal hij/zij zich blootstellen aan gevaren (om geld te verwerven) waarin hij/zij verwoest raakt."

Uitleg:

In deze hadith zien we ook dat men zijn inkomstenbronnen niet zal toetsen aan de islamitische wetgeving. Nog een belangrijk punt dat in de hadith naar voren komt, is dat er een sociale druk zal ontstaan waardoor de persoon bepaalde stappen zal ondernemen waarmee hij zijn werelds en hiernamaals zal verpesten.

Hadith 13

Overgeleverd door al-Hakim van 'Aisha dat de boodschapper van Allah ﷺ zei: "Waarlijk een volk van mijn natie zal wijn drinken en deze andere namen geven."

Uitleg:

Glorie aan Allah ﷻ! Ook deze hadith is uitgekomen. Er zijn talloze alcoholische dranken geproduceerd waarvan elk een eigen naam en merk heeft gekregen. Nog erger is dat sommige dwazen het nuttigen ervan islamitisch goedkeuren, omdat het geen wijn heet. Ook zijn er pseudogeleerden die valse decreten vervaardigen voor het mogen nuttigen van dranken waar kleine hoeveelheid alcohol in zit. Het is overgeleverd van Ahmad, Abu Dawud, Ibn Maja en al-Tirmidhi, teven authentiek verklaard door hem, van Jabir ibn 'Abdillah dat de boodschapper van Allah ﷺ zei: "Wat in grote hoeveelheid dronken maakt, is in kleine hoeveelheid ook verboden." Daarom zei een geleerde: "Wij plachten te horen (van onze leraren) dat een klaploper[355] niet kon zitten aan de maaltijd van kennis. Tegenwoordig zijn we in zo een toestand terechtgekomen dat elke deelnemer van deze maaltijd van kennis een klaploper is geworden."

[355] De Arabische term hiervoor is *ṭufayli*. Zo wordt iemand genoemd die meedoet aan feestmaaltijden waarvoor hij niet is uitgenodigd en misbruik maakt van de gastvrijheid of vriendelijkheid van anderen.

Hadith 14

Overgeleverd door al-Bazzar, al-Hakim, tevens authentiek verklaard door hem, van 'Abdullah ibn 'Abbas dat de boodschapper van Allah ﷺ zei: "Jullie zullen zeer zeker span voor span, el voor el, armlengte voor armlengte, de weg volgen van degenen voor jullie. Sterker nog, als een van hen in het hol van een hagedis zou treden, zullen jullie dat ook betreden. Als een van hen gemeenschap zou hebben met zijn moeder, dan zullen jullie dat ook doen."

En in een overlevering van al-Hakim werd er gezegd: "O boodschapper van Allah ﷺ, gaat het om de Joden en christenen?" Hij ﷺ zei: "Wie anders!?"

Uitleg:

Helaas is deze hadith ook in onze tijd uitgekomen. We zien dat de moslims in al hun gedragingen en gewoonten de niet-moslims imiteren. Dit is zeer kwalijk en onterend. Ze eten en drinken zoals de niet-moslims, trouwen zoals zij, kleden zoals zij, zitten en slapen zoals zij. Moge Allah ﷻ ons vergeven en behoeden!

Hadith 15

Overgeleverd door al-Bayhaqi van Thawban dat de boodschapper van Allah ﷺ zei: "Het is nabij dat de volken elkaar op jullie af zullen roepen (om jullie af te maken), zoals de eters elkaar roepen tot de eetschaal." Hierop zei iemand: "Doordat we weinig in aantal zijn op dat moment?" Hij ﷺ zei: "Integendeel, jullie zijn groot in aantal, maar jullie zullen een schuim zijn zoals het schuim van stromend water. Allah ﷻ zal zeer zeker de borsten van jullie vijanden ontdoen van vrees tegen jullie en zal zeer zeker de zwakte in jullie harten plaatsen." Ze zeiden: "Wat is de zwakte, o boodschapper van Allah ﷺ?" Hij ﷺ zei: "De liefde voor het wereldse en de haat voor de dood."

Uitleg:

In deze hadith is er een duidelijke verwijzing naar het imperialisme en wat er in de nasleep ervan gebeurde aan genocides, onderdrukkingen en uitbuitingen in de moslimlanden. De moslims zijn nog steeds in grote aantallen aanwezig in de wereld en ze blijven toenemen in hoeveelheid, maar toch hebben ze geen macht en invloed op de bloederige en afschuwelijke plannen die uitgevoerd worden in de moslimgebieden. Dit komt door de liefde die ze hebben voor het wereldse en doordat ze voorkeur aan hun persoonlijke belangen geven in plaats van de belangen van de moslimgemeenschappen.

Hadith 16

Overgeleverd door Abu Dawud en al-Bayhaqi van Abu Raf' dat de profeet ﷺ zei: "Laat ik niet een van jullie tegenkomen in de toestand dat hij leunt op zijn bank, terwijl hem een bevel komt van mijn bevel wat ik heb opgedragen of verboden en dat hij zegt: Wij weten niet! Wat wij in het Boek van Allah ﷻ treffen dat zullen wij volgen."

In een andere overlevering is er de toevoeging: "… met een volle buik op zijn bank…"

Uitleg:

Deze groep is verschenen onder de moslims. Ze erkennen de Koran als enige bron in de islam. Wij zeggen tegen deze dwazen wat de vrome voorgangers tegen hen zeiden: "O dwaas! Staat er in de Koran hoeveel gebedseenheden je moet bidden!? Hoeveel armenbelasting je moet geven!?" Deze dwazen erkennen alleen de Koran, maar ook deze hebben ze niet begrepen.

Hadith 17

Overgeleverd door Muslim van Abu Hurayra dat de profeet ﷺ zei: "Er zullen aan het einde van mijn natie mensen verschijnen die zullen spreken met datgene wat jullie en jullie ouders nooit hebben gehoord. Kijk uit! Wees op je hoede voor hen!"

Uitleg:

Ook deze figuren zijn verschenen in onze tijd. Ze zeggen wat we nooit eerder hebben gehoord over de islam en de Koran. Ze brengen zulke vergezochte interpretaties over de Koranverzen en hebben zulke achterlijke daden verzonnen waar de verstanden versteld van staan.

Hadith 18

Overgeleverd door Abu Ya'la van Anas dat de boodschapper van Allah ﷺ zei: "De dagen en nachten zullen niet verstrijken totdat de persoon opstaat en zegt: Wie verkoopt ons zijn geloof tegen een handvol munten."

Uitleg:

Dit lijkt wel op de christelijke missionarissen die de moslims vragen om de islam te verlaten en die hen uitnodigen tot het christendom in ruil voor financiële voordelen.[356] Wij weten ook dat sommige christelijke stromingen, zoals Jehova's getuigen, grote budgetten beschikbaar stellen voor zulk proselitisme.

[356] Ik ken persoonlijk iemand in Nederland die een vurige christen is geworden, omdat ze zijn schulden hadden betaald, zijn studie hadden bekostigd en hem een goede toekomst hebben aangeboden.

Hadith 19

Overgeleverd door Muslim van Abu Hurayra dat de boodschapper van Allah ﷺ zei: “Twee groepen van de helbewoners die ik niet heb gezien. (1) Een groep die zwepen dragen zoals koeienstaarten en daarmee mensen slaan. (2) Geklede naakte vrouwen, verleidelijk en neigend. Hun hoofden zijn zoals de kamelenbulten. Zij zullen het paradijs niet betreden en zullen de geur ervan niet eens ruiken.”

Uitleg:

De mensen met zweep zijn de politie en soldaten die namens de gevestigde orde of de tiran het onschuldige volk ten onrechte terroriseren, zoals ook het geval is in de moslimlanden. De geklede naakten zijn vrouwen die zich niet kleden conform de islamitische kledingvoorschriften. Ze dragen aanstootgevende, doorzichtige of strakke kleding waarmee ze andere mannen proberen te verleiden en zelf ook neigen tot de mannen om vervolgens ontucht te doen. Helaas komen we dit soort vrouwen vaker tegen in de moslimgemeenschap. Sommige vrouwen dragen ook hoofddoek, maar die wikkelen ze als een tulband op hun hoofd zodanig dat hun nek en borst zichtbaar zijn. Deze hoofddoekstijl lijkt inderdaad op een kamelenbult. Een lange tijd was dit zelfs een trend onder sommige moslimvrouwen. We zoeken toevlucht bij Allah ﷻ!

Hadith 20

Overgeleverd door al-Hakim, tevens authentiek verklaard door hem, van ‘Abdullah ibn ‘Omar dat de boodschapper van Allah ﷺ zei: “Er zal aan het einde van mijn natie mannen zijn die in *al-mayāthir* zullen rijden totdat ze aankomen bij de deuren van de moskee. Hun vrouwen zullen geklede naakten zijn en op hun hoofden zullen er (tulbanden) zoals de bulten van magere kamelen zijn."

Uitleg:

Het Arabische woord *al-mayāthir* is het meervoud van *al-mīthara*. Dit woord is door de klassieke geleerden uitgelegd met *grote zetels*. De latere geleerden hebben dit uitgelegd met de zitstoelen van auto's. Er is in de bovenstaande hadith dus verwijzing naar de moderne vervoermiddelen. De profeet ﷺ gebruikte dit woord, omdat hij ﷺ de metgezellen moest aanspreken op basis van hun begrip. Als hij ﷺ het expliciet zou beschrijven, dan zou niemand daar iets bij kunnen voorstellen en daarom ook niet correct begrijpen. Er is naar moderne vervoermiddelen ook verwijzing in de Koran, zoals het vers dat neerkomt op: "En Hij heeft paarden, muildieren en ezels voor jullie geschapen om op te rijden en zij zijn als een sieraad. En Hij schept andere zaken waar jullie geen kennis van hebben."[357] In het laatste stuk van het vers zegt Allah ﷻ dat Hij ﷻ ook andere dingen schept en zal scheppen aan vervoermiddelen. Het werkwoord scheppen is hier in het Arabisch in de tegenwoordige tijd gebruikt wat duidt op toekomende tijd en regelmaat. Nog een voorbeeld is de volgende hadith die overgeleverd is door al-Muslim: "Bij Allah ﷻ, 'Isa ibn Maryam zal als een rechtvaardige rechter terugkeren naar de wereld. Hij zal het kruis vernietigen, de varken doden en de belasting opheffen. De kamelen zullen verlaten worden. Niemand zal op hen reizen." Het laatste stuk van de hadith duidt erop dat er nieuwe vervoermiddelen zullen komen waardoor de rijdieren niet meer gebruikt zullen worden. In een hadith weer overgeleverd door al-Muslim vragen de

[357] Koran, 16:8.

metgezellen aan de profeet ﷺ over de snelheid van antichrist (*al-dajjāl*) en hij ﷺ zegt dat hij zo snel is als storm.

Er zijn in de Koran meerdere zinspelingen op de moderne technologie, zoals het vers dat neerkomt op: "En zij werpen het onwaarneembare vanaf een verre plaats."[358] Dit kan ook zinspeling zijn op telefoons, telegraaf, mail en overige communicatiemiddelen. Er zijn namelijk ook profetische overlevering, zoals in *al-musnad* van Ahmad, waarin staat dat voorwerpen zoals zweep en staf informatie zullen geven aan hun eigenaar. Dit zijn voorwerpen die vroeger gewoonlijk werden gedragen door de mensen en aangezien de mensen de profeet ﷺ niet zouden begrijpen als hij ﷺ expliciet zou spreken over telefoons heeft de profeet ﷺ daarom deze voorwerpen opgenoemd als voorbeeld. Uiteraard kan de hadith ook letterlijk uitkomen, dat gaat de tijd aan ons laten zien, maar het is dus ook mogelijk dat het een zinspeling is op de hedendaagse communicatiemiddelen. En Allah ﷻ weet het beste!

Een andere beschrijving in de hadith gaat over de vrouwen van rijke mannen die hun briljante auto's voor de deur van de moskee parkeren. Deze vrouwen zijn lux gekleed, maar omdat hun kledingstijl niet voldoet aan de islamitische voorschriften zijn ze eigenlijk naakt. Glorie aan Allah ﷻ! Al deze beschrijvingen van de geliefde profeet ﷺ heb ik persoonlijk met deze ogen zien gebeuren.

Hadith 21

Overgeleverd door Ibn Sa'd en Ibn Maja van Salama bint al-Harr dat de boodschapper van Allah ﷺ zei: "Er zal een tijd komen voor de mensen waarin ze een poos zullen wachten en niemand kunnen vinden die hen het gebed kan leiden."

[358] Koran, 34:53.

Uitleg:

Deze hadith duidt erop dat een tijdperk zal komen waarin zo een onwetendheid heerst dat mensen niet eens de basiskennis over het gebed hebben om het gebed voor te gaan. Er zijn ook varianten van deze hadith waarin staat dat de mensen de leiding in het gebed overdragen aan elkaar. Dus dat de persoon iemand voorstelt om voor te gaan in het gebed en dat deze weigert en iemand anders voorstelt, enzovoorts. Dit is ook afkeurenswaardig, omdat ze het aan elkaar overdragen uit schijnheiligheid[359] of door andere wereldse belangen.

Hadith 22

Overgeleverd door al-Tabarani van Abu Umama dat de boodschapper van Allah ﷺ zei: "Waarlijk, deze religie kent een vooruitgang en een achteruitgang. Het behoort tot (de tekenen van) de vooruitgang van deze religie dat de gemeenschap in haar geheel kennis heeft over de religie. Zodanig dat er een of twee zwakke zondaren zullen zijn in die gemeenschap die overwonnen en vervolgd zullen worden als ze spreken. Het behoort tot (de tekenen van) de achteruitgang van deze religie dat de gehele gemeenschap buitensporig is. Er zullen een of twee zwakke geleerden zijn die overwonnen en vervolgd zullen worden als ze spreken. De laatste mensen van deze natie zullen de eerste mensen ervan vervloeken, terwijl de vloek hen is overkomen. Ze zullen zelfs in het openbaar wijn nuttigen. Sterker nog, de vrouw zal een groep mannen passeren en sommigen van hen zullen naar haar gaan en het uiteinde van haar rok omhoog halen (voor fysiek contact) zoals hij de staart van een schaap

[359] Hij doet namelijk alsof de ander waardiger is om het gebed voor te gaan, maar in de werkelijkheid gelooft hij dat hijzelf waardiger is om het gebed voor te gaan.

omhoog haalt. Dan zal een (andere) persoon zeggen (die nog iets afweet van de religie): Zou je het achter de muur willen doen (opdat de mensen het niet zien)? De persoon die dit zegt, zal onder hen worden zoals Abu Bakr en ‘Omar zijn onder jullie. Wie op die dag het goede beveelt en het kwade verbiedt, krijgt de beloning van vijftig weldoeners die mij hebben gezien, in mij geloofden, mij gehoorzaamden en mij de eed hadden afgelegd.”

Hadith 23

Overgeleverd door Abu Ya’la en al-Tabarani van Abu Hurayra dat de boodschapper van Allah ﷺ zei: “Hoe zullen jullie zijn, o mensen, wanneer jullie vrouwen grensoverschrijdend gedrag vertonen en jullie jongeren buitensporig worden!?” Ze zeiden: “O boodschapper van Allah ﷺ, zal dit werkelijk plaatsvinden?” Hij ﷺ zei: “Ja, erger dan dat is hoe jullie zullen zijn wanneer jullie verlaten om het goede te bevelen en het kwade te verbieden.” Ze zeiden: “O boodschapper van Allah ﷺ, zal dit werkelijk plaatsvinden?” Hij ﷺ zei: “Ja, nog erger is hoe jullie zullen zijn wanneer jullie het kwade als goed beschouwen en het goede als kwaad.”

Hadith 24

Overgeleverd door al-Hakim, tevens authentiek verklaard door hem, van Anas dat de boodschapper van Allah ﷺ zei: “Er zal een tijd komen voor de mensen waarin ze kringen zullen vormen in de gebedsruimten. Hun ambitie is alleen het wereldse. Allah ﷻ geeft hen geen waarde. Vergezel hen niet!”

Uitleg:

We zien in vele moskeeën inderdaad dat mensen daar verzamelen en er wordt gesproken en gegeten, maar op het moment dat de mensen de moskee verlaten, doen ze alsof ze niets hebben gehoord en geleerd. Deze mensen beschouwen de moskee slechts als een cultureel centrum waar sociale activiteiten en gezelschappen worden gevoerd, terwijl een moskee het gebedshuis en de Koranschool van de gemeenschap is.

Hadith 25

Overgeleverd door al-Hakim van 'Ali dat de boodschapper van Allah ﷺ zei: "Wanneer de moslims hun geleerden haten, hun markten openlijk verbouwen, trouwen om verwerving van geld, zal Allah ﷻ hen verwerpen met vier dingen: (1) met droge periode, (2) de tirannie van de heerser, (3) het verraad van de justitie, en (4) de macht van de vijand."

Hadith 26

Overgeleverd door al-Hakim van Abu Hurayra dat de profeet ﷺ zei: "Het wereldse leven zal niet eindigen totdat hen *al-khasf*[360], *al-maskh*[361] en *al-qadhf*[362] overkomen." Ze zeiden: "Wanneer is dat, o profeet van Allah ﷺ? Hij ﷺ zei: "Wanneer je ziet dat de vrouwen in *al-surūj*[363] rijden, de danseressen toenemen, valse getuigenissen worden afgelegd, degenen die bidden uit gouden en zilveren bekers drinken, de mannen genoegen nemen met mannen en de vrouwen genoegen nemen met de vrouwen."

Uitleg:

Al deze genoemde zaken zijn uitgekomen, behalve *al-maskh*, maar sommige geleerden, zoals al-Khattabi, hebben dit figuurlijk opgevat. Volgens hen betekent het dat de harten omgezet zullen worden in de harten van apen en

[360] Het opgeslokt worden door de aarde.
[361] Het omgezet worden van mensen in apen en varkens.
[362] Het gestenigd worden uit de hemel.
[363] Grote zetels oftewel auto's in moderne woorden. Zie ook uitleg van hadith 20.

varkens, zoals in een andere hadith is gekomen: “Hun harten zijn de harten van de duivels.” In dat geval is ook deze uitgekomen.

Hadith 27

Overgeleverd door al-Hakim van Mu’adh ibn Anas dat de boodschapper van Allah ﷺ zei: “De moslimnatie zal conform de islamitische wetgeving zijn zolang drie dingen niet verschijnen onder hen: (1) zolang kennis niet wordt ontnomen van hen, (2) zolang bastaarden niet toenemen onder hen, (3) zolang *al-sqqqārūn* niet verschijnen onder hen.” Ze zeiden: “O boodschapper van Allah ﷺ, wie zijn *al-sqqqārūn*?” Hij ﷺ zei: “Een groep mensen die Einde der Tijden zullen verschijnen. Hun groet onderling is wanneer ze elkaar ontmoeten dat ze elkaar vloeken.”

Uitleg:

Ik ben persoonlijk jongeren tegengekomen die bij ontmoeting elkaar roepen met de lelijkste woorden. Moge Allah ﷻ ons en onze jeugd behoeden!

Hadith 28

Overgeleverd door al-Bazzar en al-Tabarani van ‘Abdullah ibn Mas’ud dat de boodschapper van Allah ﷺ zei: “Waarlijk, achter jullie zitten er dagen. Geduld daarin is zoals het vasthouden van brandende kool. Voor degene die in die tijden handelt (conform de Koran en Sunna) is er de beloning van vijftig mensen.” ‘Omar zei: “Vijftig mensen van ons of van hen?” Hij ﷺ zei: “Van jullie.”

Hadith 29

Overgeleverd door al-Bazzar, al-Tabarani en al-Hakim, tevens door hem authentiek verklaard, van ‘Abdullah ibn Mas’ud dat de boodschapper van

Allah ﷺ zei: "Er zal zeer zeker een tijd komen waarin jullie de persoon met weinig eigendom zullen benijden zoals jullie op heden de persoon met veel eigendom en zonen benijden. Sterker nog, een van jullie zal langs het graf van zijn broeder passeren en over de grond rollen zoals een rijdier doet, terwijl hij zegt: 'Was ik maar in jouw plaats!' Hij heeft geen verlangen naar Allah ﷻ en ook geen goede daad die hij heeft gestuurd (als beloning naar het hiernamaals), maar (de reden dat hij de dood wenst, is) de tegenspoed die hem is overkomen."

Hadith 30

Overgeleverd door al-Tabarani van Umm Salama dat de boodschapper van Allah ﷺ zei: "Er zal de mensen zeer zeker een tijd overkomen waarin de eerlijke wordt verloochend en de grote leugenaar wordt bevestigd. In die tijd wordt de betrouwbare afgebeeld als verrader en de verrader wordt vertrouwd. De persoon verricht in die tijd valse getuigenis en zweert ten onrechte. De gelukkigste persoon van de wereld zal een dwaas zijn die de zoon van een dwaas is."

Hadith 31

Overgeleverd door al-Tabarani van Abu Umama dat de profeet ﷺ zei: "De mensen zijn zoals bomen met bladeren. Het is nabij dat ze bomen met stekels worden. Als je met ze discussieert, leveren ze je kritiek. Als je ze laat, laten ze je niet met rust. Als je van ze vlucht, achtervolgen ze je." Ze zeiden: "Wat is de uitweg daarvan?" Hij ﷺ zei: "Je leent hen je eer voor de dag van je armoede."

Hadith 32

Overgeleverd door al-Tabarani van Hudhayfa dat de profeet ﷺ vroeg: "Wanneer wordt het bevelen van het goede en verbieden van het kwade verlaten?" Hij ﷺ zei: "Wanneer jullie overkomt wat de Kinderen van Israël overkwam. Wanneer jullie boosdoeners jullie weldoeners overtreffen met kwaadheid. Wanneer de geleerde onder jullie meest kwaadaardige mensen zit. Wanneer de heerschappij in de handen van jullie jongeren terechtkomt."

Hadith 33

Overgeleverd door al-Tabarani van 'Abdullah ibn 'Abbas dat de boodschapper van Allah ﷺ zei: "Einde der Tijden zullen er mensen komen. Hun gezichten zijn de gezichten van mensen, terwijl hun harten de harten van satans zijn. Ze onthouden zich niet van immoraliteit. Als je ze volgt, gaan ze tactvol om met je. Als je van ze verdwijnt, spreken ze kwaad over je. Als ze tegen je spreken, liegen ze tegen je. Als je ze iets toevertrouwt, verraden ze je. Hun kinderen zijn kwaadaardig. Hun jongeren zijn buitensporig. Hun ouderen gebieden het goede niet en verbieden het kwade niet. Vereerd worden met hen is (eigenlijk) een vernedering. Iets vragen (van ze) wat ze bezitten, is (eigenlijk) armoede. De milde onder hen is droevig. Degene die het goede beveelt onder hen is schuldig. De gelovige onder hen is onderdrukt. De zondaar onder hen is vereerd. De sunna onder hen is bid'a. De bid'a onder hen is sunna. In dat geval worden de meest kwaadaardige mensen afgestuurd op hen. Hun weldoeners zullen smeken (aan Allah ﷻ), maar zal niet verhoord worden."

Hadith 34

Overgeleverd door al-Tabarani van Anas dat de boodschapper van Allah ﷺ zei: "Er zal de mensen een tijd overkomen, zij zullen wolven zijn en degene die geen wolf is, de wolven zullen hem opeten."

Hadith 35

Overgeleverd door Ahmad, Abu Ya'la en al-Bayhaqi van Abu Hurayra dat de boodschapper van Allah ﷺ zei: "Er zal tot de mensen een tijd komen waarin de persoon in dilemma wordt geplaatst tussen zwakte en zondigen. Wie die tijd bereikt, moet kiezen voor zwakte in plaats van zondigen."

Uitleg:

Het is mogelijk dat de hadith duidt op de kromme verhoudingen van het Einde der Tijden, zoals dat de moslim moeite zal ervaren om zijn religie te beleven. Als hij de vereisten van zijn geloof wil nakomen, wordt hij door de sociale druk belemmert en zelfs belachelijk gemaakt. De mensen achten dan zijn verstand en karakter als zwak. Als hij zondigt en de islamitische voorschriften overtreedt, dan wordt hij geprezen als intellectueel, verlicht en progressief. Sommige moslims zondigen zelfs slechts door deze sociale druk. Ze zondigen puur om als modern en verlicht gezien te worden door de omgeving.

Hadith 36

Overgeleverd door al-Tabarani van Abu Hurayra dat de boodschapper van Allah ﷺ zei: "De ziekte van de volken zal mijn natie overkomen!" Ze zeiden: "Wat is de ziekte van de volken, o boodschapper van Allah ﷺ?" Hij ﷺ zei: "Zelfbewondering, arrogantie, onderlinge vijandigheid, onderling wedijveren, onderlinge haat, gierigheid totdat er onrecht en moord ontstaat."

Hadith 37

Overgeleverd door Ahmad en al-Tabarani van meerdere metgezellen dat de boodschapper van Allah ﷺ zei: "De wereld zal niet vergaan totdat het van een dwaas wordt wiens vader ook een dwaas is."

Uitleg:

In een andere hadith is gekomen: "Het Laatste Uur zal niet aanbreken totdat de gelukkigste mens in de wereld een dwaas wordt wiens vader ook een dwaas is."

In dit soort overleveringen is de Arabische bewoording *luka' ibn luka'* gebruikt. Het woord *luka'* betekent dwaas of viezerik. Dit houdt in dat de domste en kwaadste families aan de macht zullen komen in de wereld. Deze mensen zullen viezeriken zijn die alle soorten immoraliteit en zedenloosheid zullen verspreiden in de wereld en grote chaos zullen veroorzaken in de wereld. Dit is precies wat momenteel het geval is in de wereld. Deze smerige en walgelijke wezens bedriegen, exploiteren, misbruiken en vermoorden de mensheid met verschillende soorten middelen en in diverse manieren.

Hadith 38

Overgeleverd door Abu Ya'la van Abu Huraya dat de boodschapper van Allah ﷺ zei: "De eerste wat opgeheven zal worden van deze natie is zedigheid en betrouwbaarheid. De laatste wat onder hen zal blijven is het gebed."

Uitleg:

Het is waanzinnig hoe de geliefde profeet ﷺ zo diep in de details heeft getreden over de toekomst van de mensheid. We zien op heden inderdaad mensen die in welk geval dan ook blijven bidden, maar op het moment dat ze hun gebedsplaats hebben verlaten, vertonen ze diverse vormen van schaamteloosheid en bedriegerij. Dit is een echt een zorgwekkende situatie voor de moslims.

Hadith 39

Overgeleverd door Ahmad van Sa'd ibn Abi Waqqas dat de boodschapper van Allah ﷺ zei: "Het laatste uur zal niet aanbreken totdat er een groep verschijnt die met hun tongen eet zoals koeien met hun tongen eten."

Uitleg:

Dit betekent niet letterlijk eten, maar hiermee wordt bedoeld dat men veel zal spreken en deftig en retorisch zal spreken met dure woorden om te showen. In een hadith is gekomen: "Waarlijk, Allah ﷻ is ontevreden met degene die welsprekend is van de mensen die beweegt met zijn tong zoals de koe dat doet." In een andere overlevering is gekomen: "Waarlijk, jullie meest geliefde voor mij en meest nabije van mij qua bijeenkomst op de dag der opstanding is degene van jullie met het mooiste gedrag. Waarlijk, jullie meest ongeliefde voor mij en verre van mij op de dag der opstanding zijn degenen die veel spreken, showen met hun spraak en hoogmoedig spreken met dure woorden." In nog een hadith is gekomen: "Er is geen dienaar die predikt, behalve dat Allah ﷻ hem gaat ondervragen over die preek (met welk doel hij dat heeft gegeven)." Kortom, zwijg!

Hadith 40

Overgeleverd door al-Hakim, tevens authentiek verklaard door hem, van Jabir dat de boodschapper van Allah ﷺ zei: "Waarlijk, het meest waarover ik vrees voor mijn natie is de daad van Loets volk."

Uitleg:

Het volk van de profeet Loet stond bekend om homoseksualiteit. Dit walgelijke fenomeen is op heden in alle vormen die je maar kunt bedenken aanwezig in de wereld. Bovendien wordt het onderwezen, gestimuleerd en bevorderd. Moge Allah ﷻ onze jeugd beschermen!

Hadith 41

Overgeleverd door Zubayr ibn Bakkar van 'Omar ibn Hafs dat de boodschapper van Allah ﷺ zei: "Er zal een tijd komen voor de mensen waarin de heersers bedevaart als reistocht zullen doen, de rijken als handel, de armen als bedelarij."

Uitleg:

In deze tijd zijn Mekka en Medina een soort vakantieplek geworden voor vele moslims. Triest!

Hadith 42

Overgeleverd door Ahmad van Bakr ibn Sawwada dat de boodschapper van Allah ﷺ zei: "Er zullen mensen zijn van mijn natie die geboren zullen worden in rijkdom en daarmee bevoorrecht zullen worden. Hun ambitie is diverse soorten voedsel en kleding. Ze showen met hun spraak. Zij zijn de meest kwaadaardige mensen van mijn natie."

Hadith 43

Overgeleverd door al-Bukhari en Muslim van Abu Hurayra dat een bedoeïen zei: "O boodschapper van Allah ﷺ, wanneer is het uur?" Hij ﷺ zei: "Wanneer datgene wat toevertrouwd is, wordt verwaarloosd, kan je het uur afwachten." Hij zei: "Hoe is de verwaarlozing daarvan?" Hij ﷺ zei: "Wanneer de zaak wordt overgedragen aan degene die niet bekwaam is. Wacht het uur dan af!"

Hadith 44

Overgeleverd door al-Bazzar van 'Omar ibn 'Awf dat de boodschapper van Allah ﷺ zei: "Waarlijk, vlak voor het uur zullen er bedriegende jaren zijn. Daarin zal de leugenaar bevestigd worden en de eerlijke verloochend worden. Daarin zal de verrader vertrouwd worden en de betrouwbare als verrader afgebeeld worden. Daarin zal *al-ruwaybiḍa* het woord nemen." Er werd gezegd: "Wat is *al-ruwaybiḍa*, o boodschapper van Allah ﷺ?" Hij ﷺ zei: "De waardeloze persoon (die beslissende rol speelt) in de zaak van de gemeenschap."

Hadith 45

Overgeleverd door al-Tabarani van Anas dat de boodschapper van Allah ﷺ zei: "Het behoort tot de tekenen van het uur: immoraliteit, zedeloosheid, familiecontacten verbreken, als verraden afbeelden van de betrouwbare en vertrouwen van de verrader."

Hadith 46

Overgeleverd door al-Tabarani van 'Abdullah ibn Mas'ud dat de boodschapper van Allah ﷺ zei: "Het behoort tot de tekenen van het uur dat de zoon/dochter de oorzaak van woede wordt, de regen droogte wordt, dat de boosdoener in groot aantallen zullen zijn. Het behoort tot de tekenen van het uur dat de vreemdelingen worden bezocht, het contact met familie wordt verbroken en dat huichelaars de leiders van hun gemeenschap worden. Het behoort tot de tekenen van het uur dat de gebedsplaatsen van de imam worden versierd, de harten worden geruïneerd, dat de gelovige in de gemeenschap waardelozer is dan een knecht, dat mannen genoegen nemen met mannen en vrouwen genoegen nemen met vrouwen. Het behoort tot de tekenen van het uur dat kinderen heersers worden, vrouwen complotten uitvoeren, dat de ruïne van de wereld wordt verbouwd, het verbouwde gedeelte ervan wordt geruïneerd, dat muziek, trommel, alcoholverbruik verspreiden en bastaarden toenemen." Er werd gevraagd aan 'Abdullah ibn Mas'ud: "Zijn dat moslims?" Hij zei: "Ja, er zal een tijd komen tot de mensen waarin men zijn vrouw scheidt, maar met haar opblijft, terwijl ze beiden ontucht begaan zolang ze samen zijn."

Hadith 47

Overgeleverd door al-Tabarani van Abu Musa dat de boodschapper van Allah ﷺ zei: "Het uur zal niet aanbreken totdat het Boek van Allah ﷻ schaamte wordt, de tijd dicht tot elkaar komt, de jaren en vruchten verminderd worden, de verdachten vertrouwd en de betrouwbare mensen verdacht worden, de leugenaar bevestigd en de eerlijke verloochend wordt, moord toeneemt, onrecht, haat en gierigheid toenemen, de zaken verschillen tussen de mensen, de lust wordt gevolgd, met vermoeden wordt geoordeeld, de kennis wordt ontnomen, de onwetendheid heerst, de zoon/dochter oorzaak van woede wordt, de winter droogte wordt, onheil in het openbaar gedaan wordt en de aarde met bloed wordt gegoten."

Hadith 48

Overgeleverd door al-Tabarani van 'Aisha dat de boodschapper van Allah ﷺ zei: "Het Uur zal niet aanbreken totdat de zoon/dochter oorzaak van woede wordt, de regen droogte wordt, de gemeneriken toenemen, de nobele mensen schaars worden, de jongere (onbeschofte) lef krijgt tegen de oudere, en de gemenerik tegen de nobele."

Hadith 49

Overgeleverd door al-Tabarani van 'Abdullah ibn 'Amr dat de boodschapper van Allah ﷺ zei: "Het behoort tot de nabijheid van het Uur dat de slechteriken hoge positie krijgen, de weldoeners lage positie krijgen, het spreken toeneemt en de daad afneemt."

Uitleg:

De sociale media en de smartphones verschaffen de mogelijkheid aan iedereen om zijn mening te geven. Hierdoor zie je dat iedereen wat te zeggen heeft en deze deelt via het internet. Er wordt heel veel gesproken en gediscussieerd, maar er wordt heel weinig gedaan.

Hadith 50

Overgeleverd door al-Tabarani van Anas dat de profeet ﷺ zei: "Het behoort tot de nabijheid van het uur dat de maansikkel op zijn tijd overduidelijk en groot wordt gezien, dat de moskeeën als wegen worden genomen en dat de plotselinge dood verschijnt."

Uitleg:

In het begin van de maand zal de maansikkel precies op tijd gezien worden, omdat het erg duidelijk en groot zal zijn. Wat betreft de overige twee tekenen, deze zijn uitgekomen. Ik heb persoonlijk meegemaakt dat mensen langs de moskee gaan, terwijl ze niet voor het gebed of een lezing zijn gekomen. Ze komen gewoon langs om iemand te ontmoeten of om te rusten of voor een ander werelds belang. De plotselinge doodgevallen hebben we in de pandemie en erna duidelijk gezien.

Hadith 51

Overgeleverd door al-Bukhari (in *al-tārīkh*) van Talha ibn Abi Hidr dat de boodschapper van Allah ﷺ zei: "Het behoort tot de tekenen van het uur dat ze de maansikkel zien en zeggen: "Het is de tweede nacht," terwijl het de eerste nacht is."

Hadith 52

Overgeleverd door al-Bazzar en al-Tabarani van 'Abdullah ibn 'Amr dat de boodschapper van Allah ﷺ zei: "Het uur zal niet aanbreken totdat ze geslachtsgemeenschap voeren met elkaar op de straat zoals ezels doen."

Uitleg:

Ook dit is helaas uitgekomen in onze tijd. We horen van ooggetuigen dat mensen op de straat, in de auto of in openbaar vervoer schaamteloos fysiek in contact gaan met elkaar waarbij sommigen zelfs letterlijk geslachtsgemeenschap voeren. Zulke dingen gebeuren zelfs in moslimlanden. We zoeken toevlucht bij Allah ﷻ!

Hadith 53

Overgeleverd door Ahmad, al-Bazzar, al-Tabarani en al-Hakim, tevens door hem authentiek verklaard, van 'Abdullah ibn Mas'ud dat de boodschapper van Allah ﷺ zei: "Het behoort tot de tekenen van het uur de persoon alleen degenen groet die hij kent, dat handel verspreidt en de vrouw hierbij haar man helpt, de familiecontacten worden verbroken, valse getuigenis wordt afgelegd, de waarheid wordt verborgen en dat de persoon langs de moskee gaat, maar daar niet bidt."

Uitleg:

Al deze tekenen zijn uitgekomen. Moslims groeten elkaar niet meer op de straat, behalve degenen die ze goed kennen. Financiële belangen zijn zo belangrijk geworden voor de mensen dat niet alleen de man werkt, maar de vrouw ook werkt. Hierdoor worden de kinderen verwaarloosd waardoor er een kwaadaardige jeugd tot stand is gekomen.

Hadith 54

Overgeleverd door al-Tabarani van 'Abdurrahman al-Ansari dat de boodschapper van Allah ﷺ zei: "Het behoort tot de nabijheid van het uur dat er veel regen is, weinig vegetatie, veel armen, weinig (werkelijke) geleerden, veel staatsmannen en weinig bekwamen."

Hadith 55

Overgeleverd door Abu Ya'la van Abu Hurayra dat de boodschapper van Allah ﷺ zei: "Het uur zal niet aanbreken totdat de tijd dichtbij komt, het jaar zoals maand wordt, de maand zoals week wordt, de week zoals dag wordt en de dag zoals het branden van een twijgenbundel."

Hadith 56

Overgeleverd door al-Hakim al-Tirmidhi (in *nawādir al-uṣūl*) van Hudhayfa dat de boodschapper van Allah ﷺ zei: "Reciteer de Koran met de articulaties en fonetiek van de Arabieren. Kijk uit voor de articulaties van de boosdoeners en Joden en christenen. Er zullen na mij mensen komen die de Koran zullen componeren als muziek en klaagzang. Het zal hun strotten niet voorbij gaan. Hun harten zijn verdorven en de harten van degenen die hun toestand bewonderen."

Hadith 57

Overgeleverd door al-Darimi van Mu'adh ibn Jabal dat de boodschapper van Allah ﷺ zei: "De Koran zal verslijten in de borsten van mensen zoals kleding verslijt. Ze zullen het haperend reciteren, maar zullen geen pret of smaak ervan proeven. Ze dragen schapenvacht, terwijl ze de harten van wolven hebben. Hun daden zijn slechts verlangen. Ze vrezen niet als ze tekortdoen en zeggen: We zullen (ooit) bereiken. Als ze zondigen, zeggen ze: We zullen vergeven worden, want we kennen (toch) geen deelgenoten toe aan Allah ﷻ."

Hadith 58

Overgeleverd door al-Tabarani van 'Awf ibn Malik dat de boodschapper van Allah ﷺ zei: "Hoe zal je zijn wanneer deze natie splitst in drieënzeventig groepen. Een (daarvan) zit in het paradijs. De rest zit in het vuur." Ik zei:

"Wanneer is dat, o boodschapper van Allah ﷺ?" Hij ﷺ zei: "Wanneer de politie toeneemt, de slavinnen heerseressen worden, de vrouwen op preekstoelen zitten, de Koran als muziek wordt gereciteerd, de gebedsruimten worden versierd, de preekstoelen worden verhoogd, oorlogsbuit oneerlijk wordt verdeeld, armenbelasting met tegenzin wordt gegeven, het toevertrouwde wordt toegeëigend, de kennis wordt bestudeerd, maar niet voor Allah ﷻ, de man zijn vrouw gehoorzaamt, terwijl hij zijn moeder ongehoorzaam is, hij afstand neemt van zijn vader, hij zijn vriend lastig valt, de latere mensen de eerste mensen (metgezellen) van deze natie vervloeken, de boosdoener zijn familie leidt, de meest waardeloze de leider van zijn gemeenschap wordt, de persoon wordt geëerbiedigd om veilig te zijn tegen zijn kwaad. Op die dag zullen die vrouwen zijn (die op de preekstoel zitten)."

Hadith 59

Overgeleverd door al-Bukhari (in *al-tārīkh*) van 'Aisha dat de boodschapper van Allah ﷺ zei: "Een van jullie neemt zijn eigendom en geeft het (als erfgoed) alleen aan zijn zonen. Dit is precies zoals wat Allah ﷻ zegt (welk neerkomt op): "En zij zeggen: Wat in de buiken van bepaalde soorten vee is, is alleen voor mannen en verboden voor onze vrouwen."[364]

Uitleg:

In deze tijd zien we ook zulke vaders die in hun testament zodanig opmaken dat het alleen gunstig is voor hun zonen. Dit doen ze bijvoorbeeld door hun zonen meer en hun dochters minder of helemaal niets als erfgoed achter te laten, terwijl het erfrecht duidelijk is beschreven in de Koran en de dochters ook recht hebben op de erfenis. Dit is het veranderen van de regels van Allah ﷻ zoals de

[364] Koran, 6:139.

ongelovigen deden met de regels van Allah ﷻ met betrekking tot het nuttige van bepaalde voedsel, zoals opgenoemd in de betekenis van het bovengenoemde Koranvers.

Hadith 60

Overgeleverd door al-Tirmidhi van Abu Hurayra dat de boodschapper van Allah ﷺ zei: "Waarlijk, Allah ﷻ heeft van jullie de hoogmoed van de pré-islamitische periode en de trots met de voorvaderen opgeheven. (Het is of) een godvrezende gelovige of een kwaadaardige boosdoener. Jullie zijn de kinderen van Adam en Adam is van aarde (geschapen). Mensen zullen zeer zeker stoppen met de trots voor anderen die slechts steenkolen van de steenkolen der hel zijn of ze zullen zeer zeker waardelozer zijn bij Allah ﷻ dan kevers die met hun neus rotzooi rollen."

Uitleg:

De geliefde profeet ﷺ haalt hier heftig uit naar racisten en nationalisten die hun bloedlijn en afkomst boven de religieuze identiteit plaatsen.

Het is overgeleverd door al-Bayhaqi in *al-zuhd* van Abu Dharr dat de boodschapper van Allah ﷺ zei: "O Abu Dharr, hoe zal je zijn wanneer je in het uitschot zit." De profeet ﷺ vouwde zijn vingers in elkaar toen hij ﷺ dat zei. Ik zei: "O boodschapper van Allah ﷺ, wat adviseert u mij?" Hij ﷺ zei: "Wees geduldig, wees geduldig, wees geduldig! Bejegen de mensen met hun gedrag en wees in strijd met hun daden."

Het is overgeleverd door al-Tirmidhi van Abu Hurayra dat de boodschapper van Allah ﷺ zei: "Wanneer jullie leiders de beste van jullie zijn, de rijken van jullie de vrijgevige van jullie zijn, jullie staatszaak een overleg is onder jullie, dan is de bovenkant van de aarde beter voor jullie dan de onderkant. Wanneer jullie leiders de kwaadaardigste van jullie zijn, jullie rijken de gierige van jullie zijn, jullie staatszaak overgedragen wordt aan jullie vrouwen, dan is de onderkant van de aarde beter voor jullie dan de bovenkant."

Het is weer overgeleverd door al-Tirmidhi van Abu Umayya dat hij zei: "We gingen naar Abu Tha'laba en ik zei tegen hem hoe hij het volgende vers begreep (dat neerkomt op): "O jullie die geloven! Aan jullie de hoede over jullie zelf."[365] Hij zei: "Bij Allah ﷻ, je hebt dat voorzeker gevraagd aan iemand die het goed kent. Ik heb daarover de boodschapper van Allah ﷺ gevraagd en hij ﷺ zei: "Beveel het goede en verbied het kwade totdat je ziet dat gierigheid gehanteerd wordt, lust gevolgd wordt, zonde de voorkeur krijgt, elke persoon zijn eigen mening bewondert, dan moet je met jezelf bezig zijn en de samenleving laten."

Het is overgeleverd door Ahmad van 'Uqba ibn 'Amir: "Bedwing je tong, blijf thuis en huil voor je zonden."

Het is overgeleverd door Ahmad in *al-zuhd* van Abu Bakr dat hij zei: "Wie in staat is om (echt) te huilen, laat hem huilen, zo niet, laat hem doen alsof hij huilt!"[366]

[365] Koran, 5:105.
[366] Dit hoofdstuk is gebaseerd op verschillende werken, zoals: *al-ẓalāmiyyūn wa al-nūrāniyyūn, al-i'lān bi mā akhbara bihi al-nabiyy bi aḥwāl ākhir al-zamān, fayḍ al-qadīr sharḥ al-jāmi' al-ṣaghīr, ihyā 'ulūm al-dīn, takhrīj aḥādīth al-ihyā.*

Remedie tegen de idioterie over de identiteit van Mahdie

De overtreffende meerderheid van de moslimgeleerden hebben de komst van Mahdie bevestigd op basis van authentieke berichten afkomstig via de metgezellen van de geliefde profeet ﷺ. De profetische overleveringen over Mahdie komen voor in de *ṣaḥīḥ* en *sunan* compilaties van grote hadithgeleerden, zoals Imam al-Bukhari, Imam Muslim, Imam Ibn Hibban, Imam Ibn Majah, Imam Tirmidhi, Imam Abu Dawud en vele anderen. In sommige overleveringen wordt Mahdie impliciet genoemd en in sommige expliciet. De authenticiteitsgraden van de overleveringen zijn divers tussen *ṣaḥīḥ*, *ḥasen*, *ḍaʿīf* en *mawḍūʿ*. Dit betekent dat het in ieder geval niet tot de fundamentele geloofsfacetten behoort waarbij de ontkenning leidt tot excommunicatie van het islamitisch en/of soenitisch geloofsdomein. Dat is ook de reden dat de komst van Mahdie niet expliciet is genoemd in de klassieke basisteksten van *ʿaqīda*. Desalniettemin heeft een minoriteit onder de geleerden de mening geponeerd dat de overleveringen met betrekking tot de komst van Mahdie in hun geheel de gradatie van massatransmissie hebben bereikt. Imam al-Qurtubi schrijft hierover: "Er is gezegd: 'Hij (Mahdie) is ʿIsa en meer niet.' Deze uitspraak is pertinent onwaar, want de authentieke overleveringen hebben de gradatie van *tawātur* bereikt dat Mahdie van het nageslacht van de profeet is. Het is dus niet toegestaan om het te interpreteren met ʿIsa."[367]

Hetzelfde wordt bekrachtigd door imam Ibn Hajar al-Haythami in zijn werk *al-qawl al-mukhtaṣar fī ʿalāmāt al-mahdi al-muntaẓar*. Een soortgelijk citaat is gekomen van Imam Muhammad ibn Hasen al-Aburi in zijn boek *manāqib al-*

[367] Zie de *tafsīr* van imam al-Qurtubi, vol. 10 p. 179-180. Zie introductie van Mahir Adib Habbush in zijn *taḥqīq* en *taʿlīq* van *al-mashrab al-wardi fī madh-hab al-mahdi* van Molla ʿAli al-Qari.

shāfi'i waarin hij schrijft: "De berichten hebben de gradatie van *tawātur* bereikt en zijn verspreid dat de boodschapper van Allah Mahdie (expliciet) heeft genoemd, dat Mahdie van zijn familie is, en dat hij zeven jaar lang zal heersen, en dat hij de aarde zal vullen met rechtvaardigheid, en dat 'Isa zal verschijnen om hem te helpen met de moord van Dajjal, en dat Mahdie de imam van de moslimnatie zal worden (door het gebed voor te gaan), terwijl 'Isa (zelfs) achter hem zal bidden."[368]

Er zijn tegenwoordig religieuze gemeenschappen, ook in Nederland, waarvan de prominente leden of woordvoerders belachelijke uitingen maken over hun (spirituele) leermeesters waarvan sommigen zelfs reeds overleden zijn. Ze claimen valselijk dat hun leermeester Mahdie is/was, los van het feit dat die leermeester zelf enorm woedend zou worden ingeval hij getuige zou zijn geweest van deze smerige leugen. Ik zal in dit hoofdstuk aantonen dat Mahdie nog niet is gekomen en dat wanneer hij komt op internationaal niveau grote ophef zal ontstaan en dat jong en oud iedereen zal weten dat hij daadwerkelijk is gekomen. Bovendien zal na zijn komst de Dajjal verschijnen en daarna zal de profeet 'Isa, vrede zij met hem, komen om Dajjal te vermoorden. Deze ingrijpende gebeurtenissen hebben niet plaatsgevonden, terwijl de tot Mahdie verklaarde mensen allang zijn overleden. De Mahdie-claimanten die momenteel in leven zijn, voldoen ook niet aan de eisen van de werkelijke Mahdie die in de berichten zijn uiteengezet, zoals hieronder toegelicht zal worden.

De overleveringen over Mahdie zijn te veel om ze in een hoofdstuk op te sommen, maar enkele *aḥādīth* waarin Mahdie wordt beschreven, zijn als volgt weer te geven:

---

368 Zie introductie van Mahir Adib Habbush in zijn *taḥqīq* en *ta'līq* van *al-mashrab al-wardi fī madh-hab al-mahdi* van Molla 'Ali al-Qari.

❖ "Mahdie is een man van mijn nageslacht. Zijn gezicht is zoals een sprankelende ster." Deze *ḥadīth* is overgeleverd door imam al-Ruyani en is authentiek verklaard door Abu Bakr ibn al-'Arabi.[369] De grote maliki geleerde Abu Bakr ibn al-'Arabi[370] behoort tot de prominente geleerden van Andalusië in de vijfde eeuw en heeft onder meer gestudeerd bij Hujja al-Islam Imam Abu Hamid al-Ghazali.

❖ "Mahdie behoort tot ons, Ahl al-Bayt. Allah zal hem in een nacht klaarstomen." Het is overgeleverd door Imam Ahmad ibn Hambal in *al-musnad* en door Imam Ibn Majah in *al-sunan*.[371]

❖ Volgens Imam al-Rabbani moeten de activiteiten van Mahdie aanvangen op het begin van de eeuw volgens de islamitische kalender, omdat hij behoort tot de laatste *mujaddidīn* (hervormers) en in de hadith[372] over deze hervormers heeft de geliefde profeet ﷺ gezegd dat ze in het begin van de eeuw werken aan hun activiteiten.[373]

❖ "Mahdie behoort tot mij. Hij heeft een wijd voorhoofd en een arendsneus. Hij zal de aarde vullen met eerlijkheid en rechtvaardigheid, zoals het ervoor gevuld zal zijn met ongerechtigheid en onrecht. Hij zal zeven jaar heersen." Dit is overgeleverd door Imam Abu Dawud in *al-sunan* en door Imam al-Hakim in *al-mustadrak*.[374] Het bericht is bekrachtigd door meerdere deskundigen. Molla 'Ali al-Qari schrijft in de uitleg van deze overlevering dat het op de schoonheid van Mahdie duidt en dat zijn staat

---

369 Molla 'Ali al-Qari, al-*Mashrab al-Wardi fī Madh-hab al-Mahdi*, p. 65-66.
370 Niet te verwarren met Muhyiddin ibn 'Arabi.
371 Molla 'Ali al-Qari, al-*Mashrab al-Wardi fī Madh-hab al-Mahdi*, p. 74.
372 Overgeleverd door Imam Abu Dawud in *al-sunan* en door Imam al-Hakim in *al-mustadrak*. De hadith is authentiek.
373 Zie *al-maktūbāt*, vol. 2 brief 68. **Opmerking:** We zijn nu voorbij het eerste kwart van deze eeuw. Volgens deze opinie zal hij deze eeuw dus niet meer komen.
374 Molla 'Ali al-Qari, al-*mashrab al-wardi fī madh-hab al-mahdi*, p. 74.

machtig en groot zal zijn. De genoemde regeringsperiode in de overlevering gaat over de periode voordat de profeet 'Isa, vrede zij met hem, naar de aarde komt. Bovendien zal de profeet 'Isa, vrede zij met hem, als volgeling van Mahdie komen.[375] De berichten over de komst van de profeet 'Isa, vrede zij met hem, zijn zonder meningsverschil met massatransmissie tot ons gekomen, zoals de gezaghebbende geleerde Mahmud al-Alusi in zijn welbekende *tafsīr* genaamd *rūḥ al-me'ānī* heeft aangegeven. De terugkomst van de profeet 'Isa, vrede zij met hem, is ook als een geloofsartikel opgenomen in de basisteksten van *'aqīda* en behoort daarom op zijn minst tot de kenmerken van de soennitische geloofsovertuiging. Daarom wordt de ontkenner ervan minstens bestempeld met zware *bid'a* en door sommige andere geleerden zelfs met *kufr*.[376]

- "De wereld zal niet vergaan en tot einde komen, totdat een man van mijn nageslacht heerser zal worden. Zijn naam is hetzelfde als mijn naam."[377]
- Mahdie zal verschijnen nadat een groep ruiters met zwarte vlaggen vanuit het oosten verschijnen.[378]
- Er zal uit de hemel aangekondigd worden door een engel dat hij Mahdie is en dat iedereen hem moet volgen.[379]

---

[375] Molla 'Ali al-Qari, al-*mashrab al-wardi fī madh-hab al-mahdi*, p. 75-76.
[376] Zie ook het werk *al-taṣrīḥ bi mā tawātara fī nuzūl al-masīḥ* van Imam Anwar Shah al-Kashmiri, in het bijzonder de pagina's 55-58 in de introductie van Shaykh 'Abdulfattah Abu Ghudda.
[377] Overgeleverd door Imam Ahmad ibn Hambal in *al-musnad*, Imam Abu Dawud in *al-sunan*, Imam al-Hakim in *al-mustadrak* en Imam Tirmidhi in *al-sunan* waarover hij zei: *ḥasen ṣaḥīḥ*.
[378] Overgeleverd door Imam Ibn Majah in *al-sunan*. Zie ook *al-qawl al-mukhtaṣar fī 'alāmāt al-mahdi al-muntaẓar* van Imam Ibn Hajar al-Haythami, p. 30.
[379] Imam Ibn Hajar al-Haythami, *al-qawl al-mukhtaṣar fī 'alāmāt al-mahdi al-muntaẓar*, p. 31.

- Volgens bepaalde overleveringen zal Mahdie geholpen worden door Ashab al-Kahf.[380]
- Moslims zullen gelijk voor de Ka'ba eed afleggen bij Mahdie wanneer hij verschijnt. Onder deze moslims zullen er prominente mensen zijn, zoals vromen en geleerden.[381]
- Mahdie zal vanuit al-Quds in huidig Palestina heersen en zal grote hoeveelheden aan geld en weelde uitdelen aan de mensen.[382]
- De profeet 'Isa zal achter Mahdie bidden, omdat hij de werkelijke leider van de moslimwereld in die tijd zal zijn.[383]
- Mahdie zal Constantinopel[384] en vele andere gebieden veroveren of vreedzaam overnemen van hen, zoals onder andere overgeleverd in *al-ṣaḥīḥ* van Imam Muslim.[385] In dezelfde periode zal ook de Armageddon plaatsvinden tussen de moslims en de Europese volken. Mahdie zal heersen over de hele wereld, zoals de profeet Sulayman en Dhul-Qarnayn deden.[386]

[380] Zie *tārīkh dimashq* van Imam Ibn Asakir en *tafsīr* van Imam Ibn Mardawayh.
[381] Imam Ibn Hajar al-Haythami, *al-qawl al-mukhtaṣar fī alāmāt al-mahdi al-muntaẓar*, p. 31.
[382] Imam Ibn Hajar al-Haythami, *al-qawl al-mukhtaṣar fī alāmāt al-mahdi al-muntaẓar*, p. 32.
[383] Imam Ibn Hajar al-Haythami, *al-qawl al-mukhtaṣar fī alāmāt al-mahdi al-muntaẓar*, p. 33.
[384] In de overleveringen wordt de naam *al-qosṭanṭīniyya* genoemd. Deze naam werd voor Istanbul en Rome gebruikt. De eerste is al veroverd door Sultan Muhammad Fatih (Mehmed II). Als toch deze wordt bedoeld, dan zal Istanbul dus in de handen van de Europeanen terechtkomen zodat de moslims samen met Mahdie deze kunnen heroveren. Als Rome wordt bedoeld, dan is deze nog nooit veroverd geweest door de moslims.
[385] Imam Ibn Hajar al-Haythami, *al-qawl al-mukhtaṣar fī alāmāt al-mahdi al-muntaẓar*, p. 33.
[386] Imam Ibn Hajar al-Haythami, *al-qawl al-mukhtaṣar fī alāmāt al-mahdi al-muntaẓar*, p. 39.

- Mahdie zal komen uit Medina. Ze zullen de eed afleggen bij hem in Mekka. Daarna zal hij naar Damascus, Khorasan en andere gebieden gaan. Uiteindelijk zal zijn regeringscentrum al-Quds worden.[387]

Hieronder een aantal voortekenen dat zal verschijnen vlak voor de komst van Mahdie:

- Eufraat zal zich terugtrekken waarna een berg aan goud tevoorschijn zal komen. Wanneer de mensen dit horen, zullen ze zich haasten naar het goud. Drie groepen zullen zich verzamelen daar waarvan de leiders zonen van de kalief zullen zijn.[388] Ze zullen hier tegen elkaar vechten en er zal een groot bloedbad ontstaan. In een overlevering in *al-ṣaḥīḥayn* van Imam al-Bukhari en Imam Muslim heeft de profeet ﷺ gezegd dat degene die aanwezig is bij het goud, niets ervan moet nemen.

[387] Imam Ibn Hajar al-Haythami, *al-qawl al-mukhtaṣar fī 'alāmāt al-mahdi al-muntaẓar*, p. 36.

[388] Zal er nog een kalifaat komen voor de moslims voordat Mahdie verschijnt? De meningen van de geleerden zijn in tweeën verdeeld omtrent dit vraagstuk. Volgens een groep zal er geen kalifaat meer komen tot de komst van Mahdie en de toestand zal blijven verergeren, zoals het in de profetische overleveringen is aangegeven. Er is ook een hadith dat de islam vreemd en zwak zal worden zoals het was begonnen. Daarnaast wordt ook in sommige hadith aangegeven dat Mahdie zal verschijnen als er groot onrecht en tirannie is in de wereld. Volgens een andere groep zal de zaak verergeren, maar dit is een algemene aanduiding en sluit tijdelijke progressies tussendoor niet uit totdat het dieptepunt is bereikt. Zoals het geval was na de regeringsperiode van al-Hajjaj. Hij was een tiran, maar na hem kwam een rechtvaardige kalief 'Omar ibn 'Abd al-'Aziz. Het is dus mogelijk dat er onderbrekingen kunnen zijn waarin de moslims rust en veiligheid zullen vinden. Een andere groep geleerden heeft aangegeven dat er in sommige profetische overleveringen gesproken wordt over een kalief vóór de komst van Mahdie, zoals in de bovengenoemde hadith waarin wordt verteld dat de zonen van de kalief met elkaar zullen vechten voor het goud van Eufraat. Dit betekent dat de moslims nog een bloei zullen meemaken voordat Mahdie komt. De aanhangers van deze opinie beweren ook op basis van de overleveringen dat de moslims zich zullen ophopen in al-Quds en dit betekent dat de staat Israël ten onder zal gaan voor de komst van Mahdie, omdat Mahdie direct de politieke macht gaat overnemen in al-Quds van de moslims die de weg voor hem hebben bereid. En Allah ﷻ weet het beste!

- Er zullen heftige bodemdalingen (*al-khasf*) plaatsvinden in verschillende regio's.
- Er zullen maans- en zonsverduisteringen plaatsvinden in de maand Ramadan.
- Er zal een glimmende komeet verschijnen in het oosten.
- Er zal een groot vuur ontstaan in het oosten.
- Een man genaamd Sufyani die uit Damascus zal verschijnen. Hij zal met een enorm leger oorlogen voeren. Zijn tegenstanders zullen verschijnen uit Egypte, Arabisch Schiereiland en Maghreb. Er zullen heftige oorlogen plaatsvinden tussen deze leiders. Uiteindelijk zal de oorlog tot in Mekka komen. Ze zullen de politieke leider van Mekka vermoorden en zullen zich daar vestigen totdat Mahdie verschijnt. Wanneer Mahdie verschijnt, zal Sufyani tegen hem in strijd gaan. In de nasleep hiervan zullen er grote oorlogen plaatsvinden.[389]

Het is niet de bedoeling dat we dit onderwerp in zijn geheel uiteenzetten hier. Het gaat er slechts om dat men aan de hand van de bovengenoemde gegevens inziet dat Mahdie er nog niet is en dat bepaalde geestelijke leiders van de afgelopen eeuw en decennia geen Mahdie kunnen zijn. Als je bij de pinken bent, is een gebaar voldoende!

[389] Imam al-Barzanji, *al-ishā a li ashrāṭ al-sā a*, vanaf p. 182.

The Cabal

"The art of pleasing is the art of deception"

Ik moet eerlijk toegeven dat de studie in dit hoofdstuk mij voor lange tijd tot denken heeft gezet: zal ik het publiceren of niet? Ik heb zeker geen problemen met kennis delen, sterker nog, ik houd ervan om kennis te delen en te onderwijzen, maar deze studie gaat over een zeer gevoelig onderwep dat, ten eerste, openstaat voor misverstanden en, ten tweede, niet geschikt is voor iedereen, omdat mensen, in het bijzonder de leek, in de war kan raken door de gelegde verbanden. Het was dus zeker geen eenvoudige overweging voor mij, maar wegens de urgentie en belang van het onderwerp heb ik besloten om het toch op te nemen in dit boek. Deze studie dient eigenlijk voor een deel als tafsir van bepaalde Koranfragmenten die gaan over de duivelse mensen, de verderfzaaiers, de hypocrieten. Aangezien Allah ﷻ hierover openbaringen heeft gezonden naar de mensheid, is het niet gepast voor een moslim om zich te schamen of te schromen om dit soort onderwerpen openlijk te bespreken. Natuurlijk neemt de moslim ook een sociaalpolitiek standpunt in. De moslim die op de Koran en de profetische traditie is geïnspireerd, kan zich never ever veroorloven om neutraal en teruggetrokken te blijven, terwijl de samenleving en de mensheid in groot gevaar verkeren. Het klopt inderdaad! We verkeren als gehele mensheid, dus niet alleen als moslims, in groot gevaar, omdat er een duivelse kliek is die allerlei sinistere plannen en wrede agendapunten heeft over ons. Ze durven dit door hun hoofd te halen door onze passiviteit, naïviteit en omdat we in de meeste gevallen monddood zijn tegenover de radicale onheilen die de samenleving worden opgelegd door middel van de media, het onderwijssysteem en de wetgeving. Het lijkt wel dat ik de rijzende vraag hoor echoën in mijn hoofd: "Wat kunnen wij dan doen!?" De eerste stap is bewustzijn hebben over deze zaken. Daarna kan je hetzelfde bewustzijn creëren bij anderen door hierover te spreken, te publiceren en bestaande publicaties te verspreiden. Als de bewuste mensen in aantal toenemen, zal de weerstand tegen de duivelse kliek ook groter worden. Weinig mensen zullen trappen in hun manipulaties waardoor hun schimmige plannen tevergeefs en vruchteloos zullen vervliegen.

Vroeger werd dit bewustzijn altijd gecultiveerd door de wijze en geleerde mensen van de samenlevingen. In de eerste instantie zien we dat de Koran nadrukkelijk spreekt over deze zaken. Daarnaast zien we dat vele moslimgeleerden hierover boeken hebben geschreven en lessen hebben gegeven om de mensen, in het bijzonder de nieuwe generaties, wakker te houden over deze gevaren. Als historicus wil ik ook onderlijnen dat de studie van historie meer is dan alleen jaartallen, gebeurtenissen en personen kennen. Een echte studie van historie is scherpzinnige zijn, grondige analyse doen, goede verbanden leggen en de zaken holistisch lezen. Uiteraard is daarbij een gedegen kennis in de islamitische wetenschappen een *must*!

Vele geleerden hebben deze duivelse kliek beschreven in hun boeken over historie, sektarisme en theologie. Denk aan Imam ʿAbdulqahir al-Baghdadi in zijn boek *al-farq bayna al-firaq*, Imam al-Shahristani in zijn boek *al-milal wa al-niḥal*, Imam al-Ghazali in zijn boek *faḍā iḥ al-bāṭiniyya*, Imam al-Qurtubi in zijn tafsir, Imam Abu Hayyan in zijn tafsir, Imam Ibn Kathir in zijn werken. Er zijn ook vele hedendaagse geleerden en historici die hierover hebben geschreven, zoals Shaykh Zahid al-Kawthari, Shaykh Mustafa Sabri, Shaykh ʿAbdurrahman Hasan al-Habanneke, Shaykh Saʾid Ramadan al-Buti en vele andere geleerden. Het gevaar is in de laatste eeuwen vele malen groter geworden waardoor de geleerden van de tijd ook veel meer aandacht hebben besteed aan deze zaken. Daarnaast is deze inspanning niet alleen beperkt tot de Arabische wereld, maar ook in de Turkse literatuur en andere moslimliteratuur zijn er waardevolle studies en onderzoeken te vinden hierover. Sterker nog, in de westerse wereld is er ook veel geschreven over dit gevaar door neutrale en dappere onderzoekers en schrijvers. Deze studie van ons is dus qua inhoud misschien wel uniek, maar qua onderwerp zeker niet de enige studie of publicatie.

Wat betreft een veelvoorkomend bezwaar tegen dit soort studies en publicaties, dit luidt als volgt: “Dit is antisemitisme!” Dit bezwaar is zeer oppervlakkig en buitenproportioneel, want het is de realiteit dat er een duivelse kliek is waarin Joden de leidende rol spelen en op het moment dat wij dit uiten met onderbouwing, worden we als antisemieten bestempeld, terwijl het pas antisemitisme kan zijn als het gaat om discriminatie en om demonisering puur op basis van de Joodse achtergrond. Wat wij doen is geen discriminatie of demonisering op basis van ethnische achtergrond, maar wij kaarten politiek-economische[390] en historische feiten aan en sommen actuele bewijzen op waaruit blijkt dat deze duivelse kliek bestaat en door Joden wordt geleid. We generaliseren niet door te zeggen dat alle Joden duivels zijn of betrokken zijn bij de duivelse activiteiten. Je hoeft maar logisch te redeneren en je begrijpt dat het hier niet gaat om antisemitisme. Als ik zeg dat alle kraaien zwart zijn, impliceert dit niet dat alle vogels zwart zijn, omdat kraaien vogels zijn. Beweren dat ik zeg dat alle vogels zwart zijn, uitgaande van het feit dat kraaien vogels zijn, is dus een denkfout. Dit soort studies en publicaties lasteren door ze te bestempelen met Jodenhaat lijkt op de voornoemde denkfout. Wij hebben geen

[390] Bovendien is het wijd en zijd bekend bij jong en oud dat er zowat in elk land een invloedrijke Israëllobby is en dat Joden in het algemeen grote invloed uitoefenen op de media- en financiënwereld. Dit ontkennen is niets anders dan blinde koppigheid.

problemen met de Joden die niet betrokken zijn bij de duivelse agenda. Er zijn zelfs Joden op heden die tegen het bestaan van de staat van Israël zijn door het gewelddadig optreden van de Israëlische troepen. Deze Joden zijn de *Neturei Karta*. Bovendien zijn moslims opgedragen om goed om te gaan met niet-vijandige andersdenkenden, wie het ook mag zijn. Onze geliefde profeet ﷺ had tot op de laatste dagen van zijn leven interacties met Joden. Het is dus niet rechtvaardig om de moslims en de Koran te bestempelen als antisemiet. Wat er wel gedaan kan worden, is met een wetenschappelijke weerlegging of een constructieve kritiek komen tegen de beweringen die wij doen. Laten we duidelijk stellen dat moslimintellectuelen niet de enige zijn die de rol van bepaalde Joodse kringen hebben getackeld, maar ook westerse onderzoekers en niet-moslim denkers en wetenschappers hebben hierover onderzoeken verricht en uitingen gedaan. Er zijn zelfs Franse, Britse en andere Europese onderzoekers die hebben aangetoond dat Holocaust[391] als een commercieel en politiek instrument wordt gebruikt om de belangen van Joden te behartigen. De

[391] Er is in de wetenschappelijke wereld zelfs een discussie over de waarachtigheid, omvang en hoedanigheid van de Holocaust, maar de dominante Joodse invloed onderdrukt deze alternatieve zienswijze. Er zijn hier honderden voorbeelden van. Professor Jan Tollenaere werd dagenlang vierkant gedemoniseerd in de Nederlandse media en academie, omdat hij de Holocaust in vraag stelde. In Frankrijk ontstond zelfs de beweging *négationnisme* dat alternatieve zienswijzen had over de kwestie. Soortgelijke bewegingen ontstonden ook in andere Europese landen en in de VS. Er is ook zoiets als historisch revisionisme dat de historische kwesties anders leest dan de officiële geschiedschrijving. Er zijn namelijk ook onderzoekers en historici die beweren dat de Holocaust en antisemitisme juist werd gecultiveerd door bepaalde Joodse kringen. Er valt hier veel over te zeggen, maar voor degenen die zich hierin willen verdiepen, kan ik een aantal bekende namen geven van onderzoekers die een alternatieve zienswijze hadden m.b.t. de Holocaust en de Tweede Wereldoorlog, zoals: professor Arthur Butz, David Irving, professor Vladimir Matveyev, Roeland Raes, Pierre Guillaume, Eustace Mullins, Lenni Brenner, Roger Garaudy, professor Francis Nicosia, Hermann Rauschning, Faris Glubb, Ralph Schoenman, Meir Michaelis. Het probleem in deze kwestie is dat zelfs één klein scepticisme m.b.t. de Holocaust en de Tweede Wereldoorlog niet wordt getolereerd. In de meeste gevallen wordt de wetenschapper of historicus die dat doet tot op zijn hemd uitgekleed en wordt sociaal verbannen. Zolang dit

smaad van antisemitisme en complottheorie is niets anders dan het verwateren van de discussie en het verdraaien van het onderwerp. Degenen die zich ongerust voelen en geïrriteerd voelen door dit soort studies en publicaties moeten niet gelijk toevlucht zoeken bij emotionele uitingen en zwartmakerij, maar ze moeten inhoudelijk reageren op de beweringen en argumenten die over het onderwerp worden gegeven!

Er komt maar geen einde aan de chaos en oorlog in de wereld, in het bijzonder de moslimwereld. De politieke agenda van de duivelse kliek vormt de spil voor al deze chaos. Het zal echter, hetzij door middel van de moslims hetzij door middel van andere mensen, tot een einde gebracht worden door Allah ﷻ. De Koran en de geschiedenis wijzen dit uit. Wanneer de Joden chaos zaaiden op de aarde werden ze op de gruwelijkste wijze bestraft. Lees de betekenis van de volgende Koranverzen goed: "En Wij hebben voor de kinderen van Israël in het boek bepaald: 'Jullie zullen inderdaad twee maal ellende verrichten op aarde en jullie zullen je zeker hoogmoedig gedragen!' Dus toen de belofte van de eerste van de twee in vervulling kwam, stuurden Wij tot jullie Onze dienaren die jullie een verschrikkelijke oorlog gaven. Zij kwamen in het allerbinnenste van jullie huizen. En het was een belofte die vervuld werd. Toen gaven Wij jullie opnieuw een overwinning over hen. En Wij hielpen jullie met welvaart en kinderen en maakten jullie talrijker in mankracht. Zeggende: 'Als jullie goed doen, doen jullie goed voor jullie zelf, en als jullie kwaad doen doen jullie dat tegen jezelf.' Toen de tweede belofte kwam voor de vervulling, zonden Wij andere volkeren om jullie met schande te treffen en de moskee (Bayt al-Maqdis) binnen te treden, zoals zij het reeds eerder binnentraden, en om alles wat zij veroverd

taboe niet wordt doorbroken, zullen vele wetenschappers en historici die neutraal en eerlijk onderzoek hebben gedaan naar deze kwesties ook niet open kaart spelen.

hadden te verwoesten. Het kan zijn dat jullie Heer jullie genadig is, maar als jullie terugkeren, dan zullen Wij tot Onze bestraffing terugkeren. En Wij hebben de hel tot een gevangenis van de ongelovigen gemaakt."[392]

We begrijpen uit het bovenstaande Koranfragment dat de Joden eerst door de Babylonische koning Nebukadnezar en zijn soldaten werden afgeslacht. Het land van de Joden werd geplunderd, mensen werden vermoord en vele Joden werden als krijgsgevangenen meegenomen naar het Babylonisch Rijk. Dit was een heftige bestraffing voor hen, omdat ze voorheen de boodschappers van Allah ﷻ vermoordden en Zijn wetten veranderden. Daarna heeft Allah ﷻ hen weer een kans gegeven. Ze hebben spijt gekregen en berouw getoond als volk. Toen ze weer in voorspoed verkeerden, begonnen ze opnieuw dezelfde misdaden te doen door chaos te zaaien op de aarde en door de boodschappers te vermoorden. Hierop heeft Allah ﷻ de Romeinen afgestuurd op hen waardoor er een tweede bloedbad ontstond en de Joden weer in diaspora terechtkwamen. Daarna hebben ze weer een kans gekregen, maar gedroegen zich niet anders. Toen kwam de geliefde profeet Mohammed ﷺ en leerde hen een lesje door ze te verslaan en te verdrijven uit het Arabisch Schiereiland.[393] In het laatste gedeelte van het bovenstaande Koranfragment is de deur door Allah ﷻ opengelaten voor de Joden: "… maar als jullie terugkeren, dan zullen Wij tot Onze bestraffing terugkeren." Een ander vers dat dit bekrachtigt over Joden is welk neerkomt op: "En gedenk dat toen jullie Heer verklaarde dat Hij zeker dienaren tegen hen zou zenden tot aan de dag der opstanding die hen met de vernederende bestraffing zullen treffen. Waarlijk, jullie Heer is snel in de vergelding en zeker Hij is Vergevingsgezind, Genadevol."[394] Dit bewijst dat het einde van Israël en de

[392] Koran, 17:4-8.
[393] Zie tafsir van Imam al-Qurtubi in de uitleg van deze verzen.
[394] Koran, 7:167.

Joodse invloed niet ver is. Of dit nou via de moslims zal gaan of een ander volk is alleen bekend bij Allah ﷻ, want Allah ﷻ kan ze ook met een ongelovig volk bestraffen zoals Hij ﷻ dat eerder deed door middel van de Babyloniërs en de Romeinen. Dit is gedeeltelijk ook afhankelijk van de toestand van de moslims. Als ze zich verbeteren en vastklampen aan de islam, dan kunnen ze in aanmerking komen voor deze eer en opnieuw de vaandeldragers worden van de rechtvaardigheid op de aarde. Het laatstgenoemde vers kan ook betrekking hebben op de tijd van Dajjal.[395] Wanneer Dajjal komt, dan zal hij het meest door de Joden aangehangen worden. In die tijd zullen de moslims onder leiding van Mahdi ook tegen hen vechten. Het staat vast dat in einde der tijden een grote oorlog zal zijn tussen de moslims en de Joden. Deze oorlog wordt in de hadith *al-malḥama al-kubrā* genoemd en in de westerse literatuur Armageddon. In de hadith is dit als volgt beschreven: "Het uur zal niet aanbreken totdat de moslims tegen de Joden vechten. De moslims zullen hen verslaan totdat de Jood achter de steen en boom zal verschuilen. De steen of de boom zal zeggen: 'O moslim, o dienaar van Allah, dit is een Jood achter mij. Kom en vermoord hem. Behalve de boom *al-gharqad*. Dit is een boom van de Joden.'"[396] Er zal dus een grote oorlog uitbreken tussen de moslims en de Joden, maar welke moslims dat zullen zijn en wanneer het zal plaatsvinden, weet alleen Allah ﷻ. De Joden bereiden zich zelfs voor op deze oorlog. Sterker nog, ze kennen de voornoemde hadith en planten overal in Israël de boom *al-gharqad*.

[395] Zie tafsir van Imam Ibn Kathir in de uitleg van dit vers.
[396] Overgeleverd door Imam Muslim in *al-ṣaḥīḥ*.

De duivelse kliek

Als je in het gezicht van een mens kijkt, dan zie je een huid, maar achter die huid zit een heel ander uitzicht. Als je de huid eraf zou halen, dan zou je vlees, bloed, zenuwen en spieren zien. Zo is de wereld ook. De politieke stromingen en partijen die, bewust of onbewust, een hanengevecht voeren met elkaar zijn er allemaal om de massa's te bedriegen en te exploiteren. Mensen denken dat er democratie is en dat zij de volksvertegenwoordigers kiezen, maar in de werkelijkheid is er een democratuur, verbasterd uit de woorden democratie en dictatuur, wat dus betekent dat er een dictatuur is met een democratisch jasje. De fractievoorzitters en de staatsmannen zijn puppets en het politieke systeem is een grote marionettentheater. Dit werkt vrijwel in elk land op dezelfde manier. Dit geldt zelfs voor de internationale betrekkingen tussen de Verenigde Staten en Rusland. Beide zijn onder de invloed van de duivelse kliek en voeren een hanengevecht (oftewel *good cop, bad cop*)[397] om de politieke agenda van de duivelse kliek te realiseren. Veel mensen denken dat Putin zijn eigen gang gaat en weerstand biedt tegen de rest, maar niets is minder waar. Hij is ook, net als alle andere wereldleiders, een medewerker van de duivelse kliek. Er zijn zelfs beweringen dat zijn moeder, Shelomova Maria Ivanovna, Joods was. Wat het ook mag zijn, zijn diepe en sterke relaties met de Chabad is geen mysterie.[398] Putins liefde voor de Joden en Israël is algemeen bekend.[399]

[397] Dit wordt in de psychologie ook wel de *Mutt and Jeff technique* genoemd en is zeer effectief wanneer het meesterlijk wordt toegepast!
[398] https://fitzinfo.net/2023/07/10/putin-and-chabads-jewish-organized-crime-syndicate-from-marik-to-berl-lazar/ **Zie ook:** "Berl Lazar" (1964) van Romana Ambrožová; "Former Soviet Union" (2002) van Zvi Gitelman; "Crime and Punishment" (2015) van Alexis Lerner.
[399] https://www.israelnationalnews.com/news/182754#.VuPDKnqp10R

Putin tijdens een ceremonie in Yad Vashem

Rusland is ook onder hun controle en zij zitten zelfs achter de revolutie van 1881.[400] Zij vermoordden Tsaar Alexander II.[401] De laatste Russische tsaar Nicolaas II werd ook door hen vermoord met een rituele moord. Dit is bekend bij belangrijke staatsmannen en onderzoekers. Ook de Russische mensen spreken dit van tijd tot tijd uit.[402] Ideologische stromingen zoals communisme[403], socialisme, kapitalisme worden door dezelfde duivelse kliek gesticht en gestuurd, zoals Gary Allen, iemand die voor lange jaren de adviseur

[400] De Israëlische auteur Haim Erroll Gelardin zei daarom: "De Joden hebben in de 20ste eeuw drie staten opgericht: Rusland, Turkije en Israël." De VS is hier niet genoemd, omdat deze al veel eerder was opgericht. De Joodse rol in de oprichting van de VS en de Joodse invloed op de VS is algemeen bekend. Degene die dit niet weet, is aan het slaapwandelen. **Zie voor meer diepgang hierover:** *The Lobby: Jewish Political Power in US Foreign Policy* van Edward Tivnan; *The Israel Lobby and U.S. Foreign Policy* van John J. Mearsheimer & Stephen M. Walt; *Dangerous Liaison: The Inside Story of the US-Israeli Covert Relationship* van Andrew & Leslie Cockburn; *The Jews in America* van Stephen Birmingham; *American Zion: Quantifying Jewish Influence in the United States* van Shawn Ryan Rosa; *A History of the Marranos* van Cecil Roth; "The Jewish Impact on the Founding of America" van Rabbi Ken Spiro gepubliceerd door *AISH*.

[401] Vladimir Moss, *The Mystery of Jewish History*, blz. 216-223.

[402] https://www.timesofisrael.com/jews-in-russia-protest-officials-revival-of-anti-semitic-myth/

[403] Denk aan Karl Marx, Vladimir Lenin, Leon Trotsky, Alexander Parvus, Leo Deutsch, Joseph Stalin.

was van de familie Rockefeller, ook schrijft in zijn boek *None dare call it conspiracy*. Wij weten zelfs dat de vooraanstaande mensen van het communisme Joods waren en dat ze werden gefinancierd door de bankiers in de Verenigde Staten. Zo zijn er ook vele mensen die ooggetuigen zijn geweest van dit schimmige systeem.[404] Als je van buiten kijkt, dan zie je landen met hun regeringen en parlementen, maar achter de schermen zijn het hele andere mechanismen en instanties die de koers van de wereldpolitiek, de wereldeconomie en de samenlevingen bepalen: een Cabal. Dit woord betekent geheim verbond, ook wel maffia genoemd wat oorspronkelijk afgeleid is van het Arabische woord *makhfiyya* (letterlijk: geheim verbond), ook wel Batiniyya genoemd. Deze duivelse kliek wordt gevoed door de Kabbala en occulte kennis. Het heeft een eigen hiërarchie en organisatiestructuur buiten de officiële gevestigde orde om en zit zowat achter alle legale en illegale activiteiten. Je moet daarom in de politiek nooit kijken naar wat er wordt gezegd, maar je moet altijd kijken naar wat er wordt gedaan!

Imam al-Ghazali heeft zijn boek *faḍā'iḥ al-bāṭiniyya* geschreven over het ontstaan en de filosofie van deze Cabal. In zijn tijd waren ze natuurlijk niet zo machtig en invloedrijk als vandaag, want pas vanaf de Verlichting kregen ze de volledige macht in Europa, maar ze waren toen al goed georganiseerd en waren actief bezig om hun agenda te implementeren. Imam al-Ghazali schrijft over deze mensen dat ze heel zedenkwetsende en goddeloze praktijken en rituelen hebben zoals dat de clanleden met hun echtgenoten bijeenkomen in een kamer en de kaarsen uitzetten en vervolgens random met elkaar in geslachtsgemeenschap gaan.[405] Dit soort praktijken komen zowat bij alle

[404] Een van hen is Ronald Bernard. Zo zijn er honderden mensen te vinden.
[405] Abu Hamid al-Ghazali, *faḍā'iḥ al-bāṭiniyya*, blz. 15.

esoterische bewegingen voor. Dezelfde zedenkwetsende praktijken komen ook voor bij de Dönme, waar we het verderop in dit hoofdstuk over zullen hebben, wat in het Turks populair is geworden onder de leek als *mum söndü ayini* (letterlijk: ritueel van kaars uit).[406] Imam al-Ghazali schrijft verder over deze esoterische beweging dat ze veelvuldig aan nummerologie en zwarte magie doen.[407]

Een andere geleerde die een studie heeft geschreven over deze duivelse kliek is Imam Muhammad ibn Malik ibn Abi al-Fada'il (gest. 470 AH). Het werk heet *kashf 'asrār al-bāṭiniyya*. Hij schrijft in dit boek over 'Abdullah ibn Maymun al-Qaddah die in Koefa in het jaar 276 AH verscheen dat hij diverse intriges en complotten verrichtte tegen de moslims. Hij was een astroloog en magiër. Hij deed zich voor als een vrome moslim, maar bracht absurde interpretaties voor de Koranverzen en profetische uitspraken. Bovendien schold hij de metgezellen uit. Hierdoor heeft hij vele mensen laten dwalen. Hij was oorspronkelijk een Jood uit Sham. Zijn afstammelingen, onder meer 'Ubaydullah al-Mahdi, hebben zijn missie voortgezet en een sjiitische staat opgericht, de Fatimiden. Ze hebben voornamelijk Joden hoge posities gegeven in die staat.[408] Dat was niet zomaar!

Een andere bijzondere gebeurtenis die Imam Ibn Abi Fada'il aanhaalt in dit boek is over Hasan ibn Mihran al-Muqanna' uit Khorasan. Deze man was ook een astroloog en magiër. Hij was een dwalende en misleidende figuur van de beweging. Toen hij werd vervolgd voor zijn misdaden, vluchtte hij. Hij hekste met een talisman en bouwde vervolgens een fort om daarin te verschuilen. Hij

[406] Joachim Prinz, *The Secret Jews*, blz. 120.
[407] Abu Hamid al-Ghazali, *faḍā'iḥ al-bāṭiniyya*, blz. 66-72.
[408] Ibn Abi al-Fada'il, *kashf 'asrār al-bāṭiniyya*, blz. 32-34.

had daarin echter een mechanisme gebouwd. Toen het fort werd aangevallen door de moslims werden er van alle kanten stenen geworpen op de moslims. Ze waren geschrokken en begrepen niet waaruit deze stenen werden geworpen. Door deze trucjes heeft hij meer aanhangers gekregen. Toen hij uiteindelijk geen kant meer op kon, verbrandde hij zichzelf om niet opgepakt te worden.[409] Wij weten dat deze enigmatische figuren kundig zijn in alchemie, astrologie en magie waardoor ze ook over occulte kennis bezitten wat vrijwel niemand anders kent. Ook in deze tijd bezitten zij over zeer *sophisticated knowledge*. Dit zijn Kabbalistische Joden die Batiniyya hebben opgericht om een complot te voeren tegen de moslims en om de islam te verbasteren door mystieke interpretaties te brengen voor de Koran. De Kabbalistische rabbijnen hebben dit voorheen gedaan met hun eigen boeken. Ze hebben de openbaringen van Allah ﷻ verbasterd in het kader van de Kabbala. De Koran spreekt hier meerdere malen over. Ze hebben voor grote crisis, rampen en burgeroorlogen gezorgd in de moslimwereld en zitten achter de belangrijke revoluties. Een typerend voorbeeld hiervan is de crypto-Jood Hasan-i Sabbah en zijn terreurorganisatie Assasijnen (Arabisch: *al-hash-shāshīn*).[410]

Zoals we in het begin zeiden, de wereld is niet zoals het eruit ziet. Er zijn hele andere instanties en genootschappen die bepalen wat er gebeurt in de wereldpolitiek. Dit systeem is uitgekristalliseerd in een piramide-hiërarchie met als hoofdleider Iblies. De onderste en middelste lagen bestaan uit vrijmetselaarslogen[411] zoals Lions en Rotary. Al deze loges zitten vol met

[409] Ibn Abi al-Fada'il, *kashf asrār al-bāṭiniyya*, blz. 39.
[410] Dr. Muhammad Ahmad al-Khatib, *al-ḥarakāt al-bāṭiniyya fī al- ālam al-islāmi*, blz. 19-29.
[411] In de Koran zegt Allah ﷻ over de duivels die voor de profeet Sulayman werkten wat neerkomt op: "En ook de satans, allen waren vakkundige bouwers en parelduikers." (38:37) De vrijmetselaars zijn geïnspireerd op deze duivelse architecten die waren onderworpen aan

Kabbalistische en Joodse symbolen en zijn gebonden aan B'nai B'rith waarvan de bestuursleden voornamelijk bestaan uit rabbijnen. Jüri Lina in haar boek *Architects of Deception* en Nesta Webster in haar boek *Secret Societies and Subversrive Movements* geven aan dat de vrijmetselarij en overige esoterische genootschappen, zoals Illuminati welke werd opgericht door de Joodse Adam Weishaupt, terug te voeren zijn op de Batiniyya welke door de Joden is opgezet. Het systeem van deze duivelse kliek is ook afgebeeld op het dollarbiljet met een piramide en het oog van lucifer aan de top.

b Een dollar-biljet

de profeet Sulayman en voor hem grote gebouwen maakten en hoge torens metselden. Vrijmetselarij heeft als doel om de tempel van Solomon te bouwen nadat de al-Aqsa moskee is gesloopt. Ze geloven dat hun oorsprong teruggaat naar Hiram Abiff, waarschijnlijk ook een van de jinn, die op een mysterieuze wijze werd vermoord in de tempel. Volgens hen was hij een architect die werkte aan de tempel van Solomon in de tijd van de profeet Sulayman. Vrijmetselaars gebruiken Joodse en Kabbalistische symbolen in hun rituelen. Ze hebben een strikte hiërarchie waarin absolute loyaliteit en geheimhouding centraal staan. De hiërarchie kent een zichtbare kant en een duistere kant. Het duistere deel is de top waar meestal rabbijnen of magiërs zitten en leiding geven aan de lagere gradaties waarvan een deel zichtbaar is aan de leek en fungeert als zogenaamde filantropen, humanitairen en corporatieve denkers.

Dit oog symboliseert eigenlijk het eenoog van Dajjal. In de overige lagen van de hiërarchie zitten wereldorganisaties zoals CFR, Bilderberg,[412] Trilateral Commission, WEF, WHO, UN en andere invloedrijke internationale organisaties. Alle onderdelen van de hiërarchie werken gezamenlijk naar eenzelfde doel, namelijk het oprichten van een nieuwe wereldorde. Dit is eigenlijk de vermomming van het Grote Israël. Dit is het beloofde Heilig Land aan de Joden. De christenen zijn ook gewikkeld in dit plan door middel van het Evangelisme, namelijk de christenzionisten.[413] Dit Joodse plan is ook neergeschreven door Oded Yinon, een voormalige adviseur van de Israëlische premier Ariel Sharon.[414] Dit stuk van Yinon moet door elke moslim grondig bestudeerd worden.

De Eerste Wereldoorlog werd gevoerd om de imperia die deze genootschappen in de weg zaten, op te ruimen. In de negentiende eeuw schreef Albert Pike, een hoge vrijmetselaar, erover in een brief die hij stuurde naar zijn collega Giuseppe Mazzini. De Tweede Wereldoorlog werd gevoerd om de Joden te deporteren naar Israël. Er moest antisemitisme gecultiveerd worden in Europa om de Joden te jagen naar het Beloofde Land. De oorlog eindigde in 1945 en gelijk na drie jaar werd de oprichting van de staat van Israël uitgeroepen.[415] Dit is uiteraard

[412] De eerste Bilderbergconferentie werd georganiseerd in 1954 in Hotel De Bilderberg in Oosterbeek naar aanleiding van de verslechterende relaties tussen de VS en EU. De initiatiefnemers waren Pool Józef Retinger, Unilever-topman Paul Rijkens, de Belgische ex-premier Paul van Zeeland en prins Bernhard. Deze bijeenkomsten hadden een zeer geheim karakter.

[413] Zie voor meer diepgang het boek *Christian Zionism* van Stephen Sizer.

[414] Zie ook *The Zionist Plan for the Middle East* van prof. Israel Shahak en "A Strategy for Israel in the 1980s" van Oded Yinon, een voormalige adviseur van de Israëlische premier Ariel Sharon.

[415] Al vanaf de basisschool was geschiedenis mijn lievelingsvak. Op de middelbare school behield ik deze liefde. Daarom was ik altijd buitengewoon oplettend en scherp in de lessen van dit vak. Het viel mij als kind toen al op dat deze vorm van geschiedschrijving nonsens was en dat het om een schimmig plan ging. Een volk wordt eerst, naar zeggen, op de meest

geen toeval. Er zijn zelfs studies die hebben uitgewezen dat er een samenwerking was tussen de Nazi's en de zionisten tijdens de Tweede Wereldoorlog.[416] Sterker nog, Hitler[417] werd tot macht geholpen door de Joodse vrijmetselaar en magiër Baron Rudolf von Sebottendorff die de oprichter van

heftige wijze uitgemoord en vijandig behandeld. Vervolgens gaat er geen drie jaar voorbij en dit volk richt een eigen staat op middenin de moslimnaties op een gebied dat ook nog eens heilig is voor de moslims en begint een gewapende strijd tegen deze moslims. Zelfs de ganzen geloven niet dat de kuikens hooi eten!

416 Zie onder andere de volgende onderzoeken: *51 Documents: Zionist Collaboration With the Nazis* en *Zionism in the Age of Dictators* van Lenni Brenner; *The Third Reich and the Palestine Question* van Francis Nicosia; *Hitler M'a Dit: Confidences du Führer sur son Plande Conquête du Monde* van Hermann Rauschning; *Die Geschichte des Zionismus und des Staates Israel* van Conor Cruise O'Brien; *Zionist Relations with Nazi Germany* van Faris Glubb; *The Hidden History of Zionism* van Ralph Schoenman; *Mussolini and the Jews* van Meir Michaelis; *Case of Israel: A Study of Political Zionism* van Roger Garaudy.

417 Er zijn heel schimmige en duistere relaties te bespeuren in het leven van Hitler. Er is in ieder geval tastbaar bewijs voor zijn Joodse bloedlijn. Volgens Ian Kershaw in zijn boek *Hitler* (1998, p. 604) hebben *Daily Mirror en Neue Zürcher Zeitung* artikels gepubliceerd op 14 oktober 1933 die aantonen dat in Boekarest te Roemenië een Joodse begrafenisplaats ligt met daarin een grafsteen van familie Hitler en het graf van Salomon Hitler geregistreerd in de achttiende eeuw welke de voorouder was van Adolf Hitler. Volgens Timothy W. Ryback in zijn artikel dat gepubliceerd werd door *New Yorker Magazine* (7 juli 2000) zat er Joods bloed in de familie van Hitler en een Joodse oom van hem was nog in het jaar 2000 in leven in Tel Aviv te Israël. Hitler was altijd erg voorzichtig en zwijgend over zijn obscure familiegeschiedenis. Het is algemeen bekend dat zijn grootmoeder, Maria Anna Schicklgruber, in haar jeugd een bediende was geweest van de familie Rothschild en dat ze daar zwanger raakte van de zoon van Rothschild. Hitlers Joodse vriend Reinhold Hanish schreef in zijn boek *I was Hitler's Buddy* veel over hem. Hij geeft daar aan dat Hitler absoluut geen problemen had met Joden en dat hij ze, in het bijzonder de Rothschilds, juist bewonderde en dat hij voornamelijk met Joden omging. Het is geen toeval dat de Joodse Magda Goebbels de vrouw was van Joseph Goebbels, de minister van propaganda van Hitler. Dit was echter het tweede huwelijk van Magda. Daarvoor was ze getrouwd geweest met de rijke grootindustrieel Günther Quandt. De familie Quandt behoorde tot de belangrijkste financierders van Hitler samen met andere superrijke families, zoals de familie Porsche-Piëch welke afstamt van de Joodse Maria Magdalena. Ferdinand Porsche en Anton Piëch hadden samen met de Joodse Adolf Rosenberger *Porsche GmbH* opgericht. De Duitse industrie werd opgericht en geleid door Joodse miljardairs. Zij waren het ook die de nazi's financierden. De verklaring hiervoor leren we weer van de Joden zelf. De Joodse schrijver J. G. Burg schreef in zijn boek *Schuld und Schicksal* (1972, p. 32) dat hoe meer onrecht tegen en vervolging van de Joodse wereldbevolking werd gedaan, des te groter de slagingskans van het zionisme zal zijn. Hierdoor was het namelijk mogelijk dat duizenden Joden naar Palestina emigreerden. De

Thule Society was, een fractie van de Batiniyya.[418] Deze von Sebottendorff is een zeer enigmatische en mysterieuze figuur. Hij had sterke contacten met sommige soefi-ordes in Turkije, zoals de Bektashi, en had zelfs boeken geschreven over het soefisme en occulte kennis, zoals het boek *Secret Practices of the Sufi Freemasons*. Dat Hitler aan de macht werd geholpen door Joodse kabbalisten doet ons denken aan de Spaanse inquisitie. Het hof van de Spaanse koning Ferdinand zat vol met Joodse functionarissen. Ze werden beschermd met speciale wetten en kregen kritische posities toebedeeld in het koningshuis. Koningin Isabella en Koning Ferdinand waren volledig omgeven door crypto-Joden. Sterker nog, zoals studies hebben uitgewezen, had koning Ferdinand Joodse bloedlijnen.[419] Een parallel tussen de Spaanse Jodenvervolging en de Duitse Jodenvervolging is dat ze beide hebben gediend voor de politieke agenda van de Joodse kabbalisten om de komst van messias te bespoedigen.

Sinds de oprichting van Israël tot op heden is het beleid om de omringende moslim en Arabische landen, denk als voorbeeld aan Irak[420] en Syrië[421], te destabiliseren om de veiligheid van Israël te waarborgen. Bovendien moeten deze Arabische landen en moslimlanden gefragmenteerd worden tot kleine staten en provincies door middel van sektarisme en burgeroorlogen zodat Israël ze uiteindelijk kan toeëigenen. Deze politieke agenda is de oorzaak van alle ellende in de moslimlanden. Waar dienen al deze catastrofale agendapunten

---

oprichting van een Joodse staat middenin de moslimwereld was dus mede te danken aan de nazistische ideologie.

[418] Aytun Altindal, *Behind the Mask of Hitler*, blz. 171-218.

[419] https://www.jewishencyclopedia.com/articles/6083-ferdinand-and-isabella

[420] Het is erg merkwaardig dat de Irakeze staatsmannen en militairen die Saddam Hussein verraadden tegen de VS en de Amerikaanse soldaten hielpen leden waren van de schimmige soefi-orde *Kasnazani*.

[421] Syrië wordt al decennia lang constant verpletterd en gedestabiliseerd door middel van het sjiiesme.

voor? Dit is eigenlijk het plan van Iblies. Hij coöpereert met de Kabbalistisch-zionistische Joden om de mensheid te vernietigen. Dit was zijn belofte, zoals in de Koran ook staat beschreven. Iblies heeft gezworen om de mensheid in diverse vormen te verwoesten en om aan Allah ﷻ te bewijzen dat hij beter is dan de mens en daarvoor heeft hij ook bondgenoten nodig onder de mensen. De opstandigheid van Iblies komt uitgebreid aan bod in de Koran en dit heeft een reden, namelijk dat het zeer grote gevolgen heeft voor de mensheid. Als je de ontwikkelingen in de wereld niet leest in het licht van de Koran, dan zal je vrij weinig begrijpen van wat er gaande is. Het is daarom belangrijk voor de moslim om de Koran altijd als grondslag te nemen voor zijn observaties en analyses van de sociaalpolitieke en economische ontwikkelingen in de wereld. Trek je niets aan van pseudo-wetenschappers en -analisten die alleen de zichtbare oorzaken en gevolgen analyseren binnen de kaders van de pseudo-wetenschap welke is gestoeld op materialisme.

De biografie van Iblies

Allah ﷻ heeft de geliefde profeet ﷺ laten weten over de berichten van het ontstaan, de voorgaande volken en beschavingen. Wij zijn niet behoeftig naar leugens en valse beweringen van schepsels, terwijl we de Koran hebben van de Schepper ﷻ, zoals 'Ali ibn Abi Talib zei: "Het boek van Allah ﷻ, daarin zit het bericht van het voorgaande en het nieuws van wat hierna komt en het oordeel van de discussies en vraagstukken tussen jullie. De Koran is een beslissend woord en geen scherts. Welke heerser dat laat, Allah ﷻ zal hem verwoesten. Degene die de rechtleiding in iets anders zoekt, Allah ﷻ zal hem laten dwalen." Abu Dharr zei: "Waarlijk, de boodschapper van Allah overleed, terwijl er geen vogel was die vliegt met zijn twee vleugels, behalve dan dat hij ons daarover kennis heeft laten weten." 'Omar ibn al-Khattab zei: "De boodschapper van

Allah stond op een plek en berichtte ons vanaf het begin van de schepping tot de tijd dat de paradijsbewoners en helbewoners hun eindbestemming zullen betreden. Wie dat heeft onthouden, heeft het onthouden. Wie het heeft vergeten, heeft het vergeten." In andere overleveringen is gekomen dat de profeet ﷺ soms hele dagen, van fajr tot 'isha, preken gaf aan de metgezellen over wat er zal gebeuren tot het laatste uur.

Allah ﷻ schiep de hemelen en de aarde. Hij ﷻ plaatste eerst verschillende soorten wezens op de aarde die behoren tot de demonen, zoals al-hinn en al-binn. Daarna stuurde Allah ﷻ al-jinn op hen af, omdat ze onrecht deden. Toen bestond de eerste mens nog niet. Die grote groep aan al-jinn vocht en moordde die demonen en vestigde zelf op de aarde. Daarna begonnen al-jinn chaos te zaaien op de aarde door elkaars bloed te gieten. Toen was Iblies met zijn leger verantwoordelijk in de hoge hemelen voor verschillende belangrijke taken en had veel bevoegdheden. Hij had veel gunsten gekregen van Allah ﷻ. Toen heette hij nog 'Azaziel. Allah ﷻ stuurde Iblies en zijn leger af op al-jinn. Zij verdreven al-jinn naar de zeeën, bergen en eilanden. Toen besloot Allah ﷻ om de mens te scheppen die Hem zou vertegenwoordigen op de aarde. Nadat Allah ﷻ hem schiep, beval Allah ﷻ de engelen en Iblies om uit respect te buigen voor Adam. Iblies vertoonde hoogmoed en arrogantie en weigerde om dit bevel te gehoorzamen. Dit wordt uitvoerig besproken in de Koran.

In diverse overleveringen is gekomen dat Iblies een hermafrodiet is. Daarom hebben Joods-esoterische bewegingen en vrijmetselaars, zoals Knight Templars en Rosicrucians hun afgod Baphomet (Lucifer) met twee geslachten afgebeeld. Alle soorten parafilie, zoals LGBTQ+ en pedofilie worden door hen gepropageerd. Het is niet zomaar dat de eerste activist van *gay rights* en feminisme de Duits-Joodse wetenschapper Magnus Hirschfeld (gest. 1935) was.

De eerste operatie voor geslachtsverandering werd in 1930 verricht onder supervisie van Hirschfeld. Dit is allemaal om de mensheid te verderven in opdracht van Iblies. Andere vooraanstaande Joodse figuren in LGBTQ+-beweging zijn: Edith Windsor, Jazz Jennings, Abby Stein, Frank Kameny, Larry Brinkin, Leslie Feinberg, Brenda Howard, Jennifer Pritzker, Eli Erlick, George Weinberg, Harvey Milk, Kurt Freund, Betty Berzon, Fritz Klein, Barney Frank, Claude Cahun, Dean Spade, Joel Simkhai, Raffi Freedman-Gurspan, Gayle Rubin en nog veel meer. Een ander typerend voorbeeld van seksuele immoraliteit was de Duits-Joodse Sigmund Freud en zijn nalatenschap Tavistock Institute[422] dat nog steeds intensief bezig is met het normaliseren en verspreiden van seksuele perversie onder de massa's.

De relatie tussen Iblies en de Joden is erg belangrijk om te begrijpen. Volgens de Talmoedisch-Rabbijnse traditie had Iblies een oog op Eva.[423] Iblies had haar niet alleen verleid en misleid, maar ook ervoor gezorgd dat zei Adam had overtuigd om van de verboden boom te eten. In de latere Talmoed- en Midrashstudies is zelfs buitengewone aandacht besteed door de rabbijnen aan de seksuele relatie tussen Eva en Iblies (Lucifer oftewel Baphomet). Er ontstond zelfs de opvatting dat Kaïn de zoon was van Eva en Iblies.[424]

[422] Dit schimmige instituut heeft ook grote invloed op mode, muziek- en filmindustrie.
[423] Zie The Babylonian Talmud, Sotah 9b. Zie ook Midrash Rabbah, Genesis, 19:5, 19:6, p. 150-151; The Babylonian Talmud, Yevamoth, 103b; Avodah Zarah, 22b; Shabbath, 146a; Emil G. Hirsch, "Eve", *The Jewish Encyclopedia*, vol. IV, p. 275.
[424] Zie de studies: Julius Jarecki, "Eve: In Rabbinical Literature", *The Universal Jewish Encyclopedia*, edited by Isaac Landman, Universal Jewish Encyclopedia Co., Inc., New York, 1948, vol. IV, p. 198; Emil G. Hirsch, "Eve", *The Jewish Encyclopedia*, vol. IV, p. 275; *The Talmud Selections from the Contents of that Ancient Book, its Commentaries, Teachings, Poetry, and Legends*, translated by H. Polano, Leary's Book Store, Philadelphia, 1876, p. 13-15; John L. Ronning, *The Curse on the Serpent (Genesis 3:15) in Biblical Theology and Hermeneutics*, Westminster Theological Seminery, Ann Arbor, 1997, p. 102-119. Zie ook Johannes, 8:44 met commentaar.

Volgens de uiteenlopende Talmoedisch-Kabbalistische interpretaties in de rabbijnse literatuur is er zelfs de opvatting dat de Joden niet afstammen van Adam en Eva, zoals de overige mensen (gojim), maar dat ze de afstammelingen zijn van Eva en Iblies. Dit is niet vreemd, want volgens hen is Iblies geen kwaadaardig wezen, maar juist *nūr-ı ziyā*.[425] Dat is het Osmaans woord voor het Latijns woord Lucifer dat letterlijk *lichtbrenger* betekent.[426] Het is natuurlijk geen toeval dat de wijk in Istanbul waarin het hoofdkwartier van vrijmetselaars is gevestigd, vernoemd is naar *nūr-ı ziyā*. In de traditie van Talmoed-Kabbala wordt de moord op Abel door Kaïn genegeerd en de overwinning van Kaïn tegen Abel wordt benadrukt. Hoe dan ook, wordt als implicatie van deze reeks en/of soortgelijke theologische opvattingen, geacht door de Talmoedisch-Kabbalistische Joden dat ze superieur zijn aan de rest van de mensheid (gojim), zoals Iblies zich hoger achtte dan Adam, de aartsvader van de gojim. Ze geloven dat de gojim ten dienste van hen zijn geschapen. Daarom permitteren

[425] Bij nadere studie van de Talmoed en Joods-Kabbalistische literatuur kom je heel vreemde en blasfemische opvattingen tegen van Joden met betrekking tot Iblies (Lucifer). Er is elfs de opvatting dat hij de god van kwaadheid is en Yehova de god van goedheid. Dit soort afgoderij van de Joden moet niet als vreemd worden beschouwd, aangezien ze intensief zijn betrokken bij zwarte magie en Kabbala welke vol zit met shirk (afgoderij) en blasfemie (kufr). Zelfs op heden worden deze blasfemische boeken onderricht als voorwaarde om rabbijn te kunnen worden. Bovendien is het een Koranisch feit dat Joden sterke tendens hebben tot afgoderij. Een concreet voorbeeld daarvan is dat ze zelfs in de tijd van de profeet Musa en Harun afgoderij pleegden door het gouden kalf te aanbidden en het aanbidden van de Kanaänitische afgod Baäl (zie Koran, 37:123-125). Bovendien staat in de Koran dat de Joden zeiden over Allah ﷻ dat Hij ﷻ arm en gierig is (vrij en verheven is Hij ﷻ daarvan). In de Koran staat ook dat de liefde van Joden voor afgoderij eenmaal is geabsorbeerd door hun harten (zie Koran, 2:93). Bovendien geloven Joden dat Allah ﷻ zwak is, want Hij ﷻ worstelde met Israël (bijnaam van de profeet Ya'qub) en verloor tegen hem (zie Genesis 32). Vrij en verheven is Allah ﷻ van wat deze afgodenaanbidders uitkramen!

[426] Denk ook aan de Verlichting welke grote impact had op de Europese samenleving. De Verlichting werd geleid door de Cabal welke uiteindelijk leidde tot o.a. de Franse Revolutie waarin de termen van vrijmetselarij als motto werden gebruikt: vrijheid, gelijkheid en broederschap (Frans: *liberté, égalité, fraternité*). Heel 'toevallig' waren deze termen ook het motto van de Jonge Osmanen en later de Jonge Turken die een einde hadden gebracht aan het Osmaanse Rijk en het kalifaat. Zie ook: *The Jews in the Renaissance* van Cecil Roth.

ze zich om gojim te misbruiken, verderven, vermoorden, manipuleren, want dit allemaal is toegestaan voor hen, sterker nog, een aanbidding. Dit wordt bevestigd door Joden zelf en hun literatuur. Ook prof. Israel Shahak, een eerlijke Joodse onderzoeker, heeft uitvoerig over dit onderwerp geschreven en heeft aangegeven dat de rabbijnen deze satanische zaken vermommen door de Talmoedvertalingen te verdraaien of te censureren.

Deze duivelse geloofsopvattingen van de Joden komen ook herhaaldelijk voor in de Koran. Een voorbeeld daarvan is het volgende Koranvers dat neerkomt op: "Onder de mensen van het boek is er iemand die, als je hem een schat toevertrouwt, bereid is het terug te geven. En onder hen (de Joden) is iemand, die een enkele toevertrouwde zilveren munt niet teruggeeft, tenzij je er op aandringt, omdat zij zeggen: 'Wij zijn niet aansprakelijk voor de analfabeten (en we krijgen dus geen zonde wanneer we hen oplichten of uitbuiten, omdat ze niet van onze stamgodsdienst zijn).'"[427]

Een ander voorbeeld uit de Koran is wat neerkomt op: "En de Joden en de christenen zeiden: 'Wij zijn de kinderen van Allah en Zijn geliefden.' Zeg (O Mohammed): 'Waarom straft Hij jullie dan voor jullie zonden!? Nee, jullie zijn niets dan mensen, die Hij geschapen heeft.'"[428] Imam Abu Hayyan schrijft in zijn uitleg op dit vers dat de beide groepen, dus de Joden en de christenen, dit louter over hun eigen groep zeiden, maar elk in andere vorm. De christenen bedoelden daarmee dat ze de volgers waren van 'Isa die ze als de zoon van Allah ﷻ beschouwden (vrij is Allah ﷻ daarvan). De Joden bedoelden daarmee

[427] Koran, 3:75. De bovenstaande weergave van betekenis is o.a. gebaseerd op *tafsīr al-jalālayn*.
[428] Koran, 5:18.

dat ze de speciale en uitverkoren dienaren waren van Allah ﷻ en dat Allah ﷻ nooit ontevreden wordt met hen, omdat ze een sterke relatie hebben met Hem die gelijk is aan de relatie van vader en zoon. Hiermee permitteerden ze zich om alle soorten kwaadheid te bedrijven, omdat Allah ﷻ toch nooit echt ontevreden zal zijn met hen. Dit is ook af te leiden uit verscheidene overleveringen die verhaald zijn door diverse tafsirgeleerden. Op deze manier gaven ze een superieure en goddelijke uitstraling aan de moslims. Daarop duidt ook het gedeelte *'Nee, jullie zijn niets dan mensen, die Hij geschapen heeft.'* in het bovengenoemde vers, want daarmee wordt hun claim op goddelijkheid ontkracht en er wordt bewezen dat ze gewoon mensen zijn zoals de rest van de mensheid.[429] Dit soort racistische dwaalbegrippen zijn gebaseerd op de Kabbala en de verzinsels van Kabbalistische rabbijnen die contact hebben met Iblies en hem verheerlijken.

In verschillende overleveringen is gekomen dat Iblies, zoals Dajjal ook zal doen, op Allah ﷻ probeert te lijken en zich als god beschouwt. Bovendien heeft hij een troon midden in de oceaan en hij zit daarop. Hij reikt zijn soldaten bevelen en taken uit om de schepping te bedriegen en te misleiden. In een hadith is de volgende dialoog gekomen tussen Allah ﷻ en Iblies: "Iblies zei toen hij werd geschorst van het paradijs: 'O Heer, U heeft me hier geplaatst. Geef me ook een huisvesting.' Allah zei: 'Badhuizen.' Hij zei: 'Geef mij een hangplek.' Hij zei: 'De markten en de straten.' Hij zei: 'Geef me voedsel.' Hij zei: 'Alles waar de naam van Allah niet voor is genoemd.' Hij zei: 'Geef me drinken.' Hij zei: 'Alle bedwelmende middelen.' Hij zei: 'Geef me een oproeper.' Hij zei: 'Mizmar (muziekinstrument).' Hij zei: 'Geef me een recitatie.' Hij zei: 'Gedichten.' Hij zei: 'Geef me een schrift.' Hij zei: 'Tatoeage (symbolen en

---

[429] Zie de tafsir van Imam Abu Hayyan, Imam al-Qurtubi en Imam Ibn Kathir.

afbeeldingen).' Hij zei: 'Geef me een bericht.' Hij zei: 'Leugens.' Hij zei: 'Geef me boodschappers.' Hij zei: 'Waarzeggers (magiërs).' Hij zei: 'Geef me valstrikken (om te laten dwalen).' Hij zei: 'Vrouwen.'''[430]

Iblies en zijn soldaten (van de mensen en demonen) hebben grote plannen waar we scherp voor moeten blijven. Dit kan alleen door de waarheid te achterhalen en deze te volgen!

De oorzaak van universele kwaadheid volgens de Koran

Een eeuw terug kwam er een einde aan de moslimmachtssfeer in de wereld. Sindsdien zijn de moslims gemarginaliseerde en onderdrukte volken wier bloed en eer als waardeloos wordt gezien in de internationale arena. Wat willen ze eigenlijk van de moslims? Wat is de bron van die spanningen? Vanaf de eerste mens, de profeet Adam, is er een universele strijd tussen goed en kwaad. Deze strijd wordt gevoerd tussen de partij van Allah ﷻ en de partij van de Iblies. De aartsvader van de duivels werd ongehoorzaam tegen Allah ﷻ, omdat hij geen eerbied wilde tonen aan de aartsvader van de mensen. Dat was het eerste vonkje van deze enorme brand. Hij vroeg om uitstel en toestemming om aan te tonen dat de mensen waardeloos zijn door ze in zijn eigen verkeerde voetsporen te laten treden. Hij kreeg wat hij wenste en sindsdien voert hij zijn missie uit met absolute discipline en passie. Hij heeft al een aanzienlijk deel van de mensheid kunnen verleiden en misleiden. Een belangrijke groep daarvan wordt gevormd door de Joden. Ze hebben altijd een opvallende neiging gehad tot duivelse praktijken. Daarom werden de meeste boodschappers en profeten ook naar dit volk gestuurd, maar zij vermoordden ze en hielden niet van weldoeners. Ze zijn zo ver gegaan in hun onheil dat daardoor vele gunsten zijn ontnomen van de

[430] Overgeleverd in *makā'id al-shayṭān* van Imam Ibn Abi al-Dunya.

mensheid. De geliefde profeet Mohammed ﷺ zei bijvoorbeeld: "Waren de kinderen van Israël er niet, dan zou vlees niet rotten."[431] In de Edele Koran vind je meerdere voorbeelden van hun duivelse praktijken en dwalingen. Een aantal concrete voorbeelden van hun ontaarding en dwaling die ook in de Koran worden genoemd, zijn:

1. Het begaan van afgoderij.
2. Het vereren van de duivel.
3. Het bedrijven van zwarte magie.
4. Het vermoorden van de profeten.
5. Het verbergen van de waarheid en verspreiden van leugens.
6. Het verbasteren van de goddelijke openbaringen.
7. Het stoken tussen mensen en stichten van oorlogen.
8. Het uitbuiten van anderen met rente, oplichting en beroving.

De mens in het algemeen, de moslim in het bijzonder, heeft aartsvijanden waarover hij niet onachtzaam mag zijn. De meest vooraanstaande van die grote vijanden is Iblies en zijn nageslacht. Zij hebben gezworen om de mens te bedriegen, verleiden en te verwoesten. Onder de mensen heeft Iblies bondgenoten. Dat zijn onder meer de Kabbalistisch-zionistische Joden. Dat is ook de reden dat zij zich hoger achten dan de rest van de mensheid, omdat ze zichzelf als echte mensen zien en de rest als dieren waardoor ze dus ook de evolutietheorie hebben verzonnen. Zij noemen ons gojim (Engels: Gentile). Zij voeren hun grootste strijd tegen de moslims, zoals in de Koran staat: "Waarlijk, jij zult zeker vinden dat de mensen die het sterkst in vijandschap tegenover de moslims zijn, de Joden en (hun bondgenoten) de afgodendienaren zijn."[432] De

---

[431] Overgeleverd in *al-ṣaḥīḥ* van Imam al-Bukhari.
[432] Koran, 5:82.

werkwoorden in dit vers en bijna alle andere verzen over Joden zijn allemaal in tegenwoordige tijd. Dit duidt op de continuïteit van hun vijandigheid en buitensporigheid tot op heden. In een ander vers staat: "En zet alles in wat jullie hebben aan machtsmiddelen, ook strijdrossen, om de vijand van Allah en jullie vijand en de anderen bij hen angst aan te jagen, en ook anderen die jullie niet kennen (en) die Allah wel kent."[433] De vijanden die wij niet kennen, zijn door de geleerden op diverse manieren uitgelegd waaronder de duivels en de crypto-Joden, aldus Imam Ibn Kathir.

Het is daarom verplicht voor elke moslim om zijn vijanden te kennen en in de gaten te houden. In de Koran staat wat neerkomt op: "En verslap niet in het achtervolgen van de vijand."[434] In een ander vers staat wat neerkomt op: "Zit hen op elke observeerplek achterna."[435] Prominente islamgeleerden, zoals Imam al-Ghazali, hebben gezegd: "Wie de condities van zijn tijd niet kent, is een onwetende." Imam Qadi Khan en Imam Ibn 'Abidin hebben de volgende uitspraak overgeleverd van verschillende geleerden: "Wie de mensen van zijn tijd niet kent, is een onwetende." Het is dus van groot belang en zeer cruciaal om je eigen tijd te kennen en op de hoogte te zijn van de sociaal-maatschappelijke en geopolitieke factoren en actoren als je een geleerde en scherpe moslim wil zijn.

In de Koran openbaart Allah ﷻ wat neerkomt op: "Wanneer hij weggaat, streeft hij om chaos te zaaien op de aarde en om het vruchtbare land en de nieuwe generatie te verwoesten. En Allah is niet tevreden met chaos."[436] In de uitleg

[433] Koran, 8:60.
[434] Koran, 4:104.
[435] Koran, 9:5.
[436] Koran, 2:205.

van dit vers hebben geleerden verschillende commentaren gegeven die licht zullen schijnen op de hedendaagse duisternissen:

- Imam al-Qurtubi schrijft dat ongeacht het vers een aanleiding heeft tot openbaring, namelijk de hypocriet al-Akhnas die de tuinen en vee van moslims verbrandde en plunderde, is dit vers universeel.
- Imam al-Qurtubi geeft ook aan dat de woorden *al-ḥarth* en *al-nasl* op verschillende manieren opgevat kunnen worden, zoals dat *al-ḥarth* de vrouwen zijn en *al-nasl* de nieuwe generatie (oftewel alles wat gebaard wordt), maar *al-ḥarth* kan ook vruchtbaar land en *al-nasl* kan ook vee betekenen. Met andere woorden: het vers verwijst naar een chaos in de schepping die veroorzaakt wordt door hypocrieten en duivelse wezens.
- De woorden in het vers zijn dus meerduidige woorden waarvan de betekenissen op zijn plek selectief gebruikt kunnen worden. Deze meerduidigheid van de Koran behoort tot de unieke kenmerken van de Koran, omdat het universeel en eeuwig is en daarom ten alle tijden meerdere perspectieven biedt die de mensheid kunnen dienen. Daarom zei de gezegende metgezel 'Abdullah ibn 'Omar: "De tijd legt de Koran uit."
- Imam al-Qurtubi schrijft over de linguïstische betekenis van het woord *al-harth* ook dat het gebruikt wordt in de zin van *ḥarathtu al-nār*, dus *ḥarraqtuhā*, dit betekent dus vuur stoken. Deze definitie is ook in gezaghebbende woordenboeken te verifiëren. Een andere betekenis die hij noemt, is *al-shaqq*: *splitsen* en *laten barsten* van de aarde. Dit zijn zeer merkwaardige woordkeuzes, omdat er hier subtiele verwijzingen kunnen zijn naar de relatie tussen *aarde* en *vuur* en de relatie tussen *aarde* en *laten barsten* wat dus kan duiden op kunstmatige aardbevingen die veroorzaakt

worden door moderne technieken. De relevantie van deze interpretatie komt tevoorschijn als we de moderne wapentechnologie in acht nemen, zoals kernwapens, chemtrails en HAARP.

- Imam al-Baghawi zegt over het woord *al-nasl* dat het over alle levenden gaat, dus ook de mensen.
- Imam Ibn Kathir plaatst de volgende kanttekening over het woord *al-ḥarth*: "Dat is de plek waar planten en gewassen groeien."
- Imam Abu Hayyan zegt dat specifiek deze twee woorden (*al-ḥarth* en *al-nasl*) zijn gebruikt, omdat deze twee de belangrijkste componenten zijn in dit leven. Deze twee zaken verderven, is de grootste verderving.
- Imam Qadi Baydawi interpreteert het gedeelte *idhā tawallā* (wat boven is vertaald met *"Wanneer hij weggaat"*) met *"Wanneer hij aan de macht komt."* Deze betekenis is ook geciteerd door Imam Abu Hayyan, Imam Ibn al-Jawzi en andere exegeten.
- Imam al-Baghawi zegt over het gedeelte "streeft hij om chaos te zaaien op de aarde" dus het bloed gieten van de moslims. Dit doen ze ook door (burger)oorlogen te stichten, zoals in een ander Koranvers is geopenbaard: "Iedere keer als zij een oorlogsvuur ontsteken, dooft Allah ﷻ het. En zij streven altijd hard om ellende over de aarde te verspreiden."[437] Dit vers gaat zonder meningsverschil over de Joden. Imam Ibn Kathir zegt dat chaos zaaien tot hun karakter behoort, in de uitleg van: "En zij streven altijd hard om chaos over de aarde te verspreiden. En Allah houdt niet van de verderfzaaiers."[438]
- Imam Ibn 'Atiyya en Imam Abu Hayyan zeggen over de werkwoorden *tawallā* en *sa'ā* dat het de volgende betekenissen behelst: "Dwaalde, werd

[437] Koran, 5:64.
[438] Koran, 5:64.

woedend, werd hoogmoedig, en streefde met zijn complotten (*ḥiyal*) en zijn wil naar (het stichten van) rampen tegen de islam."

- Imam Abu Hayyan geeft nog meer bijzondere betekenissen over het werkwoord *sa ā*, namelijk desinformatie en leugens verspreiden onder de mensen om ze tegen elkaar op te hitsen. Dit gebeurt op heden met moderne instrumenten, zoals media, wetenschap, literatuur en sport. De andere betekenis die hij afleidt uit het werkwoord is dat het herhaaldelijk en op meerdere plekken op de aarde, globaal, plaatsvindt.
- Imam Ibn 'Atiyya zegt dat de volgende betekenis ook is gegeven aan *chaos* en *verwoesting* die genoemd worden in dit vers: "De verderfzaaier moordt de mensen uit (massamoord) waardoor *al-ḥarth* en *al-nasl* verijdeld worden."
- Over het laatste gedeelte van het vers *"En Allah is niet tevreden met chaos"* zeggen Imam al-Qurtubi en Imam Ibn 'Atiyya dat Allah ﷻ niet tevreden is met chaos die als religie wordt geadopteerd. Meerdere Koranexegeten hebben deze kanttekening geplaatst. Dit duidt erop dat er ook groepen zijn die *verderf* en *chaos zaaien* als religie aanhangen. Zijn er op heden groepen die chaos als religie aanhangen? Ja! Dit wordt *antinomianism* genoemd en betekent dat de religieuze wetten geschonden moeten worden. Dit idee wordt aangehangen door Joods-esoterische genootschappen die zich inspireren op de (Lurianic) Kabbala, zoals de aanhangers van Shabtai Tzevi. De laatste omschreef zijn missie onder meer als *"elevating the sparks of holiness"* met de overtuiging dat Messias alleen kan komen en zijn missie kan voltooien als er onheil heerst op de aarde.
- Imam Abu Hayyan zegt dat *al-fasād* (chaos, onheil) het tegenovergestelde is van *al-ṣalāḥ* (goed en rechtschapenheid). Het woord *al-fasād* komt neer op het koppig bestrijden van Allah ﷻ in Zijn uitspraak welke neerkomt op: "Hij

heeft jullie als vertegenwoordigers (van Allah geplaatst op de aarde)/als verbouwers (van de aarde) daarin geplaatst."[439]

- Imam Ibn al-Jawzi noemt de volgende manieren voor de verwoesting van *al-ḥarth* en *al-nasl*: (1) vermoorden, (2) verbranden, (3) verderven. Volgens Imam Abu Hayyan kan chaos op diverse manieren gesticht worden, zoals: (1) onrecht, (2) moord, (3) manipulatie, (4) verslaving, (5) ongeloof, (6) ruïneren. Als we deze chaos willen uitdrukken in moderne termen, dan kunnen we onder meer denken aan de entertainmentindustrie (muziek, films, sociale media, sport), voedselindustrie (kunstmatig voedsel, chemische stoffen, E-nummers), onderwijssysteem en wetenschap (leugens over evolutietheorie, NASA, LGBTQ+, officiële geschiedenis, etc.), underground & maffiawereld (prostitutie, mensenhandel, orgaanmaffia, pornografie[440] en pedofilie, drugs, etc.). We zullen een aantal van deze aan de kaak stellen in de loop van deze studie. Het is zeer merkwaardig dat al deze chaosapparaten uiteindelijk door dezelfde duivelse kliek worden bestuurd en beheerd. Deze kliek werkt volgens een hiërarchie (vrijmetselaarspiramide) en heeft Kabbala en Talmoed als drijfveer.
- Shaykh al-Sha'rawi schrijft in zijn exegese over dit vers dat de aarde van oorsprong deugdelijk is, maar door de activiteiten van de duivelse boosdoeners gevuld wordt met verderf en chaos. Zij beweren ook dat ze voor de verbetering van de aarde werken. Hiervoor haalt hij het volgende Koranvers aan dat neerkomt op: "En wanneer tegen hen wordt gezegd: 'Niet verderf zaaien op de aarde', zeggen zij: 'Wij zijn slechts hervormers'. Let op, zij zijn waarlijk verderfzaaiers, maar ze begrijpen het niet."[441] Dit is erg

[439] Koran, 11:61.
[440] Zie ook: "TRIPLE EXTHNICS" van Nathan Abrams gepubliceerd door *Jewish Quarterly*.
[441] Koran, 2:11-12.

bijzonder, want de vrijmetselaars en de hogere leden van de duivelse piramide presenteren zich tegenwoordig als filantropen wat mensenliefhebbers betekent. Ze pretenderen dus goede mensen te zijn die zich inzetten voor liefdadigheid en humanitaire activiteiten, maar achter de schermen hebben ze de touwen in handen genomen van alle schimmige en illegale activiteiten.

- Shaykh al-Qasimi geeft in zijn exegese aan dat de vernietiging van *al-ḥarth* en *al-nasl* ook als een metafoor gezien kan worden voor desastreuze kwellingen.
- Aanvullend op de bovenstaande citaten, wil ik nog een ander Koranvers tackelen dat een idee geeft over de omvang van de complotten van de vijand, namelijk het vers dat neerkomt op het volgende: "Voorwaar, zij hebben hun plannen gesmeed, en hun plan was bekend bij Allah. Ondanks dat hun plan zo was, dat er bergen door zouden worden verzet."[442] Dit geeft een duidelijk beeld over de enorme invloed van hun complotten.

Imam Abu Hayyan zegt over het vers dat hun complot zo groot kan zijn dat de bergen van hun plek worden verwijderd. Een ander interessant bericht benoemt Imam Ibn Kathir in de exegese van dit vers als voorbeeld voor de complotten en intriges van tirannen en de vijanden van de islam. Dit bericht is overgeleverd van de gezegende metgezel Imam 'Ali ibn Abi Talib en gaat over de trucjes en intriges van tirannen zoals Namrud, Fir'awn en Nebukadnezar die de hemelen wilden bereiken om zogenaamd de Schepper te vinden. Daarom trainden ze adelaars totdat ze grote beesten werden. Daarna lieten ze hen uithongeren. Ze bonden hun poten vast aan een kist, stapten zelf in de kist en staken een staf met vlees erop boven de kist zodat de adelaars wild naar boven vlogen. Op deze manier kregen ze de

[442] Koran, 14:46.

mogelijkheid om in de lucht te vliegen en zogenaamd de schepping van Allah ﷻ te kleineren zeggende dat bijvoorbeeld de aarde zo klein als een vlieg is. Dit is te vergelijken met de leugens, complotten en intriges van NASA en HAARP.

Satanische geloofsopvattingen van de Joden

Terreur is een sleutelbegrip in de Joodse religie.[443] Als we in het Oude Testament kijken, zien we dat de god van Joden een transformatie ondervindt. De god van Abraham is Elohim. Hij is een vrij genadevolle god, maar deze transformeert in een heel andere god in de tijd van Mozes, namelijk Yehova. Deze god is een antropomorfe god, dat wil zeggen dat hij angstig wordt, moe wordt, soms aandacht tekort heeft, woede uit, woest wordt, en dergelijke menselijke emoties en symptomen vertoont. Het is ook belangrijk om te vermelden dat Joden hun god als god erkennen naast andere goden. Bovendien zien we dat de bipolaire god van de Joden ene keer agressie en geweld verheerlijkt en andere keer rozen uitdeelt. Dit komt doordat zij hebben geknoeid aan hun heilige boeken en een eigen zeer blasfemisch en polytheïstisch godconcept hebben verzonnen op basis van hun eigen psychologische toestanden en sociaalpolitieke ervaringen. Volgens de Joden heeft god zelf ook terreur begaan door bijvoorbeeld de Egyptenaren te verwoesten zonder genade te tonen voor vrouwen, kinderen en dieren.[444] Een ander voorbeeld is: "Op een keer zei Samuel tegen Saul: 'De Heer heeft mij destijds gezonden om u te zalven tot koning over zijn volk, over Israël. Luister dus nu naar wat de Heer te zeggen heeft. Dit zegt de Heer van de hemelse machten: Ik ben niet vergeten

---

443 Barry Moser, "Blood & Stone: Violence in the Bible & The Eye of the Illustrator", *Cross Currents*, Summer 2001, p. 220. Zie ook *The Founding Myths of Israeli Politics* van Roger Garaudy.
444 Exodus, 12:29.

wat Amalek Israël heeft aangedaan: het heeft Israël de weg versperd bij zijn tocht uit Egypte. Trek daarom op tegen de Amalekieten en versla ze. Wijd al hun bezittingen onvoorwaardelijk aan de Heer. Spaar ze niet, maar dood alles en iedereen: mannen en vrouwen, kinderen en zuigelingen, runderen en schapen, kamelen en ezels.'"[445] Als dit geen terreur is, dan bestaat er geen terreur! De Tora schrijft dus terreur voor aan de Joden. Het is daarom een aanbidding/ritueel voor de Joden om volken uit te moorden.[446] Dit is namelijk een bevel van de Joodse god en is voornamelijk gericht aan de volken die in en rond het Heilige Land leven. Er staat ook: "Hij zal hun koningen aan u uitleveren en u zult alles wat onder de hemel aan hen herinnert, wegvagen; steeds verder zullen ze teruggedrongen worden, tot u ze allemaal uitgeroeid hebt."[447] Lees ook het volgende citaat: "Maar daarbinnen, in de steden van het land dat de Heer, uw God, u als grondgebied zal geven, mag u geen mens in leven laten."[448] Het is waar dat al die volken zijn verdwenen in de loop der tijd,

[445] 1 Samuel, 15:2-3. Zie ook: Seth D. Kunin, "Israel and the Nations: A Structuralis Survey", *Journal for the Study of the Old Testament* 82 (1999), p. 24-26.
[446] De aanvallen van Israël op Palestijnse burgers, in het bijzonder de kinderen, in oktober 2023 waren zeer schokkend, maar als je er achter komt dat het motief religieus is en gebaseerd is op de Joodse geschriften, dan word je opnieuw geschokt dat Israël daardoor op een genadeloze wijze ziekenhuizen, scholen en voedselbanken bombardeert. De reden dat de staatsmannen van de VS en bepaalde Europese landen op een slaafse wijze Israël volgen en dienen, heeft te maken met een of meerdere van de volgende vier factoren: (1) ze zijn Joods, zoals de Amerikaanse minister van buitenlandse zaken Antony Blinken die zei toen hij in Israël kwam dat hij niet als minister van de VS is gekomen, maar als een Jood, (2) ze zijn crypto-Joden, (3) ze zijn christenzionisten, zoals Joe Biden en Donald Trump die geloven dat Joden het uitverkoren volk zijn dat thuis hoort in het Heilige Land (dus het Groter Israël welk zich uitstrekt van Nijl tot Tigris) dat aan hen is beloofd door god. Bovendien geloven christenzionisten dat Jesuz terug zal komen wanneer de condities gereed zijn, zoals dat het Groter Israël is opgericht en Joden daar zijn gevestigd. Nog een factor (4) kan zijn dat ze bij het steunen van Israël en Joden een persoonlijk belang hebben, chantabel of omkoopbaar zijn.
[447] Deuteronomium, 7:24.
[448] Deuteronomium, 20:16.

maar het bevel is voor altijd geldig gebleven, in het bijzonder de strijd tegen Amalekieten zal voor eeuwig blijven duren. Het bevel omtrent deze strijd is tevens een van de 613 geboden van de Tora.[449] Daarnaast is dit bevel niet alleen geldig tegen Amalekieten, maar geldt tegen elk volk dat Israël in de weg zit om het plan omtrent het Beloofde Land te realiseren.[450] Hiervoor zijn vele bewijzen, maar wat er in de realiteit plaatsvindt, is als bewijs genoeg! Het Oude Testament bevat ook zeer zedenkwetsende en immorele citaten over o.a. mensen die door de moslims als engel, profeet of familielid van een profeet worden beschouw, zoals:

- Incest en wijn (Genesis 19 en 49)
- Groepsverkrachting (Genesis 19 en Rechters 19)
- Verkrachting (Genesis 34)
- Overspel en ontucht (2 Samuel 11)
- Incest en verkrachting (2 Samuel 13)

In de geloofsopvattingen van de Joden staat niet alleen het Oude Testament centraal, maar ook de (Babylonische) Talmoed, Mishna, Zohar, Sefer Yetzirah, Sefer ha-Bahr en dergelijke Kabbalistische en Rabbijnse literatuur. Hierin krijgen rabbijnen een heilige en autoritaire positie. Ze zullen nooit de hel betreden en mogen nooit ongehoorzaamd worden. Sterker nog, de Rabbijnse studies zijn niet alleen een manier van dichterbij tot god komen, maar ook een manier om god te worden, want god is ook een leerling van deze traditie en

[449] Zie o.a. Maimonides, *The Commandments*, translated by Charles B. Chavel (New York: Soncino Press, 1992) I/202-204.
[450] Maimonides, *The Commandments*, I/202-203 samen met de kanttekeningen van Rabbi Chavel.

bestudeert drie keer per dag de Talmoed, volgens de Talmoed (Avodah Zarah 3b). Daarom zegt Allah ﷻ in de Koran ook dat Joden hun rabbijnen als afgoden hadden genomen. In de Kabbalistisch-Rabbijnse literatuur wordt er ook een duidelijk onderscheid gemaakt tussen Joden en niet-Joden welke gojim worden genoemd. De gojim worden niet als echte mensen beschouwd door de Joden. Zij zijn juist geschapen om de Joden van dienst te zijn. Deze vreselijke en racistische geloofsopvattingen zijn onder andere gebaseerd op de Talmoed en de Kabbala. Hierover zijn meerdere studies gedaan waaronder die van prof. Israel Shahak[451], prof. Norton Mezvinsky, Jane Birdwood en Michael Hoffman. Een aantal merkwaardige opvattingen uit de Talmoed kunnen we als volgt opsommen:

- Als een gojim een Jood slaat, dan moet de gojim vermoord worden. (Sanhedrin 58b)
- Een Jood hoeft een gojim zijn loon die hij hem verschuldigd is niet te betalen. (Sanhedrin 57a)
- Een Jood mag stelen van een gojim en hoeft het niet terug te geven. (Baba Kamma 113b, Sanhedrin 76a)
- Joden mogen gojim vermoorden en beroven. (Baba Kamma 37b, Sanhedrin 57a)
- Joden mogen liegen tegen gojim. (Baba Kamma 113a)
- De kinderen van gojim zijn dieren.[452] (Yebamoth 98a)

[451] Zie onder andere de volgende studies: *Jewish History, Jewish Religion* (1994), *Jewish Fundamentalism in Israel* (2004), *Report: Human Rights Violations During the Palestinian Uprising* (1988-1989).

[452] Nou begrijp je ook beter waarom de Israëlische minister van defensie, Yoav Gallant, over de Palestijnen zei: "We are fighting against human animals". Zie hiervoor: https://www.aljazeera.com/program/newsfeed/2023/10/9/israeli-defence-minister-orders-complete-siege-on-gaza

- De beste vrouwen zijn die aan magie doen. (Kiddushin 66c)
- Genocide tegen gojim is legitiem, hoe goed ze ook zijn.[453] (Soferim 15:10)
- Gojim zijn geen mensen. (Yebamoth 61a)

Zo zijn er talloze andere citaten te vinden die blijk geven van satanisch-racistische geloofsopvattingen van de Rabbijnen en Kabbalisten. De bedoeling is om de Tora in het licht van de Kabbala (afgeleid van het Italiaans woord: *Cabala*) te interpreteren. De crypto-Joden die zogenaamd bekeerd waren tot het christendom implementeerden de Kabbala ook in de Bijbelse studies. Parallel aan deze ontwikkeling vond de implementatie van Kabbala plaats in de vrijmetselarij, zoals Albert Pike ook uitlegt in zijn boek *Morals and Dogma*, en vanuit de vrijmetselarij, zoals Rosicrusians, is het overgedragen aan sommige wetenschappers, wiskundigen en theologen. De overtuiging in het Kabbalistisch-Rabbijns paradigma is dat de creatie van God imperfect is en dat de Joden en hun assistenten, dus de vrijmetselaars, deze imperfectie zullen

[453] Dit citaat is afkomstig uit het Hebreeuws origineel van de Babylonische Talmoed zoals het is geciteerd in 1907 door *Jewish Encyclopedia*, gepubliceerd door Funk and Wagnalls en verzameld onder het punt "Gentile" door Isidore Singer. Op 25 februari 1994 werden veertig Palestijnse burgers vermoord door de Israëlische soldaat Baruch Goldstein in een moskee in Hebron. Daarna werd dit geprotesteerd door tientallen Palestijnen en zij werden ook genadeloos vermoord. Goldstein was de leerling van de rabbijn Meir Kahane die tegen Mike Wallace van CBS zei dat in Talmoed staat dat Arabieren honden zijn. Het is bij hen een aanbidding om gojim te vermoorden. Ze schamen ook niet om dit kenbaar te maken. De rabbijn Yaacov Perrin zei zelfs dat de nagel van een Jood waardevoller is dan een miljoen Arabieren. De rabbijn Yitzhak Ginsburg zei dat een Jood die behoeftig is aan een lever deze van een onschuldige gojim mag toeëigenen op basis van de Talmoedische instructies. Een ander genocidevoorbeeld uit de nabije geschiedenis is het Bloedbad van Srebrenica tegen Bosnische moslims door de beesachtige Servische soldaten. Israël bemoedigde en steunde, door o.a. wapens te leveren, de genocide van Servië tegen de Bosnische moslims. Professor Igor Primoratz, hoogleraar aan de Hebrew University, deed onderzoek naar de rol van Israël en toonde aan dat Israël een pro-Servische houding aannam bij de genocide en ruggensteun gaf aan Servië. Zie het hoofdstuk "Israel and Genocide in Croatia" van professor Igor Primoratz in het boek *Genocide after Emotion* (1996).

aanvullen en voltooien.[454] Dit kan gerealiseerd worden door een duidelijke scheiding te creëren tussen gojim en de Joden. De eerste is de realm of confusion (*olam ha-tohu*) en de tweede is realm of restoration (*olam ha-tikkun*). Deze tweede is een paradijselijk zionistisch wereldrijk dat dus samengevat is met de Latijnse uitdrukking *Novus Ordo Seclorum* op het dollar-biljet.[455] Dit proces is al een lange tijd op gang. Belangrijke ontwikkelingen hierin zijn bijvoorbeeld het monetaire systeem (bankierssysteem), industrialisatie, technologische vooruitgang. Momenteel zijn ze bezig met projecten zoals pandemieën, klimaatcrises, smart cities, AI en robots. Al deze stappen dienen voor de oprichting van een nieuwe wereldorde waarin twee sferen zullen zijn: de sfeer van de Joden en de sfeer van de gojim. Op deze manier hebben de rabbijnen en de Joden hun lusten gevolgd. Ze hebben de zwarte magie en de Kabbala als uitgangspunt genomen voor al hun geloofsopvattingen en daden. Dit is ook waar de Koran naar refereert: "Zij volgden wat de duivels voorlazen in de regeringstijd van Sulayman. Sulayman was niet ongelovig, maar de duivels waren ongelovig, zij onderwezen de mensen zwarte magie en wat was neergezonden te Babel aan de twee Engelen Haroet en Maroet. Geen van beide (Engelen) gaven onderricht, zonder dat zij zeiden: 'Wij zijn slechts een beproeving (van Allah ﷻ voor de mens), dus wees niet ongelovig.' Zo leerden zij van hen (zwarte magie) dat wat een scheiding veroorzaakte tussen een man en zijn echtgenote. Maar met magie konden de magiërs niemand schade berokkenen, tenzij met Allahs ﷻ toestemming. (In feite) leerden zij slechts datgene wat hun schade kan toebrengen (in het hiernamaals) en dat (zwarte

[454] Michael Hoffman, *Judaism's Strange Gods*, blz. 97.
[455] Michael Hoffman, *Judaism's Strange Gods*, blz. 87.

magie) hen van generlei voordeel kan zijn. En waarlijk, zij wisten dat de bedrijvers (van magie) geen aandeel zullen hebben in (de tuinen van het paradijs in) het hiernamaals (doordat ze magie verkozen boven de openbaringen van Allah). En slecht is het waarvoor zij hun zielen (aan de duivel) verkochten. Hadden zij het maar geweten."[456]

Dit Koranisch fragment gaat over de Joden. Dat begrijpen we duidelijk uit de context, want de verzen ervoor spreken over de Joden en daarom gaat het persoonlijke voornaamwoord *"Zij"* in het begin van dit fragment terug naar de Joden.[457] Zij, dus de Joden, volgden de duivelse instructies van de Kabbala en kregen dit te horen van de satans. Het behoort tot de misdaden van de Joden dat ze zich met magie bezighouden en anderen hiernaar roepen. Bovendien hebben ze de overtuiging dat de profeet Sulayman zijn heerschappij en macht te danken had aan zwarte magie.[458] Uit het vers begrijpen we ook dat de Joden contact hebben met de satans, want ze ontvangen instructies van hen. De meerderheid van de geleerden hebben aangegeven dat het om *shayāṭīn al-jinn* gaat, dus satans van de demonen en niet van de mensen, er zijn namelijk ook satans onder de mensen. Een ander punt is dat het met de toestemming van Allah ﷻ mogelijk is om bovennatuurlijke dingen te doen met zwarte magie. De magiër kan hiermee psychologische stoornissen, ziektes, hallucinaties, influisteringen, en dergelijke symptomen veroorzaken door ook hulp van *al-jinn* te vragen. Het wordt bedreven met duivelse praktijken waarbij bloed, kadavers, kruiden en dergelijke zaken worden gebruikt en wordt aan de hand van astrologisch-nummerologische formules opgesteld. Volgens de soennitische geleerden heeft magie dus een werkelijk effect, in tegenstelling tot de mu'tazila, want volgens

[456] Koran, 2:102.
[457] Zie tafsir van Imam al-Qurtubi in de uitleg van dit vers.
[458] Zie tafsir van Imam Fakhruddin ar-Razi in de uitleg van dit vers.

hen is magie slechts een gezichtsbedrog. Magie is echter meer dan alleen gezichtsbedrog en goocheltrucjes (in het Arabisch: *sha'wadha*).[459]

Dajjal

De Dajjal (antichrist) werd voorspeld door elke profeet. De Joden wisten ook van zijn komst. Toen onze geliefde profeet Mohammed ﷺ werd gezonden, weigerden de Joden om te geloven en uit haat veranderden ze de kenmerken van Dajjal in de Joodse geschriften met de kenmerken van de geliefde profeet Mohammed ﷺ die ook in de Joodse geschriften voorkwamen. Hiernaar verwijst de betekenis van het volgende vers waarin Allah ﷻ tegen de Joden zegt: "En geloof in wat Ik heb neergezonden (de Koran), als bevestiging wat bij jullie is (de Tora en de Psalmen) en wees niet de eersten die dat niet geloven en verruil Mijn verzen niet voor een klein bedrag en vrees daarom alleen Mij. En vermeng de waarheid niet met de leugen, en verberg de waarheid ook niet terwijl jullie (de waarheid) kennen."[460] Dit vers gaat over de Joden. Imam Abu Hayyan en Imam Abu Hafs al-Nasafi geven aan dat een van de Joodse intriges om de waarheid te vermengen met leugens was dat ze de eigenschappen van de profeet Mohammed ﷺ veranderden met de eigenschappen van Dajjal.[461] Het is ook overgeleverd dat de leider der Joden, Ka'b ibn al-Ashraf, de rabbijnen bijeen riep en zei: "Wat zeggen jullie over Mohammed?" De rabbijnen zeiden: "Hij is een profeet." Hierop zei Ka'b ibn al-Ashraf dat hij bereid was een grote prijs te geven als ze deze waarheid vermommen. Daarop zeiden de rabbijnen dat ze haastig hadden geantwoord en dat ze meer tijd nodig hadden om goed na te denken over zijn vraag. Ze gingen weg en veranderden de eigenschappen van de

---

[459] Zie tafsir van Imam al-Qurtubi en Imam Abu Hayyan in de uitleg van dit vers.
[460] Koran, 2:42.
[461] Zie tafsir van Imam Abu Hayyan, Imam al-Fayruzabadi en Imam Abu Hafs al-Nasafi in de uitleg van deze verzen.

geliefde profeet Mohammed ﷺ met de eigenschappen van Dajjal. Daarom waren de bovenstaande verzen geopenbaard.[462] De Messias waar de Joden momenteel op wachten, is dus de Dajjal en daarom zullen de meeste aanhangers van Dajjal bestaan uit Joden, zoals in meedere overleveringen is gekomen.[463] Sterker nog, volgens de overleveringen zal Dajjal verschijnen uit Iran[464], samen met een enorm grote groep aan Joden.[465] Alle voorbereidingen op het internationale podium vinden plaats om de weg te bestraten voor de komst van Dajjal. Het is zelfs door Imam Ibn Abi Hatim met een authentieke overleveraarsketen overgeleverd dat de Joden naar de geliefde profeet ﷺ kwamen en zeiden met alle trots dat Dajjal in einde der tijden van hun kant zal zijn, dat Dajjal hun koning zal zijn en daarna prezen ze de daden die Dajjal zal doen in einde der tijden.[466] Joden en zionistische christenen[467] hebben dus kennis over Dajjal, maar volgens hun valse opvattingen zal dat de messias zijn die afstamt van de profeet Dawud[468] en als koning zal regeren over hen. Dit

[462] Zie *al-taysīr fī al-tafsīr* van Imam Abu Hafs al-Nasafi, *rūḥ al-bayān* van Imam Isma'il Hakki al-Bursawi en *ḥadā'iq al-rūḥ wa al-rayḥān fī rawābī 'ulūm al-qur'ān* van Shaykh Muhammad al-Amin al-Harari in de uitleg van dezelfde verzen.

[463] Zie onder andere *al-ṣaḥīḥ* van Imam Muslim en *al-muṣannaf* van Imam Ibn Abi Shayba.

[464] In de overleveringen worden Mashriq, Khorasan en Isfahan genoemd. Deze regio's vallen onder de huidige Iraanse gebieden.

[465] Zie *al-sunan* van Imam Tirmidhi, *al-musnad* van Imam Ahmad en *al-ṣaḥīḥ* van Imam Ibn Hibban.

[466] Imam al-Suyuti levert dit bericht over in *al-durr al-manthūr* in de uitleg van 40:56.

[467] Zij zijn meestal crypto-Joden of door Joden misleidde christenen. Er leven bijna 100 miljoen zionistische christenen *(evangelicals)* in de VS. Donald Trump is een van hen. Dat is ook de reden dat hij al-Quds officieel als hoofdstuk van Israël herkende. Hierdoor werd hij door *evangelicals* in de VS geheiligd. Bovendien is zijn schoonzoon Kushner een heel invloedrijke Jood. Zie ook de volgende twee links:
https://www.rollingstone.com/politics/politics-features/donald-trump-christians-fundamentalists-end-times-rapture-1083131/
https://www.brookings.edu/articles/trumps-jerusalem-decision-is-a-victory-for-evangelical-politics/

[468] Het is merkwaardig dat het Brits koningshuis zich als afstammeling ziet van de profeet Dawud, die zij als de koning van Israël beschouwen. Zie voor diepgang de studies *England, The Remnant Of Judah, And The Israel Of Ephraim* van F. R A. Glover en *Genealogical*

allemaal is openlijk te vinden in de eschatologische literatuur van de Joden en de zionistische christenen. De eerste wat ze hebben gedaan is door middel van symbolisme in films en muziekclips de denkbeelden en onderbewustzijn van de massa's klaarstomen voor de komst van Dajjal.

De komst van de Dajjal behoort tot de grote tekenen van het laatste uur, zoals de geliefde profeet ﷺ heeft bericht. Hij is momenteel in leven en zit vast op een eiland.[469] Dajjal is Joods en half satanisch, want zijn moeder stamt af van Iblies.[470] Hij is eenogig en er staat *ka-fa-ra* op zijn hoofd met losstaande Arabische letters welke alleen zicthbaar zal zijn voor de ware moslims. Hij zal zeer bovennatuurlijke handelingen verrichten en vele mensen laten dwalen. Voornamelijk Joden zullen hem volgen, zoals de geliefde profeet ﷺ zei. Dajjal zal de grootste ramp zijn die de mensheid heeft meegemaakt. Zijn tijdperk zal een periode van manipulatie, leugens, verdriet, leed en ellende worden. Hij zal overal in de wereld komen, behalve Mekka en Medina, maar van daar zullen vele mensen vertrekken om Dajjal aan te hangen. De wereld zal op zijn kop gaan door Dajjal, totdat de profeet 'Isa terugkomt. Wanneer hij als aanhanger van de geliefde profeet Mohammed ﷺ, dan zal hij Dajjal vermoorden en een einde brengen aan de ellende.

Chart, shewing the Connection Between The House of David And The Royal Family Of Britain van J. C. Stephens. Zie ook: https://web.archive.org/web/20160420225033/http://miriamhakedosha.blogspot.com/2007/09/davidic-ancestry-of-prince-william-and.html

[469] Overgeleverd in *al-ṣaḥīḥ* van Imam Muslim.

[470] Imam Abu 'Abdillah al-Qurtubi, *al-tadhkira*, blz. 1317-1321.

De crypto-Joden van de moslimwereld

Het crypto-Judaïsme is zo oud als de Jood zelf. In de hellenistische tijd hebben sommige zwakke Joden geprobeerd om hun origine te versluieren om bespotting te omzeilen bij het participeren aan atletische oefeningen. In het Romeinse Rijk was een wijdverspreide uitvlucht om de speciale belasting voor Joden te ontwijken, de *fiscus Judaicus*, die was ingevoerd na de val van Jeruzalem. De historicus Suetonius geeft een levendig verslag van een bejaarde man die met smaad werd bejegend om te achterhalen of hij een Jood was of niet.[471] Deze gebeurtenis is een van de talloze kristalheldere voorbeelden voor de onderdrukking en vernedering van de Joden sinds hun vroege historie. Een leven vol met oppressie en achtervolging heeft compulsief gedrag teweeggebracht bij bepaalde groepen Joden in heidense samenlevingen. In de loop der tijd, vanaf de opkomst en groei van het christendom in het Romeinse Rijk, waren de vormen van hardvochtigheid tegen de Joden stapsgewijs opnieuw aan het opkomen. Dit kwam onder meer door het proselitisme van de christenen. Het is evident dat conversies onder dwangmaatregelen in de meeste gevallen huichelachtig zullen zijn. De Marrano's van het Iberisch Schiereiland zijn een onbetwistbaar voorbeeld hiervan. Dit fenomeen heeft ook andere parallellen, zoals de Neofiti die in het zuiden van Italië woonden, namelijk op Sicilië. De clandestiene geloofsbeleving van de Joden was een van de aanleidingen voor de invoering van de inquisitie in het koninkrijk Napels in de zestiende eeuw.[472]

Deze species van crypto-Joden was beslist niet beperkt tot de christelijke wereld. Dezelfde houding werd en wordt nog steeds aangenomen door sommige

[471] Cecil Roth, *A History of the Marranos* (New York: Meridian Books, 1959), 7.
[472] C. Roth, *A History of the Marranos*, 8-9.

Joodse groeperingen in de islamitische wereld, want de verrader slaapt nooit. Wie zijn deze crypto-Joden dan volgens de onderzoeken? In de negentiende eeuw, gedurende een periode van nationale en religieuze onrust in Perzië, werden verscheidene Joodse gemeenschappen vervolgd. Een groot deel van deze Joodse gemeenschappen werd moslim, maar bleef de Joodse gebruiken praktiseren. De nakomelingen van deze bekeerlingen leven tegenwoordig verspreid over de hele wereld, met name in Teheran, Israël en de Verenigde Staten. Zij werden door de moslims *jadīd al-islām* genoemd. Zij noemen zichzelf Jadidim en ze zijn naar alle waarschijnlijkheid de meest curieuze vorm van het hedendaagse marranisme.[473] De Duits-Amerikaanse rabbijn professor Joachim Prinz geeft de volgende beschrijving over hen: "On the surface they are practicing Mohammedans. They participate fully in the great pilgrimages to the holy places in the city. They can be seen mingling with other Mohammedans in the mosque but everyone knows that they constitute a community of their own, a unique Mohammedan sect with their own additional religion and with Hebrew as the language of their prayers."[474] Zij vasten gedurende de heilige weken van Ramadan en ook op Jom Kipoer, de Grote Verzoendag. Ze vieren zowel alle Joodse als alle islamitische feesten, maar door economische redenen zijn ze genoodzaakt om hun winkels op sjabbat open te houden. Ze hebben echter wel een unieke manier bedacht om de heiligheid van deze dag niet te schenden: ze dragen hun zaak op die dag over aan een jongeling die nog vrijgesteld is van de Joodse wet. Zij begraven hun doden op een islamitische begrafenisplaats, maar ze wassen de lijken wel volgens de Joodse rituelen. Een andere vorm van Joden

[473] Joachim Prinz, *The Secret Jews* (New York: Random House, 1973), 6.
[474] J. Prinz, *The Secret Jews*, 6.

met een dubbele religieuze identiteit zijn de *daggatus*, de crypto-Joodse bedoeïenen van de Sahara. Zij hangen de islam aan, maar hebben belangrijke elementen van het jodendom in stand gehouden, zoals het geloof in de komst van de Joodse Messias.[475]

De Joden waren al eeuwen voor de komst van de profeet Mohammed ﷺ verspreid over het Arabisch Schiereiland. De stad Yathrib, die later Medina werd, was een bolwerk van Joden. Als gevolg van de Romeinse invasie op Damascus en de genocide van de Joden vond de Joodse diaspora plaats waardoor drie Joodse stammen, met name Banu Qurayza, Banu Nadir en Banu Qaynuqa', naar het Arabisch Schiereiland emigreerden.[476] Toen de moslims zich in Medina vestigden en daar de islamitische staat hadden opgericht, troffen ze de Joodse stammen als grootste vijand aan. De complicaties hiervan voor de moslims waren echter meer dan die van de Mekkaanse polytheïsten, want zij waren een zichtbare vijand voor de moslims, terwijl een groep huichelaren bestaande uit een aanzienlijke hoeveelheid Joden, een listige propaganda en animositeit voerden tegen de moslims in Medina. De Koran verwijst hier meerdere malen naar en benadrukt de huichelarij van sommige Joden in die tijd: "Als zij hen die geloven ontmoeten, zeggen zij: "Wij geloven", maar als zij met hun satanische makkers alleen zijn, zeggen zij: "Wij horen bij jullie. Wij waren enkel aan het spotten."[477] In de gezaghebbende Koranverklaring van Imam Mahmud al-Alusi, een beroemde negentiende-eeuwse geleerde, en in andere exegeses wordt dit vers beperkt tot de Joden. Degenen die een alliantie sluiten met hun compagnons zijn de Joden die zich in het bijzijn van de moslims

[475] J. Prinz, *The Secret Jews*, 6-7.
[476] Israel Wolfensohn, *tārīkh al-yahūd fī bilād al-'arab* (Caïro: Matba'a al-I'timad, 1927), 9-13.
[477] Koran, 2:14.

voordoen als moslims, terwijl hun satanische compagnons de rabbijnen moeten voorstellen die het gedrag van hun volgelingen dicteren. Met de uitspraak *"Wij horen bij jullie"* betuigen ze hun adhesie aan het jodendom.[478]

Allah ﷻ openbaart ook over de Joden wat neerkomt op: "Wij zijn een verdrag aangegaan met de Israëlieten en Wij hebben tot hen gezanten gezonden. Telkens als er een gezant tot hen kwam met iets wat hun niet zon, betichtten zij sommigen van leugens en anderen doodden zij."[479] Hij ﷻ openbaart ook: "Allah heeft de uitspraak wel gehoord van hen die zeiden: 'Allah is arm en wij zijn rijk.' Wij zullen opschrijven wat zij zeiden en ook dat zij de profeten zonder enig recht doodden en Wij zullen zeggen: 'Proeft de straf van de verbranding.'"[480]

Met de overeenstemming van alle exegeten gaan deze verzen over de Joden. Sterker nog, deze Joden worden tot primaire vijand van de moslims verklaard in de Koran. Het Koranvers hierover luidt als volgt: "Jij zult merken dat de vijandigste mensen jegens hen die geloven de Joden zijn en de afgodenaanbidders."[481] Daarom wordt geen onderscheid gemaakt tussen de vijandige Joden en de crypto-Joden, omdat ze uiteindelijk onder dezelfde categorie worden geschaard door de Koran. De term 'crypto-Jood' is in dit onderzoek gebruikt over de mensen die oorspronkelijk Joods zijn, maar andere gedaanten hebben aangenomen. Daardoor zijn de Dönme ook als crypto-Joden beschouwd.

---

[478] Mahmud al-Alusi, *rūh al-ma'ānī fī tafsīr al-qur'ān al-'aẓīm wa sab' al-mathānī* (Beiroet: Dar Ihya al-Turath al-Arabi, 2000), v. 1 p. 156-159.
[479] Koran, 5:70.
[480] Koran, 3:181.
[481] Koran, 5:82.

Na de verdrijving van de Joden uit Medina door de profeet Mohammed ﷺ was een deel van de Joden vertrokken naar Damascus, maar dit was niet het einde van de perikelen. Later werd het resterende deel ook verdreven uit het Arabisch Schiereiland door de tweede kalief ʿOmar ibn al-Khattab. Deze deportatie van de Joden had onder andere politieke motieven, maar om niet te veel uit te wijden, is het voldoende om aan te geven dat deze verbanning niet als doel had om de moslims integraal te separeren van de Joden, want de Joden hebben na die gebeurtenis eeuwenlang samen met de moslims geleefd hetzij in het oude Damascus hetzij elders. Sterker nog, zoals professor Abraham Galanté hiernaar heeft verwezen, de Joden hebben in verschillende tijdperken protectie gekregen van moslimstaten. Toen ʿOmar ibn al-Khattab Alexandrië had veroverd in het jaar 640 had hij 40.000 Joden bescherming aangeboden. Ditzelfde is te constateren voor de Joden in het Osmaanse Rijk.[482]

De verdrijving van de Joden uit het Arabisch Schiereiland zou uiteraard een respons moeten hebben. Deze respons zou een gestalte krijgen in de persoon van ʿAbdallah ibn Sabaʾ waarover een sterke tendens is onder de moslimgeleerden om hem te bestempelen als een Joodse infiltrant uit Jemen. In de loop van dit hoofdstuk wordt deze enigmatische figuur verder uitgediept.

Na de verovering van Andalusië door de moslims gingen sommige Joden in Europa, waar ze eeuwenlang waren gediscrimineerd en gekweld, naar Andalusië om zich aan te sluiten bij de eeuwenlange Joodse gemeenschap daar met de hoop dat ze daar een beter leven konden leiden. Dit bleek ook het geval te zijn,

[482] Abraham Galanté, *Histoire des juifs de Turquie* (Istanbul: Editions Isis, 1984), 7.

want dit tijdperk wordt als de gouden eeuw van de Joden beschouwd.[483] Een nieuw speerpunt voor de enerverende belevenis van moslims met Joden verscheen na de *reconquista* en de inquisitie in het door de christenen heroverde Spanje. Door de vervolging had een grote groep Joden Spanje verlaten en emigreerde naar onder andere de Osmaanse gebieden. Dit neemt echter niet weg dat er in het toenmalige Anatolië reeds Griekstalige Joden (Romanioten) leefden, maar die emigratie intensiveerde de relatie tussen de Joden en de moslim Turken.[484] In zijn reisverslag beschrijft Ibn Battuta een gebeurtenis met een Joodse arts die hijzelf heeft meegemaakt toen hij in Anatolië was. Deze Joodse arts wordt buitengewoon eerbiedig bejegend door de moslims en als Ibn Battuta beduusd hiernaar vraagt, krijgt hij het antwoord dat men dit met tegenzin doet, omdat ze afhankelijk zijn van die Joodse arts.[485] Dit verslag etaleert de Joodse aanwezigheid in de Osmaanse gebieden al in de dertiende eeuw. De Joden uit het Iberisch Schiereiland waren niet de enige emigranten, want er kwamen ook Joden uit Oostenrijk, Hongarije, Rusland, Duitsland en Polen en zij hielden domicilie in Istanbul, Edirne, Izmir en vooral in Thessaloniki.[486] Vanaf deze periode trouwden sultans met Joodse vrouwen en ze profiteerden van Joodse artsen en adviseurs.[487] Deze worden in de literatuur de hofjoden genoemd. Dit gold niet alleen voor de Osmanen, maar ook voor de

483 Huda Mahmud Darwish, *asrār al-yahūd al-mutanaṣṣirīn fī al-andalus* (Giza: Ein For Human and Social Studies, 2008), 11-14.
484 Abdurrahman Küçük, *Dönmeler Tarihi* (Ankara: Rehber Yayıncılık, 1990), 75-76.
485 Muhammad Ibn Battuta, *tuḥfat al-nuẓẓār fī gharā ib al-amṣār wa ʿajā ib al-asfār* (Beiroet: Dar Ihya al-'Ulum, 1987), 309.
486 Huda Mahmud Darwish, *ḥaqīqa dūnma yahūd fī turkiyya* (Giza: Ein For Human and Social Studies, 2003), 5-6.
487 Huda Mahmud Darwish, *al- alāqāt al-turkiyya al-yahūdiyya* (Damascus: Dar al-Qalam, 2002), v. 1 p. 162-164.

Europese vorsten. De hofjoden waren de Joodse bankiers, adviseurs en diplomaten die zeer sterke relaties hadden met de koning en het koningshuis. Sterker nog, Europese koningshuizen zijn gedomineerd door Joods bloed door middel van aangehuwde Joden door de eeuwen heen. Er is geen Europees koningshuis zonder aangehuwde Joden.[488]

Een mooi voorbeeld hiervan is Joseph Nasi,[489] een crypto-Jood uit Portugal, die emigreerde naar het Osmaanse Rijk en vervolgens terugkeerde tot zijn werkelijke identiteit dankzij de godsdienstvrijheid daar. Hij behoorde tot de beroemde Mendes familie en was een invloedrijke persoon geworden aan het hof van sultan Süleyman I en diens zoon Selim II, maar hij was ook veelvermogend in Europa wegens zijn extensieve netwerken. Sultan Süleyman I huwde zijn zoon Selim II uit aan de dochter van Nasi en gebruikte de handelsnetwerken en de politieke connecties van Nasi om het christelijke westen te bestrijden.[490]

Volgens de historische archieven is een ander rigoureus avontuur tussen de moslim Turken en de crypto-Joden het voorval met Sheikh Bedreddin. Zijn volledige naam is Bedreddin Mahmud bin Israel bin ‘Abd al-‘Aziz. Hij was een mystieke theoloog en revolutionair, die met onder anderen zijn Joodse discipelen, onder wie Torlak Kemal, een serieuze bedreiging vormde voor sultan Mehmed I. Torlak Kemal speelde een belangrijke rol bij de straatrellen van de christen-burgers tegen de Osmaanse staat in het jaar 1416.[491] Hij is oorspronkelijk afkomstig uit een Joodse gemeenschap in Manisa, maar later

[488] https://silview.media/2022/04/28/jewish-blood-in-the-veins-of-nearly-every-european-royal-documents-reveal/
[489] Zie ook: *Dona Gracia of the House of Nasi* van Cecil Roth.
[490] J. Prinz, *The Secret Jews*, 131-149; Avigdor Levy, *The Jews of the Ottoman Empire* (Princeton: The Darwin Press, 1994), 32-34.
[491] Galanté, *Histoire des juifs de Turquie*, 10.

bekeerde hij zich tot de islam en vervolgens ondernam hij zijn doortastende handelingen met de rijzende rellen onder leiding van Sheikh Bedreddin. Het is bizar dat een bekeerling, die eerst Samuel heette en nu Kemal, in de legerplaats stond van een mystieke pantheïst die de hoofdbeginselen van de islam had verworpen. Een ander curieus symptoom was dat de vader van Sheikh Bedreddin, Israel bin 'Abd al-'Aziz, een Joods origine had volgens sommige befaamde Turkse historici.[492] Dit avontuur gaat uiteindelijk ten koste van het leven van Sheikh Bedreddin en Torlak Kemal en gaat de geschiedenis in als een mislukte revolutie.

Nog een belangrijk Joods fenomeen in de Osmaanse territoria is de familie Barzani in Koerdistan. De bekende familie Barzani, gekenmerkt met het opleiden van beroemde rabbijnen, had vele centra voor traditionele Joodse studies opgericht in heel Koerdistan. Ze hadden zelfs studenten aangetrokken uit Egypte en Palestina. De bekende rabbijn Nathanael Barzani had een grote bibliotheek aan verscheidene boeken en manuscripten, wat heel schaars was in Koerdistan, en welke was geërfd door zijn zoon Samuel, die ook een rabbijn was. De nakomelingen van deze bekende familie, inclusief de bekende vrouwelijke rabbijn Asenath, de dochter van Samuel, hebben als rabbijnen en hoofden van talmoedscholen gediend tot op heden. Niet alleen in Koerdistan, maar ook in Mosul en Bagdad.[493] De voornoemde gegevens hebben een belangrijke plaats in de literatuur gekregen, want deze feiten zouden een fundering vormen voor de verdachtmaking van de hedendaagse Barzani-clan in

---

492 Kadir Mısıroğlu, *Sultan II. Abdülhamid*, 356.
493 Yona Sabar, *The Folk Literature of the Kurdistani Jews: An Anthology* (New Haven: Yale University Press, 1982), xix-xx, 104-115.

Noord-Irak.[494] Hier komt ook bij dat twee belangrijke leiders van de familie, met name Molla Mustafa Barzani en zijn zoon Masoud Barzani, militaire en financiële steun hebben gekregen van de Israëlische staat.[495] Het is daarom een trend om deze familie een crypto-Joodse identiteit toe te kennen. Het is echter wel zo dat deze clan niet de enige groep is met de achternaam Barzani.

Sabbatai Şevi en de Dönme

In de zeventiende eeuw ontstonden Joodse bewegingen in het Osmaanse territorium die als doel hadden om de emigratie van de Joden naar het beloofde land te stimuleren. Dat gebied behoorde echter ook tot de machtssfeer van de Osmanen waardoor er spanning ontstond tussen de Osmaanse staat en de Joden.[496] Sommige rabbijnen waren inmiddels het idee van messianisme opnieuw aan het actualiseren in de Joodse gemeenschappen waardoor hetverlangen naar de komst van de verlosser en het geloof in de nabijheid ervan sterker werd. Dit gevoel was zo levendig in deze eeuw dat er door de kabbalisten - Joodse mystici - voortdurend werd verwezen naar citaten uit de Zohar en andere traditionele bronnen waarbij zelfs een jaartal was uitgevaardigd voor de redding, namelijk 1648, hoewel dat jaar catastrofaal werd voor de Joden in plaats van een redding.[497] Dit was uiteraard een ingrijpende teleurstelling voor de Joden, maar de kabbalisten brachten allerlei nieuwe interpretaties aan die citaten en er kwam geen einde aan de voorspellingen en speculaties waardoor bepaalde Joden reikhalzend bleven uitzien naar de komst van de Messias. De messiasverwachtingen, zowel Joods als christelijk, focusten op het

[494] Kadir Mısıroğlu, *Sultan II. Abdülhamid* (Istanbul: Sebil Yayınevi, 2017), 345-348.
[495] Marianna Charountaki, *The Kurds and US Foreign Policy: International relations in the Middle East since 1945* (London: Routledge, 2011), p. 141.
[496] Darwīsh, *Ḥaqīqa dūnma yahūd fī turkiyya*, 6.
[497] Gershom Scholem, *Sabbatai Şevi: The Mystical Messiah, 1626-1676* (Princeton: Princeton University Press, 1973), 88.

jaar 1666. Dit jaartal werd geacht als het jaar van wonderen en buitengewone revoluties in de wereld. De protestanten keken uit naar de bekering van de Joden en de Joden naar hun terugkeer naar Zion.[498] Precies in deze condities baarde de historie het ruchtbare keerpunt in het Joodse lot: de Messiaanse beweging van Sabbatai Şevi. Hij was een Romaniotische rabbijn en een kabbalist, maar tevens de meest bekende *masjiach-claimant*. Hoewel er geen consensus bestaat over zijn geboortedatum en sterfdag, is er een aanname in de bronnen dat hij was geboren in Smyrna (Izmir, Turkije) op de negende dag van av[499] (augustus 1626) en overleed in Ulcinj (Montenegro) op 17 september 1676. Al vanaf 1648, zoals professor Gershom Scholem toelicht, waren toenemende tekenen van mentale ziekte, waarschijnlijk door manisch-depressieve kwaal, zichtbaar bij Sabbatai Şevi. De symptomen van deze geestelijke wanorde verschaften Şevi een geschikt geraamte om zichzelf als Messias te proclameren. Deze beweging verkreeg pas geldigheid in 1665 toen een jonge kabbalist, Nathan van Gaza, de bewering van Şevi verifieerde, nadat hij zijn waarachtigheid had erkend in één van zijn visioenen. Hierna werd hij de zegsman van Şevi en kondigde af dat de Messias was gearriveerd en dat de Joden gereed waren om terug te keren naar Israël.[500] Deze ontwikkelingen hadden uiteraard ook politieke consequenties waarbij de toenmalige sultan Mehmet IV onmiddellijk maatregelen nam om Şevi en zijn beweging te temperen waardoor Şevi uiteindelijk gevangen werd gezet. Op 16 oktober 1666 bekeerde Sabbatai Şevi zich voor de aanwezigheid van de Osmaanse sultan

[498] Mark Mazower, *Salonica, City of Ghosts, Christians, Muslims and Jews, 1430-1950* (New York: Alfred A. Knopf, 2005), 69.
[499] Vijfde maand van het Joodse jaar, in juli-augustus, elfde maand bij telling vanaf Rosj Hasjana.
[500] Ömer Bilal Almak; Csilla Morauszki; András Lörincz; Zuzana Balcová, "The Dönmeh: Sabbataist legacy in the Ottoman Empire and the Republic of Turkey," *Cultural Relations Quarterly Review*, Vol. 1 Issue 2 (Spring 2014): p. 11-23.

Mehmet IV tot de islam. Geconfronteerd met de grimmige keuze tussen bekering of onthoofding, koos Sabbatai Şevi ervoor om zijn religie te veranderen. Deze keuze was niet zo schokkend, aangezien een precedent hiervan zich voordeed bij sommige Sefardische Joden, die zich eens onder dwang hadden bekeerd. Toch waren zijn aanhangers in drie groepen verdeeld na zijn bekering. Een groot deel vond hem niet meer plausibel en keerde terug tot het normatieve jodendom, terwijl een groep binnen de Joodse gemeenschap standvastig bleef geloven in zijn messiasschap. De aanhangers van de derde groep toonden geen twijfel in hun trouw aan Şevi en gingen een stap verder door zich samen met hem te bekeren tot de islam.[501] Deze groep werd aangeduid met de term Dönme, letterlijk bekeerling in het Turks, maar het woord heeft negatieve connotaties zoals hypocriet en verrader,[502] want de bekering van Şevi was niet oprecht en geloofwaardig.[503] Gershom Scholem behandelt uitvoerig in zijn gezaghebbende werk over Sabbatai Şevi hoe hij zijn laatste jaren heeft doorgebracht. Hier zijn eenduidige bewijzen en indicaties te vinden over het dubbelzijdige gedrag van Şevi zoals dat hij soms bad als een moslim en soms als een Jood, dat hij werd gezien met de Tora en dat hij vlak voor zijn dood een Joodse gebedenboek aanschafte.[504] Deze ongeloofwaardigheid onder de moslims tegen de Dönme heeft in de eeuwen erna voortgeduurd, want bijvoorbeeld toen de Dönme van Thessaloniki aankwamen in Turkije als onderdeel van de bevolkingsuitwisseling met Griekenland in het jaar 1924, werden ze begroet met wantrouwen over hun ware aard.[505] De Dönme die al

[501] Marc David Baer, *The Dönme: Jewish Converts, Muslim Revolutionaries, and Secular Turks* (California: Stanford University Press, 2010), 1-5.
[502] Darwish, *ḥaqīqa dūnma yahūd fī turkiyya*, 9.
[503] Joseph Kastein, *The Messiah of Ismir: Sabbatai Zevi* (New York: The Viking Press, 1931), 331-334.
[504] Gershom Scholem, *Sabbatai Şevi*, 821-835.
[505] Baer, *The Dönme*, 155.

aanwezig waren in Edirne, Istanbul en Izmir werden niet heel anders behandeld door de moslims.

De Joden en de profeet Mohammed ﷺ

De moslims voelden wegens de Koranische beschrijvingen niet heel positieve sentimenten over de Joden. Dit had voornamelijk ook te maken met de agitaties tussen de geliefde profeet Mohammed ﷺ en de Joden in de Medinensische periode. In de Medinensische periode vonden drie doorslaggevende gebeurtenissen plaats waarmee het toenmalige summum van het Joodse gevaar onder de moslims geconstateerd kan worden:

1. De weigering van de Mohammedaanse boodschap.
2. De overtreding van de constitutie van Medina.
3. De pogingen tot sluipmoord op de profeet Mohammed ﷺ.[506]

Het is algemeen bekend dat de profeet Mohammed ﷺ weinig tot geen aanhang heeft gekregen van de Joden. In het begin werd dit niet meteen bejammerd door de moslims, maar het gevolg van de negatieve reactie van de Joden tegenover de Mohammedaanse boodschap was vanaf dat moment beslissend voor de houding van de moslims. Toen de moslims in Medina arriveerden, werd door de profeet ﷺ een constitutie opgesteld om de status quo te handhaven tussen de *muhājirūn*, *anṣār* en de Joden. In de eerste maanden na de emigratie functioneerde deze constitutie naar wens, maar een onverhoedse narigheid, overgeleverd door Imam Ibn Hisham en anderen, derangeerde de eendrachtigheid in Medina. Een moslima ging naar de markt van Banu Qaynuqa' om haar koopwaar uit te stallen in de kraam naast een Joodse edelsmid, terwijl ze haar gezicht had bedekt. Een aantal mannen vroeg haar om

[506] Tantawy, *banū isrā'īl fi al-qur'ān wa al-sunna*, 133-149.

haar gezicht te ontbloten, maar ze weigerde dit. Hierdoor ontstond een discussie. Ondertussen bond de edelsmid het uiteinde van haar rok aan haar rug waardoor een gedeelte van haar lichaam zichtbaar werd. Een moslim die de gebeurtenis had waargenomen, tuigde de edelsmid zo erg af dat hij stierf. Vervolgens werd diezelfde moslim vermoord door de aanwezige Joden. Dit was het eerste delict dat plaatsvond tussen de Joden en de moslims.[507]

In de profetische traditie is ook overgeleverd dat de Joden in Medina meerdere pogingen hadden gewaagd om de profeet Mohammed ﷺ te liquideren. In de uitleg van het volgende Koranvers verwijzen de exegeten naar die gebeurtenis: "Jullie die geloven! Gedenkt Allahs genade aan jullie toen bepaalde mensen erop zonnen hun handen naar jullie uit te strekken, waarop Hij hun handen van jullie afhield. En vreest Allah. Op Allah moeten de gelovigen hun vertrouwen stellen."[508] In deze gebeurtenis, overgeleverd door onder anderen Imam Ibn Jarir, gaat de profeet Mohammed ﷺ naar de Joodse wijk voor een aangelegenheid. In de overlevering wordt duidelijk dat sommige Joden zijn komst als een gelegenheid zien om hem uit de weg te ruimen. Ze willen hem verpletteren met een rotsblok dat recht boven zijn zitplek staat. Voordat ze dit kunnen uitvoeren, wordt de profeet ﷺ hierop geattendeerd door de engel Jibriel.[509] Volgens de overleveringen in de geschiedenis- en hadithbronnen was dit niet de enige poging van de Joden. In bepaalde overleveringen wordt beschreven hoe de profeet ﷺ leed onder de invloed van zwarte magie die werd verricht door een Joodse magiër, genaamd Labid ibn A'sam. Naar aanleiding van deze gebeurtenis waren de laatste twee hoofdstukken van de Koran

[507] Muhammed Sa'id Ramadan al-Buti, *Fiqh al-sīra al-nabawiyya* (Caïro: Dar al-Salam, 2012), 167.
[508] Koran, 5:11.
[509] Tantawy, *banū isrā'īl fi al-qur'ān wa al-sunna*, 251-252.

geopenbaard waarmee de magie vruchteloos werd. Tevens bestaat een authentiek narratief in de islamitische traditie over de vergiftiging van de profeet Mohammed ﷺ door een groep Joden na de verovering van het Joodse fort *Khaybar*. Hierin wordt ook verteld dat dit gif permanente letsels tot gevolg had, waaraan de profeet ﷺ uiteindelijk overleed.[510]

'Abdallah ibn Saba' en zijn invloed

Over 'Abdallah ibn Saba' en zijn duivelse invloed op de islamitische wereld bestaat geen discussie onder de traditionele soennitische islamgeleerden.[511] In de bronnen wordt hij beschouwd als een crypto-Jood uit Jemen. Na zijn gefingeerde conversie introduceerde en propageerde hij een scala aan arglistige doctrines met betrekking tot onder anderen 'Ali ibn Abi Talib, het neefje en de schoonzoon van profeet Mohammed ﷺ en tevens de derde kalief van de moslims. Zijn activiteiten hebben aanleiding gegeven tot het sjiisme en haar aanhangers.[512] Hij heeft het Joodse idee van messianisme geïmplementeerd in de islam en dit gebruikt om 'Ali ibn Abi Talib te verheerlijken. Hij wordt in de traditie zelfs vergeleken met Paulus van het christendom.[513] De prominente theoloog en de klassieke islamgeleerde 'Abdalqadir al-Baghdadi schrijft het volgende: "Waarlijk, ibn al-Sawda' (Ibn Saba') was op het geloof van de Joden. Hij wilde het geloof van de moslims verbasteren met zijn interpretaties over 'Ali ibn Abi Talib en zijn nageslacht, zodat ze over hem geloofden zoals

510 Tantawy, *banū isrā'īl fī al-qur'ān wa al-sunna*, 254.
511 Muhammed Salih Ghursi, *faṣl al-khiṭāb fī mawāqif al-aṣḥāb* (Riyadh: Imam Muhammad ibn Saud Islamic University, 1990), 88; Mohamed Zahid al-Kawthari, *min 'abr al-tārīkh fī al-kayd li al-islām* (Caïro: al-Maktaba al-Azhariyya li al-Turath, 2005), 4-7.
512 Sean W Anthony, "The Legend of 'Abdallāh ibn Saba' and the Date of Umm al-Kitāb," *Journal of the Royal Asiatic Society of Great Britain & Ireland*, series 3, 21, 1 (2011): p. 1-30.
513 Muhammed Salih al-Ghursi, *faṣl al-khiṭāb fī mawāqif al-aṣḥāb*, 86-87.

christenen over Jezus geloven. Hij versluierde zijn dwalingen in zijn interpretaties."[514]

In de nasleep van 'Abdallah ibn Saba's activiteiten zijn sektarische bewegingen ontstaan. Ook zijn er burgeroorlogen uitgebroken in de islamitische gemeenschap waarbijhonderdduizenden mensen om het leven kwamen, waaronder prominente metgezellen en de derde rechtgeleide kalief 'Othman ibn 'Affan.[515]

Het ontstaan van de sjiitische sekten wordt door onze geleerden gerekend aan 'Abdallah ibn Saba'.[516] Hiervoor zijn er zeer sterke bewijzen. Het is hierbij opvallend dat het antinomisme[517] een belangrijk en identiek kenmerk is tussen bepaalde sjiitische sekten en de Dönme.[518] De grootgeleerde Imam Mohamed Zahid al-Kawthari geeft een gedetailleerde beschrijving over sjiitische sekten en de Joodse invloed hierop. 'Abdallah ibn Saba' heeft zijn leer verkondigd over de incarnatie en de goddelijkheid van 'Ali ibn Abi Talib. Uit een overlevering

[514] Idem.
[515] Idem.
[516] Mohamed Zahid al-Kawthari, *min abr al-tārīkh fi al-kayd li al-islām*, 4-9.
[517] Eliezer Segal schrijft in zijn boek *Introducing Judaism* in hoofdstuk 6 over Kabbala onder de tussenkop Shabbetai Zevi het volgende: "For many of his followers, his act of apostasy --considered one of the cardinal offenses in Jewish tradition-- was irrefutable proof of the falseness of his messianic pretentions. Nevertheless, his apostasy was given a theological interpretation in accordance with the symbolism of Lurianic Kabbalah: by committing the most terrible sin, the messiah was in fact completing the work of "elevating the sparks of holiness." Previous generations, through their devotion to religious observance, had been effective in sanctifying all the conventional manifestations of evil in the world. All that remained was to purify evil itself, and this could be accomplished only by indulging in sin with a pure mystical intention. This, they argued, was the momentous eschatological purpose of Shabbetai Zevi's apostasy. The same reasoning was used to justify other acts of ritual sin, including orgiastic behavior, that were performed by followers of Shabbetai Zevi."
[518] Scholem, *The Messianic Idea in Judaism*, 164.

blijkt ook dat ʿAli ibn Abi Talib sommige aanhangers van deze leer heeft verbrand in een kuil als reactie hierop.[519] In de loop der tijd is deze leer officieel overgenomen door de ʿUbaydiyyūn, ook wel bekend als de Fatimiden. Dit is een dynastie in Noord-Afrika die regeerde van de tiende eeuw tot de twaalfde eeuw. Hoewel ze beweerden dat ze de afstammelingen waren van profeet Mohammed ﷺ, waren zij, volgens de overtreffende meerderheid van de traditionele moslimgeleerden zoals Ibn Razzam, al-Baqillani, ʿAbdalqadir al-Baghdadi, Ibn al-Samʿani, Ibn al-Jawzi, Ibn Hajar, al-Sakhawi en Ibn Tulun, de afstammelingen van ʿUbaydullah al-Mahdi, de oprichter van de Fatimiden en een Joodse ijzersmid uit Salamiyah in Syrië.[520] Imam Ibn Kathir schrijft in zijn geschiedenisboek het volgende over de Fatimiden: "Hun eerste sultan was al-Mahdi en hij was een ijzersmid uit Salamiyah. Hij was een Jood en betrad de westelijke steden en noemde zichzelf ʿUbaydullah. Hij beweerde dat hij een edel was uit het nageslacht van ʿAli en Faṭima. Hij zei over zichzelf dat hij al-Mahdi was."[521] En over de beroemde *faqīh* van de ʿUbaydiyyūn, Yaʿqub ibn Kals, schrijft Imam Ibn ʿAsakir het volgende: "Hij was een Jood uit Bagdad. Een sinistere huichelaar met behendigheid, scherpzinnigheid, en intelligentie." Daarna beschrijft Imam Ibn ʿAsakir dat deze man moslim is geworden om een positie in de staat te krijgen.[522] Een andere *faqīh* van de ʿUbaydiyyun, Nuʿman al-Qayrawani wordt op dezelfde manier beschreven door Imam al-Dhahabi en Imam Ibn al-ʿImad. Zij beschrijven dat hij een crypto-Jood was en de sjiitische leer propageerde.[523]

[519] Mohamed Zahid al-Kawthari, *min abr al-tārīkh fi al-kayd li al-islām*, 4-9.
[520] Idem.
[521] Idem.
[522] Idem.
[523] Idem.

Imam al-Kawthari beperkt zich in zijn boek *al-kayd li al-islām* niet alleen tot de Joodse invloed op het sjiisme. Hij beargumenteert ook dat Ibn Taymiyya, de traditionele grondlegger van het neo-salafisme, is beïnvloed door de Joodse filosofen. Het is geen toeval dat we schimmige relaties zien tussen Israël, Saoedi-Arabië en Iran. De oprichter van de Saoedische staat, Saad ibn ‘Abdilaziz, heeft Israël gesteund en was een voorstander van de oprichting van Israël in de Palestijnse gebieden of elders. Hieronder tref je een brief van Ibn ‘Abdilaziz waarin hij schrijft dat hij er geen bezwaar tegen heeft dat de Palestijnse gebieden aan de Joden worden overhandigd:

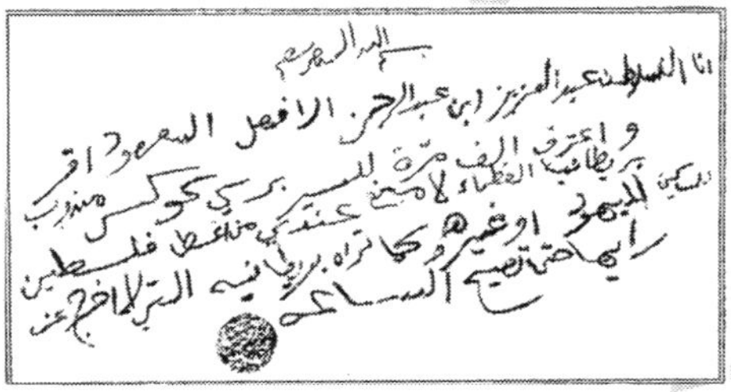
بسم الله الرحمن الرحيم
انا السلطان عبد العزيز ابن عبد الرحمن الافيصل السعود اقر
و اعترف الف مرة للسير برسي كوكس مندوب بريطانيا العظماء
لا مانع عندي من اعطى فلسطين للمساكين اليهود او غيرهم
كما تراه بريطانيه التي لا اخرج عن رايها حتى تصيح الساعة

C De brief van Ibn ‘Abdilaziz aan de Britten

De huidige vlaggen van de Arabische natiestaten lijken allemaal op elkaar en bevatten dezelfde kleuren, omdat ze allemaal door Mark Sykes, Britse staatsman en aanvoerder van Sykes-Picotverdrag, zijn gedesigneerd. De Arabische journalist Nasir al-Sa’id, welke later door Saoedisch koningshuis werd vervolgd, heeft een boek, genaamd *tārikh āl sa ūd*, van meer dan duizend pagina’s geschreven waarin hij de schimmige relaties van het Saoedisch koningshuis met de Joden heeft aangetoond. Daarnaast heeft hij ook aangetoond hoe vele staatsmannen van Arabische landen als knechten hun Joodse meesters hebben gediend in hun politieke agenda. Hetzelfde geldt voor koning ‘Abdullah, de zoon van Sharif Husayn, en zijn opvolger koning Husayn en de Marokkaanse koning Hasan. Zij waren allemaal een voorstander van de Joden en van Israël en kregen grote steun van hen. De Arabische koningshuizen, regeringen en inlichtingendiensten, zoals o.a. Mukhabarat, dienden in de regio als een lange arm van Israël.[524] Als deze verraders er niet waren, zouden de zionisten niet eens door hun hoofd kunnen halen om middenin de moslimlanden een illegale terreurstaat op te richten. Tot op heden zijn ze allemaal een loyale bondgenoot geweest van de Joden. Hetzelfde geldt voor het sjiitisch Iran. De Iraanse profesoor Trita Parsi heeft in zijn boek *Treacherous Alliance* uitvoerig stilgestaan bij de schimmige relaties tussen Israël en Iran. Hij schrijft daarin ook hoe Khomeini werd onthaald door de spionnen van Mossad toen hij in Iran aankwam. Parsi schrijft verder dat Israël achter de schermen Iran steunde tijdens de oorlog tegen Irak. Hierbij werden met de steun en medewerking van Israël bombardementen uitgevoerd tegen Irak. Na deze oorlog bouwde Israel de militaire samenwerkingen met Iran verder ui. Tot op heden is Israël nog steeds de belangrijkste wapenleverancier van Iran.[525] Mike Evans, een van de vooraanstaande Midden-Oostendeskundigen, schrijft in zijn boek *Jimmy Carter* dat Khomeini zelfs werd beschermd door Mossad-agenten tegen sluipmoorden. Er valt veel te schrijven over het verraad van Iran jegens de moslimwereld,

[524] Zie voor meer diepgang *Israel's Secret Wars* van Ian Black & Benny Morris en *Mossad: Israel's Most Secret Service* van Ronald Payne.

[525] Hierover is een uitgebreid onderzoek gebaseerd op diplomatieke stukken gepubliceerd in het tijdschrift *Executive Intelligence Review* (EIR Investigation, "Guns for Khomeini the Mossad Connection", Virginia, vol. 12, 15 september 1985). Zie ook "Ideology and Pragmatism in Iran's Foreign Policy", *Middle East Journal*, vol. 58, no. 4, herfst 2004. Zie ook "The Israeli Kibbutznik who dealt weapons to Iran" geschreven door journalist Ossi Melman en gepubliceerd door *Ha'aretz* op 31 oktober 2011. Zie ook "What Israel's Top-Secret Manbar Trial Reveals About Extensive, ongoing Israeli Arms Dealing With Iran", *Washington Report on Middle East Affairs*, september 1998 geschreven door Victor Ostrovsky. Zie ook "Sammy Ofer: Magnate and Israeli Power Broker" gescheven door Isabel Kershner en gepubliceerd door The New York Times op 4 juni 2011. Er zijn nog tientallen onderzoeken en publicaties die als bewijs kunnen dienen hierover.

maar wat in ieder geval duidelijk moet zijn, is dat Iran geen goede dromen ziet over de soennitische wereld en dat Iran een geheime bondgenoot is van Israël tegen de moslims. Hetzelfde is helaas te zeggen over de staat van de zogenaamde moslimlanden Azerbeidzjan en Pakistan. De president van Azerbeidzjan is Ilham Aliyev en is een vurige voorstander en bondgenoot van Israël. Zijn dochter is getrouwd met de Joods-Russische miljonair Emin Arazovich Agalarov. Wat betreft Imran Khan, de voormalige premier van Pakistan, hij was getrouwd met Jemima Goldsmith, de dochter van de bekende Duits-Joodse bankiersfamilie Goldsmith. Dit zijn concrete voorbeelden van het feit dat het grote verraad altijd vanuit binnen begint. In Syrië is een minoriteit aan radicale sjiieten, de Nusayrieten, aan de macht. In Libanon is de macht wettelijk naar confessionele lijnen verdeeld. De president is een Maronitisch christen, de premier is een soenniet, de parlementsvoorzitter is een sjiiet, en de opperbevelhebber van het leger is een Maronitisch christen. Het probleem is dat moslims niet aan de macht zijn in hun eigen land, want de Joodse octopus heeft alle macht in de moslimlanden omarmt met zijn tentakels. Dit heeft mede door de passiviteit, naïviteit en onachtzaamheid van de moslim te maken.

De dood van Mehmet de Veroveraar

Een ander historisch discussiepunt dat een belangrijke plaats neemt in de zondenlijst van de crypto-Joden, is het vraagstuk over de dood van Mehmet II, de veroveraar van Istanbul en de prominente sultan van de Osmanen. De vraag is wat de oorzaak was voor zijn dood. Een van de meest prominente heersers van de wereldgeschiedenis, Fatih Sultan Mehmet, bereidde een spectaculaire veldslag voor. Waar en tegen wie deze slag zou zijn, hield hij tot op het laatste moment volledig geheim. Mogelijke plaatsen waren Rodos, Egypte of Rome, maar dit waren enkel speculaties. Precies in de week van het vertrek op 3 mei

1481 overleed de sultan op 49-jarige leeftijd plotseling door een genetische ziekte in het bijzijn van zijn artsen Lari, een Perzische dokter, en Maestro Iacopo, ook wel Yaʿqub Pasha genoemd, een Italiaanse Jood.[526] De sultan was al een lange tijd aan het worstelen met de ziekte waar zijn voorvaders ook aan hadden geleden. Hoewel twijfels bestaan omtrent de oorzaak van zijn dood, is het volgens de meerderheid van de traditionele historici evident dat de sultan naar aanleiding van deze ziekte is overleden.[527] Ook wordt beweerd dat zijn Perzische dokter Lari, wellicht in opdracht van sultans eigen zoon, een verkeerd medicijn gaf aan de sultan.[528] De doodsoorzaak van de sultan is een zeer omstreden kwestie onder de latere historici. Een andere bewering die relevant is voor dit onderzoek, is de twijfel over de betrokkenheid van Yaʿqub Pasha bij de dood van de sultan. Als eerste is het van belang om te weten dat alle traditionele Osmaanse historici het eens zijn over de doodsoorzaak van de sultan, namelijk de erfelijke ziekte van zijn voorouders.[529] Deze discussie is pas in de moderne tijd ontstaan na de val van het Osmaanse Rijk. Het tweede belangrijke feit is dat meerdere pogingen zijn gewaagd om de sultan te liquideren. Hij had namelijk veel vijanden, onder wie vooral de Venetiërs.[530] Ten derde zijn ook de documenten in de archieven van Venetië van belang. Professor Ertaylan, een Turkse historicus, geeft in zijn uitgebreide werk over Mehmed II aan dat hij in

[526] Abraham Galanté, *Medecins Juifs au service de la Turquie* (Istanbul: Editions Isis, 1938), 8.
[527] Ismail Hikmet Ertaylan, *Fatih ve fütuhatı* (Istanbul: Milli Egitim Basımevi, 1953), v. II p. 157-158.
[528] Franz Babinger, *Mehmed the Conqueror and his Time* (Princeton: Princeton University Press, 1978), 403-404.
[529] Şehabeddin Tekindağ, "Fatih'in ölümü meselesi," *Tarih Dergisi*, vol. 16, no. 21 (1966): p. 98-100.
[530] Franz Babinger, *Mehmed the Conqueror and his Time*, 404.

de archieven van Venetië documenten is tegengekomen, zoals een door de Venetische staatsraad uitgevaardigd decreet naar aanleiding van een samenwerkingsvoorstel aan Ya'qub Pasha om Mehmed II te vergiftigen. Professor Ertaylan refereert hierbij ook aan het onderzoek *De l'empoisonnement politique dans la République de Venise* van de Franse onderzoeker M. Le Comte de Mas Latrie. Deze onderzoeker heeft dezelfde archiefdocumenten aangetroffen. Ertaylan presenteert de kopieën van deze documenten in zijn werk.[531] De Duitse historicus Franz Babinger bekrachtigt het bestaan van deze documenten.[532] Dit voorstel aan Ya'qub Pasha is echter wel tien jaar voor de dood van Mehmed II ingediend door de Venetische staatsraad. Waarom Ya'qub Pasha deze vergiftiging nooit heeft uitgevoerd, blijft onverklaarbaar obscuur.[533] Dit voorstel wordt tegenwoordig als uitgangspunt gebruikt door sommige moslim onderzoekers om de cynische houding tegenover de Joden te rechtvaardigen.[534]

De val van het Osmaanse Rijk

De Koranische richtlijnen en de ervaring uit de islamitische geschiedenis dienen als een belangrijke basis voor de rechtvaardiging van het idee dat achter de misères en omwentelingen in de moslimwereld meestal (crypto)-Joodse intriges zitten. Dit terechte idee is ook snel te detecteren in de moslimperceptie over de ondergang van het Osmaanse Rijk en het kalifaat. Drie significante debatten hebben deze zienswijze geaffirmeerd: (1) het draagvlak van het Comité voor Eenheid en Vooruitgang, (2) de brief van sultan Abdulhamid II aan zijn spirituele leermeester en (3) de roots van Mustafa Kemal Pasha. In de zaak

[531] Ismail Hikmet Ertaylan, *Fatih ve fütuhatı*, v. II p. 159-161.
[532] Franz Babinger, *Mehmed the Conqueror and his Time*, 290-292.
[533] Ismail Hikmet Ertaylan, *Fatih ve fütuhatı*, v. II p. 160.
[534] Darwish, *al-'alāqāt al-turkiyya al-yahūdiyya*, v. 1 p. 162-163.

komt ook het eigenbelang van de Joden erbij. Voeg daaraan toe dat vanuit het Joodse perspectief de bemoeienis van de (crypto)-Joden met de verbrijzeling van het Osmaanse Rijk geheiligd worden, omdat de sultan weigerde het beloofde land officieel toegankelijk te maken als thuisland voor de Joden.

Het Comité voor Eenheid en Vooruitgang, waarvan de leden bekend staan als Jonge Turken, voorheen Jonge Ottomanen, ontstond in de tijd van sultan Abdulaziz, die regeerde van 1861 tot 1876. Hij was de oom van sultan Abdulhamid II. In die tijd was het Comité nog niet invloedrijk genoeg, maar sommigen van zijn vooraanstaande leden bekleedden kritische posities in de staat. Een van hen was Midhat Pasha. Hij was een vrijmetselaar en crypto-Jood wiens vader een Hongaarse rabbijn was.[535] Midhat Pasha speelde de hoofdrol in de afzetting en liquidatie van sultan Abdulaziz.[536] Toen hij de gouverneur van Damascus was, heeft hij stappen gezet om een moderne Joodse school op te richten voor de Joodse gemeenschap daar. Dankzij hem heeft de Joodse gemeenschap in Damascus sociaaleconomische vooruitgang geboekt in samenwerking met de Joods-Franse gemeenschap Alliance Israélite Universelle.[537] Midhat Pasha benoemde sultan Murad V, de broer van sultan Abdulhamid II en tevens een vrijmetselaar, als de nieuwe sultan van het Osmaanse Rijk, nadat hij de staatsgreep tegen sultan Abdulaziz had voltooid. Sultan Murad V trad na ongeveer drie maanden af wegens een psychische stoornis.[538] Na hem kwam sultan Abdulhamid II aan de macht en in korte tijd

---

535 Muhammad Ali Sallabi, *al-dawla al-ʿuthmāniyya* (Beiroet: al-Maktaba al-Asriyya, 2012), v. 2 p. 161; Darwish, *al-ʿalāqāt al-turkiyya al-yahūdiyya*, v. 1 p. 119-120; Édouard Drumont, *La France Juive* (Parijs: Flammarion, 1938), v. 1 p. 71; Kadir Mısıroğlu, *Sultan Abdülaziz* (Istanbul: Sebil Yayınevi, 2018), 133-147; Darwish, *ḥaqīqa dūnma yahūd fī turkiyya*, 39.

536 Sallabi, *al-dawla al-ʿuthmāniyya*, v. 2 p. 161-163.

537 Yaron Harel, "Midhat Pasha and the Jewish Community of Damascus: Two New Documents," *Turcica*, vol. 28 (1996): p. 339-346.

538 Sallabi, *al-dawla al-ʿuthmāniyya*, v. 2 p. 165-166.

elimineerde hij Midhat Pasha. Vervolgens werd Midhat Pasha veroordeeld tot de doodstraf wegens de moord op sultan Abdulaziz. Met de tussenkomst van Europese ambassadeurs in Istanbul werd hij uiteindelijk alleen verbannen naar Hijaz.[539]

Het Comité had belangrijke leden in de Europese hoofdsteden, maar haar bastion was in Thessaloniki. Deze stad was tevens een bolwerk van Joden, in het bijzonder van de Dönme.[540] Tussen het Comité en de vrijmetselaarsloges in Thessaloniki was er een zekere overlap, vooral met Macedonia Risorta onder leiding van Emmanuel Carasso, een Sefardische Jood.[541] De drijfveer voor de leden van het Comité om aan te sluiten bij de vrijmetselaarsloges had voornamelijk te maken met de Joodse invloed op de beide bewegingen. Deze coöperatie zou geleidelijk leiden tot de kolonisatie van het Palestijnse gebied en vervolgens tot de oprichting van de staat Israël. Vanaf de jaren 1912-1914 zou er ook een samenwerkingsverband ontstaan tussen de Jonge Turken en de zionisten.[542] Onder de intelligentsia van de moslims heerst een sterke overtuiging dat vrijmetselarij oorspronkelijk Joods is. Sterker nog, zij zijn ervan overtuigd dat veel genootschappen, zoals de Orde van de Tempeliers, de Rozenkruisers, Jehova's getuigen, de B'nai B'rith, de Rotary en de Lions, zijn opgericht door de Joden.[543] De Joden hebben in grote hoeveelheid actief

[539] Darwish, *al-ʿalāqāt al-turkiyya al-yahūdiyya*, v. 1 p. 119.
[540] Darwish, *al-ʿalāqāt al-turkiyya al-yahūdiyya*, v. 1 p. 106-107; Abraham Galanté, *Nouveaux documents sur Sabbetai Sevi: Organisation et us et coutumes de ses adeptes* (Istanbul: Société anonyme de papeterie et d'imprimerie, 1935) 105-108.
[541] Darwish, *al-ʿalāqāt al-turkiyya al-yahūdiyya*, v. 1 p. 112; Darwish, *ḥaqīqa dūnma yahūd fī turkiyya*, 38.
[542] Darwish, *al-ʿalāqāt al-turkiyya al-yahūdiyya*, v. 1 p. 111; Sallabi, *al-dawla al-ʿuthmāniyya*, v. 2 p. 224-233; Isaiah Friedman, "The Young Turks and Zionism: International implications," *Cemoti*, no. 28 (1999): p. 31-38.
[543] Darwish, *al-ʿalāqāt al-turkiyya al-yahūdiyya*, v. 1 p. 103-104; Ahmad Shilbi, *al-yahūd fī al-ẓalām* (Caïro: al-Zahrā li al-I'lām al-'Arabi, 1992), 39-40.

geparticipeerd aan de vrijmetselaarsloges, in het bijzonder in Groot-Brittannië en de Verenigde Staten.[544]

De Joden uit Thessaloniki en de Dönme sloten zich aan bij zowel de soefi-ordes, voornamelijk de Bektāshi en de Mevlevī, als bij de vrijmetselaarsloges. Dit deden ze om systematischer te werken voor hun doelen, maar dit was ook om meer vrijheid te verkrijgen met betrekking tot hun geloofsovertuigingen en -praktijken. Daardoor kregen ze ook gemakkelijker toegang tot het Comité voor Eenheid en Vooruitgang.[545] Bij nader onderzoek wordt een duidelijke link aangetroffen tussen deze bewegingen in het verzet tegen sultan Abdulhamid II. De (crypto-)Joden, in het bijzonder de Dönme, spelen een sleutelrol in deze structuur. Dit geldt vooral voor Arminius Vambery[546], Parvus Efendi[547], Emmanuel Carasso[548], Nazim Bey, Hamdi Bey, Mehmet Kapanci, Moiz Cohen Tekinalp, Fazli Necip, Faik Nüzhet, Osman Adil, Mehmet Server, Tevfik Ehat, Talat Ismail, Ahmet Emin Yalman, Mehmet Cavid, Talat Pasha, Enver Pasha, Osman Said Yakubi en Kibaroğlu Abdurrahman Karakaş.[549] Dit is slechts een gedeelte van de vooraanstaande (crypto)-Joden en de Dönme.

---

[544] Abdel Wahab al-Messiri, *mawsū a al-yahūd wa al-yahūdiyya wa al-ṣahyūniyya* (Caïro: Dar al-Shuruq, 1999), v. 2 p. 186-188; Abdurrahman Habenneke, *makāyid yahūdiyya abr al-tārīkh* (Damascus: Dar al-Qalam, 1978), 199-217; Abdallah al-Tell, *al-ef ā al-yahūdiyya fī me āqil al-islām* (Beiroet: al-Maktab al-Islami, 1971), 78; Hayla Sulemi, *dawr al-yahūd fī isqāṭ al-dawla al- uthmāniyya* (Mekka: Umm al-Qura, 2001), 203-223; Ahmad Nuri al-Na'imi, *al-yahūd wa al-dawla al- uthmāniyya* (Amman: Dar al-Bashir, 1997), 185-187.
[545] Cengiz Sisman, *The Burden of Silence: Sabbatai Sevi and the Evolution of the Ottoman-Turkish Dönmes* (Oxford: Oxford University Press, 2015), 237-243; Baer, *The Dönme*, 94-95.
[546] Mim Kemal Oke, "Professor Arminus Vambery and Anglo-Ottoman Relations (1887-1907)," *Turkish Studies Association Bulletin*, vol. 9, No. 2 (September, 1985), pp. 15-27.
[547] M. Asim Karaömerlioglu, "Helphand-Parvus and his Impact on Turkish Intellectual Life," *Middle Eastern Studies*, vol. 40, no. 6 (2004): p. 145-165.
[548] Darwish, *ḥaqīqa dūnma yahūd fī turkiyya*, 38.
[549] Baer, *The Dönme*, 91-101; Sisman, *The Burden of Silence*, 242-243; Darwīsh, *al- alāqāt al-turkiyya al-yahūdiyya*, v. 1 p. 116-119; Scholem, *The Messianic Idea in Judaism*, 155 en 159.

Het feit dat de Dönme een actieve rol speelden in de agitatie tegen de regering van sultan Abdulhamid II, zette de sultan aan tot een onderzoek over hen. Hij gaf het bevel aan de rabbijn van Istanbul, Moshe Levi, om een authentiek onderzoek te doen naar Sabbatai Şevi en zijn aanhangers.[550] De sultan constateerde uit het onderzoek van Levi dat Sabbatai Şevi uiteindelijk een nobele moslim was. Althans, dit was wat de sultan naar buiten bracht, maar deze clemente houding van de sultan correspondeerde niet met zijn extreem sceptische houding. Dit kwam vooral niet overeen met het feit dat hij onbetwistbaar op de hoogte was, dankzij zijn zeer vermaarde en geavanceerde spionagedienst, van de cruciale rol van de Dönme in het Comité. Uiteraard had hij ook kennis over de omstreden bekering van Sabbatai Şevi. Op grond hiervan wordt deze houding van de sultan als een tactvolle en omzichtige strategie verklaard.[551]

Sultan Abdulhamid II zetelde op 7 september 1876 op de troon van het Osmaanse Rijk. In deze periode verkeerde het rijk in talloze economische en politieke problemen. Deze diepe crisis had tot grote nadelen geleid in zowel binnenlandse zaken als buitenlandse zaken van de staat, waarbij sommige etnische minderheden van het rijk ontevreden waren met de regering. Tevens was regelmatig sprake van bemoeienis van de westerse staten met de binnenlandse zaken van het rijk. De sultan was met tegenzin gewikkeld in de oorlog tegen de Russen door het beleid van Midhat Pasha. Sultan Abdulhamid II wist deze problemen in korte tijd op te lossen met zijn bezonnen en beleidvolle ondernemingen.[552] Een belangrijk beleid van de sultan was het

[550] Baer, *The Dönme*, 83-84; Sisman, *The Burden of Silence*, 245-246.
[551] Galanté, *Nouveaux documents sur Sabbetai Sevi*, 105-108; Darwish, *al-ʿalāqāt al-turkiyya al-yahūdiyya*, v. 1 p. 121.
[552] Darwish, *al-ʿalāqāt al-turkiyya al-yahūdiyya*, v. 1 p. 365.

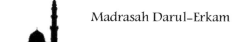

panislamisme. Hij bevorderde zijn autoritaire gezag over de islamitische wereld door het kalifaatschap als een wapen te gebruiken, waarmee hij drie decennia lang het Osmaanse Rijk en haar onderdanen intact heeft weten te houden.[553] Desalniettemin waren revolutionaire activiteiten van sommige religieuze en etnische minderheden niet te voorkomen. Een soortgelijk activisme werd ook bedreven door de Armenen en de Joden. De Armeense en de Joodse kwestie was erg tekenend voor de regeringsperiode van sultan Abdulhamid II. Het is merkwaardig dat verschillende historici, onder wie de Armeense historicus Levon Panos Dabagyan, de Joodse Gad Nassi en Abraham Galanté, deze twee groepen aan elkaar relateren. Volgens Dabagyan en andere historici hebben de Armeense opstanden tegen sultan Abdulhamid II ook te maken met de oude Armeense dynastie, de Bagratuni, die volgens hen oorspronkelijk Joods is.[554] Deze bewering is vaker gebruikt om de achterliggende gedachte van de Armeense opstand te verklaren. Deze dynamiek onder de Armenen kan vergeleken met de groeperingen zoals de Marrano's, de Jadidim en de Dönme. Er wordt beweerd dat de Bagratuni nog steeds hun bestaan behouden in verschillende regio's van het huidige Turkije.[555]

Het zionisme ontwikkelde zich parallel aan het politieke activisme van de Armenen. Sterker nog, tussen de beide groepen zou zelfs een tijdelijke coalitie zijn.[556] Een vertegenwoordiger van het zionisme, Theodor Herzl, heeft meerdere pogingen gedaan om te onderhandelen met sultan Abdulhamid II over het Palestijnse gebied en de Joodse emigratie daarheen. De sultan was geen

[553] Sallabi, *al-dawla al-ʿuthmāniyya*, v. 2 p. 243-251; Darwish, *al-ʿalāqāt al-turkiyya al-yahūdiyya*, v. 1 p. 365-366.
[554] Mısıroğlu, *Sultan II. Abdülhamid*, 320-322.
[555] Abraham Galanté, *Les Pacradounis ou Une Secte Arméno-Juive* (Istanbul: Société Anonyme de Papeterie et d'Imprimerie, 1933), 1-16.
[556] Mısıroğlu, *Sultan II. Abdülhamid*, 332.

voorstander van het zionistische streven en weigerde het voorstel van de zionisten.[557] Dit veroorzaakte niet alleen vijandschap en verzet vanuit bepaalde Joodse gemeenschappen binnen en buiten het rijk, maar ook de weerstand van het christelijke Europa. Dit was mede te wijten aan het christenzionisme in het Westen.[558] De Balfourverklaring van 1917, op verzoek van Rothschild,[559] is een duidelijk bewijs hiervoor.[560] De negatieve houding van de sultan tegenover de zionisten zou volgens de *mainstream* opinie van moslimonderzoekers de weg bereiden voor het einde van zijn regering in het jaar 1909.[561] De koplopers en de achterban van het Comité voor Eenheid en Vooruitgang vertrokken uit hun centrum Thessaloniki om een staatsgreep te plegen tegen sultan Abdulhamid II. Een commissie, bestaande uit vier mensen, zou tegenover de sultan zijn officiële afzetting voordragen. Geen enkel commissielid was Turk of moslim. De commissieleden waren: Emmanuel Carasso, Avram Efendi, Arif Hikmet, en Esad Toptani.[562] Volgens de overlevering was de eerste reactie van de verbijsterde sultan de vraag wat de Joodse Carasso te zoeken had in deze commissie.[563] Na een trieste dialoog tussen de commissieleden en de sultan, werd de sultan gedeporteerd naar Thessaloniki waar hij huisarrest kreeg in de Allatini Villa van de Joodse fabrikant Giorgio Allatin.[564] Na het vertrek van de sultan en zijn familie uit het Yildiz-paleis werd het paleis hardvochtig leeggeplunderd en beroofd van waardevolle spullen door de leden van het

[557] Darwish, *al-ʿalāqāt al-turkiyya al-yahūdiyya*, v. 1 p. 368-374.
[558] al-Messiri, *mawsūʿa al-yahūd wa al-yahūdiyya wa al-ṣahyūniyya*, v. 2 p. 246-248.
[559] Zie ook: *The Magnificant Rothschilds* van Cecil Roth.
[560] al-Messiri, *mawsūʿa al-yahūd wa al-yahūdiyya wa al-ṣahyūniyya*, v. 2 p. 237; Stephen Sizer, *Christian Zionism* (Illinois: Inter Varsity Press, 2004), 63-66.
[561] Darwish, *al-ʿalāqāt al-turkiyya al-yahūdiyya*, v. 1 p. 383-398.
[562] Sallabi, *al-dawla al-ʿuthmāniyya*, v. 2 p. 247-248.
[563] Sallabi, *al-dawla al-ʿuthmāniyya*, v. 2 p. 247-248; Mısıroğlu, *Sultan II. Abdülhamid*, 581-584.
[564] Darwish, *al-ʿalāqāt al-turkiyya al-yahūdiyya*, v. 1 p. 388; Baer, *The Dönme*, 98.

Comité, waaronder Mustafa Kemal Pasha, de toekomstige oprichter van de moderne Turkse Republiek.[565]

Er is een brief, geschreven op 22 september 1913 door sultan Abdulhamid II aan zijn spirituele leermeester van de Shadhiliya soefi-orde sheikh Abu Shamat, waarin de sultan beschrijft wat de zogenaamde aanleiding was van zijn afzetting. Het originele document is in het bezit van sheikhs kleinzoon ʿAmmar Abu Shamat die in Damascus leeft. De kopie van deze brief is in december 1972 uitgegeven door Majalla al-ʿArabi in Koeweit. In de brief staat dat de sultan werd gedwongen door de leden van het Comité van Eenheid en Vooruitgang om op te stappen en de coup niet tegen te werken. "Ze verzochten mij eerst aandringend om akkoord te gaan met het voorstel om voor de Joden een thuisland te maken in Palestina, maar ondanks hun aandrang weigerde ik volhardend. Daarna hebben ze honderdvijftig miljoen gouden Britse pond aangeboden, maar ik ben alsnog niet akkoord gegaan. Ik gaf hun het volgende antwoord: "Als jullie mij de hele aarde vol goud geven, laat staan honderdvijftig miljoen gouden Britse pond, ik zal absoluut niet akkoord gaan met jullie voorstel. Ik heb de islamitische natie en het Mohammedaanse volk langer dan dertig jaar gebaat zonder tekort te doen aan de gevestigde reputatie van mijn moslim voorouders die de Osmaanse sultans en de kaliefs waren. Daarom zal ik jullie voorstel absoluut niet accepteren. Na mijn vastberaden antwoord hebben ze besloten om mij af te zetten van de troon en om mij te deporteren naar Thessaloniki. Hierop accepteerde ik dit laatste voorstel (om af te stappen)."[566]

---

565 Mısıroğlu, *Sultan II. Abdülhamid*, 593-594.
566 Habenneke, *makāyid yahūdiyya ʿabr al-tārīkh*, 268-271; al-Naʿimi, *al-yahūd wa al-dawla al-ʿuthmāniyya*, 222-223; Ekrem Buğra Ekinci, *Osmanlı'nın çöküşü* (Istanbul: Timaş Yayınları, 2019), 29-34.

Sultan Abdulhamid II werd opgevolgd door zijn broer Mehmed V Reşād, maar in werkelijkheid had hij weinig te zeggen, omdat het Comité voor Eenheid en Vooruitgang het enige autoritaire gezag was. Kritische posities, zoals ministerfuncties, werden daarbij ingenomen door verscheidene Dönme.[567] De Osmaanse staat werd innerlijk overheerst door het Turkse nationalisme dat duidelijk een gevaar zou vormen voor de consolidatie van het rijk. Tevens zorgde dit dat de Osmaanse en islamitische elementen stapsgewijs werden verdelgd. Dit was een direct gevolg van het Turanisme dat pleitte voor de culturele en politieke eenheid van alle Turken. Een saillant detail is dat dit toekomstbeeld fel en hevig werd gepropageerd door onder anderen Munis Tekinalp, een Jood uit Thessaloniki. Zijn echte naam was Moiz Cohen.[568] Het bijproduct van dit gedachtegoed was dat het nationalisme ook onder de andere onderdanen van het rijk, in het bijzonder onder de Arabieren, meer aanhang kreeg. Hiermee werd het proces van decentralisatie geëntameerd en werd de autoriteit van Istanbul geschonden.[569]

In de Eerste Wereldoorlog waren de Turken bondgenoten van Duitsland en Oostenrijk, terwijl de Arabieren een coalitie hadden gevormd met Groot-Brittannië, Frankrijk en Rusland. Hierdoor kwamen de Turken en Arabieren tegenover elkaar te staan. Toen de Turken werden verslagen, moesten ze grote gebieden afstaan. Als gevolg daarvan werd de islamitische wereld met het geheime Sykes-Picotverdrag in 1916 in stukken gehakt en verdeeld tussen Groot-Brittannië, Frankrijk en Rusland.[570] Palestina werd overgeleverd aan

---

567 Sallabi, *al-dawla al-ʿuthmāniyya*, v. 2 p. 253; Marc David Baer, "Globalization, Cosmopolitanism, and the Dönme in Ottoman Salonica and Turkish Istanbul." *Journal of World History*, vol. 18, no. 2 (2007): p. 141-170.
568 Darwish, *ḥaqīqa dūnma yahūd fī turkiyya*, 48.
569 Sallabi, *al-dawla al-ʿuthmāniyya*, v. 2 p. 253.
570 Sallabi, *al-dawla al-ʿuthmāniyya*, v. 2 p. 255.

Groot-Brittannië. Vervolgens werd Palestina met de Balfour-verklaring beloofd aan de Joden. Mustafa Kemal Pasha, toen nog een commando aan het Syrisch-Palestijns front, speelde een belangrijke rol bij de nederlaag in de Arabische gebieden. Dit was niet alleen een gevolg van verkeerde strategieën, maar ook van opzet. Hij trok het leger terug uit het Syrisch-Palestijns front en verloor Aleppo op 25 oktober 1918.[571] De meeste krijgsgevangenen werden in deze aftocht gevangen door de tegenstanders. Deze krijgsgevangenen bestonden uit 75.000 Osmaanse soldaten.[572]

Het is mogelijk om de betrokkenheid van het Osmaanse rijk bij de Eerste Wereldoorlog terug te voeren op een obscure figuur die Max von Oppenheim heet. Hij was een belangrijke islamoloog met een Joodse vader die zich tot het katholicisme had bekeerd. Door dit feit werd hij gelabeld als crypto-Jood. Het was Max von Oppenheim die het idee had bedacht om de Osmaanse sultan aan te werven voor de officiële aankondiging van een globale jihad. Hij ontvouwde dit in zijn memorandum *Denkschrift betreffend die Revolutionierung der islamischen Gebiete unserer Feinde*. Dit werd gepubliceerd in oktober 1914. Hierna werd Oppenheim door Duitsland als directeur benoemd van *Nachrichtenstelle für den Orient*, een inlichtgingendienst die de propaganda van zijn idee zou organiseren. Oppenheim opereerde als een spion in de islamitische gebieden vlak voor de Eerste Wereldoorlog en propageerde het idee van jihad om de moslimonderdanen van Groot-Brittannië, Frankrijk en Rusland in opstand te brengen tegen hun koloniale heersers.[573] Hij kreeg de bijnaam Abu

[571] Mesut Uyar; Edward J. Erickson, *A Military History of the Ottomans* (California: ABC-Clio, 2009), 271; George W. Gawrych, *The Young Atatürk: From Ottoman Soldier to Statesman of Turkey* (London: I.B. Tauris, 2013), 58-68.
[572] Ekinci, *Osmanlı'nın çöküşü*, 76.
[573] Lionel Gossman, *The Passion of Max von Oppenheim* (Cambridge: Open Book Publishers, 2013), xvi-xxi.

Jihad, de vader van de politieke jihad, omdat hij beschouwd werd als de persoon die het eeuwenoude idee van jihad opnieuw in leven blies voor zijn politieke en militaire belangen.[574] In november 1914 riep sultan Mehmed V Reşād inderdaad op tot een jihad tegen de vijanden van het Osmaanse rijk.

Mustafa Kemal en de genese van de Turkse Republiek

In de jaren na de Eerste Wereldoorlog ontstonden debatten over de rol van de Dönme in Turkije en hun relatie met Mustafa Kemal Pasha, de vader van het moderne Turkije, geboren in 1881 en gestorven in 1938. Verschillende overleveringen beweren dat Mustafa Kemal een Dönme was. Deze beweringen waren zowel binnen als buiten Turkije in omloop.[575] Deze beweringen zijn op grond van bepaalde feiten gedaan. Deze beweringen werden niet alleen gedaan door de moslims, maar ook door sommige westerse onderzoekers en zelfs door de Dönme zelf.[576] Mustafa Kemal Pasha is geboren in Thessaloniki en hij heeft zijn eerste onderwijs genoten van Şemsi Efendi, een prominente Dönme. Dit heeft samen met zijn samenwerking met Joodse wetenschappers om vorm te geven aan het onderwijs- en rechtssysteem van het moderne Turkije als bevestiging gediend voor de beweringen over zijn afkomst.[577] Nog een argument dat wordt gebruikt tegen Mustafa Kemal over zijn relatie met de Dönme is dat de Joden die waren geëmigreerd van Turkije naar Israël een

[574] Gossman, *The Passion of Max von Oppenheim*, 48.
[575] Sisman, *The Burden of Silence*, 266-269.
[576] Rifat Bali, *A Scapegoat for all Seasons: the Dönmes or Crypto-Jews of Turkey* (Istanbul: The ISIS Press, 2008), 223-248; Prinz, *The Secret Jews*, 122; Gershom Scholem, "Doenmeh." *Encyclopaedia Judaica*, (2007): vol. 5, p. 730-733.
[577] Darwish, *ḥaqīqa dūnma yahūd fī turkiyya*, 46-48; Sisman, *The Burden of Silence*, 268; Jacob M. Landau, "Kemal Mustafa." *Encyclopaedia Judaica*, (2007): vol. 12, p. 72.

standbeeld van hem plaatsten in Israël.[578] Een interessante overlevering beschrijft dat Mustafa Kemal in 1911 Itamar Ben Zwi ontmoette in Tel Aviv en dat Mustafa Kemal toen het *Sjema Jisrael*-gebed reciteerde.[579] Het valt ook op dat Mustafa Kemal aanhoudend stil bleef over zijn werkelijke afkomst en de beweringen hierover.[580] In 1951 werd met de protectiewet echter een einde gebracht aan de hetze onder de moslims tegen Mustafa Kemal. Deze wet is tot op heden geldig in Turkije en verbiedt om kritische en afwijzende uitspraken te doen over Mustafa Kemal. Het is tevens zeer belangrijk hoe een Joodse rechtsgeleerde, professor Ernst Hirsch, optrad voor de formulering en de codificatie van deze protectiewet. Dit beschrijft hijzelf in zijn autobiografie.[581]

De bovengenoemde feiten zijn echter niet de enige redenen voor de bestempeling van Mustafa Kemal als een Dönme en een vijand van de moslims. Nog een reden is dat het kalifaat onder zijn gezag werd afgeschaft. De afschaffing van het kalifaat werd op advies van Haim Nahum, een Sefardische opperrabbijn, uitgevoerd. Nahum nam al vanaf het begin deel aan de kringen van de Jonge Turken in Parijs. Deze omgeving zou voordelig zijn voor hem als hij in Istanbul zou aankomen en hij bleef dus een sterk samenwerkingsverband onderhouden met ze.[582] Hij was een belangrijke adviseur van Mustafa Kemal geworden in 1919.[583] De afschaffing van het kalifaat was geïnitieerd met het Verdrag van Lausanne in 1923. Nadat de Britten de afschaffing van het kalifaat eisten voor de verwezenlijking van de vrede, was Haim Nahum degene die

---

[578] Darwish, *ḥaqīqa dūnma yahūd fī turkiyya*, 48.
[579] Sisman, *The Burden of Silence*, 268.
[580] Sisman, *The Burden of Silence*, 268.
[581] Ernst E. Hirsch, *Aus des Kaisers Zeiten durch die Weimarer Republik in das Land Atatürks* (München: Schweitzer, 1982), 276-277.
[582] Esther Benbassa, *Haim Nahum: A Sephardic Chief Rabbi in Politics, 1892-1923* (Alabama: University of Alabama Press, 1995), 6-9.
[583] Benbassa, *Haim Nahum: A Sephardic Chief Rabbi in Politics, 1892-1923*, 27.

Ismet Inönü en Mustafa Kemal overhaalde om akkoord te gaan met de voorwaarden. Nahum voerde namelijk ook de interventie uit tussen de Britten en de Turken.[584] Een andere reden voor de bestempeling van Mustafa Kemal als een Dönme is dat hij de secularisatie, de de-islamisering en de verwestersing van Turkije stimuleerde door de islam te censureren, het Osmaanse alfabet af te schaffen, de islamitische geleerden tot doodstraf te veroordelen, het islamitisch onderwijs- en rechtssysteem op te heffen en de westerse kledingstijl te implementeren.[585] De Dönme hebben over het geheel genomen een cruciale rol gespeeld bij de secularisatie, de de-islamisering en de verwestersing van het Osmaanse Rijk, en later, de Turkse Republiek.[586] Daarom wordt er gesteld dat de crypto-Joden een reeks gebeurtenissen in gang hebben gezet die heeft geleid tot de ontbinding van het Osmaanse Rijk en de vervanging hiervan door de Turkse Republiek. Dit is ook wat de laatste Osmaanse *shaykh al-islām* Mustafa Sabri Pasha heeft geschreven in zijn boek over de afschaffing van het kalifaat.[587]

De voornoemde feiten kunnen dus als grondslag gebruikt voor de (crypto)-Joodse rol in de ondergang van het Osmaanse Rijk. Hierbij is het mogelijk om

[584] Kadir Mısıroğlu, *Lozan* (Istanbul: Sebil Yayınevi, 1979), v. 1, p. 112-114 en v. 3, p. 203-204; Benbassa, *Haim Nahum: A Sephardic Chief Rabbi in Politics, 1892-1923*, 32; al-Tell, *al-ef'ā al-yahūdiyya fī me'āqil al-islām*, 90-94.
[585] al-Tell, *al-ef'ā al-yahūdiyya fī me'āqil al-islām*, 94-96; Sallabi, *al-dawla al-'uthmāniyya*, v. 2 p. 261-267.
[586] Ilber Ortaylı, "Ottoman Modernisation and Sabetaism." *Swedish Research Institute*, (1998): v. 8, p. 97-104; al-Tell, *al-ef'ā al-yahūdiyya fī me'āqil al-islām*, 94-96; Sallabi, *al-dawla al-'uthmāniyya*, v. 2 p. 261-267; Marc David Baer, "Globalization, Cosmopolitanism, and the Dönme in Ottoman Salonica and Turkish Istanbul." *Journal of World History*, vol. 18, no. 2 (2007): p. 141-170.
[587] Mustafa Sabri Pasha, *al-asrār al-khafiyya warā' ilghā' al-khilāfa al-'uthmāniyya* (Beiroet: Dar al-Kutub al-Ilmiyya, 2004), 201-207.

de coalitie tussen deze (crypto)-Joden en Groot-Brittannië te benadrukken. Bovendien kunnen we de Dönme van Thessaloniki als *fifth column* beschouwen. Dit avontuur begon vanaf 1870 met de Jonge Ottomanen en daarna de Jonge Turken om de regering over te nemen. Nationalisme en sektarisme kunnen als hun belangrijkste instrument beschouwd worden. Arminius Vambery krijgt hier een belangrijke rol toebedeeld. Hij was de spion van Groot-Brittannië en de zionisten. Deze crypto-Jood was de grondlegger van de Turkologie. Hij was degene die het Turanisme promootte onder de Turken, goede contacten had met Theodor Herzl en tegelijkertijd de adviseur was van sultan Abdulhamid II. Volgens de bewering waren de Armenen opgehitst tegen de Osmaanse staat door de (crypto)-Joden wegens de weigering van de sultan om Palestina aan de zionisten te geven. Daarom werd Abdulhamid II ook als *Le Sultan Rouge* bestempeld. In 1909 werd sultan Abdulhamid II afgezet door de Jonge Turken. De Jonge Turken waren georganiseerd door Emmanuel Carasso, een lid van de Italiaanse vrijmetselaarsloge die verbonden was aan de B'nai B'rith. Na het aantreden, hebben de Jonge Turken het einde van het Osmaanse Rijk bespoedigd door de Tripoli- en Balkanoorlogen en vervolgens de Eerste Wereldoorlog. Dit tijdperk wordt tevens als de Gouden Eeuw van de Brits-Joodse coalitie gezien.[588] Volgens deze opinie excelleerden in deze periode twee invloedrijke Britse Joden en één Amerikaanse Jood, namelijk Benjamin Disraeli, Moses Haim Montefiore en Henry Morgenthau.[589]

---

[588] Zie voor meer diepgang: *History of the Jews in England* van Cecil Roth.

[589] Ş. Teoman Duralı, *Çağdaş Küresel Medeniyet* (Istanbul: Dergâh Yayınları, 2018), 163-164; David Fromkin, *A Peace to End all Peace: The Fall of the Ottoman Empire and the Creation of the Modern Middle East* (New York: Henry Holt and Company, 1989), 40-43; Joseph Brewda, "Palmerston Launches Young Turks to permanently control Middle East." *Executive Intelligence Review*, v. 21, no. 16, (1994): p. 33-35.

De afschaffing van het kalifaat

Het kalifaat werd voor het laatst vertegenwoordigd door de Osmaanse sultan. Het werd opgeheven op 3 maart 1924. Dit was een catastrofaal jaar voor 's werelds alle moslims. Desalniettemin zou dit niet moeten betekenen dat we onszelf hopeloos begraven in de dieptes van verdriet. De geschiedenis herhaalt zich continu. We dienen goed te kijken naar de redenen die een aanleiding zijn geweest voor de afschaffing van het kalifaat om daar leringen uit te trekken voor de toekomst. De moslims ondervonden zware nederlaag en trokken zich terug van het wereldpodium na interne intriges van huichelaren en externe aanvallen van de vijanden. Het is echter wel een historisch feit dat deze interne en externe factoren eeuwenlang steeds opnieuw opdoken in de moslimwereld. Deze bedreigingen waren dus niet nieuw voor de moslims. Bovendien konden de moslims altijd voldoende weerstand bieden tegen deze aanvallen. Hoe kwam het dan dat er in het begin van de twintigste eeuw toch een einde kwam aan de moslimheerschappij in de wereld? Er zouden dus andere redenen moeten zijn dan de aanvallen en intriges van de vijanden. Wat waren dat? Dit onderzoek schijnt licht op deze vragen en probeert te demonstreren welke factoren ertoe hebben geleid dat er een einde is gekomen aan de politieke macht van de moslims in de wereld.

Er is geen twijfel dat de moslims in zekere mate afstand hebben genomen van de islam. Dit betekent uiteraard niet dat ze de islam volledig hebben verlaten. De verzwakking van het geloof, losbandigheid in de toepassing van de islamitische voorschriften en de hantering van onrecht zijn allemaal voorbeelden van die distantiering. Allah ﷻ bericht ons meerdere malen in de Koran dat Hij ﷻ de gunsten inneemt als men daar ondankbaar mee omgaat. Weer bericht Hij ﷻ ons dat Hij ﷻ in staat is om de moslims te bestraffen in het aardse leven als ze de bevelen van Allah ﷻ niet nakomen. Zodoende kunnen we talloze voorbeelden geven uit de Koran en de profetische traditie dat de moslims alleen in aanmerking kunnen komen voor de hulp van Allah ﷻ en dat ze louter zullen slagen in het wereldse leven als ze gehoorzaam blijven tegenover Allah ﷻ. In de eerste tijden van de islamitische geschiedenis voldeden de moslims aan deze eisen en daarom werden ze de heersers van de wereld hoewel ze klein in aantal en arm in mogelijkheden waren. Vanaf de zeventiende-achttiende eeuw begon er een grote ontaarding en degeneratie onder de moslims. Er was uiteraard sinds mensenheugenis overal zonde en onheil waar de mens leeft. Soms heerst er kwaadheid en soms heerst er goedheid. Als er een marginale groep is die bestaat uit zondige individuen, dan komt de bestraffing ook individueel. Op het moment dat het zondigen viraal gaat en een maatschappelijke kwaal wordt, dan komt de bestraffing ook op grote schaal. Dat was precies het geval voor de moslimwereld vanaf de zeventiende-achttiende eeuw tot op heden. Er is sprake van een grootschalige degeneratie waardoor de bestraffing ook grootschalig is gekomen en nog steeds blijft komen. Dat zijn de schisma's, oorlogen, burgeroorlogen, armoede, honger, geweld en crises die voor jaren als grijze wolken hangen boven de moslimlanden. Als de moslims terugkeren tot de essentie van de islam en de hantering van diens voorschriften, dan zullen die grijze wolken verdwijnen. Om dit te realiseren, moeten we eerst weten wat er fout is gegaan. Daarom zullen we hieronder de belangrijkste oorzaken noemen van de moslimdecadentie:

1. Nalatigheid in het bevriend worden omwille van Allah ﷻ en vijand worden omwille van Allah ﷻ. De staatsmannen en intelligentsia moeten hun voorkeuren met betrekking tot diplomatieke relaties op basis van de islamitische voorschriften bijstellen. Als een moslimstaatsman bevriend wordt met de

vijandstaat en de staatsgeheimen aan hen doorvertelt, dan wordt deze daad gerekend tot het volgende Koranvers dat neerkomt op: "Laat de gelovigen de ongelovigen niet als helpers nemen in plaats van de gelovigen en iedereen die dat doet zal nooit door Allah op wat voor manier dan ook geholpen worden; behalve als jullie hen (de ongelovigen) angstig vrezen. En Allah waarschuwt jullie voor Hemzelf en tot Allah is de uiteindelijke terugkeer."[590] Een concreet voorbeeld hiervan is dat de Osmaanse staatsmannen privileges verleenden aan sommige invloedrijke niet-moslims die in het Osmaanse Rijk leefden. Een ander voorbeeld uit de huidige realiteit is dat bepaalde Arabische koningen en staatsmannen zeer goede relaties hebben met de Israëlische bezetters.

2. Het reduceren van de term *al-ʿibāda* (het aanbidden) tot de islamitische rituelen. Allah ﷻ bericht ons in de Koran dat Hij ﷻ ons heeft geschapen om Hem te aanbidden. De islam schrijft talloze aanbiddingsvormen voor. Het gebed is ons bijvoorbeeld voorgeschreven, maar het handhaven van de rechtvaardigheid ook. Het vasten is verplicht, maar het helpen van mensen ook. De bedevaart is verplicht, maar het verkondigen van de waarheid ook. Het geven van de armenbelasting is verplicht, maar de waarborging van de economische gelijkheid is ook een plicht. Alles wat Allah ﷻ tevreden stelt, kan gerekend worden tot aanbidding. Het geven van een aalmoes is een aanbiddingsvorm en het uitvinden van een medicijn tegen een lichamelijke ziekte is ook een aanbiddingsvorm in de islam. De Koran stimuleert niet alleen de studie van bijvoorbeeld de islamitische wetgeving, maar spoort mensen ook aan om de mens en natuur te bestuderen. Dat was ook de reden dat moslims voor eeuwen de

---

[590] Koran, 3:28.

aanvoerders waren van onder andere de geografische ontdekkingen en de geneeskundige uitvindingen. In de vijftiende eeuw was de Osmaanse ontdekkingsreiziger Piri Reis 's werelds de meest prominente cartograaf. De veertiende-eeuwse Osmaanse moslimgeleerde Akshamsaddin was een deskundige in alle islamitische wetenschappen, maar was tegelijkertijd een arts en een plantoloog. Deze interdisciplinaire capaciteiten waren te danken aan de correcte definiëring van de Koranische term *al-ʿibāda*. Er zijn talloze voorbeelden hiervan in de islamitische geschiedenis vanaf de tijd van de metgezellen. Vanaf de achttiende eeuw zien we dat de definitie van aanbidding verandert in de perceptie van de moslims. Ze beschouwen het niet meer dan de rituelen. Daar hebben ze ook weer een zielloze routine van gemaakt die zich om de zoveel tijd herhaalt. Voor de rest had de term aanbidding vrij weinig betrekking op de politieke en economische vlakken. De secularisering was in die tijd al begonnen onder de moslims. Bovendien werden de maatschappelijke rituelen verzaakt waardoor de consolidatie en corporatief denken werd geschonden.

3. De verspreiding van sektarische opvattingen en religieuze mythes. Deze afwijkingen kwamen voornamelijk voor in de soefi-kringen waar kennis niet centraal stond, maar de persoonlijke voorkeuren van de pseudo-leermeesters. Echte leermeesters geven in elk geval de voorkeur aan de Koran en de Sunna, maar pseudo-leermeesters achten zich onfeilbaar en leggen hun persoonlijke ideeën op aan de onwetende massa's. Daar blijft het ook niet bij, want ze misbruiken hen ook. In de kringen van zulke mensen worden er ook verzonnen rituelen uitgevoerd zoals springen, dansen, zingen waarbij ze soms zo ver gaan dat er geen sprake is van gendersegregatie en dat er muziekinstrumenten worden gebruikt. Daarnaast worden de gezaghebbende werken van prominente geleerden

achterwege gelaten. In plaats daarvan lezen ze boeken die valselijk in de naam van zielszuivering zijn geschreven en blasfemische opvattingen inhouden. Het is daarenboven een historisch feit dat al vanaf twee eeuwen terug bepaalde crypto-Joden in de soefi-ordes zijn geïnfiltreerd en bij sommige ordes zelfs tot de hoogste rangen zijn gekomen.

4. De dynamische opleving van sektarische groeperingen zoals de sjiieten, de druzen, de noesayrieten, de ismailieten, de qadianis (ahmadiyya), de bahai, en andere afvallige of sektarische bewegingen. De aanhangers van deze bewegingen die in de Osmaanse territoria leefden, hebben samengewerkt met de vijanden van het Osmaanse Rijk.
5. Het aanzienlijk groot gebrek aan goede en rechtvaardige staatsmannen en leiders. Dit noemde men ook wel *qaḥṭ-ı rijāl* in het Osmaans-Turks wat letterlijk *schaarste van mannen* betekent. Hiermee bedoelde men dat er geen voldoende mensen waren die capabel genoeg zijn om de staatsproblemen op te lossen. Dit was grotendeels ook te wijten aan het gestagneerde onderwijssysteem van de moslims door de implementering van de *tanẓīmāt* en de zogenaamde moderniseringsprocessen onder invloed van verwestersing. De benodigde aandacht werd niet meer besteed aan het onderwijs en de oprichting van scholen. Er heerste een blindelingse navolging van de scholastieke onderwijsmethoden. Daarom ontwikkelden de scholen niet voldoende genoeg zodat er geen goed opgeleide alumni tot stand kwamen. De leraren en de scholen waren in het algemeen te zwak om islamitische wetenschappen en de natuurwetenschappen op goed niveau en pedagogisch verantwoord te onderwijzen. Dit sluit niet uit dat er heel capabele geleerden waren in de laatste twee eeuwen van het Osmaanse Rijk. Sterker nog, zelfs in de

periode na de oprichting van de Turkse Republiek waren er heel hoog geleerden, maar het ging hier wel om een handvol mensen.

6. De opkomst van het nationalisme onder de moslims, zoals het turanisme en het panarabisme. De moslims werden aangezet tot elkaar en tot het Osmaans staatsapparaat met etnische motieven. Deze ideologieën werden voornamelijk ontwikkeld en geleid door Joodse en christelijke intellectuelen.
7. De verspreiding van onrecht in de overheidsinstellingen. Onrecht in een overheid is hetzelfde als een ziekte in het lichaam. Als een bepaalde staat onrecht niet meer bestrijdt, dan is het einde van die staat nabij. Concrete voorbeelden van dat onrecht zijn dat staatsmannen meedoen aan of goedkeuren van steekpennen, nepotisme, luxueuze leefstijl, verspilling, kansenongelijkheid, leugens, uitbuiten, misbruik, en dergelijke misdaden.
8. De bevrediging van overbodige en verboden lusten. Onheil zoals overspel, ontucht, gokken, alcoholgebruik, roddelen, kwaadsprekerij zijn typische voorbeelden van de verboden lusten. Daarnaast waren er ook overbodige lusten zoals de hele dag in een koffiehuis zitten, op de straten hangen, rijke feestmaaltijden organiseren, tijdverspillen in badhuizen en amusementslocaties. Tijd verduren met zulke onnodige activiteiten, terwijl de vijand voor de deur staat, is een groot teken van ontaarding.
9. De toename van schisma's en politieke conflicten. Eenheid en consolidatie zijn de belangrijkste elementen van macht en roem. Zodra deze essentiële elementen verloren raken, begint een groot rijk te wankelen. Dat was ook precies wat er met het Osmaanse Rijk gebeurde.
10. De rol van hypocrieten en crypto-Joden die als een *fifth column* dienden om de moslims van binnen af te maken door heimelijk samen te werken

met de vijanden van de moslims. Zij hebben ongetwijfeld een cruciale rol gespeeld in de verwoesting van de moslimheerschappij.

Hoe komen we uit deze vicieuze cirkel? Hoe kunnen we deze teloorgang verijdelen door opnieuw uit onze as tot leven te komen? Wij zijn terecht hulpeloos achtergelaten! Hoe kunnen we weer in aanmerking komen voor de hulp van Allah ﷻ? Het antwoord is eenvoudig en duidelijk benoemd in de Koran: "O jullie die geloven! Als jullie hulp bieden (voor de zaak en religie van) Allah, dan zal Hij jullie helpen (tegen jullie vijanden) en jullie voeten stevig (op het slagveld en in de strijd tegen jullie vijanden) plaatsen."[591] Degenen die de hulp van Allah ﷻ ondervragen, moeten eerst kijken of we, als moslimwereld, wel voldoen aan de eisen van die hulp! Sterker nog, we hebben helaas te maken met de bestraffing van Allah ﷻ. Kijk maar wat Allah ﷻ openbaart in de Koran wat neerkomt op het volgende: "Zeg: 'Hij heeft de macht om de bestraffing voor jullie van boven of van onder jullie voeten te sturen, of jullie te bedekken met verwarring in de partijstrijd en jullie het geweld te laten proeven van elkaar.' Zie hoe Wij de tekenen hebben uitgelegd. Hopelijk zullen zij het begrijpen."[592]

Imam al-Qurtubi legt de bestraffing van boven als volgt uit:

- door stenen te laten regenen
- door een overstroming
- door een dodende schreeuw uit de hemelen
- door een storm
- door onrechtvaardige leiders

[591] Koran, 47:7.
[592] Koran, 6:65.

Hij legt de bestraffing van onder de voeten als volgt uit:

- door opgeslokt te worden in de aarde
- door aardbevingen
- door slechte onderdanen (zoals slecht nageslacht)[593]

Hij legt de bedekking met verwarring in partijstrijd als volgt uit:

- door de bestraffing en chaos te spreiden over de gehele moslimwereld
- door hen te verwarren met contrasterende doelen en divergerende lusten
- door de vijanden te versterken en hen in gelegenheid te stellen om te infiltreren tussen de moslims
- door in sekten te verbrijzelen die vervolgens elkaar afmaken

Imam al-Qurtubi geeft aan dat dit vers ook voor de moslims geldt en dat dit ook uit de realiteit blijkt van zijn tijd.[594]

Samengevat kunnen we het volgende zeggen over de stappen die we direct moeten ondernemen om weer in aanmerking te kunnen komen voor de hulp van Allah ﷻ:

- ✓ Individueel en massaal berouw tonen voor onze zonden.
- ✓ Wenden tot de Koran en de profetische traditie in al onze activiteiten.
- ✓ Verdedigen en verkondigen van de soennitische geloofsleer.
- ✓ Afstand nemen van alle soorten zonden, misdaad en onheil.[595]

[593] Het slechte nageslacht wordt niet expliciet genoemd door Imam al-Qurtubi, maar dat heb ikzelf geconcludeerd uit wat Imam al-Qurtubi zegt.

[594] Zie de tafsir van Imam al-Qurtubi in de uitleg van het vers.

[595] In de moslimgemeenschap zijn de volgende zonden **duidelijk** zichtbaar helaas: gokken, alcohol, het gebed verlaten, aan rente doen, belasting ontwijken, zwart werken, frauderen in documenten, verspillen, overspel en ontucht doen of tolereren, roddels verspreiden, afgunst en hoogmoed tonen, kinderen niet goed opvoeden en verwaarlozen, onrecht en ongehoorzaamheid tussen echtgenoten, de wees en weduwe niet in de gaten houden,

- ✓ Opnieuw prioriteiten stellen door voorrang te geven aan de religieuze verantwoordelijkheden in plaats van persoonlijke en wereldse belangen.
- ✓ Creëren van goed georganiseerde eenheid en consolidatie.
- ✓ Vastklampen aan het nachtgebed, smeekbedes en gedenken van Allah ﷻ.
- ✓ Campagnes starten om de moskeeën weer de maatschappelijke rol te geven die ze verdienen en door de activiteiten van de moskeeën te intensiveren om dienaarschapsbewustzijn en vroomheid te cultiveren in de gemeenschap.[596]
- ✓ Zorgzaam buigen over de (islamitische) educatie van de jeugd door solide scholen op te richten en grote budgetten ervoor vrij te maken om bekwame en godvruchtige generaties op te leiden.

De Joodse weelde

De Joodse macht in de financiën en media is bekend bij iedereen. Het is geen toeval dat juwelen ***jewelry*** wordt genoemd in het Engels. Joden hebben altijd de hoofdrol gespeeld in de bewerking en verkoop van goud. Zij beschikten over de meeste aandelen in de koloniën van Europese machten. Ook hebben ze grote bedragen verworven in de slavenhandel en de exploitatie van de grondstoffen in Afrikaanse en Aziatische landen. Bij de verovering van de Verenigde Staten hebben de Europese (crypto)-Joden ook een cruciale rol gespeeld. Degenen die de schepen hadden gefinancierd waren allemaal zonder uitzondering Europese Joden. Het is zelfs mogelijk om te zeggen dat Joden vorm hebben gegeven aan het huidige Amerika. Zij hebben vervolgens alle grondstoffen en industrie benut en geleid. Families zoals Loebs, Lehman, Kuhn, Schiff, Warburg zijn allemaal

uitvluchten zoeken voor de regels van Allah ﷻ. Zolang we ons niet verlossen van deze zonden en slechte gedragingen, kunnen we de hulp van Allah ﷻ vergeten!

[596] Dit kan alleen als er bekwame en gepassioneerde mensen aan de macht komen in de moskeeën!

Joodse families die oorspronkelijk uit Duitsland kwamen. Zij hadden het bankiersysteem dat ze in Europa hadden opgericht ook meegenomen naar Amerika en hebben hiermee rijkdom aanhun rijkdom toegevoegd.[597] Christoffel Columbus was ook een crypto-Jood, zoals professor Werner Sombart en professor Joachim Prinz hebben aangegeven.[598] De Joden hebben het overgrote deel van de weelde in de VS in handen. Ze bezitten over de belangrijkste mediaorganen, universiteiten en denktanken. Dit geven ze zelf ook toe. Ze hebben een monopolie op de meeste sectoren. Sterker nog, de Amerikaanse staat huurt de dollar van Federal Reserve (FED) welke onder de controle is van een aantal Joodse families. Dit zijn de volgende Joodse families en bedrijven: Rothschild, Lazard Brothers, Israel Seiff, Warburgs, Lehman Brothers, Goldman & Sachs, Kuhn-Loeb & Co, Rockefeller.[599] De meest kritische posities in het Amerikaanse staatsapparaat zijn bezet door Joodse mensen. Ook het buitenlandse beleid van de VS wordt bepaald door Joodse organisaties zoals AIPAC, ADL en WCI. Al deze organisaties zijn in de werkelijkheid gekoppeld aan B'nai B'rith en opereren als een zelfstandig overheidsorgaan zonder verantwoording af te leggen voor iets. Dezelfde macht hebben ze ook in Europa, Rusland en China. In China zijn er heel oude Joodse families die daar de economie in handen hebben.[600] Als we nu kijken naar de reuzenbedrijven, belangrijkste communicatiebedrijven en informatieplatforms, dan zien we ook daar Joden de leidende rol spelen. Denk aan de volgende bedrijven:

[597] Ismail Tokalak, *Yahudiliğin Kökenleri ve Küresel Gücü*, blz. 91-92.
[598] Werner Sombart, *The Jews and Modern Capitalism*, blz. 25-27; Joachim Prinz, *The Secret Jews*, blz. 56.
[599] Ismail Tokalak, *Yahudiliğin Kökenleri ve Küresel Gücü*, blz. 201-202; Eustace Mullins, *The Secret of the Federal Reserve*, blz. 179.
[600] Zie ook het boek *The Last Kings of Shanghai: The Rival Jewish Dynasties That Helped Create Modern China* van Jonathan Kaufman.

- Google (incl. Youtube en andere sociale platforms): oprichters zijn Larry Page (moeder Joods), Sergey Brin (ouders Russische Joods). Meer beschrijving is niet nodig voor Google en de bijbehorende bedrijven. Ze zijn beroemd genoeg.
- Facebook: oprichter Mark Zuckerberg (Slavische Jood).
- Whatsapp: oprichter o.a. Jan Koum (Oekraïense Jood).
- Tesla, SpaceX, Twitter, etc.: grootste aandeelhouder Elon Musk. Zijn moeders meisjesnaam is Haldeman. Dat is een prominente Joodse naam. Elon is ook een Joodse naam. Kimal, de broer van Elon, heeft ook een Joodse naam. De opa van Elon, Joshua Haldeman, was een Jood.[601] Hieronder de moeder van Elon met eenoog symbolisme:

Moeder van Elon Musk met eenoog symbolisme

[601] https://silview.media/2022/04/12/elon-musk-is-the-grandson-of-a-jewish-canadian-leader-of-the-technocracy-movement-openly-backed-by-masons-and-the-rockefellers/

De ex-vriendin van Elon Musk, Grimes, was een satanist. Hieronder zie je een afbeelding van hun twee samen:

Elon Musk met zijn ex-vriendin Grimes

- Blackrock: oprichters zijn o.a. Larry Fink (Amerikaanse Jood), Robert Kapito (Amerikaanse Jood), Susan Wagner (Amerikaanse Jood). Deze multinational is een van de meest invloedrijke en weelderige companies in de wereld. Het behoort tot de grootste aandeelhouders van Coca Cola, McDonald's, Disney, Netflix en andere grote bedrijven.
- The Vanguard Group: oprichter John C. Bogle (beinvloed door Poolse Jood Paul Samuelson en crypto-Joodse katholieke Morgan familie). CEO van de company was John Brennan (katholieke crypo-Jood) en CEO is momenteel Mortimer Buckley (katholieke crypto-Jood). Samen zijn Blackrock en The Vanguard eigenaar van belangrijkste media-organen: Fox, CBS, Comast, NBC, CNBC, Sky media, MSNBC, CNN, Disney en aandeelhouders van Apple, Microsoft, Tesla.
- Rijkste families ter wereld zijn: Agnelli (Italiaanse crypto-Joden, voorouder is Joseph Nasi), Cadbury (Britse crypto-Joden), Rothschild (Ashkenazi Joden), Schröder (Duits-Lutheraanse crypto-Joden), Goldman & Sachs (Ashkenazi Joden), Lehman (Duitse Joden), Hirsch (Duitse Joden),

Oppenheimer (Duitse Joden), Adelson (Ashkenazi Joden), Rockefeller (Amerikaans Baptiste crypto-Joden).

Muziek en films

Een van de belangrijkste instrumenten van Iblies is muziek en muziekinstrumenten. Geluiden en muziek kunnen demonische effecten veroorzaken bij de mensen. Het is zelfs bekend dat al-Farabi met zijn oed (peervormig snaarinstrument) mensen tot lachen of verdriet kon brengen of slaperig kon maken door verschillende toonsoorten te gebruiken. Het is zelfs onder de leek algemeen bekend dat muziek diverse soorten effecten kan hebben op de mens. Daarnaast zijn de subtiele technieken hiervan alleen bekend bij de meesters van de muziekkunst. Hedendaagse songteksten, muziekclips, films zitten vol met zedenkwetsende en pornografische beelden, met schuttingtaal, sadisme en geweld. Daarin worden drugs, alcohol, seksuele immoraliteit, parafilie en satanisme gepropageerd. Dit is algemeen bekend. Een zeer merkwaardig punt is dat vele artiesten en zangers lid zijn van de Satanische Kerk die werd opgericht door de oorspronkelijk Joodse Anton Lavey, de auter van de Satanische Bijbel. Deze celebrities gebruiken openlijk Kabbalistische elementen en symbolen in hun songs, clips en films. Ze kennen de geheimen van nummers en houden zich bezig met occulte kennis. Sommige van hen zijn zelfs vertrouwd met de Kabbala en voeren zwarte magie uit. Ze hebben verstand van de nummerologie (Gematria) en benadrukken regelmatig satanische nummers zoals 9, 11 en 666. Toen de Joodse Labid magie deed op de profeet ﷺ maakte hij 11 knoopjes. De laatste twee hoofdstukken van de Koran werden hierop geopenbaard bestaande uit 11 verzen. Het is algemeen bekend dat vele songs verborgen boodschappen bevatten die alleen te horen zijn als ze in omgedraaide richting worden afgespeeld. Het omgekeerd lezen van woorden, of van de Koran en gebedsoproep zijn technieken die gebruikt worden in zwarte magie. De datum (9/11) van de aanslagen op het World Trade Center was ook geen toeval. Hieronder zijn bekende artiesten en zangers te zien in een gedaante die vergelijkbaar is met die van Baphomet en satanische symbolen. In de volgende pagina zie je wat afbeeldingen hierover.

f Madonna in de zithouding en costuum van Baphomet

g Lady Gaga met hoorns

h Angelina Jolie met hoorns

i Marilyn Manson met een bijbel tussen zijn bloederige vingers

j Marilyn Manson samen met Anton Lavey

k Jayne Mansfield samen met Anton Lavey

l Sam Smith als duivel gekleed

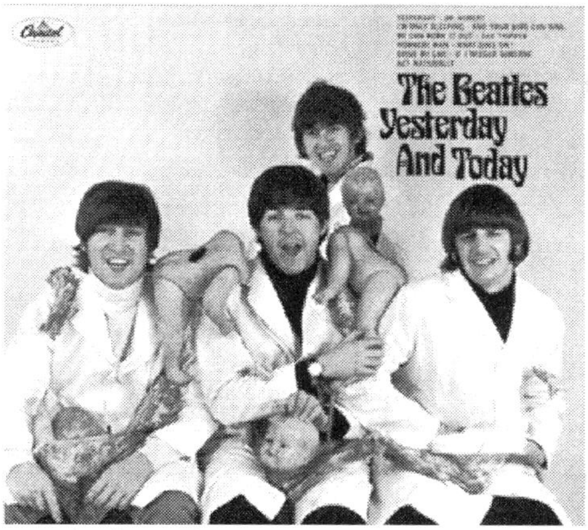

m Een albumfoto van The Beatles met opgeofferde baby's

De leden en knechten van de Cabal hebben als gewoonte om Iblies te aanbidden in films en muziekclips. In Eurovision van 2019 gaf Madonna een concert dat letterlijk een satanisch ritueel was met duivels symbolisme en duidelijke verwijzingen naar toekomstige gebeurtenissen die hebben gediend voor de politieke agenda van de Cabal.[602] Als je goed kijkt, dan zal je in dat concert onder andere de volgende zaken tegenkomen:

- Signalen voor derde wereldoorlog en chaos, zoals explosies, gebroken Vrijheidsbeeld en vlaggen van Palestina en Israël op de rug van twee mensen in het concert.[603]
- Verwijzingen naar satanisme, zoals vrijmetselaarsbijeenkomst in het begin en zelfmoord aan het einde van het concert.
- Voorspelling van Covid-19 door middel van gasmaskers, want Eurovision was in mei 2019 en Covid-19 begon in december 2019. De gasmaskers kunnen ook duiden op het gebruik van kernwapens tijdens de derde wereldoorlog.
- Machtsvertoningen, zoals X van Twitter. Toen had Elon Musk het logo van Twitter nog niet gewijzigd. Hiermee wil de Cabal hun macht vertonen aan de wereld.

[602] https://www.youtube.com/watch?v=VG3WkiL0d_U
[603] In oktober 2023 werd een aanval georganiseerd op Israël door Hamas. Hierna heeft Israël een groot bloedbad veroorzaakt en heeft zich gepermitteerd om zelfs de buurlanden aan te vallen. Dit is niet alleen een onderdeel van het Groter Israël project, maar ook een onderdeel van het ritueel, want het is een aanbidding om de gojim uit te moorden.

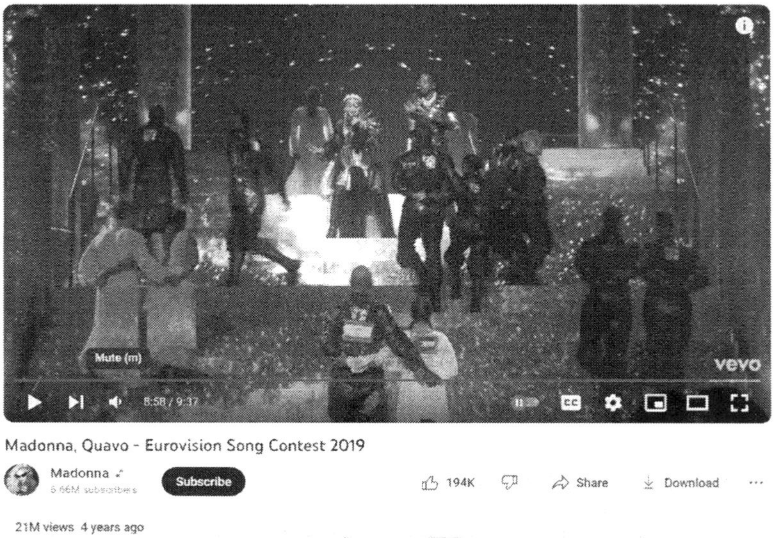

// Satanisch ritueel van Madonna tijdens Eurovision 2019

Het aantal abonnees op het Youtube-kanaal van Madonna valt ook direct op: **6.66M**.

Anton Lavey beschouwde de televisie als een grote revolutie voor de verspreiding van het satanisme. Hij schreef over de televisie het volgende: "The birth of TV was a magical event foreshadowing its satanic significance. The first commercial broadcast was aired on Walpurgisnacht, April 30th, 1939, at the New York World's Fair. Since then, TV's infiltration has been so gradual, so complete that no one even noticed. People don't need to go to church any more; they get their morality plays on television."[604] Dit satanisch fenomeen is uiteraard ook voorspeld door onze geliefde profeet Mohammed ﷺ om mensen te waarschuwen tegen de gevaren ervan. In een lange overlevering is het volgende

[604] Anton Lavey, *The Devil's Notebook* (Portland, Oregon, Feral House, 1992), blz. 86.

gekomen: "Het behoort (ook) tot de tekenen van het Laatste Uur dat de schotels onderling verbonden zullen worden en dat de familiebanden verbroken zullen worden."[605] In het Arabische origineel van deze hadith zijn de woorden *al-ʾaṭbāq* (pluraal van *al-ṭabaq*, letterlijk: schotel/plaat) en het werkwoord *tuwāṣal* (3e persoon, vrouwelijk, enkelvoud, passieve vorm van *muwāṣala*, letterlijk: verbinden/communiceren) gebruikt. Als we naar de betekenis van deze woorden kijken, dan treffen we een waanzinnig profetisch wonder waar we versteld van staan, want de tv's verbonden aanvankelijk, en op heden gedeeltelijk nog steeds, door middel van satellietschotels oftewel schotelantennes. Bovendien behelst het woord *al-ṭabaq* ook de betekenis van *plat* en *plaat* welke als beschrijving kunnen dienen voor de hedendaagse satellieten boven. Daarnaast is er nog een wonderbaarlijke voorspelling in het bovengenoemde hadithfragment, want het gedeelte over de schotels is samen genoemd met de verbreking van de familiebanden. De verschijning van de tv en tv-programma's heeft door de jaren heen geleid tot asocialisatie van de mensen. Mensen begonnen geleidelijk elkaar minder te spreken, omdat ze na werk en school hun tijd doorbrachten met het kijken naar tv-series en films. Sterker nog, de leden van eenzelfde gezin spraken elkaar amper in hetzelfde huis, omdat iedereen aan het staren was naar het beeldscherm van de televisie. De tv's en smartphones zijn de kleine Dajjal, zoals de profeet ﷺ zei: "Er zullen in einde der tijden manipulerende Dajjals zijn die jullie berichten zullen brengen die jullie en jullie voorouders nooit hebben gehoord. Kijk uit dat ze jullie niet laten dwalen en betoveren."[606]

---

[605] Overgeleverd in *al-muʿjam al-kabīr* van Imam al-Tabarani. Het is waar dat sommige hadithgeleerden deze hadith zwak hebben verklaard, maar de hadith kent andere varianten. Bovendien is er een principe in de hadithwetenschappen dat als een hadith daadwerkelijk is uitgekomen, dan beschouwd kan worden als een authentieke hadith.
[606] Overgeleverd door Imam Muslim in *al-ṣaḥīḥ*.

In een andere overlevering is gekomen dat de geliefde profeet ﷺ zei: "Aan de harten zullen al-fitan gepresenteerd worden zoals (de presentatie van) stengel voor stengel geweven mat."[607] Het woord *al-fitan* is het meervoud van *al-fitna* wat rampspoed, beproeving, opwindende schoonheid, verleiding, glamour (betoverende schoonheid die onecht is), kan betekenen. In de werkelijkheid zijn al deze betekenissen toepasbaar op de uitzendingen van de tv. In het Arabische origineel van de hadith is het woord *ʿarḍ* gebruikt welk wij hebben vertaald met *presenteren*. Dit Arabische woord kan namelijk betekenen: tonen, presenteren, uitzenden, en soortgelijke betekenissen welke dus goed passen bij de werking van de tv. Het woord *ʿūd* is vertaald met stengel, want het betekent dunne tak. Het stuk *geweven mat* is de vertaling van het woord *al-ḥaṣīr* in het Arabische origineel van de hadith. Een typische close-up van een LCD-scherm ziet er als volgt uit:

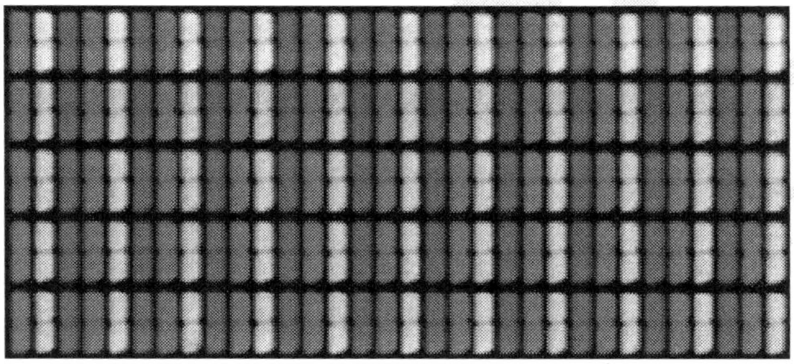

o Een LCD-scherm van dichtbij

[607] Overgeleverd in *al-ṣaḥīḥ* van Imam Muslim.

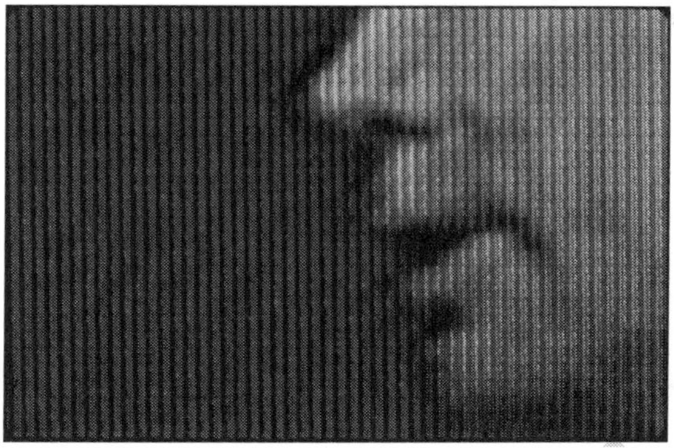

p Een tv-scherm van dichtbij

Een tv-scherm van dichtbij ziet er uit als een geweven mat. Hieronder zie je een voorbeeld van een geweven mat:

q Een geweven mat met een afbeelding erop

Ook het gehele internetsysteem is gebaseerd op occulte kennis en zwarte magie. De letters *www* zijn in het Hebreeuws *waw waw waw* wat volgens de nummerologie neerkomt op 666. Deze esoterische symbolen worden overigens ook in de logo's van grote bedrijven en organisaties gebruikt, zoals is te zien in de onderstaande afbeeldingen:

I' 666-symbolisme

S 666-symbolisme

I 666-symbolisme

II 666-symbolisme

In een andere overlevering heeft de geliefde profeet ﷺ ook voorspeld dat in einde der tijden muziekinstrumenten op de hoofden van mensen zullen zijn.[608] Voor die tijd was dat niet te plaatsen, maar nu begrijpen we dat beter als koptelefoons en oordopjes. Nog een symbolisme dat opvalt, is de naam en het logo van Apple: *een gebeten appel* waarmee, conform Joodse geschriften, verwezen wordt naar de misleiding van Adam door Iblies in het paradijs.

De geliefde profeet Mohammed ﷺ heeft gezegd dat alle profeten hebben gewaarschuwd tegen Dajjal. Daarna voegde hij ﷺ toe: "Ik zal jullie echter iets leren over Dajjal wat voorheen door geen enkele profeet is gezegd. Dajjal is eenogig. Waarlijk, Allah is niet eenogig, (want Hij is vrij en verheven van lichamelijkheden)."[609] Dajjal zal zich namelijk tot god uitroepen. Het is zeker geen toeval dat we overdreven veel eenoog symbolisme tegenkomen in de muziek- en filmindustrie.

v Eenoog-symbolisme van beroemdheden

[608] Overgeleverd in *al-sunan* van Imam Ibn Maja.
[609] Overgeleverd in *al-ṣaḥīḥ* van Imam al-Bukhari.

De voorbeelden hiervan zijn te veel om op te sommen. Heb je, je ooit afgevraagd waarom deze mensen behoefte hebben aan deze vreemde gebaren? Het is ook geen toeval dat hetzelfde symbolisme in bankbiljetten, logo's van grote merken, organisaties en bedrijven voorkomt. Een andere satanische figuur in de kunstwereld is de Joodse magiër Marina Abramovic. Ze organiseert walgelijke en satanische tentoonstellingen waarin openlijk sadistische, bloederige en gewelddadige rituelen worden uitgevoerd in de naam van de kunst. Ze heeft hele goede contacten met de leden van Rothschild en andere superrijke Joodse families. Het is bovendien zeker geen toeval dat ze recent van de Oekraïnse president, de Joodse homoseksueel en comedian Volodymyr Zelensky, het verzoek heeft gekregen om de ambassadeur van Oekraïne te worden.[610] Hieronder volgt een aantal afbeeldingen van haar:

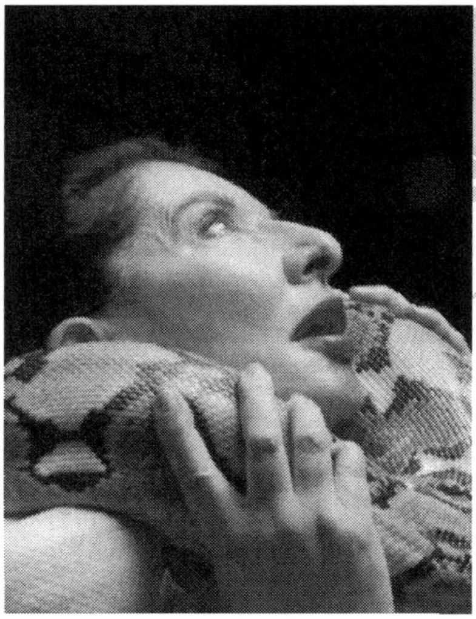

W Marina Abramovic laat zich stikken door een

[610] https://exxpress.at/selenskyj-will-kuenstlerin-marina-abramovic-als-botschafterin/ https://davidicke.com/2023/09/23/zelensky-asks-marina-abramovic-to-be-ambassador-for-ukraine/

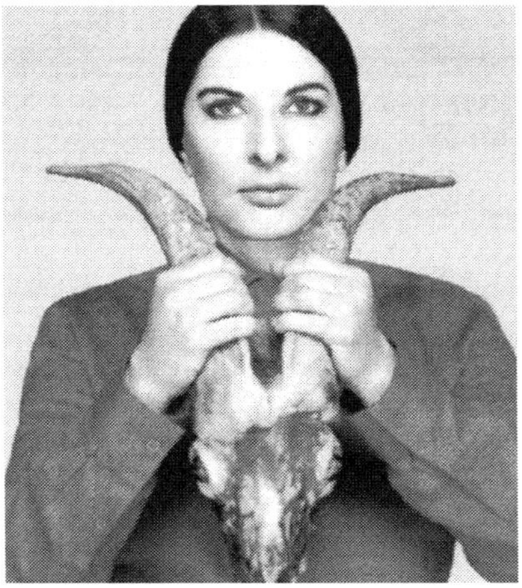

X Marina Abramovic met een dode geitenkop

Y Marina Abramovic met Jacob Rothschild voor het schilderij "Satan summoning his legions"

Nog een merkwaardige voorspelling van de geliefde profeet ﷺ heeft betrekking op de modieuze haarstijl van sommige beroemdheden. Hierover heeft de geliefde profeet ﷺ gezegd dat er in Einde der Tijden vrouwen zullen verschijnen wier hoofd lijkt op de kamelenbult en dat deze vrouwen het paradijs niet mogen betreden. Ook deze voorspelling is uitgekomen in diverse vormen. Een daarvan kunnen we als volgt illustreren:

13 Kamelenbult

14 Haarstijl Rihanna

15 Haarstijl Halle Berry

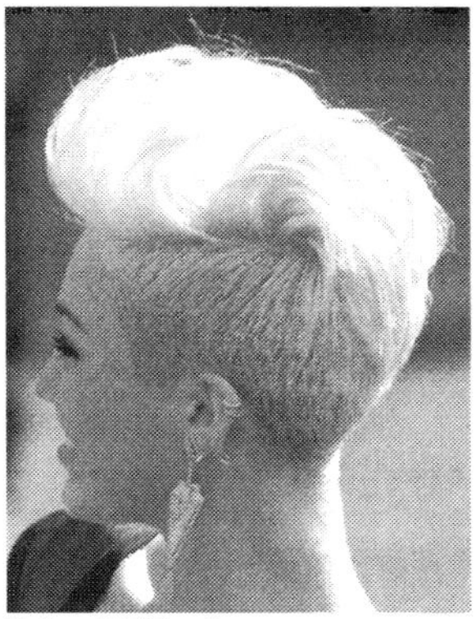
16 Haarstijl Miley Cyrus

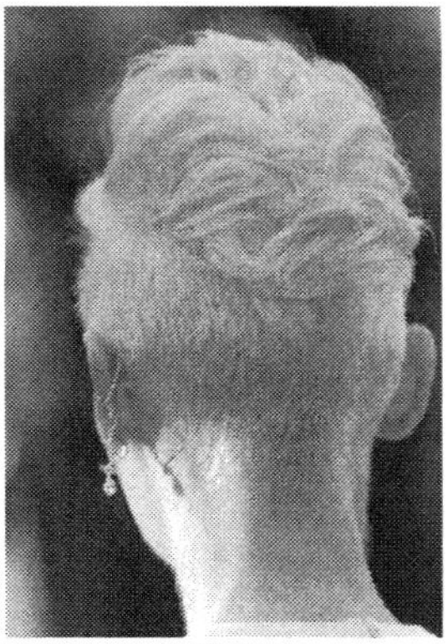
17 Haarstijl Tilda Swinton

Dit allemaal bij elkaar opgeteld, resulteert in het feit dat we als moslims afstand moeten nemen van deze duivelse mensen, hun publicaties en activiteiten. We moeten onze kinderen en jongeren beschermen tegen hen en goede rolmodellen bieden in plaats van deze satanische figuren die de duivel aanbidden.

Pseudo-wetenschap

Er is een demonische, duistere, magische realm die in onze wereld wordt geroepen door een groep duivelse mensen die relaties hebben met Iblies en zijn soldaten. Zij geven aan de hand van magie en occulte kennis vorm aan de belangrijkste concepten en aspecten van de moderne samenleving. Wij weten dat Joden verschillende esoterische sekten hebben opgericht onder de moslims, zoals het sjiisme en Batiniyya.[611] Dezelfde operaties hebben ze eeuwenlang uitgevoerd onder de christenen. Zo zijn er verschillende sekten ontstaan die in schijn christelijk zijn, maar in de werkelijkheid een Joods complot tegen de

---

611 Nesta H. Webster, *Secret Societies and Subversive Movements* (London: A & B Publishers Group, 1998), het heel boek.

christenen. Een van de eerste voorbeelden is wat Paulus had gedaan. Hij was een Jood die een vurige vijand was van de profeet 'Isa. Later deed hij zich voor als een aanhanger van hem en verrichtte als een zeer nauwkeurige infiltrant diverse operaties om de leer van de profeet 'Isa te verbasteren. Hij implementeerde de Drie-eenheid wat afgeleid is van de Kabbala en in werkelijkheid niets anders dan afgoderij is. Het katholicisme is dus ook een Joodse verbastering van de originele leer van de profeet 'Isa. De Joodse professor Joachim Prinz heeft zelfs aangetoond dat er in de middeleeuwen Joden waren die hele hoge posities bekleedden binnen de katholieke kerk.[612] In de loop der eeuwen zien we dat stromingen zoals Jezuïeten, calvinisme, protestantisme, evangelisme, Opus Dei, Jehova's getuigen en soortgelijke reformatische bewegingen en nieuwe interpretaties van het christendom ontstaan welke in de werkelijkheid een Joods-Kabbalistisch complot zijn tegen de christenen.[613] Dit zijn Joodse operaties en complotten tegen de christelijke wereld. Dezelfde operaties hebben ze verricht tegen de moslims, maar het is een wonder van de Koran en de profeet Mohammed ﷺ dat ze de Koran en de profetische traditie niet hebben kunnen verbasteren. Wij zien dat de oprichters en leden van deze sekten zich intensief hebben beziggehouden met Kabbala, astrologie en wiskunde. Het is zelfs mogelijk om te zeggen dat occulte kennis hand in hand is gegaan met de ontwikkeling van de moderne (pseudo-)wetenschappen. De Order of Skull and Bones is ook een voorbeeld van een esoterisch-satanisch genootschap waar zelfs Amerikaanse presidenten, zoals John Kerry, George W. Bush en zijn vader, lid van zijn en welk ook is opgericht door de Cabal. George W. Bush schrijft dit zelf in zijn autobiografie.

[612] Joachim Prinz, *Popes from the Ghetto* (New York: Horizon Press, 1966), het heel boek.
[613] Zie ook de studie *Jewish Influence on Christian Reform Movements* van Louis I. Newman.

Een van de destructieve masonische sekten die zij hebben opgericht is de Scientology. Dit genootschap heeft miljoenen leden en heeft de afgelopen decennia wereldwijd grote invloed uitgeoefend op verschillende organisaties, multinationals, universiteiten en farmaceutische bedrijven. Zelfs bekende filmsterren, zoals John Travolta, Tom Cruise en Nicole Kidman, behoren tot de vooraanstaande donateurs van deze sekte. Het systeem en methodes van deze sekte is afgeleid van de Joodse magiër Aleister Crowley. De oprichter van de sekte, Lafayette Ron Hubbard, was zelfs een lid van Crowley's Ordo Templi Orientis. Na de dood van Crowley kwam Hubbard aan het hoofd van deze vrijmetselaarsloge. Crowley was een excentrieke man. Hij voerde satanische rituelen uit in piramides in Egypte. Hij gaf zijn zoon de naam Ataturk.[614]

7 Aleister Crowley

De invloed van Crowley is zeker niet beperkt tot de Scientology. Hij was tevens de meester van Jack Parsons en vele andere voorvaders van de NASA. Dit maakt de ontstaansgeschiedenis van de NASA erg mysterieus en schimmig waar heel weinig mensen over willen spreken. Jack Parsons, de loyale discipel van Crowley, behoort tot de eerste raketingenieurs. Zonder zijn bijdrage was er

[614] https://www.cornwalllive.com/news/cornwall-news/legendary-occultist-aleister-crowleys-son-4243093

op heden geen NASA voor te stellen. Een andere vooraanstaande raketingenieur en voorvechter van ruimtevaart in de twintigste eeuw was de oorspronkelijk Duits-Joodse Wernher von Braun. Hij heeft net als andere zeer vooraanstaande Joodse wetenschappers gewerkt in opdracht van de Nazi's. Het is niet moeilijk om de cruciale rol van de Joodse en occulte wetenschappers te herkennen in de ontwikkeling van de wapen- en rakettechniek. Joodse wetenschappers zoals Albert Einstein en Robert Oppenheimer zijn wijd en zijd en hun cruciale rol in de uitvinding en productie van atoombommen en kernwapens valt niet te ontkennen. Voor meer diepgang over dit onderwerp verwijs ik je door naar het boek *The Secret History of the Atomic Bomb* van Eustace C. Mullins.

Er is op heden niet meer te spreken over science, maar helaas scientisme. Wat nu bijvoorbeeld in moderne astronomie onder het bewind van NASA wordt gefingeerd en gesimuleerd, berust grotendeels op valsheid en bedriegerij. Het is volkomen gebaseerd op de fabels van Joods-esoterische sektes zoals o.a. de Jezuïeten. Vooraanstaande pseudo-wetenschappers, zoals Leonardo da Vinci en Isaac Newton, waren leden van zulke schimmige bewegingen. Hetzelfde valt te zeggen over moderne geneeskunde, psychologie, biologie en historie. De moderne geneeskunde is in handen van het Rode Kruis welk een organisatie is van de Knight Templars. Deze zogenaamde wetenschappen zitten vol met leugens en decepties, maar omdat alles is vermomd met wetenschappelijke theorieën en abstracte termen, denken de mensen dat het waar is. Bovendien speelt het onderwijssyteem een belangrijke rol in de acceptatie van leugens als waarheid. Mensen worden al vanaf hun kleutertijden geïndoctrineerd met de pseudo-feiten van de duivelse kliek. Ze worden gehersenspoeld met leugens zoals de evolutietheorie en atheïsme. Hierdoor verliest hij de ultieme waarde en ultieme hoop en denkt dat het vrijheid is om zoals dieren te leven en te genieten.

Voedsel en farmaceuthische industrie

Er zijn talloze chemische stoffen en kunstmatig afval aanwezig in onze leefomgeving. Dit blijft maar toenemen. Volgens de Europese Commissie is 99% van deze stoffen en afval schadelijk voor de mens en de natuur. Volgens het onderzoek van Environmental Working Group (EWG) in de VS zijn er bij nieuwgeboren baby's meer dan 200 chemische stoffen getroffen in het bloed.[615] Het is bovendien uitgewezen dat deze stoffen kankerverwekkend zijn en andere gezondheidscomplicaties aanwakkeren, zoals zenuwproblemen, hormoonstoornissen en hersensaandoeningen. Het gaat dus letterlijk om een vergiftiging. Daarnaast is dit slechts een voorbeeldonderzoek. Er zijn vele onderzoeken gedaan op dit gebied en ze wijzen erop dat we als mensheid systematisch en regelmatig onderhevig worden gesteld aan chemische stoffen en schadelijke ingrediënten. De medicijnen die worden voorgeschreven, hebben geen genezend effect, maar een verdovend effect waarbij sprake is van diverse soorten bijverschijnselen en verslavingen. Een zieke of bejaarde persoon wordt er dus niet beter op door het gebruik van chemisch rotzooi dat het product is van de harteloze en commercieel-ingestelde farmaceutische industrie. Voedsel, schoonmaakmiddelen, plastic, cosmetica, vaccinaties, teflonpannen, machnetron, luchtvervuiling, sigaretten, alcohol en overige syntetische dranken zijn op heden helaas passieve wapens die een gevaar vormen voor de gezondheid en welzijn van de mens. Er komen in verpakt voedsel helaas vaak metalen, kunsstofrestanten en chemische stoffen voor. Wanneer we spreken over schoonmaakmiddelen en verzorgingsproducten, dan wordt het gevaar nog groter. Neem als voorbeeld chemicaliën zoals parabenen, fluoride of chloride.

[615] Sara Goodman, "Tests Find More Than 200 Chemicals in Newborn Umbilical Cord Blood", *Scientific American*, 2009.

Het zijn zeer gevaarlijke en hormoonverstorende stoffen en kunnen grote lichamelijke aandoeningen veroorzaken bij de mens, in het bijzonder de kinderen.

Het grootste gevaar is dat wereldorganisaties zoals World Health Organization (WHO), Food and Agriculture Organization (FAO) en World Trade Organization (WTO) de indruk geven dat ze neutrale en integere organisaties zijn die streven naar meer gezondheid en welzijn in de voedsel- en medicijnindustrie, maar in de werkelijkheid worden deze organisaties gefinancierd en beheerd door zeer machtige multinationals, zoals Monsanto Company[616], Bayer, KWS, Land O'Lakes, Dow, DuPont, Basf, Limagrain, Syngenta, Nestlé, ADMC, Sysco, JBS, George Weston, Tyson Foods, Danone, PepsiCo, Mondelez, General Mills, Coca-Cola en MARS, die een totale controle hebben bewerkstelligd over deze industriën. Dit stelt deze multinationals ook in staat om via officiële wereldorganisaties het gewenste beleid te dicteren aan ministeries en overheden van verschillende landen. Het is overigens geen mysterie meer dat de grootste aandelen van de bovengenoemde multinationals in de handen van een aantal elitaire families zijn, zoals Rockefeller en Rothschild. Degene die die zelfs een kort onderzoek doet over de voedselindustrie zal snel erachter komen dat in het bijzonder de familie Rockefeller een leidende rol speelt in deze industrie.

In de voedselindustrie zijn de giftige chemicaliën vermomd met E-nummers waar de leek vrij weinig over weet. Daarnaast worden er ook verschillende smaakstoffen en suikers gebruikt die leiden tot obesitas, diabetes, kanker, hart- en vaatziekten. Dit zijn tegelijkertijd ook de meest voorkomende ziektes in de

[616] Grote bedrijven zoals Dekalb, Deltapine, Seminis, Roundup, Cargill, Pfizer en Unilever behoren tot deze machtige mulitnational.

wereld. Het wordt dus als wapen gebruikt tegen de mensheid om de wereldpopulatie te reduceren tot een veel kleiner aantal zoals de duivelse kliek dat heeft afgebeeld op het bouwwerk Georgia Guidestones waarop onder andere staat dat de wereldpopulatie onder de 500 miljoen moet blijven. Dit bouwwerk symboliseert het ontwerp van de nieuwe wereldorde en drukt het stappenplan uit naar deze nieuwe orde. Dit demonstreert ook meteen waarom de mensen werden gedwongen om de dodelijke vaccinaties te gebruiken, waarom er zoveel gif is in de voedselindustrie en waarom de farmaceuthische industrie zo genadeloos is. Deze nieuwe wereldorde is geen mysterie meer en is door Klaus Schwab, Bill Gates en andere knechten van de duivelse kliek uiteengezet in conferenties en boeken. In het populaire tijdschrift The Economist, welk van een aantal Joodse families is, wordt ook regelmatig voorspellingen gedaan door middel van afbeeldingen en symbolisme waaruit blijkt dat er grote hervormingen zullen komen. Deze toekomstplannen komen daadwerkelijk ook uit. Daarnaast tentoonstellen ze dit ook duidelijk in hun films en tv-programma's. Hier zijn duizenden voorbeelden van, zoals *Matrix*, *The Simpsons* en *I, Pet Goat II*. Zij schromen dus niet meer om openlijk te spreken over hoe deze nieuwe wereldorde zich zal uitkristalliseren in smart cities met vele beperkingen voor de burgers, hervormingen in de voedselindustrie waar geen vlees en gezond voedsel meer is, maar insecten en wormpjes, en vele andere projecten die het leven zuur zullen maken voor de mensheid. Als wij dat niet zullen meemaken, dan hoogstwaarschijnlijk onze kinderen of kleinkinderen. Zij zullen dit Dajjal-tijdperk duidelijk meemaken.

Om terug te komen op het onderwerp, genetisch gemodificeerd voedsel (*genetically modified food*) is de grootste vijand van de menselijke gezondheid. Je bent eigenlijk wat je eet. Daarom heeft Allah ﷻ in de Koran nadrukkelijk verwezen naar het belang van toegestaan en zuiver voedsel. We zien in het Koranhoofdstuk al-kahf dat de jongeren die in slaap vielen in de grot voor 309 jaar daarna wakker werden en eerste wat ze deden was naar zuiver voedsel zoeken, terwijl ze in zo een grote narigheid verkeerden en vervolgd werden door hun volk. Dit toont hoe belangrijk het is om altijd naar zuiver voedsel te streven in welke situatie je ook verkeert. Bovendien zitten er in sura al-kahf nog meer richtlijnen en handvatten voor degenen die in het Dajjal-tijdperk leven. Daarom reciteerde de geliefde profeet ﷺ elke vrijdag deze sura en adviseerde ons om het regelmatig te reciteren als protectie tegen de Dajjal en overige beproevingen. Allah ﷻ openbaart in de Koran ook wat neerkomt op: "O jullie mensen! Eet op aarde van al wat toegestaan en zuiver is, en treedt niet in de voetstappen van satan, hij is voor jullie een duidelijke vijand."[617] In dit vers komt een aantal zaken naar voren:

1. Het voedsel moet niet alleen toegestaan (halal) zijn, maar ook zuiver. Dit betekent dat het niet ongezond of schadelijk moet zijn voor het menselijke lichaam. Een voedsel dat genetisch is gemodificeerd of dat schadelijke chemicaliën bevat, mag dus ook niet genuttigd worden volgens de Koranische instructies. Allah ﷻ is onze Schepper en Hij ﷻ weet het beste hoe wij ons lichaam moeten gebruiken.
2. Het vers wordt geopend met *"O jullie mensen"*, dus het gaat hier om een boodschap die direct relevant is voor zowel moslim als niet-moslim. Alle mensen zijn in gevaar als het gaat om dit onderwerp. Het vers wordt afgesloten met *"hij is voor jullie een duidelijke vijand"*, dus niet alleen de moslims zullen een slachtoffer zijn van de satan, maar ook de niet-moslims als het gaat om voedsel. Het is dus niet mogelijk dat een

[617] Koran, 2:168. Zie ook 5:88, 8:69 en 16:114.

niet-moslim zegt dat deze instructie irrelevant is voor hem, omdat hij er niet in gelooft.

3. Het voedsel is zo een gevoelig onderwerp dat satan en zijn soldaten onder de jinn en mensen daar speciale plannen en projecten voor hebben ontwikkeld. Door daar in te trappen, treden we in de voetstappen van de satan wat uiteindelijk zal leiden tot onze spirituele en lichamelijke verwoesting.

Genetische modificatie wordt in de Koran ook genoemd. De satan heeft gezworen dat hij de nature van de mens zal aantasten (*taghyīr al-fiṭra*). Genetisch gemodificeerd voedsel en syntetisch voedsel is dus het plan van de satan om de mensheid te verwoesten. Het is dus levensbelangrijk dat we voorzichtig en selectief zijn in het gebruik van voedsel en medicatie en dat we zoveel mogelijk afstand nemen van syntetische, verpakte, gefabriceerde producten en *fastfood* producten. Er is veel gezegd en geschreven hierover. Ik heb in verschillende talen tientallen onderzoeken over dit onderwerp. Voor degenen die een aanrader willen om meer diepgang te verwerven over dit onderwerp raad ik het boek *Selling Sickness* aan van Ray Moynihan en Alan Cassels.

Het is erg belangrijk om te begrijpen dat we als moslimwereld niet in enkele decennia in deze toestand zijn beland. Dit proces van moslimdecadence begon bijna vierhonderd jaar terug en verergerde geleidelijk door de eeuwen heen tot op heden. Daarom zal de oplossing zeker niet gerealiseerd kunnen worden binnen enkele jaren. We hebben lange tijd nodig om de wonden te helen en om de problemen op te lossen. Dit kan alleen door de Koran en de profetische traditie als maatstaf te hanteren op elk vlak. Allah ﷻ is de enige die ons uit deze duivelse matrix kan redden. Als we als moslims berouw tonen en volledig terugkeren tot Hem, dan zullen we ongetwijfeld in aanmerking komen voor Zijn hulp. Wie kan Zijn hulp weerstaan!?

Voor de korte termijn is het belangrijkst om het dringende gevaar te minimaliseren. Daarvoor dienen we als moslims hard te werken, want we staan als mensheid oog in oog met een groot gevaar, namelijk het Dajjal-tijdperk. Het gevaar is veel groter dan het lijkt. Wat ik in dit laatste hoofdstuk heb behandeld, is nog maar het topje van de ijsberg. Als we niet op tijd maatregelen nemen, zullen wij en ons nageslacht de dupe worden van dit grote gevaar dat ons als mensheid aan de rand van de afgerond heeft gebracht. We zullen uiteraard nooit in staat zijn om dit catastrofale tijdperk volledig tegen te gaan of te verijdelen, maar wat we op zijn minst wel kunnen, is bewustzijn creëren door middel van onderwijs en opvoeding in het licht van de Koran en de profetische traditie. Als we hierin ook niet kunnen slagen, dan zullen de nieuwe generaties ten prooi vallen aan de deceptieve operaties van de Dajjal en zijn soldaten en zullen we in het hiernamaals ook falen. Het is daarom van groot belang om dit soort onderwerpen bespreekbaar te maken tijdens lessen, lezingen en preken. Het behoort namelijk ook tot de tekenen van het laatste uur, zoals beschreven in de hadithboeken, dat men niet meer gaat spreken over de Dajjal en zijn gevaren. We moeten niet vergeten dat de verspreiding van dit bewustzijn een verantwoordelijkheid is die op onze schouders rust, maar om zo ver te kunnen gaan, moeten we eerst onszelf verlossen van de taboe's en de denkpatronen die ons opgelegd worden door de vrijdenkers, de pseudo-wetenschappers en de duivelse kliek.

اَلْحَمْدُ لِلّٰهِ رَبِّ الْعَالَمِينَ

وَ صَلَّى اللّٰهُ عَلٰى سَيِّدِنَا مُحَمَّدٍ وَ

عَلٰى آلِهِ وَ صَحْبِهِ وَ سَلِّمْ تَسْلِيمًا

إِلٰى يَوْمِ الدِّينِ

Printed in Poland
by Amazon Fulfillment
Poland Sp. z o.o., Wrocław

27244464R00237